국어는 도구 과목이다. 모든 교과가 국어를 바탕으로 되어 있기 때문이다. 따라서 국어 능력을 향상시키는 것은 학업 능력을 키우는 데 매우 중요한 요소이다. 게다가 초등 과정에서는 학업과 의사소통을 위한 기초적인 언어 능력을 갖춰야 할 뿐만 아니라 고차원적인 사고력도 함께 길러야 한다.

의사소통 능력과 사고력을 키우는 데 있어 독서는 아주 중요한 역할을 한다. 영상 매체를 주로 접하며 긴 글 읽기를 꺼리고, 다양한 인간관계를 통해 이루어지는 생활 속 교육이 점차 줄어드는 현실에서 독서는 매우 유용한 학습법이다. 그러나 적절한 피드백이 없는 독서는, 자칫 편협하고 왜곡된 사고를 갖게 될 위험성을 안고 있다.

그에 대한 보완책이 독해력 훈련이다. 초등 과정에서도 중·고등 과정 못지않게 독해력 훈련이 필요하다. 다양한 영역의 지문을 접할 수 있는 독해력 훈련은 교과와 연계되어 학습에 도움을 줄 뿐 아니라 지적 호기심을 자극하여 능동적인 학습을 유도할 수 있다. 독해력 연습을 통해 사실적 사고를 바탕으로 한 고차원적인 추론 능력과 비판 능력 등을 기를 수 있는 것이다.

이번에 〈자이스토리 초등 국어 독해력 쑥쑥＋낱말 쑥쑥〉이 나왔다. 〈독해력 쑥쑥〉 파트는 중심 낱말 찾기, 중심 문장 찾기, 단락 요약하기, 단락 간의 관계 이해하기, 글의 구조 이해하기, 주제 알아보기 등 6가지 step에 따른 계단식 독해 연습을 통해, 부모님이나 선생님의 도움 없이 학생 스스로 독해력을 훈련할 수 있게 구성되어 있다. 또한 〈낱말 쑥쑥〉 파트는 초등 과정에서 집중적으로 이루어져야 할 어휘력 학습에 꼭 필요하고 중요한 내용이다. 낱말의 사전적 의미를 정확히 익히고, 문맥을 통해 낱말의 뜻을 유추해 보고, 한자를 통해 낱말의 구성을 이해하고, 낱말 퍼즐로 재미있게 학습하는 어휘 학습은 돋보이는 기획이다.

〈자이스토리 초등 국어 독해력 쑥쑥＋낱말 쑥쑥〉에서 제시한 방법으로 독해력과 낱말 학습을 한다면 탄탄한 국어 능력을 키울 수 있을 것이다. 이를 토대로 독서를 한다면 그 효과는 더욱 커질 것이다. 자이스토리 교재를 통해 독해력과 독서 능력이 한 단계 더 높이 발전하기를 바란다.

지니국어논술 학원(대치, 반포, 분당, 압구정) 대표 윤 진 성

교과서 지문 연계표

DAY	자이스토리 독해력 쑥쑥 6학년		교과서 연계 내용
01	우리나라에서 가장 오랫동안 사랑받은 노래	예체능	음악 6학년
02	일본은 왜 독도에 집착할까?	사회 6-2	1. 세계 여러 나라의 자연과 문화
03	키 165cm 이상, 몸무게 50kg 미만	수학 6-1	3. 소수의 나눗셈
04	조선 후기의 새로운 학문, 실학	사회 5-2	2. 사회의 새로운 변화와 오늘날의 우리
05	사라지는 동물들	과학 5-2	2. 생물과 환경
06	우리말 속의 외래어와 외국어	국어 6-1	7. 우리말을 가꾸어요
07	숲을 키우는 다람쥐의 건망증	과학 6-1	4. 식물의 구조와 기능
08	수학적 사고의 시조인 탈레스	수학 6-2	3. 공간과 입체
09	주장하는 글에는 어떤 종류가 있을까?	국어 6-1	4. 주장과 근거를 판단해요
10	무엇을 용액이라고 할까?	과학 5-1	4. 용해와 용액
11	어른으로 가는 길목, 사춘기	예체능	실과 6학년
12	상품을 많이 팔기 위한 백화점의 비밀 전략	사회 6-1	2. 우리나라의 경제 발전
13	지진의 공포	과학＋실과	실과 6학년
14	나라마다 다른 경제 체제	사회 6-1	2. 우리나라의 경제 발전
15	국악기는 어려워?	예체능	음악 6학년
16	미생물학의 아버지 파스퇴르	과학 5-1	5. 다양한 생물과 우리 생활
17	비유하는 표현	국어 6-1	1. 비유하는 표현
18	우리나라의 인구는 어떻게 변화할까?	사회 6-1	2. 우리나라의 경제 발전
19	세계의 다양한 시각	사회 6-2	1. 세계 여러 나라의 자연과 문화
20	토의와 토론은 어떤 점이 다를까?	국어 6-2	4. 효과적으로 발표해요
21	표지판 색깔의 비밀	예체능	미술 6학년
22	식물의 잎은 어떤 역할을 할까?	과학 6-1	4. 식물의 구조와 기능
23	고통받는 지구를 위한 노력	사회 6-2	2. 통일 한국의 미래와 지구촌의 평화
24	가장 양이 많은 우유는 어느 것일까?	수학 6-2	3. 공간과 입체
25	연극의 기본이 되는 글, 희곡	국어 6-2	8. 작품으로 경험하기
26	프랑스에 있는 우리의 문화재, 《직지심체요절》	사회 6-2	1. 세계 여러 나라의 자연과 문화
27	마이너스 시력이란 무엇일까?	과학 6-2	4. 우리 몸의 구조와 기능
28	왜 지역에 따라 기온이나 강수량의 차이가 클까?	사회 5-1	1. 국토와 우리 생활
29	영화 속 대정전(블랙아웃)이 실제로 일어난다면?	과학 6-2	1. 전기의 이용
30	성인병은 정말 성인만 걸릴까?	예체능	실과 6학년
31	노블레스 오블리주란 무엇일까?	사회 6-2	2. 통일 한국의 미래와 지구촌의 평화
32	우리 몸에도 온도 조절 장치가 있다고?	과학 6-2	4. 우리 몸의 구조와 기능
33	문장의 기본 틀은 무엇으로 이루어질까?	국어 6-1	3. 짜임새 있게 구성해요
34	달의 모양과 위치가 바뀌는 이유	과학 6-1	2. 지구와 달의 운동
35	현대 미술은 이상하다?	예체능	미술 6학년
36	가위바위보에서 이길 가능성을 수로 나타낸다면?	수학 5-2	6. 평균과 가능성

자이스토리

초등 국어 낱말 쑥쑥 총정리

- DAY별 핵심 낱말 총정리
- DAY별 빈칸 채우기 확인 문제
- 낱말 쑥쑥 종합 테스트 6회
  (6일치 낱말 복습)

6 학년

수경출판사

교재 활용법

1. 낱말 쑥쑥 총정리를 가지고 다니면서 낱말의 뜻풀이를 복습하세요. 어렵거나 잘 외워지지 않았던 낱말들 위주로 반복하면 좋습니다.

2. 낱말의 뜻풀이를 충분히 익힌 다음, 아래의 예문을 읽고 빈칸에 들어갈 낱말을 직접 써 보세요.

3. STEP 1개가 끝날 때마다 핵심 낱말 총정리에서 학습한 낱말을 낱말 쑥쑥 종합 테스트로 확인해 보세요.

4. 독해 지문 전체를 다 학습한 후에도 언제든지 특별 부록을 통해 낱말을 익힐 수 있습니다. 자투리 시간에 부록을 펼쳐 보세요!

5. 잘 기억나지 않거나 어려운 낱말을 반복해서 학습하고 문제를 통해 익힌다면 어휘력과 독해력이 쑥쑥 자랄 거예요!

차 례

핵심 낱말 총정리

▶ 정답 44쪽

★ 정확히 아는 낱말에는 ☑ 표시를 해 보세요.

☐ **연말** : 한 해의 마지막 무렵

☐ **남녀노소** : 남자와 여자, 늙은이와 젊은 이란 뜻으로, 모든 사람을 이르는 말

☐ **민족** : 일정한 지역에서 오랜 세월 동안 함께 살면서 공통적인 언어, 문화, 역사를 가지게 된 공동체

☐ **대중** : 수많은 사람의 무리

☐ **상징** : 어떤 사실이나 생각, 느낌을 떠오 르게 하는 사물 또는 그 사물을 가리키는 말이나 표시

☐ **손꼽히다** : 여럿 중에서 뛰어나다고 여겨 지다.

☐ **선정하다** : 여럿 가운데서 어떤 것을 뽑 아 정하다.

☐ **무형 문화재** : 연극, 무용, 음악 등 형체 가 없는 문화적 결과물로, 역사적 또는 예 술적으로 가치가 큰 것

☐ **등재되다** : 이름이나 어떤 사실 등이 장 부·명부 등에 기록되어 적히다.

☐ **기원하다** : 바라는 일이 이루어지기를 빌다.

★ 빈칸에 들어갈 낱말을 찾아 알맞은 형태로 쓰세요.

01 추석은 우리 (　　　　)의 중요한 명절이다.

02 ○○공원은 (　　　　) 할 것 없이 모두가 즐겨 찾는 곳이다.

03 판소리는 우리나라의 중요한 (　　　　)이다.

04 (　　　　) 교통을 이용할 때는 질서를 지켜야 한다.

05 나는 우혁이네 가게가 잘 되기를 (　　　　).

06 체육 선생님이 그를 농구 대회에 나갈 선수로 (　　　　).

07 그 책은 사람들에게 훌륭한 책으로 (　　　　).

08 선우는 이번 (　　　　)도 가족과 함께 보내기로 하였다.

09 비둘기는 평화의 (　　　　)(으)로 많이 쓰인다.

10 수원 화성은 1997년에 세계 문화유산으로 (　　　　).

★ 정확히 아는 낱말에는 ☑ 표시를 해 보세요.

☐ **고유** : 오래된 집단이나 사물이 본래부터 지니고 있는 것

☐ **영토** : 한 나라의 통치권이 미치는 영역

☐ **유리하다** : 이익이 있다.

☐ **조치** : 어떤 문제를 해결하기 위해 필요한 일을 하는 것

☐ **파악하다** : 어떤 일의 내용·사정·본질 등을 분명하게 알다.

☐ **동태** : 움직이거나 변하는 모습

☐ **해류** : 일정한 방향과 속도로 이동하는 바닷물의 흐름

☐ **어획량** : 수산물을 잡거나 캐서 얻은 수량

☐ **보고** : 귀중한 것이 많이 나거나 간직되어 있는 곳을 비유적으로 이르는 말

☐ **매장되다** : 지하자원 따위가 땅속에 묻히다.

★ 빈칸에 들어갈 낱말을 찾아 알맞은 형태로 쓰세요.

01 준서는 글의 의미를 정확하게 (   ).

02 적도 근처에는 따뜻한 (   )이/가 흐른다.

03 그는 모래밭에 엎드려 적의 (   )을/를 살폈다.

04 바닷물이 오염되면 물고기의 (   )이/가 줄어든다.

05 문제를 해결하기 위한 특별한 (   )이/가 필요하다.

06 상대편 선수가 퇴장을 당하면서 우리에게 (   )하게 되었다.

07 한복은 우리 민족 (   )의 멋이 담겨 있는 옷이다.

08 지구에 (   )되어 있는 지하자원은 언젠가는 다 없어진다.

09 ○○왕은 전쟁에서 승리해 나라의 (   )을/를 크게 넓혔다.

10 습지는 수많은 야생 동물들이 사는 자연 생태계의 (   )이다.

★ 정확히 아는 낱말에는 ☑ 표시를 해 보세요.

☐ **조사하다** : 모르거나 분명하지 않은 일을 알기 위하여 자세히 살펴보거나 찾아보다.

☐ **적어도** : 아무리 적게 잡아도

☐ **범위** : 어떤 활동이나 상태가 미치거나 벌어질 수 있는 정해진 시간·공간, 또는 한계

☐ **기준** : 종류를 나누거나 비교를 하거나 정도를 구별하기 위하여 따르는 일정한 원칙

☐ **포함하다** : 무엇이 어떤 무리나 범위에 들어 있다.

☐ **접하다** : 무엇을 알게 되거나 경험하다.

☐ **관람** : 연극, 영화, 운동 경기, 미술품 따위를 구경하는 것

☐ **가** : 어떤 행위가 허용되거나 가능함을 이르는 말

☐ **탑승** : 배나 비행기, 차 따위에 올라타는 것

☐ **정원** : 일정한 규정에 따라 정해진 인원수

★ 빈칸에 들어갈 낱말을 찾아 알맞은 형태로 쓰세요.

01 우리 가족은 나를 (   )하여 총 4명이다.

02 이번 중간고사는 시험 (   )이/가 좁다.

03 그곳에 가려면 (   ) 2시간이 걸릴 것이다.

04 어제 그가 돌아온다는 소식을 (   ).

05 박물관 (   )을/를 마치고 느낀 점을 적어보았다.

06 밤 12시를 (   )(으)로 날짜가 바뀐다.

07 ○○유람선에 탈 수 있는 (   )은/는 300명이다.

08 이 영화는 전체 관람 (   ) 등급을 받았다.

09 제주도로 가는 비행기의 (   ) 시간이 다 되었다.

10 경찰은 교통사고 원인을 자세히 (   ).

★ 정확히 아는 낱말에는 ☑ 표시를 해 보세요.

☐ **피해** : 생명이나 신체, 재산, 명예 따위에 손해를 입음. 또는 그 손해

☐ **복구하다** : 피해나 손해 이전의 상태로 회복하다.

☐ **시급하다** : 시각을 다툴 만큼 몹시 절박하고 급하다.

☐ **황폐하다** : 집, 토지, 삼림 따위가 거칠어져 못 쓰게 되다.

☐ **치우치다** : 여러 일에 주의하지 못하고 한쪽으로 쏠리다.

☐ **제도** : 국가나 정부의 기본적 통치 이념을 실현하기 위한 사회 조직과 체계

☐ **개선하다** : 잘못된 것이나 부족한 것, 나쁜 것 따위를 고쳐 더 좋게 만들다.

☐ **지적하다** : 잘못된 점이나 허물을 가리켜 말하다.

☐ **효율적** : 들인 노력에 비하여 얻는 결과가 큰 것

☐ **보급하다** : 널리 펴서 많은 사람들에게 골고루 미치게 하여 누리게 하다.

★ 빈칸에 들어갈 낱말을 찾아 알맞은 형태로 쓰세요.

01 책상 위에 놓인 책들이 한쪽으로 (　　　　).

02 홍수 후에 (　　　　)해진 마을을 복구하는 게 중요하다.

03 이 그림을 원래 상태로 (　　　　)하는 것은 어렵다.

04 생활 계획표를 만들면 시간을 (　　　　)(으)로 쓸 수 있다.

05 산불 (　　　　)을/를 입은 지역이 늘고 있다.

06 소희는 늦잠 자는 습관을 (　　　　)하려고 노력하였다.

07 민주주의는 우리나라의 정치 (　　　　)이다.

08 친구가 나에게 다리를 떨지 말라고 (　　　　).

09 바다에 버려진 오염 물질을 치우는 일이 (　　　　).

10 그녀는 태권도를 세계 여러 나라에 (　　　　)하는 일에 힘쓰고 있다.

★ 정확히 아는 낱말에는 ☑ 표시를 해 보세요.

☐ **지속적** : 어떤 일이나 상태가 끊어지지 않고 이어지는 것

☐ **적응하다** : 일정한 조건이나 환경 따위에 맞추어 응하거나 알맞게 되다.

☐ **기후** : 일정 지역에서 오랜 기간에 걸쳐서 나타난 기온, 비, 눈, 바람 따위의 평균 상태

☐ **무분별하다** : 사리에 맞게 판단하는 능력이 없다.

☐ **후손** : 여러 대가 지난 뒤의 자손

☐ **서식지** : 야생 동물이 자연 상태로 사는 곳

☐ **생태계** : 일정한 지역이나 환경에서 생물들이 서로 적응하고 상호 관계를 맺으며 균형과 조화를 이루는 자연의 세계

☐ **급격하다** : 변화의 움직임 따위가 급하고 격렬하다.

☐ **공존하다** : 서로 도와서 함께 존재하다.

☐ **마련하다** : 필요한 것을 미리 준비하다.

★ 빈칸에 들어갈 낱말을 찾아 알맞은 형태로 쓰세요.

01 시호는 새로운 수업에 금방 (   ).

02 이곳의 (   )은/는 벼농사를 짓기에 알맞다.

03 (   )들은 조상의 문화 유산을 소중히 관리해야 한다.

04 미세 플라스틱은 바닷속 (   )을/를 오염시킨다.

05 ○○산은 호랑이의 (   )(으)로서 좋은 조건을 갖추고 있다.

06 그는 작년부터 (   )(으)로 치료를 받고 있다.

07 (   )한 온도 변화로 감기에 걸린 사람들이 많다.

08 용돈을 (   )하게 쓰지 않으려고 계획을 세웠다.

09 경복궁을 보니 과거와 현재가 (   )하고 있는 듯했다.

10 정호는 미술 시간에 필요한 준비물을 (   ).

★ 정확히 아는 낱말에는 ☑ 표시를 해 보세요.

☐ **마땅하다** : 행동이나 대상 따위가 일정한 조건에 어울리게 알맞다.

☐ **제외하다** : 어떤 대상에서 빼놓거나 셈에서 헤아리지 아니하다.

☐ **속하다** : 관계되어 어떠한 집단이나 범위 안에 들다.

☐ **구분하다** : 일정한 기준에 따라 전체를 몇 개로 갈라 나누다.

☐ **판단하다** : 어떤 사물에 대하여 여러 사정을 따져서 자기의 생각을 분명하게 정하다.

☐ **정착하다** : 새로운 문화 현상, 학설 따위가 당연한 것으로 사회에 널리 받아들여지다.

☐ **비중** : 다른 것과 비교할 때 차지하는 중요도

☐ **고유어** : 외국에서 들어온 말이 아닌, 한 민족이 본래부터 가지고 있는 말

☐ **외면하다** : 어떤 사상이나 이론, 현실, 사실, 진리 따위를 인정하지 않고 무시하다.

☐ **보존하다** : 잘 보호하고 간수하여 남기다.

★ 빈칸에 들어갈 낱말을 찾아 알맞은 형태로 쓰세요.

01 딸기와 수박은 채소에 (   ).

02 유주는 필기구를 색깔별로 (   )해 놓았다.

03 어려움에 처한 친구를 (   )하면 안 된다.

04 요리를 하려고 보니 (   )한 재료가 없었다.

05 민서는 할머니께서 주신 팔찌를 고스란히 (   )하고 있다.

06 판사는 양쪽의 의견을 듣고 공정하게 (   )해야 한다.

07 새로운 문화가 (   )하는 데에는 시간이 걸린다.

08 용돈에서 교통비가 차지하는 (   )이/가 늘어났다.

09 은서는 잠자는 시간을 (   )하고 끊임없이 움직인다.

10 외국어 대신 (   )을/를 쓰려는 노력이 필요하다.

[01~06] 주어진 뜻풀이에 해당하는 낱말에 ○표 하세요.

01 아무리 적게 잡아도 : (그래도 , 적어도)

02 이익이 있다. : (유리하다 , 유연하다)

03 움직이거나 변하는 모습 : (동태 , 상태)

04 다른 것과 비교할 때 차지하는 중요도 : (비중 , 체중)

05 일정한 조건이나 환경 따위에 맞추어 응하거나 알맞게 되다. :

(적당하다 , 적응하다)

06 어떤 사실이나 생각, 느낌을 떠오르게 하는 사물 또는 그 사물을 가리키는 말이나 표시 : (상징 , 상황)

[07~10] 주어진 초성과 뜻풀이를 참고하여 빈칸에 알맞은 낱말을 써넣으세요.

07 ㅈ 하다 : 무엇을 알게 되거나 경험하다.
➡ 외국 여행을 가면 새로운 문화를 (   )할 수 있다.

08 ㅊ ㅇ ㅊ ㄷ : 여러 일에 주의하지 못하고 한쪽으로 쏠리다.
➡ 현우의 관심은 운동보다 그림에 (   ).

09 ㅅ ㅈ 하다 : 여럿 가운데서 어떤 것을 뽑아 정하다.
➡ 체육 협회는 그녀를 이달의 운동선수로 (   ).

10 ㄱ ㄱ 하다 : 변화의 움직임 따위가 급하고 격렬하다.
➡ 5월 말이 되면서 날씨가 (   )하게 더워지고 있다.

★ 정확히 아는 낱말에는 ☑ 표시를 해 보세요.

☐ **건망증** : 기억을 잘 못하거나, 잘 잊어버리는 증상

☐ **머금다** : 삼키지 않고 입 속에 넣고만 있다.

☐ **대비하다** : 앞으로 일어날지도 모르는 힘들거나 어려운 일을 겪지 않기 위해서 미리 준비하다.

☐ **보관하다** : 물건이나 돈을 맡아 잘 간직하여 두다.

☐ **수술** : 꽃의 가운데에 나 있어서 암술에 꽃가루를 묻혀 씨를 맺게 하는 기관

☐ **종족** : 같은 종류의 생물 전체를 이르는 말

☐ **제공하다** : 필요하거나 쓸데가 있는 것을 주다.

☐ **잡식성** : 여러 가지 음식을 가리지 않고 다 먹는 동물의 성질

☐ **추상적** : 직접 경험하거나 알아볼 수 있는 일정한 형태와 성질을 갖추고 있지 않은 것

☐ **번식** : 생물의 수가 늘거나 널리 퍼지는 것

★ 빈칸에 들어갈 낱말을 찾아 알맞은 형태로 쓰세요.

01 꽃의 (　　　　)에서 꽃가루가 만들어진다.

02 수희는 (　　　　)이/가 있어서 무엇을 잘 잊어버린다.

03 나는 물약을 삼키지 않고 입에 (　　　　)고 있었다.

04 그 책은 (　　　　)인 내용을 분명하고 자세히 설명해 준다.

05 여우는 (　　　　) 동물로, 식물과 곤충을 모두 먹는다.

06 손님이 오는 것에 (　　　　)해 밥을 넉넉히 준비하였다.

07 그는 어려운 이웃들에게 점심을 (　　　　).

08 이 약초는 산기슭에서만 (　　　　)하는 희귀한 식물이다.

09 윤우는 친구들에게 받은 편지를 상자에 (　　　　).

10 사마귀는 자신과 같은 (　　　　)을/를 먹기도 한다.

★ 정확히 아는 낱말에는 ☑ 표시를 해 보세요.

☐ **사고** : 무엇에 대하여 깊이 생각하는 것

☐ **시조** : 어떤 학문이나 기술 따위를 처음으로 연 사람

☐ **이성적** : 이성에 따르거나 이성에 근거한 것

☐ **증명하다** : 어떤 사항이나 판단 따위에 대하여 그것이 진실인지 아닌지 증거를 들어서 밝히다.

☐ **의문** : 이상하거나 수상하여 사실이나 진실을 알고 싶은 것

☐ **손해** : 돈이나 재산을 잃거나 해를 입는 것

☐ **규칙성** : 어떤 현상이나 일에 일정한 질서를 나타내는 성질

☐ **원리** : 기본이 되는 이치나 법칙

☐ **측량** : 기구를 써서 물건의 높이·깊이·넓이·방향 등을 재는 것

☐ **설계** : 건설·공사·제작 등에 관하여 자세하게 그림과 설명으로 나타낸 계획

★ 빈칸에 들어갈 낱말을 찾아 알맞은 형태로 쓰세요.

01 ○○다리는 지진을 버티도록 (　　　　)되었다.

02 이 장난감은 용수철의 (　　　　)을/를 이용한다.

03 중국의 공자는 유가의 (　　　　)(으)로 알려져 있다.

04 갑작스러운 화재로 커다란 (　　　　)을/를 보았다.

05 약의 효과를 (　　　　)하기 위한 실험을 진행 중이다.

06 보희는 긍정적인 (　　　　)방식을 가지고 있다.

07 그녀는 건물의 높이와 너비를 (　　　　)한 값을 구했다.

08 인간은 동물과 달리 (　　　　)(으)로 생각할 수 있다.

09 수면 시간에 일정한 (　　　　)을/를 두면 건강한 생활을 할 수 있다.

10 반복되는 이상한 소리에 사람들은 (　　　　)을/를 품기 시작했다.

★ 정확히 아는 낱말에는 ☑ 표시를 해 보세요.

☐ **논리적** : 논리의 법칙에 들어맞는 것

☐ **설득하다** : 잘 설명하거나 타일러서 이해시켜 따르게 하다.

☐ **대표적** : 가장 두드러지거나 뛰어나 대표가 될 만한 것

☐ **책임** : 맡은 일에 잘못이 있을 때 생긴 손해를 감당할 의무

☐ **비판적** : 현상이나 사물의 옳고 그름을 판단하여 밝히거나 잘못된 점을 지적하는 것

☐ **평가하다** : 가치나 수준을 자세히 따져서 정하다.

☐ **객관적** : 자기와의 관계에서 벗어나 제삼자의 입장에서 사물을 보거나 생각하는 것

☐ **일관되다** : 생각이나 행동이 처음부터 끝까지 한결같다.

☐ **파악하다** : 대상의 내용이나 본질을 확실하게 이해하여 알다.

☐ **타당하다** : 이치에 맞아 옳다.

★ 빈칸에 들어갈 낱말을 찾아 알맞은 형태로 쓰세요.

01 그는 이번 강연을 매우 좋게 (　　　　).

02 계속되는 그의 실수에 (　　　　)인 반응이 많다.

03 긴 글을 읽을 때는 핵심을 빨리 (　　　　)해야 한다.

04 터널을 개발하자는 결정이 (　　　　)한지 확인해야 한다.

05 다은이는 어머니를 (　　　　)해 도마뱀을 키우기로 하였다.

06 개나리는 봄의 (　　　　)인 꽃이다.

07 모든 나라는 대기 오염 문제를 해결해야 할 (　　　　)이/가 있다.

08 그의 주장은 (　　　　)이지 않아서 말의 앞뒤가 안 맞는다.

09 그 화가는 오랫동안 (　　　　)된 주제를 가지고 그림을 그려왔다.

10 철수가 나보다 (　　　　)(으)로 노래는 더 잘한다.

★ 정확히 아는 낱말에는 ☑ 표시를 해 보세요.

☐ **일상** : 비슷하거나 늘 있는 일이 벌어지는 매일

☐ **물질** : 세상의 온갖 것을 이루며, 보고 만질 수 있든가 과학적으로 다룰 수 있는 것

☐ **성질** : 사물이나 현상이 가지고 있는 고유의 특성

☐ **현상** : 인간이 알아챌 수 있는, 사물의 모양이나 상태

☐ **액체** : 일정한 부피는 가졌으나 일정한 형태를 가지지 않고 흐를 수 있는 물질

☐ **현미경** : 눈으로는 볼 수 없을 만큼 작은 물체나 물질을 확대해서 보는 기구

☐ **입자** : 물질을 구성하는 매우 작은 알갱이

☐ **성분** : 혼합물을 이루고 있는 것의 한 부분

☐ **동일하다** : 여럿이 서로 차이가 없이 똑같다.

☐ **해당하다** : 어떤 범위나 조건에 바로 들어맞다.

★ 빈칸에 들어갈 낱말을 찾아 알맞은 형태로 쓰세요.

01 강원도 평창은 산간 지역에 (　　　　).

02 감자의 주된 영양 (　　　　)은/는 탄수화물이다.

03 물은 얼면 부피가 늘어나는 (　　　　)이/가 있다.

04 고무는 잘 늘어나는 성질이 있는 (　　　　)이다.

05 고춧가루를 빻았더니 (　　　　)이/가 고와졌다.

06 두 팀의 전반전 점수는 47점으로 (　　　　).

07 황사 (　　　　)이/가 지속되어 건강이 나빠지고 있다.

08 아이스크림이 녹아 (　　　　)이/가 되자 줄줄 흐르기 시작했다.

09 아침마다 우유를 마시는 일은 도현이의 (　　　　)이/가 되었다.

10 (　　　　)을/를 이용하면 맨눈으로 보이지 않는 것도 볼 수 있다.

DAY 11 핵심 낱말 총정리   ▶ 정답 44쪽

★ 정확히 아는 낱말에는 ✔ 표시를 해 보세요.

☐ **길목** : 어떤 시기에서 다른 시기로 넘어가는 때를 비유적으로 이르는 말

☐ **반항** : 따르지 않고 맞서서 대들거나 반대하는 것

☐ **관련** : 여럿이 서로 어떤 영향을 주고받도록 이어져 있는 것

☐ **성장하다** : 사람이나 동식물 따위가 자라서 점점 커지다.

☐ **과정** : 어떤 일이 벌어지거나 변하여 가는 차례나 형편

☐ **성징** : 남과 여, 암컷과 수컷을 구별하는 특징

☐ **왕성하다** : 매우 활발하고 한창 성하다.

☐ **분비되다** : 몸속의 일부 기관과 세포에서 여러 가지 생리 작용을 일으키는 물질이 만들어져 몸으로 퍼지거나 나오다.

☐ **안정** : 마음이나 몸이 흔들리지 않고 평안하고 조용히 있는 것

☐ **격동적** : 감정 등이 몹시 흥분하여 어떤 충동이 느껴지는 것

★ 빈칸에 들어갈 낱말을 찾아 알맞은 형태로 쓰세요.

01 저번에 심어 놓은 콩 줄기가 ( )하게 자랐다.

02 그는 부모님의 말씀을 듣지 않고 ( )을/를 한다.

03 기후와 생활 방식 사이에는 깊은 ( )이/가 있다.

04 달리기를 한 후에는 시간이 지나야 호흡이 ( )된다.

05 그녀는 오랜 노력 끝에 세계적인 예술가로 ( ).

06 여름에서 가을로 넘어가는 ( )에는 감기를 조심해야 한다.

07 나는 도덕적이지 못한 일을 보고 ( )인 마음의 변화를 느꼈다.

08 여름에는 땀과 기름이 많이 ( )되어 피부가 상하기 쉽다.

09 민재는 토마토가 자라는 ( )을/를 주기적으로 관찰하였다.

10 신체적 변화가 나타나는 2차 ( )은/는 대부분 13세 전후에 나타난다.

DAY 12 핵심 낱말 총정리

★ 정확히 아는 낱말에는 ☑ 표시를 해 보세요.

☐ **유도하다** : 사람이나 물건을 목적한 방향으로 나아가도록 이끌다.

☐ **전략** : 정치, 경제 따위의 사회적 활동을 하는 데 필요한 수단과 계획

☐ **확률** : 정한 조건 아래에서 어떤 사건이 일어날 가능성의 정도

☐ **가장자리** : 둘레나 끝에 해당되는 부분

☐ **반영되다** : 무엇의 내용이나 특성이 다른 데에 그대로 나타나다.

☐ **눈높이** : 어떤 사물을 보거나 상황을 판단하여 알아내는 수준

☐ **배치** : 사람이나 물건을 여러 곳에 알맞게 나누어 놓는 것

☐ **머무르다** : 일정한 장소에 떠나지 않고 있다.

☐ **계획적** : 미리 정해진 계획에 따른 것

☐ **의도하다** : 무엇을 하고자 생각하거나 계획하다.

★ 빈칸에 들어갈 낱말을 찾아 알맞은 형태로 쓰세요.

01 울릉도에서 2박 3일 동안 (　　　).

02 어머니는 방 안의 가구들을 다시 (　　　)하셨다.

03 내일 비가 올 (　　　)은/는 10%로 매우 낮다.

04 장군은 뛰어난 (　　　)(으)로 승리를 이끌었다.

05 그는 안 좋은 결과를 (　　　)하지는 않았다.

06 호수의 (　　　)에 얼음이 얼기 시작하였다.

07 유행어에는 당시 사람들의 문화가 (　　　)되어 있다.

08 경찰관은 몇몇 차들을 길가로 (　　　).

09 그 작가는 독자들의 (　　　)에 맞게 글을 고쳐 썼다.

10 ○○숲은 지역의 산림 회복을 위해서 (　　　)(으)로 만들어졌다.

[01~06] 주어진 뜻풀이에 해당하는 낱말에 ○표 하세요.

01 기본이 되는 이치나 법칙 : (원리 , 지리)

02 이치에 맞아 옳다. : (타당하다 , 타협하다)

03 사물이나 현상이 가지고 있는 고유의 특성 : (성분 , 성질)

04 직접 경험하거나 알아볼 수 있는 일정한 형태와 성질을 갖추고 있지 않은 것 :
(추가적 , 추상적)

05 어떤 사항이나 판단 따위에 대하여 그것이 진실인지 아닌지 증거를 들어서
밝히다. : (서명하다 , 증명하다)

06 몸속의 일부 기관과 세포에서 여러 가지 생리 작용을 일으키는 물질이 만들
어져 몸으로 퍼지거나 나오다. : (분배되다 , 분비되다)

[07~10] 주어진 초성과 뜻풀이를 참고하여 빈칸에 알맞은 낱말을 써넣으세요.

07 ㄷ ㅍ ㅈ : 가장 두드러지거나 뛰어나 대표가 될 만한 것
➡ 스키와 스노보드는 (   )인 겨울 운동이다.

08 ㅎ ㄷ 하다 : 어떤 범위나 조건에 바로 들어맞다.
➡ 걷기, 수영, 에어로빅 등은 유산소 운동에 (   ).

09 ㅇ ㄷ 하다 : 무엇을 하고자 생각하거나 계획하다.
➡ 그 강사는 사람들이 눈물을 흘리게끔 (   ).

10 ㅂ ㅇ ㄷ ㄷ : 무엇의 내용이나 특성이 다른 데에 그대로 나타나다.
➡ 신화에는 옛날 사람들의 사고방식이 (   )되어 있다.

★ 정확히 아는 낱말에는 ✔ 표시를 해 보세요.

☐ **연기되다** : 정한 시기가 뒤로 미루어지다.

☐ **규모** : 사물이나 현상의 크기나 범위

☐ **균형** : 어느 한쪽으로 치우치거나 기울어지지 않은 상태

☐ **어긋나다** : 잘 맞물려 있는 물체가 틀어져서 맞지 아니하다.

☐ **밀집** : 빈틈없이 아주 빽빽하게 모인 상태

☐ **유해** : 건강에 해로운 것

☐ **노출되다** : 어떤 상황이나 환경의 영향을 직접 받게 되다.

☐ **연달다** : 어떤 사건이나 행동 따위가 이어 발생하다.

☐ **내진** : 지진을 견디어 내는 것

☐ **대피하다** : 위험이나 피해를 입지 않도록 일시적으로 피하다.

★ 빈칸에 들어갈 낱말을 찾아 알맞은 형태로 쓰세요.

01 강한 전자파는 우리 몸에 (　　　)하다.

02 세계적인 (　　　)의 음악 연주회가 열렸다.

03 비가 와서 야구 경기가 다음 주로 (　　　).

04 심한 충격을 받은 뒤로 마룻바닥이 약간 (　　　).

05 동네에 아파트 단지가 빽빽하게 (　　　)해 있다.

06 성장기에는 (　　　) 잡힌 식사를 하는 것이 중요하다.

07 사이렌이 울리자 사람들은 신속하게 (　　　).

08 메아리가 이 산 저 산에서 (　　　)아 울렸다.

09 ○○빌딩은 (　　　) 설계 덕분에 지난번 지진 때 무너지지 않았다.

10 빛에 직접 (　　　)된 필름은 사용하지 못한다.

★ 정확히 아는 낱말에는 ☑ 표시를 해 보세요.

☐ **실시하다** : 어떤 법이나 제도를 실제로 행하다.

☐ **양식** : 오랜 시간이 지나면서 자연히 정하여진 방식

☐ **자본** : 장사나 사업을 하는 데 드는 밑천

☐ **투자하다** : 이익을 얻기 위하여 어떤 일이나 사업에 자본을 대거나 시간이나 정성을 쏟다.

☐ **공공** : 국가나 사회의 구성원에게 두루 관계되는 것

☐ **통제** : 질서·제도·규범 등을 어기지 않게 다스리는 것

☐ **분배** : 일정한 기준에 따라 물건을 여러 몫으로 나누는 것

☐ **격차** : 빈부, 임금, 기술 수준 따위가 서로 벌어져 다른 정도

☐ **개입하다** : 자신과 직접적인 관계가 없는 일에 끼어들다.

☐ **채택하다** : 작품, 의견, 제도 따위를 여럿 중에서 골라서 다루거나 뽑아 쓰다.

★ 빈칸에 들어갈 낱말을 찾아 알맞은 형태로 쓰세요.

01 경찰에서 그를 증인으로 (   ).

02 우리는 공연으로 얻은 이익을 고르게 (   )하였다.

03 우리 반은 분리수거를 철저하게 (   ).

04 도로 공사를 위해서 이동하는 차량을 (   )하였다.

05 (   )시설은 내 것이 아니기 때문에 더욱 아껴야 한다.

06 회사는 막대한 (   )을/를 들여 신기술을 개발하였다.

07 동하는 건강을 위해서 운동에 시간을 (   )하기로 결심하였다.

08 민지와 지민이가 가진 기술의 (   )이/가 벌어졌다.

09 이 건물은 우리나라의 전통적인 건축 (   )(으)로 지어졌다.

10 아이들 싸움에 부모가 (   )하는 것은 좋지 않다.

핵심 낱말 총정리

▶ 정답 45쪽

★ 정확히 아는 낱말에는 ☑ 표시를 해 보세요.

☐ **말문** : 입을 열어서 하는 말의 시작

☐ **통틀어** : 있는 대로 모두 합하여

☐ **국립** : 학교나 기관 등을 나라에서 세워서 관리하는 것

☐ **보관되다** : 물건이 맡겨져 간직되고 관리되다.

☐ **분류하다** : 여럿 중에서 같은 성질을 가진 것끼리 갈라 놓다.

☐ **뜯다** : 현악기의 줄을 퉁겨서 소리를 내다.

☐ **비교적** : 일정한 수준이나 보통 정도보다 꽤

☐ **못지아니하다** : 일정한 수준이나 정도에 뒤지지 않다.

☐ **친숙하다** : 늘 보아서 낯설지 않다.

☐ **풍성하다** : 넉넉하고 많다.

★ 빈칸에 들어갈 낱말을 찾아 알맞은 형태로 쓰세요.

01 거문고를 (　　　)는 소리가 참으로 맑다.

02 생물은 동물과 식물로 (　　　)할 수 있다.

03 엿은 우리에게 (　　　)한 전통 과자 중 하나다.

04 이 동네에 도서관은 (　　　) 여기뿐이다.

05 가을은 수확의 계절로, 먹을거리가 (　　　).

06 작년에 담근 김치가 장독대에 (　　　)되어 있다.

07 지리산은 나라에서 관리하는 (　　　) 공원이다.

08 우리나라의 남쪽 지방은 겨울에도 (　　　) 따뜻하다.

09 할머니는 요리사 (　　　)한 요리 실력을 가지고 계신다.

10 그의 버릇없는 태도에 나는 (　　　)이/가 막혔다.

DAY 16 핵심 낱말 총정리

★ 정확히 아는 낱말에는 ☑ 표시를 해 보세요.

☐ **예방하다** : 병이나 사고 같은 것이 생기지 않도록 미리 막다.

☐ **수명** : 사람이나 생물이 살아 있는 기간

☐ **살균하다** : 약품이나 열 등으로 세균을 죽여 없애다.

☐ **대량** : 아주 많은 분량이나 수량

☐ **지시하다** : 무엇을 하라고 시키다.

☐ **배양액** : 식물이나 세균, 배양 세포 따위를 기르는 데 필요한 영양소가 들어 있는 액체

☐ **접종하다** : 병의 예방, 치료, 진단, 실험 따위를 위하여 병원균이나 항독소, 항체 따위를 사람이나 동물의 몸에 넣다.

☐ **면역력** : 외부에서 들어온 병원균을 이겨 내는 몸의 힘

☐ **생애** : 한 사람이 나서 성장하여 어떤 특별한 경험을 쌓거나 일을 이루어 놓기까지의 기간

☐ **업적** : 어떤 사업이나 연구 따위에서 세운 결과

★ 빈칸에 들어갈 낱말을 찾아 알맞은 형태로 쓰세요.

01 (   )이/가 약하면 감기에 걸리기 쉽다.

02 연구원은 세균을 (   )에 넣어 키웠다.

03 그녀는 전 (   )을/를 나라의 독립을 위해서 바쳤다.

04 ○○마을 주민의 평균 (   )은/는 90세가 넘는다.

05 전염병을 (   )하기 위해서 손을 깨끗이 씻어야 한다.

06 아이의 엄마가 젖병을 삶아서 (   ).

07 관리자는 직원들에게 안전 수칙을 지키라고 (   ).

08 새로 개발된 백신을 쥐에게 (   )하는 실험을 하고 있다.

09 장인의 도자기는 (   )(으)로 만들 수 없어서 가치가 있다.

10 노벨상은 뛰어난 (   )을/를 세운 인물에게 주어진다.

★ 정확히 아는 낱말에는 ☑ 표시를 해 보세요.

☐ **생생하다** : 바로 눈앞에서 보는 것처럼 명백하고 또렷하다.

☐ **빗대다** : 넌지시 둘러서 가리키다. 다른 말로 간접적으로 나타내다.

☐ **대표적** : 가장 두드러지거나 뛰어나 대표가 될 만한 것

☐ **부산스럽다** : 보기에 급하게 서두르거나 시끄럽게 떠들어 어수선한 데가 있다.

☐ **공통점** : 둘 또는 그 이상의 여럿 사이에 서로 비슷하거나 같은 점

☐ **대상** : 무엇의 상대나 목표가 되는 것

☐ **전달하다** : 지시, 명령, 물품 따위를 다른 사람이나 기관에 전하여 이르게 하다.

☐ **인상** : 어떤 대상에 대하여 마음속에 새겨지는 느낌

☐ **나열하다** : 비슷한 것들을 차례대로 죽 벌여 늘어놓다.

☐ **견주다** : 여러 사물의 차이를 알아보려고 무엇과 서로 마주 대어 보거나 비교하다.

★ 빈칸에 들어갈 낱말을 찾아 알맞은 형태로 쓰세요.

01 진돗개는 우리나라의 (　　　)인 토종개이다.

02 시장은 상인들과 손님들로 가득 차서 (　　　).

03 맨발에 닿는 개울의 느낌이 아직도 (　　　).

04 우유와 주스의 (　　　)은/는 둘 다 액체라는 것이다.

05 세호는 학급 회의에서 정한 내용을 선생님께 (　　　).

06 새로 나온 ○○의 노래가 관심의 (　　　)(으)로 떠오르고 있다.

07 이 그림은 강렬한 색깔을 사용해서 깊은 (　　　)을/를 남긴다.

08 보통 욕심 많은 사람을 놀부에 (　　　).

09 심사 위원은 참가자의 이름을 가나다순으로 (　　　).

10 유나는 반 친구들과 팔씨름을 (　　　).

DAY 18 핵심 낱말 총정리

★ 정확히 아는 낱말에는 ☑ 표시를 해 보세요.

☐ **발생하다** : 어떤 일이 일어나다.

☐ **규모** : 사물이나 현상의 크기나 범위

☐ **증감** : 늘어나거나 줄어드는 것

☐ **사망률** : 일정 기간 동안, 전체 인구수에 대한 죽은 사람 수의 비율

☐ **유소년** : 어린아이나 소년을 아울러 이르는 말

☐ **청장년** : 청년, 그리고 서른에서 마흔 안팎의 장년을 아울러 이르는 말

☐ **노년층** : 사회 구성원 가운데 노년기에 있는 사람을 통틀어 이르는 말

☐ **방추형** : 물레의 가락 비슷한 모양으로, 양 끝이 뾰족한 원기둥꼴의 모양을 이른다.

☐ **출산율** : 아기를 낳는 비율

☐ **지표** : 방향이나 목적, 기준 따위를 나타내는 표지

★ 빈칸에 들어갈 낱말을 찾아 알맞은 형태로 쓰세요.

01 사건이 (　　　　)한 시간은 오전 10시쯤이었다.

02 전쟁보다 교통사고로 인한 (　　　　)이/가 높다.

03 모기 수의 (　　　　)은/는 기온과 관련이 있다.

04 그 치과는 동네 의원치고는 (　　　　)이/가 제법 있는 편이다.

05 평균 수명이 길어져 (　　　　) 인구가 늘어나고 있다.

06 (　　　　)이/가 되면 대부분 직업을 갖고 일을 한다.

07 항상 최선을 다하라는 말을 삶의 (　　　　)(으)로 삼았다.

08 감독은 어린이를 교육하기 위해서 (　　　　) 수영 교실을 열었다.

09 (　　　　)이/가 계속 낮아진다면 인구가 줄어들 것이다.

10 어머니는 (　　　　) 모양의 꽃병을 선호한다.

[01~06] 주어진 뜻풀이에 해당하는 낱말에 ○표 하세요.

01 무엇을 하라고 시키다. : (감시하다 , 지시하다)

02 무엇의 상대나 목표가 되는 것 : (대상 , 상상)

03 빈틈없이 아주 빽빽하게 모인 상태 : (밀집 , 수집)

04 오랜 시간이 지나면서 자연히 정하여진 방식 : (양식 , 양심)

05 자신과 직접적인 관계가 없는 일에 끼어들다. : (가입하다 , 개입하다)

06 여러 사물의 차이를 알아보려고 무엇과 서로 마주 대어 보거나 비교하다. :

(견디다 , 견주다)

[07~10] 주어진 초성과 뜻풀이를 참고하여 빈칸에 알맞은 낱말을 써넣으세요.

07 | ㅈ | ㅍ | : 방향이나 목적, 기준 따위를 나타내는 표지

➡ 이 식물은 토양 오염의 심각성을 나타내는 (   )이다.

08 | ㅂ | ㄱ | ㅈ | : 일정한 수준이나 보통 정도보다 꽤

➡ 우리나라 음식에는 볶음 요리가 (   ) 적은 편이다.

09 | ㅇ | ㄱ | ㄷ | ㄷ | : 정한 시기가 뒤로 미루어지다.

➡ 수학 경시대회가 한 달 뒤로 (   ).

10 | ㅂ | ㄹ | 하다 : 여럿 중에서 같은 성질을 가진 것끼리 갈라 놓다.

➡ 우편집배원이 우편물을 지역에 따라 (   ).

★ 정확히 아는 낱말에는 ✓ 표시를 해 보세요.

☐ **시각** : 시간의 흐름에서의 어느 한 때

☐ **기준** : 종류를 나누거나 비교를 하거나 정도를 구별하기 위하여 따르는 일정한 원칙

☐ **일반적** : 일부에 한정되지 않고 전체에 두루 통하는 것

☐ **결정되다** : 무슨 일을 어떻게 하기로 정하다.

☐ **경선** : 동과 서의 위치를 나타내기 위해서 지도나 지구본 위에 적도를 180등분한 점과 남극에서 북극으로 세로로 곧바로 이어서 그은 선

☐ **천문대** : 우주에 있는 별 등의 물체를 관측하고 연구하는 곳

☐ **동경** : 지구 위에서 그리니치 천문대를 0도로 하여 동쪽으로 180도까지 어떤 장소의 위치를 나타내는 경도

☐ **차이** : 서로 같지 않고 다른 것

☐ **제시되다** : 글이나 말로 어떤 내용·문제 등을 남이 알 수 있게 나타내어져 보이다.

☐ **조건** : 어떤 일을 이루기 위해 갖추어야 하는 것

★ 빈칸에 들어갈 낱말을 찾아 알맞은 형태로 쓰세요.

01 우리나라의 표준 (　　　　)은/는 동경 135°이다.

02 요즘 낮과 밤의 기온 (　　　　)이/가 꽤 크다.

03 학생들의 실력을 평가할 확실한 (　　　　)이/가 필요하다.

04 수탉이 암탉보다 (　　　　)(으)로 더 화려하다.

05 겨우 2점 차이로 우승자가 (　　　　).

06 나영이는 기차 출발 (　　　　)이/가 지났는데도 도착하지 않았다.

07 이 글에서 주장하는 바는 머리말에 (　　　　)되어 있다.

08 슬기는 별자리를 관찰하기 위해 (　　　　)을/를 방문하였다.

09 이 지역은 농작물이 자라기 좋은 환경 (　　　　)을/를 가지고 있다.

10 한국은 그리니치 천문대를 기준으로 (　　　　)의 시각대를 사용한다.

★ 정확히 아는 낱말에는 ☑ 표시를 해 보세요.

☐ **구별되다** : 성질이나 종류에 따라 차이가 나다.

☐ **바탕** : 무엇이 이루어지기 위한 토대나 근본이 되는 부분

☐ **양편** : 상대가 되는 두 편

☐ **반박하다** : 어떤 의견, 주장, 논설 따위에 반대하여 말하다.

☐ **대립하다** : 생각이나 위치가 서로 정반대로 맞서거나 어긋나다.

☐ **진행** : 어떤 일을 해 나가는 것

☐ **논쟁하다** : 서로 다른 의견을 가진 사람들이 각각 자기의 주장을 말이나 글로 다투다.

☐ **상하다** : 근심, 슬픔, 노여움 따위로 마음이 언짢아지다.

☐ **제한하다** : 일정한 한계나 범위를 정하거나 그것을 넘지 못하게 막다.

☐ **엄격하다** : 말, 태도, 규칙 따위가 매우 엄하고 철저하다.

★ 빈칸에 들어갈 낱말을 찾아 알맞은 형태로 쓰세요.

01 사소한 일로 친구와 다퉈 속이 (   ).

02 아이들은 (   )(으)로 나뉘어 공기놀이를 하였다.

03 하늘과 바다가 수평선을 경계로 확실히 (   ).

04 기숙사에 들어가면 규칙을 (   )하게 지켜야 한다.

05 졸업식이 준비된 순서대로 착착 (   )되었다.

06 이 소설은 실제로 있었던 일을 (   )(으)로 쓰였다.

07 터무니없는 그의 의견을 조목조목 (   ).

08 우리 학교는 외부인이 들어오는 것을 (   ).

09 시경이와 보영이의 생각은 정반대로 (   )하고 있다.

10 서로를 설득하기 위해 찬반 양쪽이 큰소리로 (   ).

DAY 21 핵심 낱말 총정리

▶ 정답 46쪽

★ 정확히 아는 낱말에는 ☑ 표시를 해 보세요.

☐ **기존** : 이미 존재하는 것

☐ **제각각** : 사람이나 물건이 모두 각각

☐ **고유하다** : 집단이나 사물 등이 본래부터 지니고 있다.

☐ **계통** : 서로 비슷한 성질을 가진 것들이 이루는 한 종류

☐ **선명하다** : 산뜻하고 뚜렷하여 다른 것과 혼동되지 아니하다.

☐ **어우러지다** : 여럿이 모여 한데 합치거나 한 덩어리나 한판을 이루다.

☐ **정지** : 움직이고 있던 것이 멎거나 그치는 것

☐ **통행** : 어떤 장소를 지나다니는 것

☐ **효과** : 어떤 일을 하여서 생기는 좋은 결과

☐ **활용하다** : 무엇이 지니고 있는 기능이나 능력을 제대로 잘 쓰다.

★ 빈칸에 들어갈 낱말을 찾아 알맞은 형태로 쓰세요.

01 ○○세제는 세척 (　　　)이/가 뛰어나다.

02 기타와 피아노는 다른 (　　　)의 악기이다.

03 스키장은 (　　　)의 시설을 새롭게 바꾸었다.

04 자동차가 횡단보도에 막혀서 잠시 (　　　)했다.

05 공원에 모여 있는 사람들의 표정은 (　　　) 달랐다.

06 많은 나라들은 각기 (　　　)한 문화를 갖고 있다.

07 먹다 남은 사과에 잇자국이 (　　　)하게 남았다.

08 그 설치물은 지나가는 사람들의 (　　　)을/를 방해한다.

09 우리 반에서는 다 쓴 종이를 이면지로 (　　　).

10 이번 대회를 통해 남한과 북한이 하나로 (　　　).

★ 정확히 아는 낱말에는 ☑ 표시를 해 보세요.

☐ **차지하다** : 사물이나 공간, 지위 따위를 자기 몫으로 가지다.

☐ **양분** : 생물이 살아가기 위해 필요한 영양 성분

☐ **운반되다** : 사물이 어떤 도구나 수단으로 실어서 옮겨지다.

☐ **표면** : 사물의 겉으로 드러난 쪽

☐ **생장** : 생물이 나서 자라는 것, 또는 점점 크게 자라는 것

☐ **무수하다** : 셀 수 없을 만큼 많다.

☐ **도달하다** : 목적한 곳이나 어떠한 수준에 다다르다.

☐ **작용** : 어떠한 현상이나 행동을 일으키거나 영향을 미치는 것

☐ **조절하다** : 어떤 사정이나 조건에 알맞게 만들다.

☐ **화창하다** : 날씨가 맑고 온화하다.

★ 빈칸에 들어갈 낱말을 찾아 알맞은 형태로 쓰세요.

01 키에 맞게 의자의 높이를 (　　　　).

02 돌을 던지니 연못의 (　　　　)이/가 일렁였다.

03 식물은 뿌리로 (　　　　)을/를 빨아서 먹는다.

04 용진이가 제일 넓은 자리를 (　　　　).

05 곰은 온몸에 털이 (　　　　)하게 나 있다.

06 오랜 항해 끝에 마침내 육지에 (　　　　).

07 나이테를 보니 이 나무는 (　　　　) 기간이 10년이 넘었다.

08 상자에 담긴 사과는 트럭에 실려 마트로 (　　　　).

09 우리가 물에 뜰 수 있는 것은 부력이 (　　　　)하기 때문이다.

10 (　　　　)한 봄날을 맞아 길에는 꽃구경을 나온 사람들로 북적였다.

★ 정확히 아는 낱말에는 ☑ 표시를 해 보세요.

☐ **발전하다** : 더 낫고 좋은 상태나 더 높은 단계로 나아가다.

☐ **해양** : 넓고 큰 바다

☐ **동참하다** : 어떤 모임이나 일에 같이 참가하다.

☐ **극지방** : 남극과 북극을 중심으로 한 그 주변 지역

☐ **지대** : 공통의 특성을 가진 한정된 구역이나 영역

☐ **실시하다** : 국가나 공공의 기관에서 어떤 법이나 제도를 실제로 행하다.

☐ **극복하다** : 어렵고 힘든 일을 이겨 내다.

☐ **일회용** : 한 번만 쓰고 버림. 또는 그런 것

☐ **부작용** : 목적했던 일과 함께 일어나는 바람직하지 못한 일

☐ **전환하다** : 지금까지의 방침·경향·상태 등을 다른 것으로 바꾸다.

★ 빈칸에 들어갈 낱말을 찾아 알맞은 형태로 쓰세요.

01 태평양은 지구에서 가장 넓은 (　　　　)이다.

02 나는 여행을 갈 때 (　　　　) 제품을 주로 챙겨 간다.

03 성희는 오래 전부터 헌혈 운동에 (　　　　)해 왔다.

04 탈것은 마차에서부터 고속 전철까지 (　　　　)해 왔다.

05 이곳은 평야 (　　　　)(이)라서 주로 벼농사를 짓는다.

06 하준이는 뛰어난 순발력으로 위기를 (　　　　).

07 무리한 다이어트의 (　　　　)(으)로 건강이 나빠지기도 한다.

08 내년 초부터 우리 학교에서는 점심 급식을 (　　　　).

09 학원은 오전 수업을 오후 수업으로 (　　　　).

10 추운 (　　　　)에 사는 동물에는 북극곰, 펭귄 등이 있다.

★ 정확히 아는 낱말에는 ☑ 표시를 해 보세요.

☐ **단위** : 길이, 무게, 시간 따위의 수량을 수치로 나타낼 때 기초가 되는 일정한 기준

☐ **최대한** : 일정한 조건에서 정해진 가장 큰 정도

☐ **부피** : 넓이와 높이를 가진 물건이 공간에서 차지하는 크기

☐ **비교하다** : 둘 이상의 사물을 견주어 서로 간의 유사점, 차이점 등을 생각하다.

☐ **모서리** : 물체의 모가 진 가장자리

☐ **용기** : 물건을 담는 그릇

☐ **단순하다** : 복잡하지 않고 간단하다.

☐ **품질** : 물건의 성질과 바탕

☐ **현명하다** : 판단력이 좋고 세상 이치에 밝다.

☐ **소비** : 돈이나 물자, 시간, 노력 따위를 들이거나 써서 없애는 것

★ 빈칸에 들어갈 낱말을 찾아 알맞은 형태로 쓰세요.

01 초(秒)는 시간을 세는 (   ) 중 하나다.

02 책상 (   )에 부딪힌 데가 부어올랐다.

03 자전거는 트렁크에 싣기에 (   )이/가 너무 크다.

04 건강에 대한 관심이 높아지면서 채소 (   )이/가 크게 늘었다.

05 공장에서는 과일을 (   )에 따라 상, 중, 하로 나누었다.

06 남은 음식을 (   )에 담아 냉장고에 넣었다.

07 여러 물건의 가격을 (   )하기 위해서 가격표를 만들었다.

08 이 책은 내용이 (   )해서 어린아이들도 쉽게 이해할 수 있다.

09 어려운 일이 생겼을 때에는 도움을 요청하는 것이 (   ).

10 민지는 너무 아파서 (   )(으)로 소리를 질렀다.

[01~06] 주어진 뜻풀이에 해당하는 낱말에 ○표 하세요.

01 물건의 성질과 바탕 : (품종 , 품질)

02 목적한 곳이나 어떠한 수준에 다다르다. : (도달하다 , 도전하다)

03 집단이나 사물 등이 본래부터 지니고 있다. : (고유하다 , 고수하다)

04 어떠한 현상이나 행동을 일으키거나 영향을 미치는 것 : (작동 , 작용)

05 더 낫고 좋은 상태나 더 높은 단계로 나아가다. : (발신하다 , 발전하다)

06 길이, 무게, 시간 따위의 수량을 수치로 나타낼 때 기초가 되는 일정한 기준 :
(단계 , 단위)

[07~10] 주어진 초성과 뜻풀이를 참고하여 빈칸에 알맞은 낱말을 써넣으세요.

07 ㄱ ㅌ : 서로 비슷한 성질을 가진 것들이 이루는 한 종류
➡ 그는 외출할 때 노란색 (   )의 모자를 즐겨 쓴다.

08 ㄷ ㄹ 하다 : 생각이나 위치가 서로 정반대로 맞서거나 어긋나다.
➡ 찬성과 반대의 입장이 팽팽하게 (   )하고 있다.

09 ㅈ ㅎ 하다 : 지금까지의 방침·경향·상태 등을 다른 것으로 바꾸다.
➡ 농부는 친환경 농법으로 (   )한 뒤 소득이 늘었다.

10 ㅈ ㅅ ㄷ ㄷ : 글이나 말로 어떤 내용·문제 등을 남이 알 수 있게 나타내어져 보이다.
➡ 교통 체증을 해결할 다양한 방법이 (   ).

★ 정확히 아는 낱말에는 ☑ 표시를 해 보세요.

☐ **심각성** : 상태나 상황이 심각한 정도

☐ **관객** : 운동 경기, 공연, 영화 따위를 보거나 듣는 사람

☐ **배경** : 문학 작품에서, 주제를 뒷받침하는 시대적·사회적 환경이나 장소

☐ **소품** : 연극의 무대 장치에 쓰이는 자잘한 물건

☐ **구체적** : 잘 알 수 있을 만큼 실례가 있고 자세한 것

☐ **표시되다** : 겉으로 드러나 보이다.

☐ **심리** : 마음의 움직임이나 의식의 상태

☐ **한계** : 사물이나 능력, 책임 따위가 실제 작용할 수 있는 범위나 경계

☐ **효과** : 소리나 영상 따위로 그 장면에 알맞은 분위기를 인위적으로 만들어 진짜처럼 표현해 내는 일

☐ **영향** : 무엇에 원인이 되든가 힘을 미치어 반응이나 변화가 생기게 하는 것

★ 빈칸에 들어갈 낱말을 찾아 알맞은 형태로 쓰세요.

01 달력에 음력과 양력이 모두 (   )되어 있다.

02 그 영화는 산골 마을을 (   )(으)로 한 작품이다.

03 2시간 동안 운동을 했더니 체력이 (   )에 다다랐다.

04 축제에서 화려한 조명 (   )(으)로 분위기를 띄웠다.

05 광고는 우리의 언어생활에 많은 (   )을/를 끼친다.

06 요즘은 영화관이나 공연장에 (   )이/가 별로 없다.

07 그는 떠나는 이유를 (   )(으)로 밝히지 않은 채 사라졌다.

08 환경 단체는 수질 오염의 (   )을/를 꾸준히 말해 왔다.

09 임신 중에는 편안한 (   )을/를 유지하는 게 중요하다.

10 아이들은 헝겊을 자르고 붙여서 인형극의 (   )을/를 만들었다.

★ 정확히 아는 낱말에는 ☑ 표시를 해 보세요.

☐ **문화재** : 문화적 가치가 두드러져서 특별히 법으로 보호를 받는, 나라의 문화적 유물

☐ **가치** : 귀중하게 여길 만한 성질이나 중요한 것

☐ **동양** : 유라시아 대륙의 동부 지역. 한국·중국·인도를 중심으로 한 아시아 지역

☐ **골동품** : 오래되고 예술적 가치도 높은 귀한 물건

☐ **사서** : 도서관에서 전문적으로 서적을 관리하는 사람

☐ **증명하다** : 증거를 가지고 어떤 주장이나 짐작이 참인지 거짓인지, 또는 옳은지 그른지를 판단하다.

☐ **강제** : 힘으로 눌러 억지로 하는 것

☐ **합법적** : 법이 정한 것을 벗어나지 않는 것

☐ **일방적** : 남은 생각하지 않고 자기의 생각대로 정하여 하는 것, 어느 한쪽으로 치우친 것

☐ **반환** : 빌리거나 차지했던 것을 도로 돌려주는 것

★ 빈칸에 들어갈 낱말을 찾아 알맞은 형태로 쓰세요.

01 우리나라 (   ) 가운데 국보 1호는 숭례문이다.

02 경기가 취소되어 입장료가 관람객들에게 (   )되었다.

03 자신의 주장을 (   )하기 위해서는 증거가 있어야 한다.

04 지금 이 내용은 (   )(으)로 나에게 불리하다.

05 자신의 생각을 남에게 받아들이도록 (   )하면 안 된다.

06 ○○단체는 정부의 허가를 받고 (   )(으)로 만들어졌다.

07 (   ) 가게에는 처음 보는 물건들이 많았다.

08 그녀는 (   )와/과 서양의 건축 양식을 합쳐서 집을 지었다.

09 나는 책이 도서관 어디에 있는지 찾을 수 없어서 (   )에게 물었다.

10 그의 작품은 널리 알려지진 않았지만 예술적으로 (   )이/가 높다.

★ 정확히 아는 낱말에는 ✓ 표시를 해 보세요.

☐ **시력** : 눈으로 볼 수 있는 능력

☐ **시력 검사** : 눈이 얼마만 한 크기의 물체를 볼 수 있는지를 검사하는 일

☐ **기호** : 어떠한 뜻을 전달하기 위한 일정한 표시

☐ **수정체** : 안구의 동공 바로 뒤에 붙어 있는 볼록한 모양의 탄력성 있는 투명체

☐ **망막** : 눈알의 가장 안쪽에 빛의 자극을 받아들이는, 시신경이 퍼져 있는 막

☐ **초점** : 수정체가 굽어지는 정도를 조절하여 대상을 가장 똑똑하게 볼 수 있도록 맞추는 점

☐ **또렷하다** : 매우 분명하고 똑똑하다.

☐ **볼록 렌즈** : 가운데가 볼록한 렌즈

☐ **교정하다** : 틀어지거나 잘못된 것을 바로잡다.

☐ **당부하다** : 말로 단단히 부탁하다.

★ 빈칸에 들어갈 낱말을 찾아 알맞은 형태로 쓰세요.

01 안경을 맞추기 전에 (   )을/를 먼저 측정했다.

02 그는 (   )을/를 잃은 멍한 눈으로 나를 바라보았다.

03 그녀는 비뚤어진 자세를 (   )하기 위해 병원에 다닌다.

04 세미는 자신만의 (   )을/를 사용해 노트 정리를 하였다.

05 (   )의 탄력성은 나이가 들수록 급격히 떨어진다.

06 부모님께서 나에게 불조심하라고 (   ).

07 수빈이는 (   )을/를 하기 위해서 안과에 방문하였다.

08 나는 어렸을 때 보았던 할머니의 얼굴을 (   )하게 기억한다.

09 할아버지의 돋보기에는 (   )이/가 사용되었다.

10 근시는 빛이 (   )보다 앞에 초점을 맺는 것이다.

DAY **28 핵심 낱말 총정리** ▶ 정답 46쪽

★ **정확히 아는 낱말에는 ☑ 표시를 해 보세요.**

☐ **지속적** : 어떤 일이나 상태가 끊어지지 않고 계속 이어지는 것

☐ **평균적** : 수량이나 정도 따위가 중간이 되는 것

☐ **대기** : 지구를 둘러싸고 있는 모든 공기

☐ **적도** : 지구의 위도가 0도인 선으로 지구의 남북 양극으로부터 같은 거리에 있는 지구 표면에서의 점을 이었으며, 지구 표면에서 해가 가장 뜨겁게 내리쬐는 지대의 중심이 되는 선

☐ **부근** : 어떤 곳을 중심으로 하여 그곳에서 가까운 곳

☐ **영하** : 섭씨 영도 이하의 온도

☐ **해안** : 바다와 육지가 맞닿은 부분

☐ **내륙** : 바다에서 멀리 떨어져 있는 육지

☐ **수심** : 강이나 바다, 호수 따위의 물의 깊이

☐ **비롯하다** : 여럿 가운데서 앞의 것을 첫째로 삼아 그것을 중심으로 다른 것도 포함하다.

★ **빈칸에 들어갈 낱말을 찾아 알맞은 형태로 쓰세요.**

01 기온이 (   ) 밑으로 떨어지자 호수가 꽁꽁 얼었다.

02 우리나라는 (   )(으)로 6월 말부터 장마가 시작된다.

03 나와 재윤이는 학교 (   )에 있는 분식집에 자주 간다.

04 이 해수욕장은 (   )이/가 낮아 물에서 놀기에 적합하다.

05 강원도는 해안 지역과 (   ) 지역의 온도 차이가 크다.

06 (   ) 근처의 마을은 바닷바람이 많이 분다.

07 위도가 0도인 (   ) 지역은 일 년 내내 기온이 높고 습하다.

08 3개월간 (   )(으)로 달리기 연습을 했더니 속도가 빨라졌다.

09 나무는 (   ) 중에 있는 오염 물질을 흡수해 공기를 맑게 한다.

10 눈이 많이 내려서 대관령을 (   )한 산간 지방의 교통이 통제되었다.

29 핵심 낱말 총정리

▶ 정답 46쪽

★ 정확히 아는 낱말에는 ☑ 표시를 해 보세요.

☐ **일대** : 일정한 범위의 어느 지역 전부

☐ **기습적** : 주로 전쟁·싸움·경기 등에서 상대가 미리 알아차리기 전에 공격하는 것

☐ **정전되다** : 흐르던 전기가 일시적으로 끊어지다.

☐ **공급되다** : 요구나 필요에 따라 물품 따위가 제공되다.

☐ **복구하다** : 파괴된 것을 다시 본래의 상태로 고치다.

☐ **안정적** : 변하거나 흔들리지 않고 일정한 상태가 유지되는 것

☐ **갖추다** : 필요한 것을 모두 준비하여 가지고 있다.

☐ **사태** : 일이 되어 가는 형편이나 상황 또는 벌어진 일의 상태

☐ **적정** : 꼭 알맞은 것

☐ **유지하다** : 어떤 상태나 현상을 그대로 이어 가거나 계속하다.

★ 빈칸에 들어갈 낱말을 찾아 알맞은 형태로 쓰세요.

01 시장 (   )에 과일을 파는 가게가 많아졌다.

02 물은 생명을 (   )하는 데 가장 중요한 요소이다.

03 폭우로 (   )되는 바람에 마을 전체가 어두컴컴하였다.

04 태풍이 몰아친 후에는 전기와 수도가 (   )되지 않았다.

05 이 운동화는 발목을 꽉 잡아 주어서 (   )인 느낌이 든다.

06 나는 상대 선수가 일어나기 전에 (   )인 공격을 했다.

07 실내에서 식물을 키우려면 (   )한 습도로 관리해야 한다.

08 민석이는 낚시에 필요한 장비를 모두 (   ).

09 군인들이 홍수로 피해 입은 마을을 (   )하는 데 온 힘을 다했다.

10 이번 (   )을/를 해결하기 위해 여러 전문가들이 모였다.

★ 정확히 아는 낱말에는 ☑ 표시를 해 보세요.

- ☐ **전후** : (공간적으로) 앞과 뒤, (시간적으로) 먼저와 나중
- ☐ **대비책** : 앞으로 일어날지도 모르는 어떤 일에 대응하기 위한 방법과 꾀
- ☐ **혈액** : 사람이나 동물의 몸 안을 돌며 산소와 영양분을 공급하고, 노폐물을 운반하는 붉은색의 액체
- ☐ **압력** : 누르거나 미는 힘
- ☐ **수치** : 계산하거나 재어서 얻은 수
- ☐ **섭취하다** : 생물체가 양분 따위를 몸속에 빨아들이다.
- ☐ **과도하다** : 정도에 지나치다.
- ☐ **수면** : 잠을 자는 일
- ☐ **자극적** : 어떤 강한 반응을 일으키는 성질이 있는, 또는 그런 것
- ☐ **체력** : 육체적 활동을 할 수 있는 몸의 힘. 또는 질병이나 추위 따위에 대한 몸의 저항 능력

★ 빈칸에 들어갈 낱말을 찾아 알맞은 형태로 쓰세요.

01 시끄러운 소리는 충분한 (   )에 방해가 된다.

02 다인이는 (   )을/를 기르기 위해 매일 달리기를 한다.

03 (   )인 냄새가 지나가는 사람들의 코를 찔렀다.

04 크리스마스 (   )에는 선물을 사는 사람이 많아진다.

05 여름철을 맞아 홍수에 대한 (   )을/를 세웠다.

06 인터넷 게임에 (   )하게 몰입하지 않도록 주의해야 한다.

07 깊이 잠수를 하니 물의 (   )이/가 높아져 머리가 터질 것 같았다.

08 계산하여 얻은 (   )이/가 정확하지 않다.

09 수영은 팔과 다리를 많이 사용해서 (   ) 순환을 좋게 해 준다.

10 준현이는 뼈를 튼튼하게 하기 위해서 칼슘을 많이 (   ).

[01~06] 주어진 뜻풀이에 해당하는 낱말에 ○표 하세요.

01 어떤 상태나 현상을 그대로 이어 가거나 계속하다. : (유지하다 , 유리하다)

02 법이 정한 것을 벗어나지 않는 것 : (불법적 , 합법적)

03 어떠한 뜻을 전달하기 위한 일정한 표시 : (기록 , 기호)

04 일이 되어 가는 형편이나 상황 또는 벌어진 일의 상태 : (사태 , 형태)

05 여럿 가운데서 앞의 것을 첫째로 삼아 그것을 중심으로 다른 것도 포함하다. :
(비롯하다 , 비유하다)

06 힘으로 눌러 억지로 하는 것 : (강제 , 강조)

[07~10] 주어진 초성과 뜻풀이를 참고하여 빈칸에 알맞은 낱말을 써넣으세요.

07 | ㅈ | ㄱ | ㅈ | : 어떤 강한 반응을 일으키는 성질이 있는, 또는 그런 것
➡ 쇠를 긁는 듯한 소리가 몹시 (　　　)이었다.

08 | ㅍ | ㄱ | ㅈ | : 수량이나 정도 따위가 중간이 되는 것
➡ 사람들은 (　　　)(으)로 일 년에 세 번 정도 감기에 걸린다.

09 | ㅍ | ㅅ | ㄷ | ㄷ | : 겉으로 드러나 보이다.
➡ 지도에 주요 관광지가 자세하게 (　　　)되어 있다.

10 | ㄱ | ㄱ | ㄷ | ㄷ | : 요구나 필요에 따라 물품 따위가 제공되다.
➡ 고구마가 소비자들에게 저렴한 가격으로 (　　　)되고 있다.

★ 정확히 아는 낱말에는 ☑ 표시를 해 보세요.

☐ **환원하다** : 본디 상태로 되돌아가거나 되돌아가게 하다.

☐ **지위** : 개인의 사회적 신분에 따르는 위치나 자리

☐ **기부하다** : 많은 사람에게 도움이 되는 일에 돈이나 재산 등을 내어 주다.

☐ **고귀하다** : 어떤 집안이나 개인이 사회에 차지하고 있는 신분이나 지위가 높고 귀하다.

☐ **정당하다** : 이치에 맞아 올바르고 마땅하다.

☐ **자발적** : 남이 시키거나 요청하지 아니하여도 자기 스스로 원해서 하는 것

☐ **인식되다** : 사물이 분별되고 판단되어 이해되다.

☐ **명망** : 이름이 나고 인기가 높은 것

☐ **자금** : 특정한 목적에 쓰는 큰 돈

☐ **계층** : 한 사회에서 지위, 역할, 직업, 경제적 수준에 따라 이루는 집단

★ 빈칸에 들어갈 낱말을 찾아 알맞은 형태로 쓰세요.

01 그는 (　　　　)한 가문에서 태어난 선비이다.

02 그들은 일한 것에 대한 (　　　　)한 대가를 주장하였다.

03 그녀는 매년 자선 단체에 많은 돈을 (　　　　)하고 있다.

04 중세 시대까지만 해도 지구는 평평하다고 (　　　　).

05 교장 선생님은 학교의 대표라는 (　　　　)을/를 가지고 있다.

06 나는 커피를 가장 좋아하는 (　　　　)에 대해 조사하였다.

07 신기술을 개발하기 위해서는 많은 (　　　　)이/가 필요하다.

08 할아버지는 생전에 시인이자 소설가로 (　　　　)이/가 높았다.

09 무단횡단 사고를 막기 위한 시민들의 (　　　　)인 참여가 필요하다.

10 현재의 상태를 해결하기 위해서는 다시 본래의 상태로 (　　　　)해야 한다.

 3 2 핵심 낱말 총정리   ▶ 정답 47쪽

★ 정확히 아는 낱말에는 ☑ 표시를 해 보세요.

☐ **유용하다** : 쓸모가 있다.

☐ **화상** : 높은 온도의 기체, 액체, 고체나 약품에 데어서 생긴 상처

☐ **방지하다** : 좋지 않은 일이 일어나지 않도록 미리 막다.

☐ **설치되다** : 어떤 일을 하는 데 필요한 기계나 설비 등이 제자리에 맞게 놓이다.

☐ **빠져나가다** : 제한된 환경이나 경계의 밖으로 나가다.

☐ **순간적** : 아주 짧은 사이인 것

☐ **묻히다** : 가루, 풀, 물 따위를 그보다 큰 다른 물체에 들러붙게 하거나 흔적을 남기다.

☐ **증발하다** : 어떤 물질이 액체 상태에서 기체 상태로 변하다.

☐ **일정하다** : 어떤 것의 양, 성질, 상태, 계획 따위가 달라지지 아니하고 한결같다.

☐ **의식하다** : 무엇을 두드러지게 느끼거나 특별히 마음에 두다. 사물이나 일에 대해 깨닫거나 알아차리다.

★ 빈칸에 들어갈 낱말을 찾아 알맞은 형태로 쓰세요.

01 그는 작은 일에도 다른 사람의 눈을 (　　　).

02 그녀는 팔에 (　　　)을/를 입어 붕대를 감고 있다.

03 지하철역 주변에 자전거 보관소가 (　　　)되어 있다.

04 물고기가 그물 사이를 요리조리 (　　　).

05 그림을 그리기 위해서 붓에 물감을 (　　　).

06 계산기는 복잡한 계산을 빠르게 처리하는 데 (　　　).

07 자동차들이 (　　　)한 속도를 유지하고 있다.

08 언니와 손을 맞대니 (　　　)(으)로 정전기가 자르르 올랐다.

09 물에 열이 가해지면 수증기가 되어 공기 중으로 (　　　).

10 이 옷은 물에 젖는 것을 (　　　)하기 위해서 방수 처리를 하였다.

DAY 33 핵심 낱말 총정리

★ 정확히 아는 낱말에는 ☑ 표시를 해 보세요.

- ☐ **틀** : 일정한 격식이나 형식, 제한된 구조
- ☐ **이루어지다** : 몇 가지 부분이나 요소들이 모여 일정한 성질이나 모양을 가진 존재가 생기거나 만들어지다.
- ☐ **성분** : 한 문장을 구성하는 요소로 주성분, 부속 성분, 독립 성분이 있다.
- ☐ **채우다** : 무엇을 비어 있는 데에 넣어 가득 차게 하다.
- ☐ **불완전하다** : 완전하지 아니하거나 완전하지 못하다.

- ☐ **해당하다** : 무엇에 잘 어울리든가 바로 들어맞다.
- ☐ **보충하다** : 부족한 것을 보태어 채우다.
- ☐ **밝히다** : 모르거나 알려지지 않은 사실을 알아내거나 증명하다.
- ☐ **쓰임** : 돈이나 물건 따위가 실제로 사용되는 곳, 또는 그 용도
- ☐ **익히다** : 능숙하게 할 수 있도록 배우거나 공부하다.

★ 빈칸에 들어갈 낱말을 찾아 알맞은 형태로 쓰세요.

01 소미는 따뜻한 물로 욕조를 가득 (　　　　).

02 문장에서 동작의 대상이 되는 (　　　　)을/를 목적어라 한다.

03 그들은 궁지에 몰리자 결국 사건의 진실을 (　　　　).

04 나는 매일 1시간씩 드럼을 연주하는 방법을 (　　　　).

05 안내문에 적힌 자격에 (　　　　)하는 사람만 시험을 볼 수 있다.

06 배는 그 (　　　　)에 따라 어선, 유람선, 군함 등으로 나뉜다.

07 아이들이 이해를 잘 못하자 선생님은 설명을 (　　　　).

08 ○○숲은 바위와 나무로 (　　　　).

09 그는 매일 똑같은 삶의 (　　　　)을/를 벗어나기 위해서 여행을 떠났다.

10 인공지능이 자동차를 운전하는 기능은 아직 (　　　　).

★ 정확히 아는 낱말에는 ☑ 표시를 해 보세요.

☐ **보름달** : 음력으로 그달의 열닷새째 되는 날 밤에 뜨는 둥근 달

☐ **실제** : 있는 그대로의 상태나 사실

☐ **얼룩덜룩하다** : 여러 색의 점이나 무늬가 고르지 않게 나 있다.

☐ **관찰하다** : 사물이나 현상을 주의하여 자세히 살펴보다.

☐ **주위** : 어떤 곳의 바깥 둘레

☐ **일부분** : 한 부분, 또는 전체를 여럿으로 나눈 얼마

☐ **반사되다** : 일정한 방향으로 나아가던 빛·전파 등이 다른 물체의 표면에 부딪혀서 나아가던 방향이 반대로 바뀌다.

☐ **위치** : 일정한 곳에 자리를 차지함. 또는 그 자리

☐ **자전하다** : 지구처럼 천체가 스스로 자체의 축을 중심으로 회전하다.

☐ **끊임없이** : 계속하거나 이어져 있던 것이 끊이지 아니하게

★ 빈칸에 들어갈 낱말을 찾아 알맞은 형태로 쓰세요.

01　독도는 우리나라의 동쪽에 (　　　　)하고 있다.

02　벌과 나비가 해바라기 (　　　　)을/를 빙빙 날아돈다.

03　거울에 불빛이 (　　　　)되어 눈을 뜰 수가 없었다.

04　해가 뜨는 것은 지구가 (　　　　)하기 때문이다.

05　추석이 되니 둥근 (　　　　)이/가 휘영청 떠올랐다.

06　흙탕물이 튀어서 바지가 (　　　　).

07　홍실이는 현미경으로 박테리아를 자세하게 (　　　　).

08　그는 무엇이든 (　　　　)보다 과장해서 말하는 버릇이 있다.

09　공사장의 망치 소리가 하루 종일 (　　　　) 들려 왔다.

10　형은 내게 과자의 (　　　　)을/를 주고 나머지는 동생에게 주었다.

★ 정확히 아는 낱말에는 ☑ 표시를 해 보세요.

☐ **의문** : 이상하거나 수상하여 사실이나 진실을 알고 싶은 것, 의심스러운 것

☐ **단번에** : 단 한 번에

☐ **살아생전** : 이 세상에 살아 있는 동안

☐ **경향** : 사상이나 행동이 어느 한쪽으로 쏠리거나 기울어지는 것

☐ **얽매이다** : 무엇에 붙들려 자유롭지 못하고 구속당하다.

☐ **개성** : 다른 사람이나 개체와 구별되는 고유의 특성

☐ **파격** : 보통의 관습과 일정한 격식을 깨뜨리는 것

☐ **의도** : 무엇을 하고자 하는 마음속의 생각이나 계획, 또는 무엇을 하려고 꾀함.

☐ **참고하다** : 어떤 일을 하는 데에 도움이 될 만한 자료로 삼다.

☐ **편견** : 공정하지 못하고 한쪽으로 치우친 생각

★ 빈칸에 들어갈 낱말을 찾아 알맞은 형태로 쓰세요.

01 이 시는 형식에 (   )지 않은 작품이다.

02 그가 사과하는 진짜 (   )이/가 궁금하다.

03 그는 전문가들의 말을 (   )해서 결론을 내렸다.

04 이안이는 (   )이/가 드는 점을 선생님께 여쭤보았다.

05 (   )에 빠지면 사물을 올바르게 볼 수 없다.

06 하진이는 평범한 옷도 자신만의 (   )을/를 살려서 입는다.

07 소비자들은 익숙한 물건을 고르는 (   )이/가 있다.

08 백화점에서 신상품의 가격을 (   )적으로 내려 사람들이 몰렸다.

09 그 어르신은 (   )에 사람들의 존경을 받았다.

10 나는 그의 표정만으로도 상황의 심각성을 (   ) 알 수 있었다.

★ 정확히 아는 낱말에는 ☑ 표시를 해 보세요.

☐ **매번** : 번번이, 어떤 일이 있을 때마다

☐ **가능성** : 어떠하게 할 수 있거나 될 수 있을 만한 성질이나 정도

☐ **복권** : 번호나 그림 등의 특정 표시가 찍힌 표. 추첨 등을 통하여 일치하는 표에 대해서 상금이나 상품을 준다.

☐ **당첨되다** : 제비나 추첨에서 뽑히다.

☐ **표기하다** : 문자나 기호를 써서 말이나 생각을 적다.

☐ **간단하다** : 단순하고 간략하다.

☐ **토대** : 어떤 사물이나 사업의 밑바탕이 되는 기초와 밑천을 비유적으로 이르는 말

☐ **따지다** : 어떤 것을 기준으로 순위, 수량 따위를 헤아리다.

☐ **가늠하다** : 사물을 어림잡아 헤아리다.

☐ **선택** : 여럿 가운데서 마음에 들거나 필요한 것을 골라서 정하는 것

★ 빈칸에 들어갈 낱말을 찾아 알맞은 형태로 쓰세요.

01 옛날 사람들은 별자리를 보고 방향을 (   ).

02 그녀는 사업가로 성공할 (   )이/가 높다.

03 삼촌은 시험을 볼 때마다 (   ) 떨어졌다.

04 아버지는 (   )을/를 사서 꽝이 나오자 허허 웃었다.

05 나는 콜라와 사이다 중에 콜라를 (   )하였다.

06 생일로 (   )면 내가 우리 반에서 제일 빠르다.

07 이 기계는 보기에는 복잡해 보여도 사용 방법은 (   ).

08 수현이는 라디오에 보낸 사연이 (   )되어 상품권을 받았다.

09 우리는 수업에서 배운 것을 (   )(으)로 토론 시간을 가졌다.

10 음식점에서는 재료의 원산지를 반드시 (   )해야 한다.

[01~06] 주어진 뜻풀이에 해당하는 낱말에 ○표 하세요.

01　쓸모가 있다. : (유지하다 , 유용하다)

02　사물을 어림잡아 헤아리다. : (가늠하다 , 가능하다)

03　문자나 기호를 써서 말이나 생각을 적다. : (제기하다 , 표기하다)

04　좋지 않은 일이 일어나지 않도록 미리 막다. : (방심하다 , 방지하다)

05　어떤 일을 하는 데에 도움이 될 만한 자료로 삼다. : (참고하다 , 참견하다)

06　사상이나 행동이 어느 한쪽으로 쏠리거나 기울어지는 것 : (경도 , 경향)

[07~10] 주어진 초성과 뜻풀이를 참고하여 빈칸에 알맞은 낱말을 써넣으세요.

07　| ㅈ | ㅇ | : 어떤 곳의 바깥 둘레

➡ 인공위성은 궤도를 따라 지구 (　　　　)을/를 돌고 있다.

08　| ㅂ | ㅊ |하다 : 부족한 것을 보태어 채우다.

➡ 다준이는 비타민을 (　　　　)하기 위해서 과일 주스를 마셨다.

09　| ㅈ | ㄷ |하다 : 이치에 맞아 올바르고 마땅하다.

➡ 시합에서 (　　　　)하게 이기지 못한다면 진 것과 같다.

10　| ㅂ | ㅎ | ㄷ | : 모르거나 알려지지 않은 사실을 알아내거나 증명하다.

➡ 작가는 머리말에 책을 쓰게 된 이유를 (　　　　)고 있다.

DAY 01

01 민족
02 남녀노소
03 무형 문화재
04 대중
05 기원하였다
06 선정하였다
07 손꼽힌다
08 연말
09 상징
10 등재되었다

DAY 02

01 파악하였다
02 해류
03 동태
04 어획량
05 조치
06 유리
07 고유
08 매장
09 영토
10 보고

DAY 03

01 포함
02 범위
03 적어도
04 접했다
05 관람
06 기준
07 정원
08 가
09 탑승
10 조사했다

DAY 04

01 치우쳤다
02 황폐
03 복구
04 효율적
05 피해
06 개선
07 제도
08 지적하였다
09 시급하다
10 보급

DAY 05

01 적응하였다
02 기후
03 후손
04 생태계
05 서식지
06 지속적
07 급격
08 무분별
09 공존
10 마련했다

DAY 06

01 속한다
02 구분
03 외면
04 마땅
05 보존
06 판단
07 정착
08 비중
09 제외
10 고유어

DAY 01~06
낱말 쑥쑥 종합 테스트

01 적어도
02 유리하다
03 동태
04 비중
05 적응하다
06 상징
07 접
08 치우쳤다
09 선정하였다
10 급격

DAY 07

01 수술
02 건망증
03 머금
04 추상적
05 잡식성
06 대비
07 제공하였다
08 번식
09 보관하였다
10 종족

DAY 08

01 설계
02 원리
03 시조
04 손해
05 증명
06 사고
07 측량
08 이성적

09 규칙성
10 의문

DAY 09

01 평가하였다
02 비판적
03 파악
04 타당
05 설득
06 대표적
07 책임
08 논리적
09 일관
10 객관적

DAY 10

01 해당한다
02 성분
03 성질
04 물질
05 입자
06 동일하다
07 현상
08 액체
09 일상
10 현미경

DAY 11

01 왕성
02 반항
03 관련
04 안정
05 성장하였다
06 길목
07 격동적

전화 문의 (02)333-6080

NAVER 수경출판사 ▼ 🔍 www.book-sk.kr

1. 실력 향상을 위한 다양한 [교재 소개 ▼]

- **고등 교재**: 자이스토리, 개념이지, 형상기억 수학공식집, 바른 개념, 절대평가 영어, 심플자이, 수력충전, 일등급 수학, 국어 비문학 독해
- **중등 교재**: 자이스토리, 수력충전, 수력충전 스타트, 수력충전 개념총정리, 형상 기억 수학공식집, 심플자이, 일등급 수학, 국어 독해력 완성, 국어 문학 독해+문학 용어, 영문법 총정리, 영어 듣기 총정리 모의고사, 포인트 리딩
- **초등 교재**: 자이스토리 국어 독해력 쑥쑥＋낱말 쑥쑥, 영문법, 영어 듣기 평가 모의고사, 초등 자이수학, 수력충전 수학, 수력충전 개념총정리, 융합 학습 만화, 다빈치 시리즈, 세계에서 가장 특별한 이야기, 바로바로 초등 영문법 총정리, 예비 중등 영어 독해

2. 공부할 때 꼭 필요한 [학습 자료실 ▼]

- **빠른 정답 / 해설지** : 해설지 외에 정답만 알고 싶을 때는 빠른 정답을 보세요.
- **듣기 MP3 / 교재 관련 자료** : 영어 교재 듣기 자료 및 단어장 등이 있습니다.
- **정오표** : 발간 후 발견된 오타, 오답을 확인할 수 있습니다.

3. 궁금하거나 이상한 것이 있으면 [회원 마당 ▼]

- **1:1 문의** : 공부를 하면서 궁금한 내용은 언제든지 상담할 수 있습니다.
- **도서제안** : 공부해 보거나 강의하고 싶은 교재의 기획을 제안할 수 있습니다.

4. 선생님을 위한 강의 지원 서비스 [선생님용 ▼]

- **지문파일** : 문제 한글 및 PDF 파일을 제공합니다.
- **수학문제은행 운영** : DB 문제를 활용, 평가지를 자유롭게 생성하여 학생들의 학업 성취 평가에 이용 가능합니다.
- **단어 테스트, 어휘 테스트**
- **듣기 파일 MP3**

자이스토리

초등 국어 독해력 쑥쑥

낱말 쑥쑥

6학년

수경출판사

독해력이 무엇인가요?

독해력이란 글을 읽고 그 뜻을 빠르게, 정확하게 이해하는 능력이에요.
글을 읽고 그 뜻을 이해하지 못하면, 그건 그냥 글자를 눈으로 보는 것이지
독해하는 것이 아니에요.

독해력이 왜 중요한가요?

국어뿐 아니라 사회, 과학, 심지어 영어와 수학까지 모든 교과서는 '글'이에요.
그래서 독해력이 부족하면 교과서 내용이 이해가 안 되고, 문제를 읽어도
무엇을 묻는지 알기 어려워요.
반대로 독해력을 키우면 어떤 교과서든 이해가 되니까 모든 과목을 재미있게
공부할 수 있어요.

독해력은 어떻게 키우나요?

글의 뜻을 이해하는 것은 글에서 말하는 가장 중요한 내용,
즉 주제가 무엇인지 아는 것이에요.
따라서 독해력을 키우려면 결국 글의 주제를 알아내는 연습을 해야 해요.
하지만 긴 글의 주제를 한 번에 찾는 것은 어려워요.
그래서 주제를 알아내기 위한 단계별 훈련이 필요하지요.

〈자이스토리 초등 국어 독해력 쑥쑥 + 낱말 쑥쑥〉은
글의 주제를 쉽고 빠르게 알아낼 수 있는 6가지 STEP의
독해 연습을 할 수 있어요.
교과서 내용과 관련된 재미있는 글을 읽고,
'지문 술술 이해＋정답 콕콕 특강'과 함께
6가지 STEP을 따라 공부하다 보면
저절로 독해력이 쑥쑥 오릅니다.
그래서 모든 과목의 성적이 오르게 됩니다.

독해력이 쑥쑥 오르는 자이스토리 계단식 독해 학습

국어가 쉬워지는 계단식 독해 학습법

STEP 1 > 중심 낱말 찾기

중심 낱말을 찾으면 글에서 가장 중요하게 이야기하는 것이 무엇인지 알 수 있어요.

STEP 2 > 중심 문장 찾기

각 단락의 중심 문장을 찾으면 그 단락에서 이야기하고자 하는 내용을 쉽게 알 수 있어요.

STEP 3 > 단락 요약하기

단락을 요약하면 글 전체의 내용이 머릿속에 쉽게 들어와요.

STEP 4 > 단락 간의 관계 이해하기

단락 간의 관계를 이해하면 글 전체에서 결국 이야기하고자 하는 것을 알 수 있어요.

STEP 5 > 글의 구조 이해하기

글의 구조를 이해하면 글쓴이가 무엇을 이야기하기 위해, 어떤 방식으로 글을 썼는지 알 수 있어요.

STEP 6 > 주제 알아보기

주제를 아는 것은 곧 글의 핵심 내용을 이해하는 것이므로 주제를 파악하면 글을 완벽히 독해할 수 있습니다.

독해를 잘하기 위해
꼭 공부해야 할 사항들을
계단을 오르듯 차근차근
STEP 1~6에서
안내하고 있습니다.

글에서 어떤 것을 먼저 찾아야
내용을 쉽게 이해할 수 있는지,
그 후에는 어떤 과정을 거쳐야
독해를 제대로 하게 되는지를
알기 쉽게 설명하고 있어요.

계단식 독해 연습을 하면
어떤 글이든 빠르게
독해하여 문제를 쉽게
풀 수 있게 됩니다.
그래서 모든 과목의 성적이
오릅니다.

이 책의 구성과 특징

01 하루에 한 지문씩, 다양한 유형의 문제로 재미있게 독해 시작!

▶ **교과 과정과 연계된 재미있는 지문**
교과서 관련 지문을 난이도별로 담았습니다.

▶ **어휘력을 쑥쑥 높여 주는 '낱말 따라 쓰기'**
낱말을 직접 따라 쓰며 익힐 수 있습니다.

▶ **독해력을 점검할 수 있는 다양한 문제**
직접 써 보는 서술형 문제도 익힐 수 있습니다.

▶ **STEP별 실전 감각을 익히는 '독해력 완성 테스트'**
실전 문제 풀이를 훈련할 수 있습니다.

02 독해력을 쑥쑥 높여 주는 STEP 1 ~ 6

▶ **6가지 STEP에 따른 계단식 독해 연습**
STEP별로 각각 6일씩 공부할 수 있습니다.

STEP 1 중심 낱말 찾기
STEP 2 중심 문장 찾기
STEP 3 단락 요약하기
STEP 4 단락 간의 관계 이해하기
STEP 5 글의 구조 이해하기
STEP 6 주제 알아보기

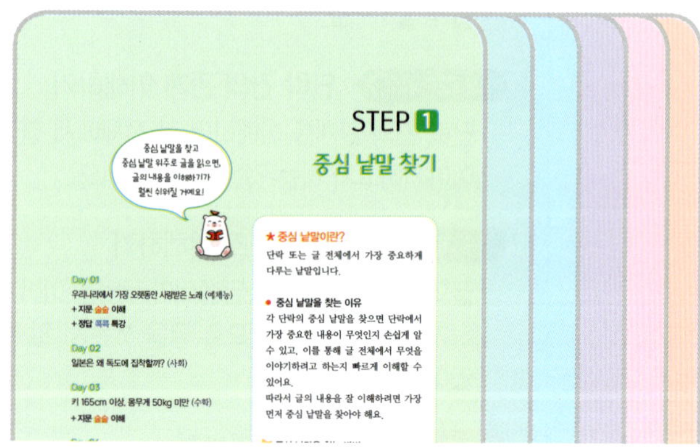

03 나만의 과외 선생님 – 지문 술술 이해, 정답 콕콕 특강

▶ **STEP별 '지문 술술 이해'**
STEP별 학습 내용을 적용하여 지문을 읽는 방법을 자세히 알려 주어, 혼자서 공부할 때도 술술 쉽게 읽을 수 있습니다.

▶ **어려운 문제도 쉽게 푸는 '정답 콕콕 특강'**
각 문제에 어떻게 접근해야 하는지 알려 주고, 지문 내용을 근거로 정답을 콕콕 찾는 방법을 익힐 수 있습니다.

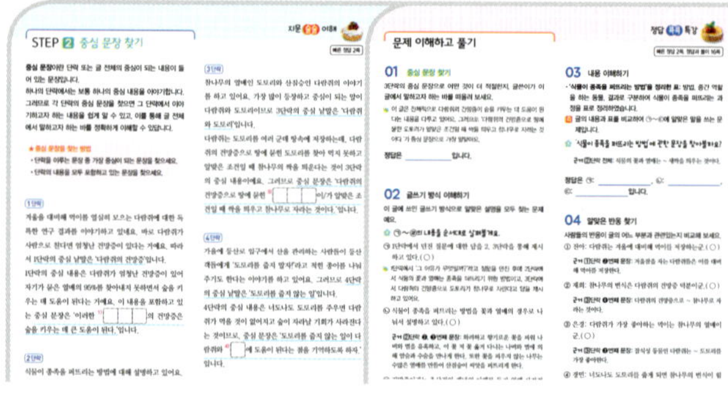

04 낱말 쑥쑥 테스트 + 배경지식으로 독해력의 바탕을 탄탄히!

▶ **낱말 쑥쑥 테스트**
낱말을 완벽하게 익힐 수 있습니다.

▶ **지문과 관련된 배경지식**
독해력의 바탕이 되는 지식을 쑥쑥 얻을 수 있습니다.

▶ **특별 부록 : 낱말 쑥쑥 총정리 제공!**
DAY별 핵심 낱말 총정리를 나만의 사전으로 활용하고, STEP별 종합 테스트로 어휘력을 쑥쑥 키울 수 있습니다.

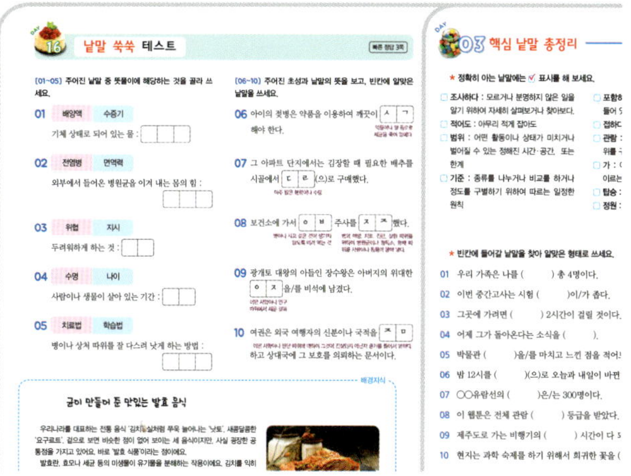

05 글의 내용을 완벽히 이해시키는 입체 첨삭 해설

단락 요약 각 단락의 중심 내용을 요약하여 알려 줍니다.

전체 중심 낱말
전체 중심 낱말을 확인할 수 있습니다.
◯ 표시

전체 중심 문장
글 전체에서 가장 중요한 중심 문장을 알려 줍니다. ▭ 표시

각 단락 중심 낱말
각 단락의 중심 낱말을 확인할 수 있습니다.
◯ 표시

각 단락 중심 문장
각 단락의 중심 문장을 알아볼 수 있습니다.
[ ] 표시

왜 정답?
정답이 되는 이유를 알기 쉽고 자세하게 풀이했습니다.

왜 오답?
왜 틀렸는지 정확히 이해할 수 있도록 자세하게 설명했습니다.

문제 유형
다양한 문제의 유형을 알려 줍니다.

문제 분석
어려운 유형의 문제를 쉽게 이해시켜 문제를 어떻게 풀어가야 하는지 알려 줍니다.

글의 구조도
글 전체의 내용과 구조를 한눈에 파악할 수 있습니다.

지문 이해
지문의 내용과 단락 간의 관계, 주제를 스스로 공부할 수 있도록 정리했습니다.

배경지식
지문과 관련된 다양한 자료로 학습과 생각의 깊이를 더할 수 있습니다.

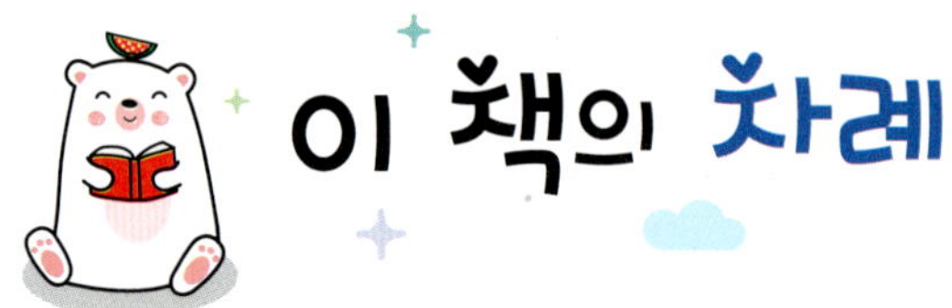

이 책의 차례

- 하루 한 지문씩, 매일 꾸준히 공부하는 학습 계획표입니다.
- 계획표대로 공부한 날은 '확인' 칸에 ✔ 표시를 해 보세요. ✔ 표시가 늘어날수록 독해력이 쑥쑥 높아질 거예요.

DAY	공부한 날짜		확인	DAY	공부한 날짜		확인
01	월	일		19	월	일	
02	월	일		20	월	일	
03	월	일		21	월	일	
04	월	일		22	월	일	
05	월	일		23	월	일	
06	월	일		24	월	일	
07	월	일		25	월	일	
08	월	일		26	월	일	
09	월	일		27	월	일	
10	월	일		28	월	일	
11	월	일		29	월	일	
12	월	일		30	월	일	
13	월	일		31	월	일	
14	월	일		32	월	일	
15	월	일		33	월	일	
16	월	일		34	월	일	
17	월	일		35	월	일	
18	월	일		36	월	일	

STEP 1
중심 낱말 찾기

★ **중심 낱말이란?**

단락 또는 글 전체에서 가장 중요하게 다루는 낱말입니다.

● **중심 낱말을 찾는 이유**

각 단락의 중심 낱말을 찾으면 단락에서 가장 중요한 내용이 무엇인지 손쉽게 알 수 있고, 이를 통해 글 전체에서 무엇을 이야기하려고 하는지 빠르게 이해할 수 있어요.
따라서 글의 내용을 잘 이해하려면 가장 먼저 중심 낱말을 찾아야 해요.

★ **중심 낱말을 찾는 방법**
- 단락 혹은 글 전체에서 가장 많이 나오는 말을 찾으세요.
- 단락 혹은 글 전체에서 가장 중심이 되는 말이 무엇인지 살펴보세요.

우리나라에서 가장 오랫동안 사랑받은 노래

해마다 연말이면 한 해 동안 가장 큰 사랑을 받은 노래를 뽑아 상을 준다. 그렇다면 우리나라에서 가장 오랫동안 큰 사랑을 받은 노래는 무엇일까? 부모님이 좋아하시는 조용필의 노래일까? 친구들이 좋아하는 방탄소년단의 노래일까? 정답은 바로 아리랑이다. '아리랑 아리랑 아라리요~'라는 노랫말이 어디선가 흘러나오면 남녀노소 누구나 따라 흥얼거릴 만큼 아리랑은 우리 민족에게 큰 사랑을 받아온 노래이다.

아리랑은 여러 세대를 거치면서 평범한 대중들이 함께 만든 결과물이다. 이는 '아리랑 아리랑 아라리요'로 반복되는 가사를 제외하고는, 지역과 시대에 따라 가사가 제각각 다른 것을 통해 알 수 있다. 우리나라의 3대 아리랑으로 손꼽히는 〈정선 아리랑〉, 〈밀양 아리랑〉, 〈진도 아리랑〉 외에도 지역에 따라 가사와 리듬이 다른 '아리랑'이 50여 종류나 있고, 그 수는 3,000개가 넘는다. 가사와 리듬이 조금씩 다른, 아주 다양한 아리랑이 존재하는 것이다. 그 이유는 아리랑이 아주 오랜 옛날부터 입에서 입으로 불려 전해지며 지역마다 다른 사람들의 생활 모습과 생각을 담아냈기 때문이다.

그렇다면 아리랑이 우리 민족에게 큰 사랑을 받을 수 있었던 이유는 무엇일까? 가장 큰 이유는 아리랑의 노랫가락이 아주 단순하여 따라부르기 쉽기 때문이다. 또 우리 삶의 모습을 이야기하듯이 늘어놓은 가사 덕분에 누가 부르든 자신의 이야기로 쉽게 바꿔 부를 수 있었다. 이러한 이유로 아리랑은 현대에도 발라드, 힙합 등의 대중가요 및 관현악곡으로 편곡되어 많은 사랑을 받을 수 있었다.

2006년, 대한민국 정부는 한국을 대표하는 100대 민족 문화 상징으로 아리랑을 선정했으며 2012년에는 아리랑이 유네스코 인류 무형 문화재로 등재되기도 했다. 또한 남북한이 함께하는 자리에는 각국의 국가 대신 아리랑이 울려 퍼지며 갈라진 민족을 하나로 묶어 주기도 한다. 아리랑은 이제 우리나라를 대표하는 문화적 상징일 뿐만 아니라, 세계 속의 아리랑으로 성장할 것이다.

뜻을 정확히 모르는 낱말들을 적어 보세요!

낱말 따라 쓰기 

- 한 해의 마지막 무렵 : 연 말 [年-해 연, 末-끝 말]
- 남자와 여자, 늙은이와 젊은이란 뜻으로, 모든 사람을 이르는 말 : 남 녀 노 소
  예 윷놀이는 남녀노소 누구나 즐길 수 있는 전통 놀이이다.
- 일정한 지역에서 오랜 세월 동안 함께 살면서 공통적인 언어, 문화, 역사를 가지게 된 공동체 : 민 족

- 수많은 사람의 무리 : 대 중 [大-큰 대, 衆-무리 중]
  예 그는 대중 앞에서 말하는 것을 좋아한다.
- 여럿 중에서 뛰어나다고 여겨지다. : 손 꼽 히 다
- 널리 대중이 즐겨 부르는 노래 : 대 중 가 요
- 관악기·현악기·타악기 따위로 함께 연주하기 위한 곡 : 관 현 악 곡

STEP **1** 중심 낱말 찾기

중심 낱말이란 단락 또는 글 전체에서 가장 중요하게 다루는 낱말입니다.

글의 내용을 잘 이해하려면 가장 먼저 중심 낱말을 찾아야 해요. 각 단락의 중심 낱말을 찾으면 단락에서 가장 중요한 내용이 무엇인지 쉽게 알 수 있고, 이를 통해 글 전체에서 무엇을 이야기하려고 하는지 빠르게 이해할 수 있어요.

★ **중심 낱말을 찾는 방법**
- 단락 혹은 글 전체에서 가장 많이 나오는 말을 찾으세요.
- 단락 혹은 글 전체에서 가장 중심이 되는 말이 무엇인지 살펴보세요.

1단락

1단락에서는 어떤 소재를 소개하고 그것이 무엇인지를 알려 주며 글 전체에서 다루는 것이 무엇인지 제시하는 경우가 많아요.

'아리랑 아리랑 아라리요~'라는 노랫말이 어디선가 흘러나오면 남녀노소 누구나 흥얼거리며 따라 부를 만큼 우리 민족에게 큰 사랑을 받아온 아리랑에 대해 이야기하고 있어요.

이때 가장 많이 나오고 중심이 되는 말이 아리랑이므로 1단락의 중심 낱말은 '1) ⬚⬚⬚'입니다.

2단락

가사와 리듬이 다른 '아리랑'이 3,000개가 넘는다고 이야기하고 있어요. 아리랑은 여러 세대를 거치면서 입에서 입으로 불려 전해지며 지역마다 다양한 사람들의 생활 모습과 생각을 담은 결과물이라네요.

1단락과 마찬가지로 가장 많이 나오고 중심이 되는 말이 아리랑이므로 2단락의 중심 낱말도 '아리랑'입니다.

3단락

아리랑이 우리 민족에게 큰 사랑을 받을 수 있었던 2) ⬚⬚에 대해 이야기하고 있어요. 아리랑의 노랫가락이 아주 단순하여 따라부르기 쉽고, 누가 부르든 자신의 이야기로 쉽게 바꿔 부를 수 있기 때문에 현대에도 다양한 대중가요 및 관현악곡으로 편곡되어 많은 사랑을 받을 수 있었다고 합니다.

가장 중심이 되는 말이 중심 낱말이므로, 3단락의 중심 낱말은 '아리랑'입니다.

4단락

우리나라를 대표하는 문화적 3) ⬚⬚(으)로서의 아리랑에 대해 이야기하고 있어요. 아리랑은 한국을 대표하는 100대 민족 문화 상징일 뿐만 아니라 2012년에는 유네스코 4) ⬚⬚⬚⬚(으)로 등재되었어요. 게다가 남한과 북한을 하나로 묶어 주는 역할까지 하면서 세계 속의 아리랑으로 성장할 것이라고 하네요.

1~3단락과 마찬가지로 가장 중심이 되는 말이 아리랑이므로 4단락의 중심 낱말도 '아리랑'입니다.

★ **이 글의 단락별 중심 낱말은 모두 '아리랑'이므로 이 글 전체의 중심 낱말은 5) ⬚⬚⬚'입니다.**

뜻을 정확히 모르는
낱말들을 적어 보세요!

01 중심 낱말 찾기

다음은 이 글의 핵심 내용을 정리한 것입니다. 빈칸에 공통으로 들어가기에 알맞은 말을 쓰세요.

> (   )은/는 우리 민족에게 큰 사랑을 받아온 노래이다. 여러 세대를 거치면서 평범한 대중들이 함께 만든 (   )은/는 우리나라를 대표하는 문화적 상징이다.

(   )

02 내용 이해하기

이 글의 '아리랑'에 대한 설명으로 알맞지 <u>않은</u> 것은 무엇인가요? (   )

① 아리랑에는 '아리랑 아리랑 아라리요'라는 가사가 반복된다.
② 아리랑의 가사는 우리 삶의 모습을 이야기하듯이 늘어놓는다.
③ 아리랑은 한국을 대표하는 100대 민족 문화 상징 중 하나이다.
④ 가사와 리듬이 다른 아리랑은 30여 종류에, 그 수는 1,000개이다.
⑤ 〈정선 아리랑〉, 〈밀양 아리랑〉, 〈진도 아리랑〉이 3대 아리랑으로 손꼽힌다.

03 내용 이해하기

아리랑이 우리 민족에게 큰 사랑을 받을 수 있었던 이유를 정리한 것입니다. 알맞은 낱말에 ○표 하세요.

> 아리랑은 노랫가락이 아주 (단순 , 복잡)하여 따라부르기 (쉽고 , 어렵고) 누가 부르든 자신의 이야기로 쉽게 바꿔 부를 수 있다.

04 내용 적용하기

다음 중 '아리랑'에 대해 바르게 이해한 사람은 누구인가요? (   )

① 준영: 아리랑은 남북으로 갈라진 우리 민족의 통일을 기원하는 노래야.
② 보현: 아리랑은 '아리랑 아리랑 아라리요'라는 가사로만 이루어진 노래야.
③ 용준: 아리랑은 사람들이 함께 듣고 부르면서 자연스럽게 전해져 내려온 노래야.
④ 준하: 아리랑은 정해진 리듬을 엄격하게 따르는 노래이기 때문에 대중가요로 바꿀 수 없어.
⑤ 은지: 아리랑이 오랫동안 우리 민족에게 큰 사랑을 받아온 것으로 보아, 아리랑을 만든 사람은 음악에 대한 지식이 뛰어난 양반이었을 거야.

낱말 따라 쓰기 

- 지어 놓은 곡이 다른 형식으로 바뀌어 꾸며지거나 다른 악기가 쓰이도록 하여 연주 효과가 다르게 만들어지다. :
  편 곡 되 다
- 어떤 사실이나 생각, 느낌을 떠오르게 하는 사물 또는 그 사물을 가리키는 말이나 표시 :
  상 징
- 여럿 가운데서 어떤 것을 뽑아 정하다. : 선 정 하다
  ㉠ 그를 이달의 모범 학생으로 선정했다.
- 연극, 무용, 음악 등 형체가 없는 문화적 결과물로, 역사적 또는 예술적으로 가치가 큰 것 :
  무 형 문 화 재
- 이름이나 어떤 사실 등이 장부·명부 등에 기록되어 적히다. :
  등 재 되 다
- 바라는 일이 이루어지기를 빌다. : 기 원 하다
  [祈 - 빌 기, 願 - 바랄 원]
  ㉠ 새해에 더욱더 건강하기를 기원합니다.

문제 이해하고 풀기

빠른 정답 2쪽, 정답과 풀이 5쪽

DAY 01

01 중심 낱말 찾기

핵심 내용에는 중심 낱말이 반드시 들어 있어요.

❀ 이 글의 중심 낱말을 찾아볼까요?

> **근거** ①단락 ❻번째 문장, ②단락 ❶번째 문장: 아리랑은 우리 민족에게 큰 사랑을 받아온 노래이다. 아리랑은 여러 세대를 거치면서 평범한 대중들이 함께 만든 결과물이다.

🍃 우리 민족이 함께 만들어 큰 사랑을 받아온 아리랑은 우리나라를 대표하는 문화적 상징이에요.

정답은 ____________ 입니다.

02 내용 이해하기

이 글의 내용으로 알맞지 <u>않은</u> 선택지를 찾는 문제입니다.

❀ 각각의 선택지 내용을 순서대로 살펴볼게요.

① 아리랑에는 '아리랑 아리랑 아라리요'라는 가사가 반복된다.(○)

> **근거** ②단락 ❷번째 문장: 이는 '아리랑 아리랑 아라리요'로 반복되는 가사를 ~

② 아리랑의 가사는 우리 삶의 모습을 이야기하듯이 늘어놓는다.(○)

> **근거** ③단락 ❸번째 문장: 또 우리 삶의 모습을 이야기하듯이 늘어놓은 가사 ~

③ 아리랑은 한국을 대표하는 100대 민족 문화 상징 중 하나이다.(○)

> **근거** ④단락 ❶번째 문장: ~ 한국을 대표하는 100대 민족 문화 상징으로 아리랑을 선정했으며 ~

④ 가사와 리듬이 다른 아리랑은 30여 종류에, 그 수는 1,000개이다.(×)

> **근거** ②단락 ❸번째 문장: 가사와 리듬이 다른 '아리랑'이 50여 종류나 있고, 그 수는 3,000개가 넘는다.

⑤ 〈정선 아리랑〉, 〈밀양 아리랑〉, 〈진도 아리랑〉이 3대 아리랑으로 손꼽힌다.(○)

> **근거** ②단락 ❸번째 문장: 우리나라의 3대 아리랑으로 손꼽히는 〈정선 아리랑〉, 〈밀양 아리랑〉, 〈진도 아리랑〉 외에도 ~

정답은 ____________ 입니다.

03 내용 이해하기

❀ 아리랑이 우리 민족에게 큰 사랑을 받을 수 있었던 이유를 찾아볼까요?

> **근거** ③단락 ❷번째 문장: 아리랑의 노랫가락이 아주 단순하여 따라부르기 쉽기 때문이다.

정답은 ____________ , ____________ 입니다.

04 내용 적용하기

'아리랑'을 바르게 이해한 사람을 찾는 문제입니다.

❀ 각자가 이해한 내용을 순서대로 살펴볼게요.

① 준영: 아리랑은 남북으로 갈라진 우리 민족의 통일을 기원하는 노래야.(×)

> **근거** ④단락 ❷번째 문장: 또한 남북한이 함께하는 자리에는 각국의 국가 대신 아리랑이 ~ 한다.

🍃 아리랑이 갈라진 민족을 하나로 묶어 주기도 하지만 민족의 통일을 기원하는 노래는 아니에요.

② 보현: 아리랑은 '아리랑 아리랑 아라리요'라는 가사로만 이루어진 노래야.(×)

> **근거** ②단락 ❷번째 문장: ~ 지역과 시대에 따라 가사가 제각각 다른 ~

③ 용준: 아리랑은 사람들이 함께 듣고 부르면서 자연스럽게 전해져 내려온 노래야.(○)

> **근거** ②단락 ❺번째 문장: ~ 아주 오랜 옛날부터 입에서 입으로 불려 전해지며 ~

④ 준하: 아리랑은 정해진 리듬을 엄격하게 따르는 노래이기 때문에 대중가요로 바꿀 수 없어.(×)

> **근거** ③단락 ❹번째 문장: ~ 현대에도 발라드, 힙합 등의 대중가요 및 관현악곡으로 편곡되어 많은 사랑을 받을 수 있었다.

⑤ 은지: 아리랑이 오랫동안 우리 민족에게 큰 사랑을 받아온 것으로 보아, 아리랑을 만든 사람은 음악에 대한 지식이 뛰어난 양반이었을 거야.(×)

> **근거** ②단락 ❶번째 문장: 아리랑은 여러 세대를 거치면서 평범한 대중들이 함께 만든 결과물이다.

정답은 ____________ 입니다.

일본은 왜 독도에 집착할까?

지문 확인

매년 2월 22일이 되면 일본의 한 지방 의회는 '다케시마의 날' 행사를 열고 하루 빨리 다케시마를 되찾아야 한다고 주장한다. 그들이 말하는 다케시마는 다름 아 닌 우리 땅 독도이다. 이 억지 주장은 일본 전체로 빠르게 퍼져 나갔고, 일본 정 부는 독도가 일본 고유의 영토라고 세계에 알리고 있다. 왜 일본은 독도가 자기네 땅이라고 우기는 것일까? 일본이 독도를 차지하려는 이유는 그만큼 얻을 것이 많 기 때문이다.

독도를 차지하면 국가적, 군사적으로 아주 유리해진다. 국제법상 영해는 영토 끝에서부터 12해리까지로 한다. 따라서 독도를 차지하면 독도를 기준으로 하여 더 넓은 바다를 영해로 인정받을 수 있다. 또한 독도는 동해에서 일어나는 일을 한눈에 관찰할 수 있어 군사적으로 아주 중요한 곳이다. 실제로 우리나라 독도 경 비대는 지금도 동해를 지나다니는 어선이나 군함 등의 움직임을 늘 관찰하고, 그 에 맞는 조치를 하고 있다. 러·일 전쟁 때, 일본은 이러한 독도의 군사적 중요성 을 알았다. 그래서 독도에 불법으로 높은 망루를 세우고 러시아 군함의 동태를 파 악하여 전쟁에서 승리했다.

독도의 경제적 가치는 얼마나 될까? 독도 근처에는 차가운 해류와 따뜻한 해류 가 만나기 때문에 다양한 종류의 물고기가 산다. 어획량이 풍부한 황금 어장인 셈 이다. 게다가 독도는 지하자원의 보고이기도 하다. 둘러싼 해양의 아래에는 천연 가스층이 있고, 메탄가스가 고체로 변한 상태로 매장되어 있다. 게다가 이 아래쪽 에는 석유가 매장되어 있을 가능성도 크다고 한다.

겉으로 보기에는 그냥 작은 돌섬이지만 독도 는 국가적, 군사적, 경제적으로 아주 중요한 보물섬이다. 그뿐 아니라 독도는 역사상으 로도 오랫동안 우리나라가 실제로 지배해 온 우리 땅이다. 따라서 독도에 대해 제대로 알 고 소중한 우리 영토를 지켜야 한다.

- **1단락 중심 낱말 :** 우리 땅 1) ☐☐
- **2단락 중심 낱말 :** 독도
- **3단락 중심 낱말 :** 독도
- **4단락 중심 낱말 :** 2) ☐☐

낱말 따라 쓰기 

- 어떤 것에 늘 마음이 쏠려 잊지 못하고 매달리다. : 집 착 하다
  - 예 인간은 끝없이 무언가에 집착한다.
- 일반 국민이 뽑은 의원으로 구성되고 법률을 만들거나 중요한 국가 작용에 참여할 권리를 가진 조직 : 의 회
- 잘 안될 일을 무리하게 기어이 해내려는 고집 : 억 지

- 오래된 집단이나 사물이 본래부터 지니고 있는 것 : 고 유
- 한 나라의 통치권이 미치는 영역 : 영 토
- 이익이 있다. : 유 리 하다 [有 - 있을 유, 利 - 이로울 리]
- 국제 관계를 제한하여 정한 법 : 국 제 법

01   중심 낱말 찾기

다음은 이 글의 핵심 내용을 정리한 것입니다. 빈칸에 공통으로 들어가기에 알맞은 말을 쓰세요.

> 일본이 (　　　)을/를 차지하려고 하는 이유는 (　　　)이/가 국가적, 군사적, 경제적으로 가치가 아주 큰 보물섬이기 때문이다. 우리는 (　　　)에 대해 제대로 알고 소중한 우리 영토를 지켜야 한다.

(　　　　　　　　　　)

정답 콕콕 특강

01

이 글에서 중심적으로 설명하고 있는 대상이 무엇인지 떠올려 보세요. 글의 단락마다 등장하는 중심 대상이 문제에서 주어진 내용과 일치해요.

02   글쓰기 방식 이해하기

다음 중 이 글에 대한 알맞은 설명을 모두 골라 묶은 것은 무엇인가요? (　)

> ㉠ 독도라는 이름의 유래를 설명하고 있다.
> ㉡ 물음을 던지고 그 물음에 스스로 답하는 방식을 사용하고 있다.
> ㉢ 독도가 가진 경제적 중요성을 구체적인 수치를 내세워 설명하고 있다.
> ㉣ 과거의 사례를 들어 일본 정부가 이미 독도의 군사적 중요성을 알고 있었음을 설명하고 있다.

① ㉠, ㉡   ② ㉠, ㉢   ③ ㉡, ㉢   ④ ㉡, ㉣   ⑤ ㉢, ㉣

02

글의 내용과 글에 쓰인 표현법이 설명과 일치하는 것을 고르는 문제예요. ㉠~㉣에서 가리키는 부분을 지문에서 찾아 확인해 보세요.

03   내용 이해하기

이 글의 내용으로 알맞지 않은 것은 무엇인가요? (　)

① 영해는 국제법상 12해리까지이다.
② 독도에는 우리나라 경비대가 있다.
③ 일본은 러·일 전쟁 당시 독도를 이용했다.
④ 독도에서는 서해에서 일어나는 일을 한눈에 관찰할 수 있다.
⑤ 일본이 독도를 차지하면 지금보다 더 넓은 바다를 영해로 인정받을 수 있다.

03

2단락에서 독도의 국가적, 군사적 가치를 설명하고 있어요.

다음은 주영이가 이 글을 읽고 '독도의 경제적 가치'에 대해 발표하려고 정리한 내용입니다. ㉠~㉢에 들어가기에 알맞은 말을 쓰세요.

제목: 독도의 경제적 가치

○○초등학교 6학년 1반 김주영

· 조사 목적: 우리의 소중한 영토, 독도의 경제적 가치를 바로 알기 위해
· 조사 내용: 독도의 특성과 가치

독도의 특성		독도의 가치
차가운 해류와 (㉠)이/가 만나는 곳	➡	다양한 종류의 물고기가 살고 있으며 어획량이 풍부함.
해양 아래 (㉡)와/과 고체 메탄가스가 매장되어 있음.		(㉢)이/가 풍부함.

㉠: (   ), ㉡: (   ), ㉢: (   )

04

3단락에서 독도의 경제적 가치를 설명하고 있어요.

05 내용 이해하기 **서술형**

우리가 독도를 지켜야 하는 이유를 이 글에서 찾아 쓰세요.

____

____

____

05

5단락에는 독도를 지켜야 한다는 글쓴이의 주장이 드러나 있어요. 글쓴이가 근거로 든 내용을 이 글에서 찾아 보세요.

낱말 따라 쓰기 

● 영토에 인접한 해역으로서 그 나라의 주권과 통치권이 미치는 바다
 : 영 해 [領－거느릴 영, 海－바다 해]

● 바다 위나 공중에서 긴 거리를 나타낼 때 쓰는 단위 : 해 리

● 옳거나 확실하다고 다른 사람들이 알아주다. : 인 정 받 다

● 고기잡이를 하는 배 : 어 선 [魚－물고기 어, 船－배 선]

● 해군의 군사 작전에 쓰는 배 : 군 함

● 어떤 문제를 해결하기 위해 필요한 일을 하는 것 : 조 치
 ㉮ 경찰의 빠른 조치 덕분에 아무도 다치지 않을 수 있었다.

● 적이나 주위를 살피기 위하여 높이 지은 다락집 : 망 루

● 움직이거나 변하는 모습 : 동 태 [動－움직일 동, 態－모양 태]

● 어떤 일의 내용·사정·본질 등을 분명하게 알다. : 파 악 하다

● 일정한 방향과 속도로 이동하는 바닷물의 흐름 : 해 류

● 수산물을 잡거나 캐서 얻은 수량 : 어 획 량

● 수산 자원이 풍부하고 다양한 어종이 서식하여 물고기가 많이 잡히는 물의 일정한 구역 : 황 금 어 장

● 귀중한 것이 많이 나거나 간직되어 있는 곳을 비유적으로 이르는 말 : 보 고

● 지하자원 따위가 땅속에 묻히다. : 매 장 되 다

● 전부터 전해 내려 오는 것, 또는 그 전해져 온 역사 : 유 래

● 계산하여 얻은 값 : 수 치

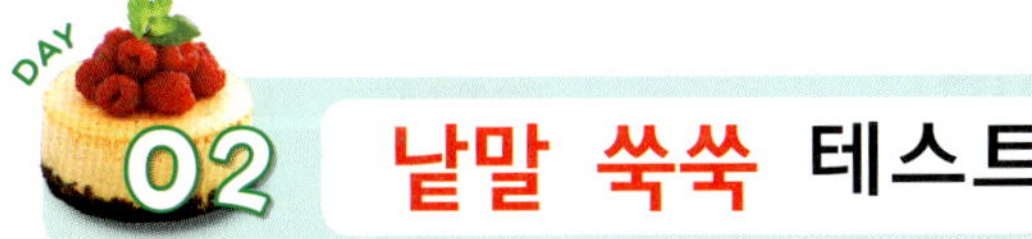

낱말 쑥쑥 테스트   DAY 01 + DAY 02 낱말   빠른 정답 2쪽

[01~06] 주어진 뜻풀이에 해당하는 낱말을 〈보기〉에서 찾아 쓰세요.

〈 보기 〉
의회　연말　수치　상징　대중가요　남녀노소

01 어떤 사실이나 생각, 느낌을 떠오르게 하는 사물 또는 그 사물을 가리키는 말이나 표시 : ____________

02 일반 국민이 뽑은 의원으로 구성되고 법률을 만들거나 중요한 국가 작용에 참여할 권리를 가진 조직 : ____________

03 한 해의 마지막 무렵 : ____________

04 계산하여 얻은 값 : ____________

05 남자와 여자, 늙은이와 젊은이란 뜻으로, 모든 사람을 이르는 말 : ____________

06 널리 대중이 즐겨 부르는 노래 : ____________

[07~10] 주어진 한자와 뜻풀이를 보고, 빈칸에 알맞은 말을 쓰세요.

07 祈 빌 ☐ ＋ 願 바랄 ☐ ＝ ☐☐
바라는 일이 이루어지기를 비는 것

08 動 움직일 ☐ ＋ 態 모양 ☐ ＝ ☐☐
움직이거나 변하는 모습

09 領 거느릴 ☐ ＋ 海 바다 ☐ ＝ ☐☐
영토에 인접한 해역으로서 그 나라의 주권과 통치권이 미치는 바다

10 魚 물고기 ☐ ＋ 船 배 ☐ ＝ ☐☐
고기잡이를 하는 배

[11~16] 주어진 초성과 뜻풀이를 보고, 빈칸에 알맞은 낱말을 쓰세요.

11 책은 지식의 ☐ㅂ☐ㄱ☐ 이다.
귀중한 것이 많이 나거나 간직되어 있는 곳을 비유적으로 이르는 말

12 그녀는 물건값을 깎으려고 ☐ㅇ☐ㅈ☐스러운 주장을 되풀이했다.
잘 안될 일을 무리하게 기어이 해내려는 고집

13 상황이 우리에게 ☐ㅇ☐ㄹ☐한 방향으로 움직이기 시작했다.
이익이 있다.

14 학교에서 환경 보호에 관련된 주제를 ☐ㅅ☐ㅈ☐하여 토론할 계획이다.
여럿 가운데서 어떤 것을 뽑아 정하다.

15 한복은 우리 ☐ㅁ☐ㅈ☐ 고유의 옷이다.
일정한 지역에서 오랜 세월 동안 함께 살면서 공통적인 언어, 문화, 역사를 가지게 된 공동체

16 회사는 ☐ㄷ☐ㅈ☐이/가 좋아할 상품을 만들려고 노력했다.
수많은 사람의 무리

[17~20] 주어진 뜻풀이에 해당하는 낱말을 연결하세요.

17 이름이나 어떤 사실 등이 장부·명부 등에 기록되어 적히다. · ·㉠ 편곡되다

18 지어 놓은 곡이 다른 형식으로 바뀌어 꾸며지다. · ·㉡ 손꼽히다

19 여럿 중에서 뛰어나다고 여겨지다. · ·㉢ 등재되다

20 지하자원 따위가 땅속에 묻히다. · ·㉣ 매장되다

키 165cm 이상, 몸무게 50kg 미만

수경이가 같은 학교 친구들에게 원하는 키와 몸무게를 조사했더니 '키는 적어도 165cm는 되었으면 좋겠다. 몸무게는 50kg을 넘지 않았으면 좋겠다.'라고 대답을 한 친구가 가장 많았다. 친구들이 원하는 키와 몸무게를 보기 좋게 정리하려면 수의 범위를 나타내는 말 중 어떤 것을 사용해야 할까?

흔히 수의 범위를 나타내는 말로 '이상과 이하', '초과와 미만'을 자주 사용한다. 이상은 기준이 되는 수를 포함해 그보다 큰 수를 말하고, 이하는 기준이 되는 수를 포함해 그보다 작은 수를 말한다. 이상과 이하는 반대되는 말이다. 친구들이 '적어도 165cm는 되었으면'이라고 한 말은 165cm를 포함하여 그보다 큰 키를 말하는 것이다. 그러므로 키와 관련하여 가장 많이 나온 대답은 '165cm 이상'이라고 정리할 수 있다.

초과는 기준이 되는 수를 포함하지 않은 그보다 큰 수를 말한다. 미만은 기준이 되는 수를 포함하지 않은 그보다 작은 수를 말한다. '50kg을 넘지 않았으면'이라고 한 말은 50kg을 포함하지 않고 그보다 작은 몸무게를 말하는 것이다. 그러므로 몸무게와 관련하여 가장 많이 나온 대답은 '50kg 미만'이라고 정리할 수 있다.

수경이의 상황 외에도 이상과 이하, 초과와 미만은 우리가 일상생활에서 자주 접하는 말이다. 영화 포스터를 보면 '15세 이상 관람 가'라고 적혀 있는 경우가 있다. 이 말은 이 영화를 15세부터 볼 수 있다는 것을 의미한다. 또한 놀이공원에 가면 '몸무게 90kg 초과 탑승 금지'와 같은 표지판을 볼 수 있다. 이 놀이기구는 몸무게가 90kg인 사람은 탈 수 있지만, 91kg인 사람은 탈 수 없다는 말이다. 이상과 이하, 초과와 미만의 의미를 잘 익혀 두면 이와 같은 상황에서 제대로 이해하지 못해 당황하는 일이 없을 것이다.

뜻을 정확히 모르는 낱말들을 적어 보세요!

낱말 따라 쓰기 

● 모르거나 분명하지 않은 일을 알기 위하여 자세히 살펴보거나 찾아보다. : 조 사 하다
  ㉠ 사고의 원인을 조사하다.

● 아무리 적게 잡아도 : 적 어 도

● 체계적으로 분류하고 종합하다. : 정 리 하다

● 어떤 활동이나 상태가 미치거나 벌어질 수 있는 정해진 시간·공간, 또는 한계 : 범 위

● 보통보다 더 자주 있거나 일어나서 쉽게 접할 수 있게 : 흔 히
  ㉠ 형제가 많은 집에서는 크고 작은 다툼이 흔히 일어난다.

● 종류를 나누거나 비교를 하거나 정도를 구별하기 위하여 따르는 일정한 원칙 : 기 준

● 무엇이 어떤 무리나 범위에 들어 있다. : 포 함 하다

● 무엇을 알게 되거나 경험하다. : 접 하다 [接-접할 접]

● 연극, 영화, 운동 경기, 미술품 따위를 구경하는 것 : 관 람

● 어떤 행위가 허용되거나 가능함을 이르는 말 : 가 [可-옳을 가]

● 배나 비행기, 차 따위에 올라타는 것 : 탑 승

● 법이나 규칙, 명령으로 하지 못하게 하는 것 : 금 지

STEP ① 중심 낱말 찾기

빠른 정답 2쪽

DAY
03

★ 중심 낱말을 찾는 방법
- 단락 혹은 글 전체에서 가장 많이 나오는 말을 찾으세요.
- 단락 혹은 글 전체에서 가장 중심이 되는 말이 무엇인지 살펴보세요.

1단락

1단락에서는 주위에서 흔하게 경험할 수 있는 일을 예로 들어 글의 소재에 대한 흥미를 불러일으키고 글 전체에서 다룰 내용을 보여 주는 경우가 많아요.

이 글에서도 수경이의 일을 예로 들어 수의 범위를 나타내는 말을 이야기할 것이라고 보여 주고 있어요.

1단락에서 이야기하고자 하는 중심 내용은 수의 범위를 나타내는 말로 친구들이 원하는 키와 몸무게를 정리하고 싶다는 것이므로 1단락의 중심 낱말은 '⁽¹⁾ ☐ 의 범위를 나타내는 말'입니다.

2단락

수의 범위를 나타내는 말 중 '이상과 이하'의 뜻을 설명하고 있어요. 이상은 기준이 되는 수를 포함해 그보다 큰 수, 이하는 기준이 되는 수를 포함해 그보다 작은 수라고 해요. 수경이 친구들이 원하는 키가 '적어도 165cm는 되었으면'이라고 했으므로 수의 범위를 나타내는 말로 표현하면 '165cm 이상'이라고 쓸 수 있어요.

2단락에서는 수의 범위를 나타내는 말 중 기준이 되는 수를 포함한 이상과 이하에 대해 이야기하고 있으므로 2단락의 중심 낱말은 '⁽²⁾ ☐☐ 와/과 이하'입니다.

3단락

수의 범위를 나타내는 말 중 '초과와 미만'의 뜻을 설명하고 있어요. 초과는 기준이 되는 수를 포함하지 않은 그보다 큰 수, 미만은 기준이 되는 수를 포함하지 않은 그보다 작은 수라고 해요. 수경이 친구들이 원하는 몸무게가 '50kg을 넘지 않았으면'이라고 했으므로 수의 범위를 나타내는 말로 표현하면 '50kg 미만'이라고 쓸 수 있어요.

3단락에서는 수의 범위를 나타내는 말 중 기준이 되는 수를 포함하지 않은 초과와 미만에 대해 이야기하고 있으므로 3단락의 중심 낱말은 '초과, ⁽³⁾ ☐☐'입니다.

4단락

수경이의 상황 외에도 일상생활에서 자주 접할 수 있는 이상과 ⁽⁴⁾ ☐☐, ⁽⁵⁾ ☐☐ 와/과 미만의 예를 들면서 수의 범위를 나타내는 말의 의미를 잘 익혀 두어야 상황을 제대로 이해할 수 있다고 하네요.

4단락에서 가장 중심이 되는 낱말은 예에서 나온 수의 범위를 나타내는 말을 모두 포함해야 하므로 4단락의 중심 낱말은 '이상과 이하, 초과와 미만'입니다.

★ 이 글 전체의 중심 낱말은 각 단락의 중심 낱말인 '이상과 이하', '초과와 미만'을 모두 아우를 수 있어야 하므로 '⁽⁶⁾ ☐☐ ☐☐☐ ☐☐☐☐ ☐'입니다.

01 중심 낱말 찾기

이 글의 핵심 내용을 정리한 것입니다. 빈칸에 알맞은 말을 차례대로 쓰세요.

> 자주 사용하는 수의 범위를 나타내는 말 중 기준이 되는 수를 포함하여 그보다 큰 수는 (　　　), 그보다 작은 수는 (　　　)(이)라고 한다. 또한 기준이 되는 수를 포함하지 않은 그보다 큰 수는 (　　　), 그보다 작은 수는 (　　　)(이)라고 한다.

(　　　　　), (　　　　　), (　　　　　), (　　　　　)

02 내용 이해하기

다음 설명 중 이 글의 내용에 맞는 것은 ○표, 틀린 것은 ✕표를 하세요.

(1) 이상과 이하는 반대되는 말이다. 　　　　　　　　　　　　　　（　　　）

(2) 이상과 이하, 초과와 미만은 일상생활에서 접하기 어려운 말이다. 　（　　　）

(3) 초과와 미만은 기준이 되는 수를 포함하지 않은 말이다. 　　　　（　　　）

03 알맞은 반응 찾기

이 글을 읽고 나눈 대화입니다. 글의 내용과 맞지 <u>않는</u> 것은 무엇인가요? 　（　　　）

① 예림: 이 자동차는 최대 5명까지 탈 수 있어. 6명 미만 탑승 가능이야.

② 재은: 80cm 미만의 코트를 사야 하는데 이 코트는 80cm이므로 살 수 없어.

③ 서영: 집에서 학교까지 적어도 30분이 걸리므로 내 등굣길은 30분 이상 걸려.

④ 가영: 이 엘리베이터는 탑승객 정원이 15명 미만이야. 15명까지는 탈 수 있어.

⑤ 시연: 노래 대회에 20세 이하만 신청할 수 있는데, 오빠는 20살이니까 가능해.

04 내용 적용하기 서술형

'키는 170cm가 안 되고, 몸무게는 적어도 40kg은 되었으면 좋겠다.'를 수의 범위를 나타내는 말로 표현해 보세요.

____

____

낱말 따라 쓰기 

● 여러 사람에게 알리려고 어떤 내용을 적거나 그려서 세워 놓은 판 :　｜표｜지｜판｜

● 놀라거나 다급하여 어찌할 바를 모르다. :　｜당｜황｜하다

● 일정한 규정에 따라 정해진 인원수 :　｜정｜원｜

● 일을 맡은 기관에 어떤 일을 해 줄 것을 정식으로 요구하다. :　｜신｜청｜하다

03 낱말 쑥쑥 테스트

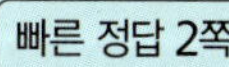

[01~04] 주어진 뜻풀이에 해당하는 낱말을 〈보기〉에서 찾아 쓰세요.

〈 보기 〉
신청하다　정원　범위　적어도

01 일정한 규정에 따라 정해진 인원수 :
____

02 일을 맡은 기관에 어떤 일을 해 줄 것을 정식으로 요구하다. : _______________

03 어떤 활동이나 상태가 미치거나 벌어질 수 있는 정해진 시간·공간, 또는 한계 : _______________

04 아무리 적게 잡아도 : _______________

[05~08] 문장의 의미를 생각하여, 밑줄 친 낱말과 비슷한 말을 〈보기〉에서 찾아 쓰세요.

〈 보기 〉
접　금지　관람　흔히

05 나는 부모님과 축구 경기를 <u>구경하러</u> 갈 것이다.
➡ 친구와 함께 연극을 _______________ 했다.

06 그녀는 사고 소식을 <u>듣고</u> 병원으로 달려갔다.
➡ 인터넷으로 정보를 많이 _______________ 한다.

07 여름에는 흰색 옷을 입은 사람을 <u>자주</u> 볼 수 있다.
➡ 그는 _______________ 생각이 많아 보인다.

08 이 도로는 공사 중이어서 지나가면 <u>안 된다</u>.
➡ 주말에 외출 _______________ 명령이 내려졌다.

배경지식

수의 범위를 나타내는 말을 수직선 위에 어떻게 나타낼 수 있을까?

기준이 되는 수를 포함하면 ●, 포함하지 않으면 ○을 사용하고, 선의 방향을 제대로 나타내도록 해요.

• **80 이상인 수**를 수직선에 나타내면 다음과 같아요. □ 이상인 수는 점 ●을 사용하고 오른쪽으로 선을 그으면 된답니다.

79　80　81　82　83　84　85

• **12 이하인 수**는 수직선에 어떻게 나타낼 수 있을까요? 이하는 이상과 반대되는 말이니까 선을 왼쪽으로 그으면 되겠죠? △ 이하인 수는 점 ●을 사용하고 왼쪽으로 선을 그어요.

7　8　9　10　11　12　13

• **17 초과인 수**를 수직선에 나타내면 다음과 같아요. ◆ 초과인 수는 점 ○을 사용하고 오른쪽으로 선을 그으면 돼요.

16　17　18　19　20　21　22

• **130 미만인 수**는 수직선에 어떻게 나타낼 수 있을까요? ★ 미만인 수는 점 ○을 사용하고 왼쪽으로 선을 그어요.

125　126　127　128　129　130　13]

조선 후기의 새로운 학문, 실학

　조선 후기에는 임진왜란과 병자호란으로 인한 피해를 복구하는 것이 시급했다. 황폐해진 토지를 되살려 나라의 살림과 백성들의 생활을 나아지게 하려는 노력은 계속되었지만, 힘든 시간을 보내야 했다. 게다가 조선을 다스리는 근본 원리인 유교는 이론과 형식에 치우쳐 실제 생활을 나아지게 하는 데 도움이 되지 못했다.

　이러한 상황에서 어려운 백성들의 생활에 도움이 되고 나라가 튼튼해지는 방법을 연구하는 학문인 실학이 등장했다. 실학자들은 농업, 상공업, 신분 제도, 과학 기술 등 다양한 분야에 대한 연구를 바탕으로 사회의 문제점을 찾아내고 전반적인 제도나 규칙을 개선해야 한다고 주장했다.

　농업을 중심으로 사회를 개혁해야 한다고 주장한 중농학파 실학자들은 당시의 토지 제도에 문제가 많다는 점을 지적하였다. 그들은 토지를 효율적으로 나누고 관리하는 방법을 제시했으며, 과학적인 농사 기술을 보급하여 농민들의 생활을 안정시켜야 한다고 주장했다.

　반면 중상학파 실학자들은 상공업을 중심으로 나라를 발전시켜야 한다고 생각하였다. 중국과 서양의 발달된 기술을 경험해 본 중상학파 실학자들은 그들의 기술을 받아들여 상공업을 발전시켜야 한다고 주장했다.

　한편, 우리의 것에 관심을 두었던 국학파 실학자들도 있었다. 이들은 우리의 역사, 지리, 언어, 자연 등에 관심을 가지고 연구하면서 관련된 책을 써서 남겼다.

　하지만 실학자들의 다양한 주장과 연구가 조선의 정책과 제도에 적극적으로 적용되지는 못했다. 당시 실학자들 대부분이 나라를 다스리는 일에 참여하지 못했기 때문이다. 그럼에도 실학은 이론 중심의 학문에서 벗어나 실생활을 고민하고 연구했다는 점에서 큰 의의가 있고, 이후에 다양한 분야로 이어져 조선 후기 사회 발전에 큰 영향을 미쳤다.

　✏️ 뜻을 정확히 모르는 낱말들을 적어 보세요!

낱말 따라 쓰기 

● 어떤 분야의 내용을 체계적으로 배우고 익히는 것, 또는 일정한 분야의 체계적 지식 : 　학　문　 [學 – 배울 학, 問 – 물을 문]

● 생명이나 신체, 재산, 명예 따위에 손해를 입음. 또는 그 손해 : 　피　해　

● 피해나 손해 이전의 상태로 회복하다. : 　복　구　하다
　예 지진으로 인해 파괴된 도시를 복구해야 한다.

● 시각을 다툴 만큼 몹시 절박하고 급하다. : 　시　급　하다
　[時 – 때 시, 急 – 급할 급]

● 집, 토지, 삼림 따위가 거칠어져 못 쓰게 되다. : 　황　폐　하다
　예 가뭄으로 마을 전체가 황폐해졌다.

● 사람의 생활과 활동에 이용하는 땅 : 　토　지　
　[土 – 흙 토, 地 – 땅 지]

✏ 뜻을 정확히 모르는
낱말들을 적어 보세요!

DAY
04

01 중심 낱말 찾기

다음은 이 글의 핵심 내용을 정리한 것입니다. 빈칸에 들어가기에 알맞은 말을 쓰세요.

> 조선 후기, 임진왜란과 병자호란으로 인한 피해를 복구하기 위한 노력이 계속되던 상황에서 어려운 백성들의 생활에 도움이 되고 나라가 튼튼해지는 방법을 연구하는 학문인 (   )이/가 등장했다.

(   )

02 내용 이해하기

이 글의 내용으로 알맞지 <u>않은</u> 것은 무엇인가요?   (   )

① 실학자들의 연구는 농업과 상공업 분야에만 제한되어 있었다.
② 조선을 다스리는 근본 원리인 유교는 이론과 형식에 치우친 학문이었다.
③ 실학자들은 조선 사회의 전반적인 제도나 규칙을 개선해야 한다고 생각하였다.
④ 실학자들 중에는 우리의 역사, 지리, 언어, 자연 등에 관심을 두었던 사람도 있었다.
⑤ 실학은 백성들의 생활에 도움이 되고 나라가 튼튼해지는 방법에 관심을 둔 학문이다.

03 내용 이해하기

다음은 '실학자'들의 학파에 대해 정리한 것입니다. ㉠~㉢에 해당하는 학파를 쓰세요.

실학자
- ㉠: 농업을 중심으로 사회를 개혁해야 한다고 주장함.
- ㉡: 상공업을 중심으로 나라를 발전시켜야 한다고 봄.
- ㉢: 우리의 것에 관심을 두고 역사, 지리, 언어, 자연 등을 연구함.

㉠: (   ), ㉡: (   ), ㉢: (   )

이 글은 읽은 학생들의 반응으로 알맞지 <u>않은</u> 것은 무엇인가요?　　　　　（　　　）

① 정혁: 중농학파 실학자들은 주로 토지 제도에 관한 주장을 했군.
② 민아: 유교는 백성들의 실제 생활을 나아지게 하는 데 도움이 되지 못했군.
③ 효섭: 국학파 실학자들은 관심을 가진 분야에 대해 직접 책을 쓰기도 했군.
④ 지연: 중상학파 실학자들은 중국과 서양의 기술을 받아들여야 한다고 보았군.
⑤ 영미: 실학은 당시 정책과 제도에 적극적으로 반영되어 나라가 발전하는 데 큰
　　　도움이 되었군.

뜻을 정확히 모르는
낱말들을 적어 보세요!

05 내용 이해하기 서술형

조선 후기의 실학이 지니는 의의 두 가지를 이 글에서 찾아 쓰세요.

____

____

____

낱말 따라 쓰기

● 세력이나 활력 따위를 다시 찾게 하다. : 되 살 리 다
　예 그는 장작을 더 넣어 불길을 되살렸다.
● 국가나 집단의 재산을 관리하고 경영하는 일 : 살 림
● 여러 일에 주의하지 못하고 한쪽으로 쏠리다. : 치 우 치 다
● 어떤 일이나 사물에 대하여서 깊이 있게 조사하고 생각하여 진리를
　따져 보다. : 연 구 하다
● 어떤 일이나 분야 전체에 걸치는 것 : 전 반 적
● 국가나 정부의 기본적 통치 이념을 실현하기 위한 사회 조직과 체계 :
　제 도 [制－억제할 제, 度－법도 도]
● 잘못된 것이나 부족한 것, 나쁜 것 따위를 고쳐 더 좋게 만들다. :
　개 선 하다 [改－고칠 개, 善－좋을 선]
　예 그는 건강을 위해 식생활 개선에 힘쓰고 있다.
● 제도나 기구 따위를 새롭게 뜯어고치다. : 개 혁 하다
● 잘못된 점이나 허물을 가리켜 말하다. : 지 적 하다

● 들인 노력에 비하여 얻는 결과가 큰 것 : 효 율 적
● 널리 펴서 많은 사람들에게 골고루 미치게 하여 누리게 하다. :
　보 급 하다
● 사회적인 문제를 해결하거나 정치적 목적을 실현하기 위한 방법 :
　정 책
● 어떤 일을 해 나가는 태도가 능동적이고 활발한 것 : 적 극 적
● 알맞게 이용되거나 맞추어져 쓰이다. : 적 용 되 다
　예 새로운 법이 적용되면 18세 학생들도 투표를 할 수 있게 된다.
● 여러 사람이 같이하는 어떤 일에 끼어서 함께 일하다. : 참 여 하다
● 일정한 한계나 범위를 넘지 못하게 막히다. : 제 한 되 다
　예 그는 제한된 범위 안에서만 활동할 수 있다.
● 학문에서 주장을 달리하는 갈래 : 학 파
● 다른 것에 영향을 받아 어떤 현상이 나타나다. : 반 영 되 다
　예 민화에는 서민들의 생활 모습이 반영되어 있다.

낱말 쑥쑥 테스트

빠른 정답 2쪽

DAY
04

[01~04] 주어진 낱말 중 뜻풀이에 해당하는 것을 골라 쓰세요.

01 개선　　개혁

잘못된 것이나 부족한 것, 나쁜 것 따위를 고쳐 더 좋게 만들다. : ☐☐하다

02 지적하다　　되살리다

세력이나 활력 따위를 다시 찾게 하다. : ☐☐☐☐

03 복구　　황폐

피해나 손해 이전의 상태로 회복하다. : ☐☐하다

04 정책　　제도

국가나 정부의 기본적 통치 이념을 실현하기 위한 사회 조직과 체계 : ☐☐

[05~08] 낱말의 뜻과 예로 든 문장을 보고, 빈칸에 알맞은 낱말을 쓰세요.

05 ☐☐하다 : 시각을 다툴 만큼 몹시 절박하고 급하다.

⑩ 동물들을 구하는 일이 ＿＿＿＿＿했다.

06 ☐☐하다 : 널리 펴서 많은 사람들에게 골고루 미치게 하여 누리게 하다.

⑩ 스마트폰이 널리 ＿＿＿＿＿되어 언제 어디서든 원하는 정보를 찾을 수 있게 되었다.

07 ☐☐ : 들인 노력에 비하여 얻는 결과가 큰 것

⑩ 자원을 ＿＿＿＿＿(으)로 활용해야 한다.

08 ☐☐ : 학문에서 주장을 달리하는 갈래

⑩ 그는 새로운 ＿＿＿＿＿을/를 만들었다.

배경지식

청나라의 기술을 배우자고 주장한 박지원이 쓴 《열하일기》

　박지원은 조선 후기에 경제 개혁을 주장한 대표적인 중상학파 실학자예요. 그는 상업과 수공업이 발달해야 나라가 발전할 수 있다고 생각했어요. 그가 이러한 주장을 하게 된 데는 다 이유가 있었어요. 박지원은 청나라에 사신으로 방문한 적이 있었는데, 그곳에서 놀랍도록 발달한 청의 기술을 접하고 조선으로 돌아와 '북학 사상'을 주장했어요.

　북학 사상은 청나라의 기술을 배워야 한다는 생각이에요. 박지원은 특히 선박과 수레를 이용해야 한다고 강조했어요. 하지만 그의 주장은 쉽게 받아들여지지 않았어요. 당시에 조선은 청나라에게 두 차례 침입을 당해서 큰 적대감을 가지고 있었기 때문이에요.

　박지원은 자신이 청나라에서 경험한 것을 소개하고, 자기의 생각을 널리 알리는 책을 남겼어요. 그 책이 바로 오늘날에도 잘 알려진 《열하일기》랍니다.

사라지는 동물들

평창 동계 올림픽의 마스코트이기도 했던 '반다비'는 가슴에 초승달 무늬의 흰 털이 있는 반달가슴곰이다. 반달가슴곰은 과거 우리나라 산에 많은 개체 수가 살고 있었지만, 1998년부터 멸종 위기 동물 1급으로 정해져 보호를 받고 있다. 우리나라에서 영영 사라질 위기에 처했던 반달가슴곰은 전문가들의 지속적인 노력으로 현재는 50여 마리 이상이 우리와 함께 살아가고 있다. 반달가슴곰처럼 사라질 위기에 처한 동물은 한두 종이 아니다. 도대체 왜 지구상에서 동물들이 사라지고 있는 것일까?

생물의 한 종류가 아주 없어지는 것을 '멸종'이라고 한다. 생물은 사는 곳에 알맞게 적응하기도 하지만, 갑작스러운 기후 변화나 환경 파괴 등에 의해 후손을 남기지 못하고 죽으면 멸종된다. 공룡의 멸종이 지구 환경이 변화함에 따른 것이었다면 오늘날 전 세계에서 일어나고 있는 생물의 멸종은 사람의 영향이 크다. 애완 동물로 삼거나 동물원에 팔기 위해, 혹은 가죽이나 뿔, 장기 등을 얻기 위해 야생 동물을 불법적으로 사냥하는 일은 흔히 일어난다. 또한 무분별한 개발과 환경 오염으로 인해 동식물의 서식지가 파괴되고 있다. 이러한 인간의 이기적인 행동으로 지구에서 많은 동식물이 사라지고 있는 것이다. 동식물 보호 단체에서는 2050년에 이르기까지 지구에 사는 동식물 중 30~50%가 사라질 것이라고 예상한다.

지구의 모든 생물은 서로 먹고 먹히는 관계로 사슬처럼 이어져 생태계를 이루고 있다. 어느 한 생물이 급격하게 늘거나 줄면 먹이 사슬에 큰 영향을 주어 생태계의 균형은 깨지게 되고, 이는 지구에서 살아가는 인간에게도 영향을 미친다. 그래서 각종 세계 기구나 환경 단체에서는 무질서한 자연 파괴를 막고, 멸종 위기 동물을 보호하기 위해 ㈎ 다양한 활동을 펼치고 있다. ㈏ 우리 개개인도 많은 생물들과 공존하는 것이 곧 나를 위한 일이라는 것을 기억해야 한다.

낱말 따라 쓰기 

- 어떤 큰 행사나 단체를 상징하는 동물이나 그 동물의 인형 : 마 스 코 트

- 전체나 무리에서 떼어 놓은 하나하나의 낱개 : 개 체

- 위험한 고비나 시기 : 위 기

- 위험·파괴·곤란을 당하지 않게 지키고 보살펴 주는 것 : 보 호

- 어떤 일이나 상태가 끊어지지 않고 이어지는 것 : 지 속 적

- 지구의 표면 또는 그곳에 살고 있는 사람들의 세상 : 지 구 상

- 일정한 조건이나 환경 따위에 맞추어 응하거나 알맞게 되다. : 적 응 하다

  ㉮ 동생은 부모님과 떨어져 도시에서 잘 적응하고 있다.

- 일정 지역에서 오랜 기간에 걸쳐서 나타난 기온, 비, 눈, 바람 따위의 평균 상태 : 기 후

- 여러 대가 지난 뒤의 자손 : 후 손 [後-뒤 후, 孫-손자 손]

뜻을 정확히 모르는 낱말들을 적어 보세요!

DAY
05

01 중심 낱말 찾기

다음은 이 글의 핵심 내용을 정리한 것입니다. 빈칸에 공통으로 들어가기에 알맞은 말을 쓰세요.

> 공룡의 (   )이/가 지구 환경의 변화에 따른 것이었다면, 오늘날 전 세계에서 일어나고 있는 (   )은/는 사람의 영향이 크다. 그런데 어느 한 생물의 (   )은/는 생태계의 균형을 깨뜨리는 결과를 가져온다. 따라서 우리는 지구상의 수많은 생물들과 공존하기 위해 노력해야 한다.

(   )

02 글쓴이의 의도 이해하기

이 글에서 전달하고자 하는 내용으로 가장 알맞은 것은 무엇인가요? (   )

① 생태계의 구조
② 환경 오염의 위험성
③ 멸종의 정의와 원인
④ 반달가슴곰 보호의 필요성
⑤ 멸종 위기 동물 보호의 필요성

03 내용 이해하기

다음은 '멸종 위기의 원인'에 대해 정리한 내용입니다. ㉠, ㉡에 들어가기에 알맞은 말을 쓰세요.

과거	오늘날
갑작스런 (㉠)와/과 같은 지구 환경의 변화	사람들의 불법 사냥, 무분별한 개발과 환경 오염으로 인한 동물들의 (㉡)

㉠: (   ), ㉡: (   )

다음 중 3단락의 밑줄 친 ㈎의 예시로 알맞지 <u>않은</u> 것은 무엇인가요? ( )

① 멸종 위기 동물 보호 기금 마련을 위해 기부 캠페인을 벌인다.

② 멸종 위기 동물의 서식지를 개선하기 위한 봉사 활동을 주최한다.

③ 멸종 위기 동물을 학대하는 여행사의 상품에 대한 불매 운동을 한다.

④ 멸종 위기 동물을 모두 가두어 보호하기 위해 안락한 동물원을 전 세계에 마련한다.

⑤ 밍크 고래나 반달곰과 같은 멸종 위기 동물의 불법 사냥에 반대하는 집회를 벌인다.

뜻을 정확히 모르는 낱말들을 적어 보세요!

05 내용 이해하기 서술형

3단락의 밑줄 친 ㈏의 이유를 이 글에서 찾아 쓰세요.

____

____

____

낱말 따라 쓰기 

- 내장의 각 기관 : 장 기
- 법에 어긋나는 것 : 불 법 적
- 사리에 맞게 판단하는 능력이 없다. : 무 분 별 하다
  예 외국 문화를 무분별하게 받아들이는 것은 좋지 않다.
- 야생 동물이 자연 상태로 사는 곳 : 서 식 지
- 일정한 지역이나 환경에서 생물들이 서로 적응하고 상호 관계를 맺으며 균형과 조화를 이루는 자연의 세계 : 생 태 계
- 변화의 움직임 따위가 급하고 격렬하다. : 급 격 하다
- 어느 한쪽으로 기울거나 치우치지 아니하고 고른 상태 : 균 형
  예 농촌을 개발해서 도시와 균형을 이루어야 한다.
- 많은 사람이 모여 어떤 목적을 위하여 구성한 조직이나 기관의 구성 체계 : 기 구
- 순서나 차례가 없다. : 무 질 서 하다

- 서로 도와서 함께 존재하다. : 공 존 하다
  [共-함께 공, 存-있을 존]
- 어떤 공공의 사업에 쓰기 위해 모아 놓은 밑천 : 기 금
- 많은 사람에게 도움이 되는 일에 돈이나 재산 등을 내어 주는 것 : 기 부
- 부족하거나 잘못된 것을 고쳐서 더 좋게 만들다. : 개 선 하다
- 어떤 행사나 모임을 책임지고 기획하여 열다. : 주 최 하다
- 몹시 괴롭히거나 가혹하게 대우하다. : 학 대 하다
- 어떤 상품을 사지 않는 것 : 불 매 [不-아닐 불, 買-살 매]
- 몸과 마음이 편하고 즐겁다. : 안 락 하다
- 필요한 것을 미리 준비하다. : 마 련 하다
- 여러 사람이 어떤 공동의 목적을 위해 모이는 것 : 집 회

낱말 쑥쑥 테스트

[01~05] 주어진 뜻풀이에 해당하는 낱말을 연결하세요.

01 순서나 차례가 없다. • • ㉠ 무분별하다

02 사리에 맞게 판단하는 능력이 없다. • • ㉡ 무질서하다

03 일정한 지역이나 환경에서 생물들이 서로 적응하고 상호 관계를 맺으며 균형과 조화를 이루는 자연의 세계 • • ㉢ 서식지

04 야생 동물이 자연 상태로 사는 곳 • • ㉣ 생태계

05 지구의 표면 또는 그곳에 살고 있는 사람들의 세상 • • ㉤ 지구상

[06~10] 주어진 초성과 뜻풀이를 보고, 빈칸에 알맞은 낱말을 쓰세요.

06 몸 안에 수분이 〔ㄱ ㄱ〕하게 줄어들면 쓰러질 수 있다.
변화의 움직임 따위가 급하고 격렬하다.

07 그는 몰래 다른 사람의 사진을 찍어 〔ㅂ ㅂ ㅈ〕(으)로 이용했다.
법에 어긋나는 것

08 우리 사회에는 다양한 인종의 사람들이 〔ㄱ ㅈ〕하고 있다.
서로 도와서 함께 존재하다.

09 세계의 안전과 평화를 위해 '국제 연합'이라는 국제 평화 〔ㄱ ㄱ〕이/가 탄생했다.
많은 사람이 모여 어떤 목적을 위하여 구성한 조직이나 기관의 구성 체계

10 이 단체는 거짓 광고를 하거나 불량 상품을 판매하는 기업으로부터 소비자를 〔ㅂ ㅎ〕해 주는 일을 한다.
위험·파괴·곤란을 당하지 않게 지키고 보살펴 주는 것

멸종되어 가는 호랑이

'우리나라를 대표하는 동물' 하면 어떤 동물이 떠오르나요? 대부분 '호랑이'를 떠올릴 텐데요. 호랑이는 서울 올림픽 대회의 마스코트로 뽑힐 만큼 우리에게 친숙한 동물입니다.

예전에는 우리나라에 '백두산 호랑이'라고도 불리는 시베리아 호랑이가 많이 살았어요. 그런데 1900년대에 들어 사람들이 총기를 사용해 야생 동물을 무분별하게 사냥하기 시작했고, 일제 강점기에는 해로운 짐승을 없앤다는 이유로 호랑이를 마구 잡아들였어요. 게다가 사람들이 자연을 개발해서 농지와 도시를 만드는 바람에 호랑이들이 살 곳을 잃었고 먹을 것이 부족해졌지요. 그 바람에 우리는 동물원에 가서야 호랑이를 볼 수 있게 되었답니다. 현재 북한에만 아주 적은 수의 호랑이가 남아 있다고 해요.

[01~05] 다음 글을 읽고, 물음에 답하세요.

버스, 컴퓨터, 뉴스……. 이 낱말들이 우리말이 아니라는 것은 누구나 쉽게 알 수 있다. 하지만 이것들을 우리말로 바꾸려 하면 마땅한 낱말이 떠오르지 않는다. 이처럼 외국에서 들어온 말이지만 국어에서 널리 쓰이는 것들을 '외래어'라고 한다.

반면 '외국어'란 다른 나라의 말로, 영어, 프랑스어, 중국어, 일본어 등 우리나라를 제외한 다른 나라의 모든 말이 외국어에 속한다. 외래어도 외국어도 모두 다른 나라의 말인데, 이 두 가지를 어떻게 구분할 수 있을까?

외래어와 외국어를 구분하는 기준이 명확하게 정해져 있지는 않지만 일반적으로 우리말로 바꾸어 쓸 수 없으면 외래어, 바꾸어 쓸 수 있으면 외국어로 판단한다. 예를 들면, '피아노', '빵'은 각각 영어와 포르투갈어이지만 이미 우리말로 정착하여 다른 말로 바꿔 쓸 수 없으므로 외래어이다. 반면 '라인', '선데이'는 '선', '일요일'과 같이 우리말로 바꿔 쓸 수 있으므로 외국어이다.

한편, 다른 나라에서 들어와 국어로 정착했다는 점에서 한자어도 외래어라고 볼 수 있다. 하지만 한자어는 우리말에서 큰 비중을 차지하고, 오랜 세월 동안 쓰이면서 우리말로 정착되었기 때문에 외래어와 구분 짓는다.

외래어는 보통 외국의 새로운 문물이 들어올 때 함께 들어온다. 특히 정보와 문화의 교류가 활발한 현대 사회를 맞이하면서 우리말에서 외래어가 차지하는 비중이 늘고 있다. 게다가 최근에는 외국어를 무분별하게 사용하는 모습이 많이 보인다.

외래어나 외국어, 한자어가 아닌, 우리말에 본래부터 있던 고유어만 사용할 수는 없다. 하지만 우리의 고유어를 외면하고 외래어와 외국어, 한자어를 주로 사용한다면 우리말을 지키고 아름답게 가꿀 수 없다. 우리말의 가치를 보존하기 위해 우리가 무심코 사용하는 외국어와 한자어를 고유어로 바꿔 써 보도록 하자. '헤어밴드'는 '머리띠', '낭설'은 '헛소문'처럼 말이다.

---

01 ✱✱✱

다음은 이 글의 핵심 내용을 정리한 것입니다. 빈칸에 들어가기에 알맞은 말을 차례대로 쓰세요.

> '(   )'란 외국에서 들어온 말이지만 국어에서 널리 쓰이는 것들이다. 그리고 '(   )'란 다른 나라의 말로, 영어, 프랑스어, 중국어, 일본어 등 우리나라를 제외한 다른 나라의 모든 말이 여기에 해당한다.

(   ), (   )

02 ✱✱✱

이 글의 제목으로 가장 알맞은 것은 무엇인가요?

(   )

① 우리말의 역사
② 외래어보다 훌륭한 외국어
③ 외국어 공부가 중요한 이유
④ 우리말 속의 외래어와 외국어
⑤ 한자어를 이해하기 어려운 이유

03 ✽✽✽❀

이 글의 내용으로 알맞지 <u>않은</u> 것은 무엇인가요?

( )

① 고유어는 우리말에 본래부터 있던 말이다.
② 한자어는 우리말에서 큰 비중을 차지한다.
③ '피아노'는 영어, '빵'은 포르투갈어에서 온 외래어이다.
④ 외래어는 일반적으로 외국의 새로운 문물이 들어올 때 함께 들어온다.
⑤ 최근 우리말에서 외래어의 비중은 늘었지만 외국어의 비중은 줄고 있다.

04 ✽✽✽

다음 중 외래어와 외국어를 구분한 것으로 맞으면 ○표, 틀리면 ✕표를 하세요.

(1) '냄비'는 우리말로 바꿔 쓸 수 없으므로 외래어이다. ( )
(2) '라디오'는 우리말로 바꿔 쓸 수 없으므로 외래어이다. ( )
(3) '레시피'는 '요리법'으로 바꿔 쓸 수 있으므로 외래어이다. ( )
(4) '홈페이지'는 '누리집'으로 바꿔 쓸 수 있으므로 외국어이다. ( )

05 ✽✽✽❀ 〔서술형〕

글쓴이가 6단락에서 말하고자 하는 바를 찾아 쓰세요.

____

____

____

낱말 따라 쓰기 

- 행동이나 대상 따위가 일정한 조건에 어울리게 알맞다. : 마땅하다
  - 예 이 일을 처리할 <u>마땅한</u> 사람이 없다.
- 어떤 대상에서 빼놓거나 셈에서 헤아리지 아니하다. : 제외하다
  - 예 그는 몸이 아플 때를 <u>제외하고</u> 항상 도서관에서 공부를 한다.
- 관계되어 어떠한 집단이나 범위 안에 들다. : 속하다
  - 예 중간고사 성적이 상위권에 <u>속했다.</u>
- 일정한 기준에 따라 전체를 몇 개로 갈라 나누다. : 구분하다
  - 예 갓 잠에서 깨어나서 꿈인지 현실인지 <u>구분하기</u> 어려웠다.
- 명백하고 확실하다. : 명확하다
  - 예 내가 이것을 선택한 이유는 <u>명확하다.</u>
- 일부에 한정되지 아니하고 전체에 걸치는 것 : 일반적
  - 예 청소년들은 <u>일반적</u>으로 하루에 7시간씩 잠을 잔다.
- 어떤 사물에 대하여 여러 사정을 따져서 자기의 생각을 분명하게 정하다. : 판단하다 [判–판단할 판, 斷–결단할 단]
  - 예 겉모습만으로 사람을 <u>판단해서는</u> 안 된다.
- 새로운 문화 현상, 학설 따위가 당연한 것으로 사회에 널리 받아들여지다. : 정착하다
  - 예 규칙이 새로 만들어지면 그것이 <u>정착하는</u> 시간이 필요할 것이다.
- 한자에 기초하여 만들어진 말 : 한자어
- 다른 것과 비교할 때 차지하는 중요도 : 비중
  - 예 태현이는 용돈 중에서 간식비가 가장 큰 <u>비중</u>을 차지한다.
- 어떤 위치나 자리를 얻어서 누리다. : 차지하다
  - 예 나는 달리기 대회에서 1위를 <u>차지하였다.</u>
- 문화의 산물. 곧 정치, 경제, 종교, 예술, 법률 따위의 문화에 관한 모든 것을 통틀어 이르는 말이다. : 문물
  - 예 그 나라는 외국에서 뛰어난 <u>문물</u>을 받아들였다.
- 사람들이 서로 자주 만나거나 연락하면서 의견이나 물건을 주고받고 하는 것 : 교류
- 매우 힘차고 기운이 있다. : 활발하다
- 외국에서 들어온 말이 아닌, 한 민족이 본래부터 가지고 있는 말 : 고유어
  - 예 한자어가 널리 쓰이면서 많은 <u>고유어</u>가 사라졌다.
- 어떤 사상이나 이론, 현실, 사실, 진리 따위를 인정하지 않고 무시하다. : 외면하다 [外–바깥 외, 面–낯 면]
  - 예 진실을 <u>외면하지</u> 말고 인정해야 한다.
- 잘 보호하고 간수하여 남기다. : 보존하다
  - 예 전통문화를 잘 <u>보존해서</u> 후손들에게 물려주어야 한다.

빠른 정답 2쪽

✱ 다음 가로 열쇠와 세로 열쇠 문제를 잘 읽고, 빈칸에 알맞은 답을 써 보세요.

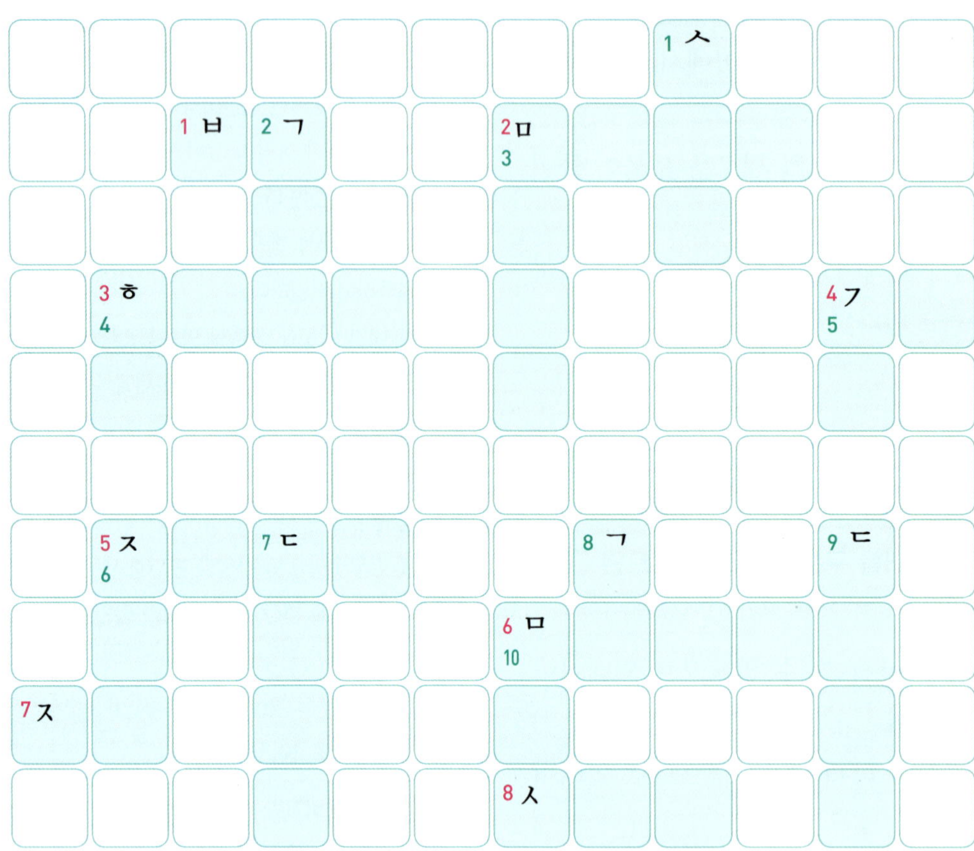

가로 열쇠

1 귀중한 것이 많이 나거나 간직되어 있는 곳을 비유적으로 이르는 말

2 행동이나 대상 따위가 일정한 조건에 어울리게 알맞다.

3 수산 자원이 풍부하고 다양한 어종이 서식하여 물고기가 많이 잡히는 물의 일정한 구역

4 종류를 나누거나 비교를 하거나 정도를 구별하기 위하여 따르는 일정한 원칙

5 알맞게 이용되거나 맞추어져 쓰이다.

6 연극, 무용, 음악 등 형체가 없는 문화적 결과물로, 역사적 또는 예술적으로 가치가 큰 것

7 국가나 정부의 기본적 통치 이념을 실현하기 위한 사회 조직과 체계

8 야생 동물이 자연 상태로 사는 곳

세로 열쇠

1 관계되어 어떠한 집단이나 범위 안에 들다.

2 외국에서 들어온 말이 아닌, 한 민족이 본래부터 가지고 있는 말

3 어떤 큰 행사나 단체를 상징하는 동물이나 그 동물의 인형

4 집, 토지, 살림 따위가 거칠어져 못 쓰게 되는 것

5 일정 지역에서 오랜 기간에 걸쳐서 나타난 기온, 비, 눈, 바람 따위의 평균 상태

6 아무리 적게 잡아도

7 세력이나 활력 따위를 다시 찾게 하다.

8 어느 한쪽으로 기울거나 치우치지 아니하고 고른 상태

9 이름이나 어떤 사실 등이 장부·명부 등에 기록되어 적히다.

10 순서나 차례가 없는 것

STEP 2

중심 문장 찾기

★ 중심 문장이란?

단락 또는 글 전체의 중심이 되는 내용이 들어 있는 문장입니다.

● 중심 문장을 찾는 이유

하나의 단락에서는 보통 하나의 중심 내용을 이야기해요.
따라서 각 단락의 중심 문장을 찾으면 그 단락에서 이야기하고자 하는 내용을 쉽게 알 수 있고, 이를 통해 글 전체에서 말하고자 하는 바를 정확하게 이해할 수 있어요.

★ 중심 문장을 찾는 방법

- 단락을 이루는 문장 중 가장 중심이 되는 문장을 찾으세요.
- 단락의 내용을 모두 포함하고 있는 문장을 찾으세요.

숲을 키우는 다람쥐의 건망증

빠른 정답 2쪽

지문 확인

다람쥐의 모습을 떠올리면, 입속에 먹이를 가득 머금고 있는 모습이 그려진다. 겨울잠을 자는 다람쥐들은 이를 대비해 먹이를 저장한다. 도토리 등의 나무 열매를 볼 주머니에 가득 넣어 둥지로 나르거나 땅에 묻어 보관하는 것이다. 그런데 연구 결과에 따르면, 다람쥐는 기억력이 좋지 않아 자기가 묻은 열매의 약 95%를 찾아내지 못한다고 한다. 사람으로 친다면 엄청난 건망증이 있는 셈이다. 애써 숨긴 먹이를 찾지 못하는 것은 다람쥐에게 참 안된 일이지만, 이러한 다람쥐의 건망증은 숲을 키우는 데 큰 도움이 된다. 그 이유가 무엇일까?

식물의 꽃과 열매는 종족을 퍼뜨리기 위한 방법이다. 화려하고 향기로운 꽃을 피워 나비와 벌을 유혹하고, 이 꽃 저 꽃 옮겨 다니는 나비와 벌에 의해 암술과 수술을 만나게 한다. 또한 꽃을 피우지 않는 나무는 수많은 열매를 만들어 산짐승이 씨앗을 퍼뜨리게 한다. 산짐승이 열매를 먹고 똥을 싸면 소화가 되지 않은 씨앗이 땅에 떨어져 새싹을 틔우는 것이다.

다람쥐와 도토리는 무슨 관계일까? 참나무는 많은 양의 도토리를 만들어 다람쥐에게 먹이를 제공한다. 잡식성 동물인 다람쥐는 나무 열매, 곤충, 과일, 애벌레 등을 먹지만 도토리를 가장 좋아한다. 그래서 다람쥐는 겨울을 나기 위해 도토리를 여러 군데 땅속에 저장하는데, 다람쥐의 건망증으로 땅에 묻힌 도토리가 알맞은 조건일 때 싹을 틔우고 참나무로 자라는 것이다.

가을에 등산로 입구에서 산을 관리하는 사람들이 등산객들에게 '도토리를 줍지 말자!'라고 적힌 종이를 나눠 주기도 한다. 땅에 떨어진 도토리를 너도나도 주우면 다람쥐가 먹을 것이 없어지고, 숲이 자라날 기회가 사라지기 때문이다. '나 한 사람이 도토리 몇 개 줍는다고 무슨 피해가 될까?'라고 생각하기보다는, 도토리를 줍지 않는 일이 다람쥐와 숲에 도움이 된다는 점을 기억하도록 하자.

- **1단락 중심 낱말 :**
  1) ☐☐☐ 의 건망증
- **2단락 중심 낱말 :**
  식물의 2) ☐ 와/과 열매
- **3단락 중심 낱말 :**
  3) ☐☐☐ 와/과 도토리
- **4단락 중심 낱말 :**
  4) ☐☐☐ 을/를 줍지 않는 일

낱말 따라 쓰기

- 기억을 잘 못하거나, 잘 잊어버리는 증상 : 건 망 증
- 삼키지 않고 입 속에 넣고만 있다. : 머 금 다
- 겨울이 되면 동물이 활동을 멈추고, 봄이 올 때까지 땅속이나 물 밑에서 잠자는 상태로 있는 것 : 겨 울 잠
- 앞으로 일어날지도 모르는 힘들거나 어려운 일을 겪지 않기 위해서 미리 준비하다. : 대 비 하다
  예 가뭄에 대비하려고 저수지를 만들었다.

- 나중에 쓰기 위하여 물질이나 물건을 모아 보관하다. : 저 장 하다
- 새가 알을 낳거나 그 속에 들어 사는 곳 : 둥 지
- 물건이나 돈을 맡아 잘 간직하여 두다. : 보 관 하다
- 모습·사실·지식·경험 등을 잊지 않고 생각해 내는 능력 : 기 억 력
- 같은 종류의 생물 전체를 이르는 말 : 종 족
  예 동물들은 종족 보존을 위해 서로 경쟁한다.

STEP 2 중심 문장 찾기

중심 문장이란 단락 또는 글 전체의 중심이 되는 내용이 들어 있는 문장입니다.

하나의 단락에서는 보통 하나의 중심 내용을 이야기합니다. 그러므로 각 단락의 중심 문장을 찾으면 그 단락에서 이야기하고자 하는 내용을 쉽게 알 수 있고, 이를 통해 글 전체에서 말하고자 하는 바를 정확하게 이해할 수 있답니다.

★ **중심 문장을 찾는 방법**
- 단락을 이루는 문장 중 가장 중심이 되는 문장을 찾으세요.
- 단락의 내용을 모두 포함하고 있는 문장을 찾으세요.

1단락

겨울을 대비해 먹이를 열심히 모으는 다람쥐에 대한 독특한 연구 결과를 이야기하고 있네요. 바로 다람쥐가 사람으로 친다면 엄청난 건망증이 있다는 거예요. 따라서 1단락의 중심 낱말은 '다람쥐의 건망증'입니다.

1단락의 중심 내용은 다람쥐가 엄청난 건망증이 있어 자기가 묻은 열매의 95%를 찾아내지 못하면서 숲을 키우는 데 도움이 된다는 거예요. 이 내용을 포함하고 있는 중심 문장은 '이러한 1) ▢▢▢의 건망증은 숲을 키우는 데 큰 도움이 된다.'입니다.

2단락

식물이 종족을 퍼뜨리는 방법에 대해 설명하고 있어요. 가장 많이 등장하는 말이 식물의 꽃과 열매이므로 2단락의 중심 낱말은 '식물의 꽃과 열매'입니다.

식물은 꽃을 피워 나비와 벌에 의해 암술과 수술을 만나게 하고, 열매를 맺어 산짐승이 씨앗을 퍼뜨리게 한다는 것이 2단락의 중심 내용이므로, 중심 문장은 '식물의 꽃과 2) ▢▢은/는 종족을 퍼뜨리기 위한 방법이다.'입니다.

3단락

참나무의 열매인 도토리와 산짐승인 다람쥐의 이야기를 하고 있어요. 가장 많이 등장하고 중심이 되는 말이 다람쥐와 도토리이므로 3단락의 중심 낱말은 '다람쥐와 도토리'입니다.

다람쥐는 도토리를 여러 군데 땅속에 저장하는데, 다람쥐의 건망증으로 땅에 묻힌 도토리를 찾아 먹지 못하고 알맞은 조건일 때 참나무의 싹을 틔운다는 것이 3단락의 중심 내용이에요. 그러므로 중심 문장은 '다람쥐의 건망증으로 땅에 묻힌 3) ▢▢▢이/가 알맞은 조건일 때 싹을 틔우고 참나무로 자라는 것이다.'입니다.

4단락

가을에 등산로 입구에서 산을 관리하는 사람들이 등산객들에게 '도토리를 줍지 말자!'라고 적힌 종이를 나눠 주기도 한다는 이야기를 하고 있어요. 그러므로 4단락의 중심 낱말은 '도토리를 줍지 않는 일'입니다.

4단락의 중심 내용은 너도나도 도토리를 주우면 다람쥐가 먹을 것이 없어지고 숲이 자라날 기회가 사라진다는 것이므로, 중심 문장은 '도토리를 줍지 않는 일이 다람쥐와 4) ▢에 도움이 된다는 점을 기억하도록 하자.'입니다.

★ 이 글은 숲을 키우는 다람쥐의 건망증을 이야기하고 있으므로 이 글 전체의 중심 낱말은 '다람쥐의 건망증'입니다.

★ 이 글의 중심 내용은 다람쥐가 땅에 묻은 도토리를 대부분 기억하지 못하기 때문에 알맞은 조건일 때 싹을 틔우고 참나무로 자란다는 것이므로, 이 글 전체의 중심 문장은 '이러한 다람쥐의 건망증은 숲을 키우는 데 큰 도움이 된다.'입니다.

뜻을 정확히 모르는 낱말들을 적어 보세요!

01   중심 문장 찾기

3단락의 중심 문장으로 가장 알맞은 것은 무엇인가요? ( )

① 참나무는 많은 양의 도토리를 만들어 다람쥐에게 먹이를 제공한다.

② 잡식성 동물인 다람쥐는 나무 열매, 곤충, 과일, 애벌레 등을 먹지만 도토리를 가장 좋아한다.

③ 다람쥐의 건망증으로 땅에 묻힌 도토리가 알맞은 조건일 때 싹을 틔우고 참나무로 자라는 것이다.

02   글쓰기 방식 이해하기

다음 중 이 글에 대한 알맞은 설명을 모두 골라 묶은 것은 무엇인가요? ( )

> ㉠ 1단락에서 던진 질문에 대한 답을 2, 3단락을 통해 제시하고 있다.
> ㉡ 식물이 종족을 퍼트리는 방법을 꽃과 열매의 경우로 나눠서 설명하고 있다.
> ㉢ 건망증이라는 추상적인 개념의 이해를 돕기 위해 사전적 의미를 제시하고 있다.
> ㉣ 도토리를 줍지 않아야 하는 이유를 무거운 벌금을 내야 하는 것에서 찾고 있다.

① ㉠, ㉡   ② ㉠, ㉢   ③ ㉡, ㉢   ④ ㉡, ㉣   ⑤ ㉢, ㉣

03   내용 이해하기

'식물이 종족을 퍼트리는 방법'을 정리한 표입니다. ㉠~㉢에 알맞은 말을 쓰세요.

방법	중간 역할을 하는 동물	결과
꽃	(㉠)	암술과 수술이 만나게 함.
(㉡)	산짐승	소화하지 못한 (㉢)이/가 새싹으로 자람.

㉠: ( ), ㉡: ( ), ㉢: ( )

04   알맞은 반응 찾기

이 글은 읽은 사람들의 반응으로 알맞지 <u>않은</u> 것은 무엇인가요? ( )

① 진아: 다람쥐는 겨울에 대비해 먹이를 저장하는군.

② 재희: 참나무의 번식은 다람쥐의 건망증 덕분이군.

③ 은경: 다람쥐가 가장 좋아하는 먹이는 참나무의 열매이군.

④ 경민: 너도나도 도토리를 줍게 되면 참나무의 번식이 힘들어지겠군.

⑤ 정우: 내가 도토리 몇 개 줍는다고 다람쥐와 숲에 큰 피해가 일어나지는 않겠군.

낱말 따라 쓰기 

● 꽃에서 수술로부터 꽃가루를 받아 씨를 맺게 하는 기관 : 암 술

● 꽃의 가운데에 나 있어서 암술에 꽃가루를 묻혀 씨를 맺게 하는 기관 : 수 술

● 사람이 기르지 않는, 산에서 사는 짐승 : 산 짐 승

● 필요하거나 쓸데가 있는 것을 주다. : 제 공 하다
  예 그 숙소는 아침밥을 제공한다.

● 여러 가지 음식을 가리지 않고 다 먹는 동물의 성질 : 잡 식 성

● 직접 경험하거나 알아볼 수 있는 일정한 형태와 성질을 갖추고 있지 않은 것 : 추 상 적

● 생물의 수가 늘거나 널리 퍼지는 것 : 번 식
  예 깨끗이 소독해서 세균 번식을 막아야 한다.

문제 이해하고 풀기

01 중심 문장 찾기

3단락의 중심 문장으로 어떤 것이 더 적절한지, 글쓴이가 이 글에서 말하고자 하는 바를 떠올려 보세요.

🍃 이 글은 전체적으로 다람쥐의 건망증이 숲을 키우는 데 도움이 된다는 내용을 다루고 있어요. 그러므로 '다람쥐의 건망증으로 땅에 묻힌 도토리가 알맞은 조건일 때 싹을 틔우고 참나무로 자라는 것이다.'가 중심 문장으로 가장 알맞아요.

정답은 ____________ 입니다.

02 글쓰기 방식 이해하기

이 글에 쓰인 글쓰기 방식으로 알맞은 설명을 모두 찾는 문제예요.

✿ ㉠～㉣의 내용을 순서대로 살펴볼게요.

㉠ 1단락에서 던진 질문에 대한 답을 2, 3단락을 통해 제시하고 있다.(○)

🍃 1단락에서 '그 이유가 무엇일까?'라고 질문을 던진 후에 2단락에서 식물의 꽃과 열매는 종족을 퍼뜨리기 위한 방법이고, 3단락에서 다람쥐의 건망증으로 도토리가 참나무로 자란다고 답을 제시하고 있어요.

㉡ 식물이 종족을 퍼트리는 방법을 꽃과 열매의 경우로 나눠서 설명하고 있다.(○)

근거 ②단락 ❷, ❸번째 문장: 화려하고 향기로운 꽃을 피워 나비와 벌을 유혹하고, 이 꽃 저 꽃 옮겨 다니는 나비와 벌에 의해 암술과 수술을 만나게 한다. 또한 꽃을 피우지 않는 나무는 수많은 열매를 만들어 산짐승이 씨앗을 퍼뜨리게 한다.

㉢ 건망증이라는 추상적인 개념의 이해를 돕기 위해 사전적 의미를 제시하고 있다.(×)

🍃 건망증이라는 추상적인 개념에 대해 사전적 의미를 제시하고 있지는 않아요.

㉣ 도토리를 줍지 않아야 하는 이유를 무거운 벌금을 내야 하는 것에서 찾고 있다.(×)

🍃 이 글에 나오지 않는 내용이에요.

정답은 ____________ 입니다.

03 내용 이해하기

• **'식물이 종족을 퍼뜨리는 방법'을 정리한 표:** 방법, 중간 역할을 하는 동물, 결과로 구분하여 식물이 종족을 퍼뜨리는 과정을 표로 정리하였습니다.

즉 글의 내용과 표를 비교하여 ㉠～㉢에 알맞은 말을 쓰는 문제입니다.

✿ '식물이 종족을 퍼뜨리는 방법'에 관한 문장을 찾아볼까요?

근거 ②단락 전체: 식물의 꽃과 열매는 ～ 새싹을 틔우는 것이다.

정답은 ㉠: ____________ , ㉡: ____________ ,
㉢: ____________ 입니다.

04 알맞은 반응 찾기

사람들의 반응이 글의 어느 부분과 관련있는지 비교해 보세요.

① 진아: 다람쥐는 겨울에 대비해 먹이를 저장하는군.(○)

근거 ①단락 ❷번째 문장: 겨울잠을 자는 다람쥐들은 이를 대비해 먹이를 저장한다.

② 재희: 참나무의 번식은 다람쥐의 건망증 덕분이군.(○)

근거 ③단락 ❹번째 문장: 다람쥐의 건망증으로 ～ 참나무로 자라는 것이다.

③ 은경: 다람쥐가 가장 좋아하는 먹이는 참나무의 열매이군.(○)

근거 ③단락 ❸번째 문장: 잡식성 동물인 다람쥐는 ～ 도토리를 가장 좋아한다.

④ 경민: 너도나도 도토리를 줍게 되면 참나무의 번식이 힘들어지겠군.(○)

근거 ④단락 ❷번째 문장: 땅에 떨어진 도토리를 ～ 숲이 자라날 기회가 사라지기 때문이다.

⑤ 정우: 내가 도토리 몇 개 줍는다고 다람쥐와 숲에 큰 피해가 일어나지는 않겠군.(×)

근거 ④단락 ❸번째 문장: '나 한 사람이 ～ 점을 기억하도록 하자.

정답은 ____________ 입니다.

수학적 사고의 시조인 탈레스

지문 확인

· **1단락 중심 낱말 :**
1)

· **2단락 중심 낱말 :**
2) ⬚⬚⬚ 사고

· **3단락 중심 낱말 :**
3) ⬚⬚⬚⬚의
4)

· **4단락 중심 낱말 :**
5) ⬚⬚⬚의
6) ⬚⬚⬚ 사고

고대 그리스 사람들은 자연 현상뿐 아니라 세상의 모든 일이 신의 뜻으로 일어난다고 생각했고, 이는 이성적인 생각과 학문이 발달하는 것을 방해했다. 하지만 이런 시기에도 '왜?'라는 질문의 중요성을 강조하며 여러 가지 수학적 내용을 증명한 사람이 있었다. 바로 고대 그리스의 철학자이자 수학자인 탈레스이다.

그리스의 작은 도시에서 태어난 탈레스가 젊은 시절 소금 장사를 할 때 당나귀 등에 소금 자루를 실어 운반했다. 그런데 당나귀가 강을 건널 때마다 엎어지는 바람에 소금이 녹아 손해를 봤다. '당나귀는 왜 자꾸 강물에 빠지는 걸까?'라는 의문을 가진 탈레스는 한동안 당나귀의 행동을 관찰했다. 그 결과 당나귀가 짐을 가볍게 하기 위해 꾀를 부린다는 것을 알게 되었다. 그는 다음 날 당나귀에게 소금 대신 솜을 지게 했다. 당나귀는 평소처럼 강에서 엎어졌고, 물에 젖어 훨씬 무거운 솜을 지고 가게 되었다. 그 후로 당나귀는 다시는 잔꾀를 부리지 않았다고 한다. 당나귀에 대한 이 우스운 이야기를 통해 탈레스가 당나귀의 행동에서 규칙성을 발견하는 수학적 사고를 하였음을 알 수 있다.

탈레스의 소문을 들은 이집트의 왕은 그에게 피라미드의 높이를 구해 달라고 요청했다. 탈레스는 피라미드를 한동안 바라보다가 태양에 의해 생기는 그림자의 길이가 시간마다 달라지는 것을 발견했다. '내 그림자의 길이가 내 키와 같을 때 피라미드 그림자의 길이도 피라미드의 높이와 같겠구나.'라고 생각한 탈레스는 이 원리를 이용하여 피라미드의 높이를 재는 데 성공했다.

또한 탈레스는 두 개의 도형이 크기만 다르고 모양이 똑같으면 두 도형을 '닮은꼴'이라고 하였고, 이를 이용해 닮은꼴인 두 다각형에서 대응각의 크기는 서로 같고 대응변은 그 길이의 비가 일정하다는 법칙을 발견했다. 이 법칙은 도형의 기본 개념이 되었을 뿐만 아니라 지금까지도 측량과 건축 설계에 쓰이고 있다. 이처럼 질문과 관찰을 바탕으로 한 탈레스의 수학적 사고는 학문적으로만이 아니라 우리 삶을 더 나아지게 했다는 점에서 의미가 있다.

낱말 따라 쓰기 

● 무엇에 대하여 깊이 생각하는 것 : [사][고]
  [思－생각 사, 考－생각할 고]

● 어떤 학문이나 기술 따위를 처음으로 연 사람 : [시][조]

● 이성에 따르거나 이성에 근거한 것 : [이][성][적]

● 일부러 끼어들어 일이 제대로 되지 못하게 막고 괴롭히다. : [방][해]하다

● 사물의 중요한 요소나 성질 : [중][요][성]
  [重－소중할 중, 要－중요할 요, 性－성질 성]

● 어떤 것을 특히 두드러지게 내세우거나 주장하다. : [강][조]하다
  예 선생님은 아이들에게 손을 깨끗이 씻어야 한다고 강조하셨다.

● 어떤 사항이나 판단 따위에 대하여 그것이 진실인지 아닌지 증거를 들어서 밝히다. : [증][명]하다

01 중심 문장 찾기

2문단의 중심 문장으로 가장 알맞은 것은 무엇인가요? (   )

① 그리스의 작은 도시에서 태어난 탈레스가 젊은 시절 소금 장사를 할 때 당나귀 등에 소금 자루를 실어 운반했다.

② 그 결과 당나귀가 짐을 가볍게 하기 위해 꾀를 부린다는 것을 알게 되었다.

③ 그 후로 당나귀는 다시는 잔꾀를 부리지 않았다고 한다.

④ 당나귀에 대한 이 우스운 이야기를 통해 탈레스가 당나귀의 행동에서 규칙성을 발견하는 수학적 사고를 하였음을 알 수 있다.

02 글쓰기 방식 이해하기

이 글에 대한 설명으로 알맞은 것은 무엇인가요? (   )

① 글쓴이의 경험을 이야기하고 있다.

② 여러 동물들의 지능을 비교하고 있다.

③ 과학적인 근거를 들어 주장을 펼치고 있다.

④ 구체적인 사례를 들어 탈레스의 업적을 설명하고 있다.

⑤ 피라미드의 건축 과정을 시간 순서대로 늘어놓고 있다.

03 내용 이해하기

다음 중 '탈레스'에 대한 설명으로 알맞지 <u>않은</u> 것은 무엇인가요? (   )

① 탈레스는 고대 그리스의 철학자이자 수학자이다.

② 탈레스는 질문과 관찰을 바탕으로 한 수학적 사고를 했다.

③ 탈레스는 잔꾀를 부리는 당나귀에게 소금 대신 솜을 지게 했다.

④ 탈레스가 발견한 수학적 법칙은 지금까지도 측량과 건축 설계에 쓰이고 있다.

⑤ 탈레스는 당나귀의 행동에서 규칙성을 발견함으로써 피라미드의 높이를 구할 수 있었다.

정답 콕콕 특강

01

이 글에서 이야기하고자 하는 내용이 무엇인지 떠올려 보세요. 중심 문장이 모여 이 글의 중심 내용을 이룬답니다.

DAY **08**

02

각 선택지와 관련 있는 내용을 이 글에서 찾아 확인해 보세요.

03

3단락에서 탈레스가 피라미드의 높이를 구한 이야기를 하고 있어요.

이 글을 읽은 사람들의 반응으로 알맞은 것은 무엇인가요? ( )

① 형규: 피라미드의 높이와 피라미드의 그림자 길이는 항상 같겠군.
② 재석: 고대 그리스 사람들은 대부분 이성적인 사고 방식을 통해 학문을 발달시켰군.
③ 민아: 탈레스는 자신의 그림자 길이가 자신의 키와 같을 때 피라미드의 그림자를 쟀군.
④ 채연: 탈레스는 닮은꼴인 두 다각형에서 대응변의 길이가 서로 같다는 법칙을 발견했군.
⑤ 효진: 탈레스의 당나귀는 등에 실은 솜을 물에 적시기 위해 반복적으로 강물에서 엎어졌군.

04

4단락에서 닮은꼴 도형일 때 대응각과 대응변의 특징을 설명하고 있어요.

05 내용 이해하기 서술형

탈레스의 수학적 사고가 갖는 의미를 이 글에서 찾아 쓰세요.

____

____

____

05

4단락에서 질문과 관찰을 바탕으로 한 수학적 사고의 의미를 찾아보세요.

낱말 따라 쓰기 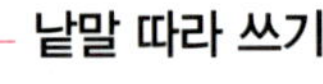

- 돈이나 재산을 잃거나 해를 입는 것 : 손 해
  [損－잃다 손, 害－해할 해]
- 이상하거나 수상하여 사실이나 진실을 알고 싶은 것 : 의 문
- 사물이나 현상을 주의하여 자세히 살펴보다. : 관 찰 하다
- 당장의 어려움을 벗어나려고 별로 깊이 생각하지 않고 내는 꾀 : 잔 꾀
- 어떤 현상이나 일에 일정한 질서를 나타내는 성질 : 규 칙 성
- 기본이 되는 이치나 법칙 : 원 리 [原－근원 원, 理－이치 리]
- 셋 이상의 직선으로 둘러싸인 평면 도형 : 다 각 형
- 합동 또는 닮은꼴인 다각형에서 서로 대응하는 각 : 대 응 각

- 합동 또는 닮은꼴인 다각형에서 서로 대응하는 변 : 대 응 변
- 한 가지로 정해져서 한결같이 똑같다. : 일 정 하다
- 반드시 따라야 하는 것으로 주장되는 원칙 : 법 칙
- 기구를 써서 물건의 높이·깊이·넓이·방향 등을 재는 것 : 측 량
- 건설·공사·제작 등에 관하여 자세하게 그림과 설명으로 나타낸 계획 : 설 계
- 사물이나 현상을 이해하고 환경에 반응하는 능력 : 지 능
- 어떤 일이 전에 실제로 일어난 예 : 사 례
- 어떤 사업이나 연구 따위에서 세운 결과 : 업 적
  ㉐ 위인전은 옛 사람들의 위대한 업적을 알려 준다.

[01~05] 주어진 뜻풀이에 해당하는 낱말을 〈보기〉에서 찾아 쓰세요.

〈 보기 〉

대비하다   종족   제공하다   건망증   추상적

01 필요하거나 쓸데가 있는 것을 주다. : ____________

02 같은 종류의 생물 전체를 이르는 말 : ____________

03 직접 경험하거나 알아볼 수 있는 일정한 형태와 성질을 갖추고 있지 않은 것 : ____________

04 앞으로 일어날지도 모르는 힘들거나 어려운 일을 겪지 않기 위해서 미리 준비하다. : ____________

05 기억을 잘 못하거나, 잘 잊어버리는 증상 : ____________

[06~09] 주어진 초성과 낱말의 뜻을 보고, 빈칸에 알맞은 낱말을 쓰세요.

06 화가 나더라도 [ㅇ | ㅅ | ㅈ] (으)로 생각할 필요가 있다.
이성에 따르거나 이성에 근거한 것

07 도서관에서 독서하는 사람을 [ㅂ | ㅎ] 하지 않도록 조용히 해야 한다.
일부러 끼어들어 일이 제대로 되지 못하게 막고 괴롭히다.

08 봄이 되니 [ㄱ | ㅇ | ㅈ] 을/를 자던 동물들이 깨어났다.
겨울이 되면 동물이 활동을 멈추고, 봄이 올 때까지 땅속이나 물 밑에서 잠자는 상태로 있는 것

09 거북선을 철갑으로 두른 전투용 배의 [ㅅ | ㅈ] (이)라고 할 수 있다.
어떤 학문이나 기술 따위를 처음으로 연 사람

[10~13] 주어진 낱말에 알맞은 뜻을 연결하세요.

10 돈이나 재산을 잃거나 해를 입는 것   ·   · ㉠ 의문

11 이상하거나 수상하여 사실이나 진실을 알고 싶은 것   ·   · ㉡ 중요성

12 어떤 현상이나 일에 일정한 질서를 나타내는 성질   ·   · ㉢ 손해

13 사물의 중요한 요소나 성질   ·   · ㉣ 규칙성

[14~18] 빈칸에 알맞은 낱말을 골라 바르게 써 보세요.

14 측면 / 측량

[ ] 기술자들이 도로의 너비를 쟀다.

15 업적 / 적성

세종 대왕은 다양한 [ ]을 이루었다.

16 관찰 / 충분

그는 새로 산 망원경으로 별을 [ ]했다.

17 교칙 / 법칙

뉴턴은 만유인력의 [ ]을 발견했다.

18 번식 / 급식

우리 집은 세균 [ ]을 막는 항균 칫솔걸이를 사용한다.

주장하는 글에는 어떤 종류가 있을까?

대부분의 사람들은 주장하는 글 하면 논설문을 떠올린다. 논설문은 글쓴이가 자신의 주장이나 의견을 논리적으로 내세워 읽는 사람을 설득하기 위해 쓴 글이다. 그렇다면 주장하는 글은 모두 논설문일까? 주장하는 글의 대표적인 종류가 논설문인 것은 맞지만, 우리는 살면서 논설문 외에도 다양한 종류의 주장하는 글을 접하고 있다.

우리는 다양한 곳에서 논설문을 볼 수 있다. 신문이나 잡지를 보면 국내외의 다양한 사회 현상에 대한 의견이나 주장을 써 놓은 글이 있는데, 이것이 바로 대표적인 논설문인 '사설'이다. 사설의 내용에 대해서는 신문사와 출판사가 책임을 지기 때문에 사설은 글쓴이 개인만의 의견이나 주장이라고 할 수 없다.

또한 다양한 대중매체를 통해 하루에도 여러 번 접하게 되는 주장하는 글이 있는데, 바로 광고문이다. 광고문은 제품의 우수성을 알리고, 사람들을 설득해 제품을 사도록 만드는 것이 목적이다. 그래서 광고문을 읽을 때는 사실과 의견을 구분하며 비판적인 입장에서 읽어야 합리적인 소비를 할 수 있다.

이 밖에 평론과 학술 논문도 주장하는 글에 해당한다. 평론은 정치, 경제, 문화 등 사회의 여러 분야에 대해 전문적인 지식을 바탕으로 옳고 그름을 따지거나 가치를 평가하는 글이다. 그리고 학술 논문은 글쓴이가 학술 분야에서 연구한 결과를 바탕으로 자신의 의견이나 주장을 체계적으로 적은 글이다. 학술 논문을 쓸 때는 정해진 형식에 맞춰, 객관적이고 과학적인 근거를 들어야 한다.

이처럼 주장하는 글에는 다양한 종류가 있다. 각각의 형식이나 특징은 다르지만, 모두 글쓴이가 일관되게 주장하는 의견을 담고 있다. 따라서 무엇이든 주장하는 글을 읽을 때는 글쓴이의 주장을 파악하고, 그 근거가 타당한지 살펴봐야 한다.

지문 확인

- **1단락 중심 낱말 :**
  1) ☐☐ 하는 글

- **2단락 중심 낱말 :**
  2) ☐☐

- **3단락 중심 낱말 :**
  3) ☐☐☐

- **4단락 중심 낱말 :**
  4) ☐☐ , 학술 논문

- **5단락 중심 낱말 :**
  5) ☐☐☐ ☐

낱말 따라 쓰기 

- 논리의 법칙에 들어맞는 것 : 논 리 적
- 잘 설명하거나 타일러서 이해시켜 따르게 하다. : 설 득 하다
- 가장 두드러지거나 뛰어나 대표가 될 만한 것 : 대 표 적
- 맡은 일에 잘못이 있을 때 생긴 손해를 감당할 의무 : 책 임
  [責 – 꾸짖을 책, 任 – 맡길 임]
- 전체를 어떤 기준에 따라 몇 가지로 묶어서 가르다. : 구 분 하다
- 현상이나 사물의 옳고 그름을 판단하여 밝히거나 잘못된 점을 지적하는 것 : 비 판 적

- 이치에 어긋나지 않는 것 : 합 리 적
- 돈·물품·시간·힘 등을 써서 없애는 것 : 소 비
- 학문과 기술을 아울러 이르는 말 : 학 술
- 가치나 수준을 자세히 따져서 정하다. : 평 가 하다
- 자기와의 관계에서 벗어나 제삼자의 입장에서 사물을 보거나 생각하는 것 : 객 관 적
- 생각이나 행동이 처음부터 끝까지 한결같다. : 일 관 되 다
- 대상의 내용이나 본질을 확실하게 이해하여 알다. : 파 악 하다

STEP 2 중심 문장 찾기

빠른 정답 2쪽

★ **중심 문장을 찾는 방법**
- 단락을 이루는 문장 중 가장 중심이 되는 문장을 찾으세요.
- 단락의 내용을 모두 포함하고 있는 문장을 찾으세요.

1단락

주장하는 글 하면 논설문을 떠올리지만, 주장하는 글이 모두 논설문은 아니라고 하네요. 다양한 종류의 주장하는 글에 대해 이야기하려고 함을 알 수 있어요. 따라서 1단락의 중심 낱말은 '주장하는 글'입니다.

1단락의 중심 내용은 주장하는 글의 대표적인 종류가 논설문이지만 우리는 살면서 논설문 외에도 다양한 종류의 주장하는 글을 접하게 된다는 거예요. 이 내용을 포함하고 있는 중심 문장은 '주장하는 글의 대표적인 종류가 1) ☐☐☐ 인 ~ 주장하는 글을 접하고 있다.'입니다.

2단락

우리는 다양한 곳에서 논설문을 볼 수 있어요. 신문이나 잡지에서 볼 수 있는 '사설'이 그 대표적인 예지요. 2단락에서는 논설문의 한 종류인 사설에 대해 설명하고 있으므로 2단락의 중심 낱말은 '사설'입니다.

사설의 뜻을 설명한 것이 2단락의 중심 내용이므로, 중심 문장은 '신문이나 잡지를 보면 ~ 논설문인 2) ☐☐ ' 이다.'입니다.

3단락

다양한 대중매체에서도 주장하는 글을 볼 수 있다고 하네요. 바로 상품을 팔기 위한 광고문도 주장하는 글이라는 내용이에요. 그러므로 3단락의 중심 낱말은 '광고문'입니다.

광고문 역시 주장하는 글의 한 종류라는 것이 3단락의 중심 내용이에요. 그러므로 중심 문장은 '또한 다양한 대중매체를 ~ 바로 3) ☐☐☐ 이다.'입니다.

4단락

평론과 학술 논문의 개념을 설명하고 있으므로 4단락의 중심 낱말은 '평론, 학술 논문'입니다.

4단락의 중심 내용은 평론과 학술 논문도 자신의 주장이나 의견을 논리적으로 내세워 읽는 사람을 설득하기 위해 쓴 글이라는 것이므로, 중심 문장은 '이 밖에 평론과 4) ☐☐ ☐☐ 도 주장하는 글에 해당한다.' 입니다.

5단락

각각의 형식이나 특징은 다르지만, 주장하는 글은 앞에서 살펴본 바와 같이 다양해요. 따라서 5단락의 중심 낱말은 '주장하는 글'입니다.

5단락의 중심 내용은 주장하는 글은 논설문 외에도 사설, 광고문, 평론, 학술 논문 등 다양하다는 것이므로 중심 문장은 '이처럼 5) ☐☐☐☐ ☐ 에는 다양한 종류가 있다.'입니다.

★ 이 글의 단락별 중심 낱말은 모두 주장하는 글과 관련 있으므로 이 글 전체의 중심 낱말은 '주장하는 글'입니다.

★ 이 글의 중심 내용은 논설문 외에도 사설, 광고문, 평론, 학술 논문 등도 주장하는 글에 해당한다는 것이므로, 이 글 전체의 중심 문장은 '이처럼 주장하는 글에는 다양한 종류가 있다.'입니다.

01   중심 문장 찾기

2단락의 중심 문장으로 가장 알맞은 것은 무엇인가요? (   )

① 우리는 다양한 곳에서 논설문을 볼 수 있다.

② 신문이나 잡지를 보면 국내외의 다양한 사회 현상에 대한 의견이나 주장을 써 놓은 글이 있는데, 이것이 바로 대표적인 논설문인 '사설'이다.

③ 사설의 내용에 대해서는 신문사와 출판사가 책임을 지기 때문에 사설은 글쓴이 개인만의 의견이나 주장이라고 할 수 없다.

02   글쓰기 방식 이해하기

이 글에 대한 설명으로 맞으면 ○표, 틀리면 ✕표를 하세요.

(1) 예시를 들어 잘못된 글쓰기를 비판하고 있다. (   )

(2) 글쓴이가 주장하는 글을 쓰게 된 계기를 설명하고 있다. (   )

(3) 주장하는 글의 종류와 형식, 특징을 구체적으로 설명하고 있다. (   )

(4) 주장하는 글을 설명하기 전에 질문을 통해 흥미를 이끌어 내고 있다. (   )

03   내용 이해하기

이 글의 내용으로 알맞지 <u>않은</u> 것은 무엇인가요? (   )

① 광고문을 읽을 때는 사실과 의견을 구분해야 한다.

② 읽는 사람을 설득하기 위해 쓰는 글은 주장하는 글이다.

③ 학술 논문은 정해진 형식에 맞춰, 근거를 들어 작성해야 한다.

④ 신문, 잡지 속 사설의 내용에 대한 책임은 모두 글쓴이 개인에게 있다.

⑤ 주장하는 글은 글쓴이가 일관되게 주장하는 의견을 담고 있다는 공통점이 있다.

04   내용 이해하기

주장하는 글의 종류와 특징을 바르게 연결해 보세요.

(1) 평론 ·   · ㉠ 글쓴이의 연구 결과를 바탕으로 쓴 글

(2) 광고문 ·   · ㉡ 옳고 그름을 따지거나 가치를 평가하는 글

(3) 학술 논문 ·   · ㉢ 제품을 사도록 사람들을 설득하기 위한 글

정답 콕콕 특강

01

이 글에서 이야기하고자 하는 내용이 무엇인지 떠올려 보세요. 중심 문장이 모여 이 글의 중심 내용을 이룬답니다.

02

각 단락에서 주장하는 글의 종류가 등장하고 있어요.

03

2단락에서 사설에 대한 구체적인 설명을 찾아볼 수 있어요.

04

3단락에서 광고문, 4단락에서 평론과 학술 논문에 대한 구체적인 설명을 찾아볼 수 있어요.

낱말 따라 쓰기

● 이치에 맞아 옳다. : [타][당]하다

● 어떤 일을 일으키거나 결정하게 되는 동기나 기회 : [계][기]

● 실제적이고 세밀한 부분까지 담고 있는 것 : [구][체][적]

● 원고·서류·계획서 등을 만들다. : [작][성]하다

DAY 09 · 낱말 쑥쑥 테스트

[01~06] 주어진 뜻풀이에 해당하는 낱말을 〈보기〉에서 찾아 쓰세요.

〈 보기 〉

일관되다 대표적 타당하다 학술 합리적 책임

01 이치에 맞아 옳다. : ____________

02 가장 두드러지거나 뛰어나 대표가 될 만한 것 : ____________

03 맡은 일에 잘못이 있을 때 생긴 손해를 감당할 의무 : ____________

04 이치에 어긋나지 않는 것 : ____________

05 생각이나 행동이 처음부터 끝까지 한결같다. : ____________

06 학문과 기술을 아울러 이르는 말 : ____________

[07~10] 주어진 낱말 중 문장의 빈칸에 알맞은 것을 골라 쓰세요.

07 | 파악 | 파손 |

적절한 대응을 하기 위해서는 먼저 문제를 올바로 ☐☐ 해야 한다.

08 | 구기 | 계기 |

이번 일을 ☐☐ 로 두 사람은 둘도 없는 짝꿍이 되었다.

09 | 비판적 | 비유적 |

환경을 파괴하는 개발에 대해 전 세계의 많은 사람들이 ☐☐☐ 인 생각을 가지고 있다.

10 | 소문 | 소비 |

사고 싶은 게 생기면 얼마인지 따지지도 않고 사는 ☐☐ 습관은 고쳐야 한다.

논설문의 형식

논설문을 읽을 때, 담고 있는 내용이 다른데도 느낌이 비슷하다고 생각해 본 적 없나요? 그것은 논설문이 일정한 글의 짜임을 따라 작성되었기 때문이에요. 논설문을 구성하는 방식을 논설문의 형식이라고 하는데, 논설문의 형식이 무엇인지 알아볼까요?

논설문은 처음 – 중간 – 끝으로 구성됩니다. 처음에 해당하는 것이 서론이고, 중간에 해당하는 것이 본론이며, 끝에 해당하는 것이 결론이죠. 서론에서는 문제를 제기합니다. 본론에서는 주장하려는 내용과, 타당한 근거들이 제시됩니다. 경우에 따라 해결 방안을 제시하기도 해요. 결론에서는 앞에서 주장한 내용을 요약하고, 중요한 내용을 강조하면서 글을 마무리합니다.

형식에 유의하며 논설문을 쓰면 주장하고자 하는 내용을 명확하게 전달할 수 있는 장점이 있어요.

무엇을 용액이라고 할까?

음식의 간을 맞추려고 소금을 넣는 것, 우유에 초콜릿 맛 가루를 섞는 것 등은 일상에서 흔히 있는 일이다. 이런 일들이 과학과는 전혀 관련 없는 것 같지만, 여기에는 모두 과학적 원리가 담겨 있다.

두 가지 이상의 물질이 각각의 성질을 지니면서 섞인 물질을 혼합물이라고 한다. 요리할 때 소금을 넣는 것, 우유에 초콜릿 맛 가루를 섞는 것도 모두 혼합물을 만드는 일이다. 서로 다른 물질을 섞는다고 모두 같은 종류의 혼합물이 되는 것은 아니다. 설탕을 각각 물과 식용유에 넣으면 두 가지 혼합물이 생긴다. 물에 넣은 설탕은 녹지만, 식용유에 넣은 설탕은 녹지 않고 그냥 가라앉는다. 이때 설탕이 물에 녹은 것은 용액이고, 식용유와 설탕이 섞인 것은 용액이 아니다.

혼합물 중 한 가지 물질이 다른 물질에 녹는 현상을 '용해'라고 하고, 이렇게 녹아서 만들어진 것을 '용액'이라고 한다. 설탕을 물에 녹일 때 녹는 물질인 설탕을 '용질', 녹이는 물질인 물을 '용매'라고 한다. 물에 녹은 것만 용액이라고 할까? 물이 아닌 다른 액체에 녹아도 용액이 된다. 그렇다면 용액인 것과 용액이 아닌 것은 어떻게 구분할 수 있을까?

용액의 성질을 이용하여 용액을 구분할 수 있다. 첫째, 용액은 거름 장치에 걸렀을 때 거름종이 위에 남는 것이 없다. 눈으로 보았을 때나 현미경으로 보았을 때 용액은 용질의 입자가 보이지 않는다. 물에 설탕을 녹인 용액을 보면 녹아 있는 설탕의 입자가 눈에 보이지 않는다. 또한 오랫동안 가만히 두어도 설탕이 가라앉거나 뜨지 않는다. 과일 주스는 가만히 두면 과일 건더기가 가라앉기 때문에 용액이라고 하지 않는다. 둘째, 용액은 어느 부분이나 성분이 똑같다. 그래서 물에 설탕을 녹인 용액을 그릇에 담고 어느 부분을 찍어 먹어도 맛은 똑같다.

정리하면, 혼합물은 두 가지 이상의 물질이 각각의 성질을 지니면서 섞인 물질이고, 그중에서도 용액은 한 가지 물질이 다른 물질에 녹아서 만들어진 것이다. 우리 주변에서 혼합물은 어떤 것이 있고, 그중에서도 용액이라고 할 수 있는 것은 무엇인지 생각해 보자.

지문 확인

- **1단락 중심 낱말 :**
1) ☐☐☐ 원리

- **2단락 중심 낱말 :**
2) ☐☐☐

- **3단락 중심 낱말 :**
3) ☐☐

- **4단락 중심 낱말 :**
4) ☐☐ 의 성질

- **5단락 중심 낱말 :**
혼합물, 5) ☐☐

낱말 따라 쓰기 

- 음식물의 짠 정도 : `간`
  - 예 소금을 더 넣었더니 간이 딱 맞았다.

- 비슷하거나 늘 있는 일이 벌어지는 매일 : `일 상`
  - [日 - 날 일, 常 - 일정할 상]

- 세상의 온갖 것을 이루며, 보고 만질 수 있든가 과학적으로 다룰 수 있는 것 : `물 질`

- 사물이나 현상이 가지고 있는 고유의 특성 : `성 질`
  - 예 설탕은 물에 녹는 성질을 가지고 있다.

빠른 정답 2쪽, 정답과 풀이 21~22쪽

✏️ 뜻을 정확히 모르는
낱말들을 적어 보세요!

01 중심 문장 찾기

2단락의 중심 문장으로 가장 알맞은 것은 무엇인가요? (   )

① 두 가지 이상의 물질이 각각의 성질을 지니면서 섞인 물질을 혼합물이라고 한다.

② 요리할 때 소금을 넣는 것, 우유에 초콜릿 맛 가루를 섞는 것도 모두 혼합물을 만드는 일이다.

③ 설탕을 각각 물과 식용유에 넣으면 두 가지 혼합물이 생긴다.

④ 물에 넣은 설탕은 녹지만, 식용유에 넣은 설탕은 녹지 않고 그냥 가라앉는다.

⑤ 이때 설탕이 물에 녹은 것은 용액이고, 식용유와 설탕이 섞인 것은 용액이 아니다.

02 내용 이해하기

다음은 설탕물을 만드는 과정입니다. ㉠~㉢에 들어가기에 알맞은 말을 쓰세요.

녹는 물질		녹이는 물질	녹는 현상	혼합물
설탕	+	물	용해 →	설탕물
(㉠)		(㉡)		(㉢)

㉠: (   ), ㉡: (   ), ㉢: (   )

03 내용 이해하기

이 글의 내용으로 알맞지 <u>않은</u> 것은 무엇인가요? (   )

① 현미경으로 보았을 때, 용질의 입자가 보인다면 용액이 아니다.

② 용액은 위, 중간, 아래 어느 부분을 찍어 먹어도 맛이 동일하다.

③ 오랫동안 가만히 두었을 때, 용질이 가라앉는다면 용액이 아니다.

④ 두 물질이 섞인 결과 각자의 원래 성질을 잃었다면 혼합물이 아니다.

⑤ 거름 장치에 걸렀을 때 거름종이에 남는 물질이 있다면 혼합물이 아니다.

04 내용 적용하기

다음은 생활 속 혼합물에 대한 사람들의 대화입니다. ㉠~㉢ 중 용액이 <u>아닌</u> 것은 무엇인지 기호를 쓰세요.

민정: 나는 오늘 우유에 핫초코 가루를 녹여 ㉠ <u>초코우유</u>를 만들어 먹었어. 컵 바닥에 가루가 남는 게 싫어서 열심히 저었어.

지원: 나는 학교 오는 길에 ㉡ <u>흙탕물</u>을 밟았지 뭐야. 바지도 신발도 다 젖어버린 데다가, 신발에 흙탕물의 흙이 들어와서 걸을 때 불편했어.

서현: 나는 점심에 ㉢ <u>콜라</u>를 마셨어. 과일주스는 흔들어 마시지만, 콜라는 탄산 때문에 흔들 수 없잖아? 혹시 맛이 다를까봐 빨대로 위, 중간, 아래 부분을 다 먹어 보았는데 맛이 똑같았어.

은진: 아침에 일어나 보니 감기 기운이 있었어. 목이 따끔해서 꿀물을 타서 마시려고 했더니, 집에 꿀이 없는 거 있지? 대신 ㉣ <u>설탕물</u>을 타서 마셨어.

(   )

05 내용 추론하기 `서술형`

설탕물은 용액에 해당하지만, 설탕을 식용유에 넣으면 그렇지 않습니다. 그 이유를 이 글에서 찾아 쓰세요.

____

____

____

낱말 따라 쓰기

● 인간이 알아챌 수 있는, 사물의 모양이나 상태 : 현 상

　㉠ 열대야 <u>현상</u> 때문에 밤이 되어도 시원해지지 않았다.

● 일정한 부피는 가졌으나 일정한 형태를 가지지 않고 흐를 수 있는 물질 : 액 체

● 찌꺼기나 건더기가 있는 액체를 거르는 데 쓰는 종이 : 거 름 종 이

● 눈으로는 볼 수 없을 만큼 작은 물체나 물질을 확대해서 보는 기구 : 현 미 경

● 물질을 구성하는 매우 작은 알갱이 : 입 자

● 액체에 섞여 있는, 녹거나 풀리지 않은 덩어리 : 건 더 기

　㉠ 카레가 물에 잘 풀리지 않아서 <u>건더기</u>가 그대로 남아 있다.

● 혼합물을 이루고 있는 것의 한 부분 : 성 분

　㉠ 내용물의 <u>성분</u>을 분석한 결과 독극물이 나왔다.

● 여럿이 서로 차이가 없이 똑같다. : 동 일 하다

　[同-같을 동, 一-하나 일]

● 어떤 범위나 조건에 바로 들어맞다. : 해 당 하다

낱말 쑥쑥 테스트

[01~05] 주어진 뜻풀이에 해당하는 낱말을 연결하세요.

01 음식물의 짠 정도 ·

02 눈으로는 볼 수 없을 만큼 작은 물체나 물질을 확대해서 보는 기구 ·

03 찌꺼기나 건더기가 있는 액체를 거르는 데 쓰는 종이 ·

04 어떤 범위나 조건에 바로 들어맞다. ·

05 여럿이 서로 차이가 없이 똑같다. ·

· ㉠ 간

· ㉡ 해당하다

· ㉢ 현미경

· ㉣ 거름종이

· ㉤ 동일하다

[06~09] 낱말의 뜻과 예로 든 문장을 보고, 빈칸에 알맞은 낱말을 쓰세요.

06 ☐☐ : 물질을 구성하는 매우 작은 알갱이

⠀예 해안의 모래 ___________ 이/가 고왔다.

07 ☐☐ : 비슷하거나 늘 있는 일이 벌어지는 매일

⠀예 오늘 하루 지루한 ___________ 에서 벗어나고 싶다.

08 ☐☐ : 액체에 섞여 있는, 녹거나 풀리지 않은 덩어리

⠀예 나는 ___________ 을/를 먼저 먹고 국물을 벌컥벌컥 마셨다.

09 ☐☐ : 혼합물을 이루고 있는 것의 한 부분

⠀예 멸치에는 칼슘 ___________ 이/가 많다.

배경지식

용액의 성질! 산성과 염기성

생명이 깨어나는 봄이 되면 봄비가 내립니다. 그런데 "산성비가 내릴 예정이니 우산을 꼭 챙기십시오."와 같은 기상청의 당부를 자주 듣게 되는데, 이는 산성비의 성분이 사물뿐만 아니라 동식물에게 유해하기 때문이에요.

산성비는 산성을 띠고 있는 황과 질소 등이 비와 섞인 용액을 말해요. 신맛을 내는 식초도 산성 용액 중 하나이고, 레몬즙 역시 산성 용액이라고 할 수 있지요.

용액에는 산성 용액 이외에 염기성 용액이라는 것도 있어요. 염기성 용액은 단백질을 녹이는 성질을 가지고 있는데 우리 주변에서 볼 수 있는 염기성 용액에는 비눗물이 있어요. 염기성 용액인 비눗물은 단백질이나 기름 등의 때를 잘 녹인답니다.

산성과 염기성을 어떻게 구분할까요? 대표적으로 리트머스 종이를 이용하는 방법이 있어요. 산성 용액은 푸른색 리트머스 종이를 붉게 변화시키고, 염기성 용액은 붉은색 리트머스 종이를 푸르게 변화시키죠. 그렇다면 산성비는 푸른색 리트머스 종이를 붉은색으로 바꾸어 놓겠죠?

어른으로 가는 길목, 사춘기

지문 확인

'사춘기'라는 말을 들으면 떠오르는 것을 생각해 보자. '짜증', '반항', '남자답게', '여자답게', '＿＿＿＿＿＿＿＿', '다툼', '친구', '성장' 등 다양한 말들이 떠오를 수 있는데, 모두 사춘기와 관련이 있다고 볼 수 있다. 이렇게 다양한 말들이 사춘기와 관련 있는 이유는 무엇일까? 사춘기의 의미와 특징을 알면 그 이유를 이해할 수 있을 것이다.

· **1단락 중심 낱말 :**
1)

사춘기란 몸과 마음이 아이에서 어른으로 성장해 가는 길목, 과정을 말한다. 어린아이는 남자인지 여자인지 구분하기 어려운 경우가 있지만 성인 남녀는 외모만 봐도 한눈에 딱 남자인지 여자인지 구분할 수 있다. 아이가 자라면서 남자와 여자의 뚜렷한 특징이 나타나는 모습으로 변하는 것을 2차 성징이라고 하는데, 이 시기를 사춘기라고 한다. 이때 성호르몬이 왕성하게 분비되면서 남자는 남자답게, 여자는 여자답게 변하고 생식기 외의 특징들로 남녀를 구분할 수 있게 되는 것이다.

· **2단락 중심 낱말 :**
2)

사춘기에는 겉으로 보이는 변화뿐만 아니라 마음에서도 많은 변화가 일어난다. 겉모습에 관심이 많아지면서 자신의 외모를 가꾸는 데 많은 시간을 들이고 이성에 대한 관심 또한 커진다. 조그만 일에도 쉽게 짜증이 나거나 마음이 상하기도 하고 갑자기 기분이 좋아지는 등 감정의 변화가 심해진다. 게다가 부모님이나 어른들과 의견 차이로 자주 다투기도 하고 가족보다는 친구들과 많은 시간을 보내거나 혼자만의 시간이 편하고 좋게 느껴지기도 한다.

· **3단락 중심 낱말 :**
3)

사춘기 때 몸과 마음에서 나타나는 변화들이 모두가 똑같은 모습으로 나타나는 것은 아니며, 사춘기를 겪는 시기도 사람마다 다르다. 다만 자신에게 변화가 찾아오면 당황하거나 부끄러워하지 말고 어른이 되는 과정으로 자연스럽게 받아들이는 것이 좋다. 마음이 복잡하고 짜증이 날 때는 다양한 취미 활동을 즐기고 친구와 우정을 나누면서 안정을 찾는다면 어느새 몸과 마음이 성장하여 멋진 어른이 될 수 있을 것이다.

· **4단락 중심 낱말 :**
4)

낱말 따라 쓰기 

● 어떤 시기에서 다른 시기로 넘어가는 때를 비유적으로 이르는 말 : 길 목

㉠ 겨울이 지나는 길목에 봄이 저만치 머물러 있었다.

● 생각이나 기억이 되살아나다 : 떠 오 르 다

● 따르지 않고 맞서서 대들거나 반대하는 것 : 반 항

㉠ 그는 이유 없는 반항으로 선생님께 혼났다.

● 여럿이 서로 어떤 영향을 주고받도록 이어져 있는 것 : 관 련

㉠ 문학은 인간의 생활과 밀접한 관련을 맺고 있다.

● 다른 것에 비하여 특별히 눈에 뜨이는 점 : 특 장

● 사람이나 동식물 따위가 자라서 점점 커지다. : 성 장 하다

[成－이룰 성, 長－어른 장]

㉠ 숭어는 어릴 때 민물에 올라와서 성장한다.

뜻을 정확히 모르는
낱말들을 적어 보세요!

01 중심 문장 찾기

3단락의 중심 문장으로 가장 알맞은 것은 무엇인가요? (　　　)

① 사춘기에는 겉으로 보이는 변화뿐만 아니라 마음에서도 많은 변화가 일어난다.

② 겉모습에 관심이 많아지면서 자신의 외모를 가꾸는 데 많은 시간을 들이고 이성에 대한 관심 또한 커진다.

③ 게다가 부모님이나 어른들과 의견 차이로 자주 다투기도 하고 가족보다는 친구들과 많은 시간을 보내거나 혼자만의 시간이 편하고 좋게 느껴지기도 한다.

02 내용 이해하기

다음 중 '사춘기'에 대한 설명으로 알맞지 <u>않은</u> 것은 무엇인가요? (　　　)

① 사람마다 겪는 사춘기의 모습과 시기가 다르다.

② 2차 성징이 나타나기 시작하면 성호르몬이 왕성하게 분비된다.

③ 사춘기 때는 대부분 친구들보다 가족과 더 많은 시간을 보내려고 한다.

④ 몸과 마음이 아이에서 어른으로 성장해 가는 길목, 과정을 사춘기라고 한다.

⑤ 아이가 성장하면서 남자와 여자의 뚜렷한 특징이 나타나는 모습으로 변하는 것을 2차 성징이라고 한다.

03 알맞은 반응 찾기

다음은 이 글을 읽고 나눈 대화입니다. 글의 내용과 맞지 <u>않는</u> 것은 무엇인가요?

(　　　)

① 지웅: 성인에 비해 어린아이들은 남자와 여자의 구분이 뚜렷하지 않겠군.

② 재진: 맞아. 그러다가 2차 성징이 시작되면 신체와 마음에 모두 큰 변화가 일어나지.

③ 상민: 사춘기 때 외모와 이성에 대한 관심이 커지는 것은 부끄러운 일이므로 숨겨야 해.

④ 기찬: 요즘 들어 쉽게 짜증이 나고 갑자기 기분이 풀리는 등 감정의 변화가 심해졌어. 혹시 사춘기가 아닐까?

⑤ 창준: 그렇다면 다양한 취미 활동을 즐기고 친구들과 우정을 나누며 안정을 찾는다면 몸과 마음이 성장하여 멋진 어른이 될 거야.

사자성어의 뜻이 다음과 같을 때, 1단락의 밑줄 친 곳에 들어가기에 알맞은 말은 무엇인가요?　　　　　　　　　　　　　　　　　　　　　　　　　　（　　　）

① 고진감래: 고생 끝에 즐거움이 온다는 말
② 조삼모사: 간사한 꾀로 남을 희롱함을 이르는 말
③ 신토불이: 자기가 사는 땅에서 나는 농산물이라야 체질에 잘 맞음을 이르는 말
④ 질풍노도: 강한 바람과 성난 파도처럼 격동적인 감정 변화를 느끼는 것을 이르는 말
⑤ 첩첩산중: 여러 산이 겹치고 겹친 산속처럼 일이 갈수록 꼬여 가는 경우를 이르는 말

05 내용 이해하기 서술형

사춘기 때 지녀야 할 바람직한 태도를 이 글에서 찾아 쓰세요.

____

____

____

뜻을 정확히 모르는 낱말들을 적어 보세요!

낱말 따라 쓰기

● 어떤 일이 벌어지거나 변하여 가는 차례나 형편 : 과 정
　[過 – 지날 과, 程 – 길 정]
● 남과 여, 암컷과 수컷을 구별하는 특징 : 성 징
● 어느 한때로부터 다른 때까지의 동안 : 시 기
　예 가을은 곡식과 과일이 무르익는 시기이다.
● 정소, 난소와 같이 동물의 생식샘에서 분비하는 호르몬 :
　성 호 르 몬
● 매우 활발하고 한창 성하다. : 왕 성 하다
　예 요새 식욕이 왕성한 것을 보니 키가 클 것 같다.
● 몸속의 일부 기관과 세포에서 여러 가지 생리 작용을 일으키는 물질이 만들어져 몸으로 퍼지거나 나오다. : 분 비 되 다
　예 눈물샘에서는 눈물이 분비되어 눈동자의 움직임을 부드럽게 해 준다.

● 성의 구별이 있는 생물체가 생식을 하는 데 쓰는 몸의 기관 :
　생 식 기
● 마음이나 몸이 흔들리지 않고 평안하고 조용히 있는 것 : 안 정
　예 저 환자는 아직 절대적인 안정이 필요합니다.
● 자기의 이익을 위하여 나쁜 꾀를 부리는 등 마음이 바르지 않다. :
　간 사 하다
● 수치심이나 억울함을 느낄 만큼 놀리는 것 : 희 롱
● 태어나면서부터 지니고 있는 몸의 성질 : 체 질
　예 그녀는 태어날 때부터 허약한 체질이었다.
● 감정 등이 몹시 흥분하여 어떤 충동이 느껴지는 것 : 격 동 적
● 일이 뜻대로 되지 않고 중간에 곤란하게 되다. : 꼬 이 다
　예 일이 복잡하게 꼬여 약속에 늦었다.

DAY 11 낱말 쑥쑥 테스트

[01~05] 주어진 뜻풀이에 해당하는 낱말을 〈보기〉에서 찾아 쓰세요.

〈 보기 〉

성징　성장하다　관련　간사하다　길목

01 어떤 시기에서 다른 시기로 넘어가는 때를 비유적으로 이르는 말 : ___________

02 자기의 이익을 위하여 나쁜 꾀를 부리는 등 마음이 바르지 않다. : ___________

03 남과 여, 암컷과 수컷을 구별하는 특징 : ___________

04 사람이나 동식물 따위가 자라서 점점 커지다. : ___________

05 여럿이 서로 어떤 영향을 주고받도록 이어져 있는 것 : ___________

[06~10] 주어진 초성과 낱말의 뜻을 보고, 빈칸에 알맞은 낱말을 쓰세요.

06 씨 뿌릴 ┌ㅅ│ㄱ┐ 을/를 놓치면 한 해 농사를 다 망친다. 어느 한때로부터 다른 때까지의 동안

07 오늘 과학 시간에는 화산이 분출하는 ┌ㄱ│ㅈ┐ 어떤 일이 벌어지거나 변하여 가는 차례나 형편 을/를 모형을 이용하여 차례로 알아보았다.

08 사춘기에 접어든 조카가 나에게 말대꾸를 하며 ┌ㅂ│ㅎ┐ 을/를 했다. 따르지 않고 맞서서 대들거나 반대하는 것

09 우리말의 두드러진 ┌ㅌ│ㅈ┐ 은/는 존댓말이 발달했다는 것이다. 다른 것에 비하여 특별히 눈에 뜨이는 점

10 아직도 세계 곳곳에는 평화와 ┌ㅇ│ㅈ┐ 을/를 위협하는 요인들이 많이 있다. 마음이나 몸이 흔들리지 않고 평안하고 조용히 있는 것

사춘기가 너무 일찍 찾아온다면?

　2차 성징이 나이에 비해 지나치게 빨리 나타나는 것을 '성조숙증'이라고 해요. 여자아이의 경우 만 8세, 남자아이의 경우 만 9세 이전에 2차 성징이 나타나면 성조숙증으로 진단됩니다.

　일반적으로 성조숙증은 남자보다는 여자아이에게서 더 많이 발생한다고 알려져 있어요. 성조숙증이 있다면 키가 또래보다 급속도로 빨리 자랄 가능성이 있지요. 하지만 일찍 성장판이 닫히기 때문에 맨 나중 키는 오히려 일반적인 사춘기를 겪은 아이들보다 작아질 수도 있답니다.

　성조숙증은 다양한 원인이 복잡하게 얽혀있지만, 최근에는 영양 과잉과 스트레스가 주요한 원인으로 꼽히고 있어요. 따라서 성조숙증을 예방하려면 꾸준한 운동을 통해 스트레스를 풀고, 기름지고 자극적인 음식을 줄여 건강한 식단을 짜는 것이 좋아요.

[01~05] 다음 글을 읽고, 물음에 답하세요.

백화점에 들어가면 사고 싶은 상품들이 너무 많이 보이고, 결국에는 꼭 필요하지 않은데도 물건을 사게 된다. 왜 그런 것일까? 백화점에는 우리가 상품을 사도록 유도하는 비밀 전략이 여기저기 숨어 있기 때문이다.

대부분의 백화점에는 시계와 창문이 없다. 고객들이 시간이 흐른 것을 확인하고 쇼핑을 끝내는 것을 막고자 시계를 걸어 놓지 않는다. 같은 이유로 사람들이 창문을 보고 날이 어둡거나 날씨가 흐린 것을 확인하면 서둘러 집으로 돌아갈 확률이 크기 때문에 창문을 내지 않는다.

또한 백화점의 시설물도 전략적으로 설치해 놓았다. 목적지까지 바로 이동하는 엘리베이터는 건물의 가장자리에, 상품을 보면서 이동하는 에스컬레이터는 건물의 중앙에 설치되어 있다. 고객들이 다른 층으로 이동하면서 조금이라도 상품을 더 볼 수 있게 에스컬레이터를 이용하도록 유도하는 것이다. 백화점 1층에 화장실이 없는 것도 같은 이유이다. 화장실만 이용하기 위해 백화점에 들른 사람도 다른 층으로 이동하며 상품을 구경하도록 하는 것이다.

상품의 진열 방법에도 놀라운 비밀 전략이 반영되어 있다. 음료수같이 꼭 필요해서 사는 상품은 입구에서 멀리 떨어진 곳에 진열하는 경우가 많다. 그 물건을 사기 위해 안쪽으로 들어가는 동안 다른 상품을 구경하게 하려는 것이다. 또, 어린이 고객이 살 만한 상품은 그들의 눈높이에 맞추어 놓는다.

상품의 층별 배치도 전략적으로 이루어진다. 백화점 1층에 들어서면 각종 화장품과 향수, 화려한 액세서리가 눈과 코를 사로잡는다. 백화점의 주된 고객이 여성이라는 점을 노린 것이다. 이처럼 여성을 대상으로 하는 상품을 아래층에 배치한다.

마지막으로, 백화점은 고객들이 쇼핑을 더 오래 하기 위한 분위기를 만든다. 주로 느리고 편안한 클래식 음악을 틀어 놓아 고객들이 더 여유롭게 쇼핑하도록 이끌고, 곳곳에 의자를 두어 잠시 쇼핑의 피로를 풀면서 백화점에 더 오래 머무르도록 유도한다.

이렇게 백화점은 더 많은 상품을 팔기 위해 다양한 전략을 펼친다. 백화점의 전략을 알아 두면 충동구매를 줄이고 계획적인 소비를 하는, 현명한 소비자가 되는 데 도움이 될 것이다.

---

01 ✿✿✿

5단락의 중심 문장으로 가장 알맞은 것은 무엇인가요?

(   )

① 상품의 층별 배치도 전략적으로 이루어진다.
② 백화점 1층에 들어서면 각종 화장품과 향수, 화려한 액세서리가 눈과 코를 사로잡는다.
③ 백화점의 주된 고객이 여성이라는 점을 노린 것이다.

02 ✿✿✿

이 글의 제목으로 가장 알맞은 것은 무엇인가요?

(   )

① 충동구매 줄이기
② 클래식 음악의 효과
③ 백화점에 시계가 없는 이유
④ 백화점의 전략적 상품 진열 방법
⑤ 상품을 많이 팔기 위한 백화점의 비밀 전략

03 ❋❋❀

이 글의 '백화점'에 대한 내용으로 알맞지 <u>않은</u> 것은 무엇인가요? (　　　)

① 1층에 화장실이 없는 경우가 많다.
② 창문이 없어 날씨가 흐려도 확인하기 어렵다.
③ 시계가 없어 시간이 얼마나 흘렀는지 알기 어렵다.
④ 화려한 액세서리같이 여성을 대상으로 하는 상품을 주로 아래층에 배치한다.
⑤ 일반적으로 엘리베이터는 건물의 중앙에, 에스컬레이터는 건물의 가장자리에 설치되어 있다.

04 ❋❋❋

다음은 이 글을 읽은 사람들의 대화입니다. <u>틀린</u> 내용을 말한 사람의 이름을 쓰세요.

> 채연: 백화점 1층에서는 향수 냄새가 많이 났어. 백화점의 주된 고객층이 여성이기 때문이야.
> 화영: 예쁜 학용품, 장난감은 아래쪽 선반에 놓여 있어. 어린이 고객의 눈높이에 맞추기 위해서야.
> 현정: 백화점에는 여기저기에 의자가 놓여 있어. 고객들이 잠시 쇼핑의 피로를 풀면서 백화점에 더 오래 머무르도록 의도한 거야.
> 강호: 음료수는 입구 주변에 놓여 있어. 입구에서 멀면 음료수를 찾던 고객들이 찾기 어렵다는 이유로 음료수 구입을 포기해 버리기 때문이야.

(　　　　　　　　)

05 ❋❋❀ 서술형

백화점에서 클래식 음악을 트는 이유를 이 글에서 찾아 쓰세요.

____

____

____

낱말 따라 쓰기 

● 사고파는 물품 : 상 품　[商 – 장사 상, 品 – 물건 품]
　예) 백화점에는 온갖 상품이 다 있다.

● 사람이나 물건을 목적한 방향으로 나아가도록 이끌다. : 유 도 하다
　예) 점원은 손님이 옷을 입어 보도록 유도하였다.

● 정치, 경제 따위의 사회적 활동을 하는 데 필요한 수단과 계획 : 전 략
　예) 이 경기에서는 우리 팀이 이길 확률이 크다.

● 정한 조건 아래에서 어떤 사건이 일어날 가능성의 정도 : 확 률
　예) 이 경기에서는 우리 팀이 이길 확률이 크다.

● 많은 사람이 같이 편리하게 쓰도록 만들어 놓은 큰 장치나 도구 : 시 설 물
　예) 바람이 세게 불 때는 시설물 관리에 주의해야 한다.

● 기계나 설비 등을 제자리에 맞게 놓다. : 설 치 하다
　예) 폐수 처리 시설을 설치할 땅을 알아보고 있다.

● 둘레나 끝에 해당되는 부분 : 가 장 자 리
　예) 그는 손등으로 눈물을 닦아서 눈 가장자리가 빨갛게 되었다.

● 여러 사람에게 보이기 위하여 물건을 죽 벌여 놓는 것 : 진 열
　예) 진열이 잘되어 있는 가게는 물건을 고르기가 편리하다.

● 다른 것에 영향을 받아 어떤 현상이 나타나다. : 반 영 되 다
　예) 여론이 반영된 정책을 세우기 위해 노력해야 한다.

● 어떤 사물을 보거나 상황을 판단하여 알아내는 수준 : 눈 높 이
　예) 선생님은 학생들의 눈높이에 맞춘 수업을 하기 위해 노력한다.

● 사람이나 물건을 여러 곳에 알맞게 나누어 놓는 것 : 배 치

● 어떤 일의 상대 또는 목표나 목적이 되는 것 : 대 상
　예) 내가 이겨 내야 할 대상은 바로 나 자신이다.

● 무엇을 어떠한 상태로 이르게 하다. : 이 끌 다
　예) 아이들은 사랑으로 바르게 이끌어야 한다.

● 일정한 장소에 떠나지 않고 있다. : 머 무 르 다
　예) 그는 한곳에 오래 머무르지 않았다.

● 물건 따위를 살 필요나 의사가 없이, 물건을 구경하거나 광고를 보다가 갑자기 사고 싶어져 사는 것 : 충 동 구 매
　예) 나는 돈도 없으면서 덜컥 충동구매를 해 버렸다.

● 미리 정해진 계획에 따른 것 : 계 획 적
　예) 건강을 위해서는 계획적인 운동이 중요하다.

● 일부에 한정되지 아니하고 전체에 걸치는 것 : 일 반 적
　예) 일반적으로 물건이 많으면 가격이 내려간다.

● 무엇을 하고자 생각하거나 계획하다. : 의 도 하다
[意 – 뜻 의, 圖 – 그림 도]

DAY
12

○○○자로 끝나는 말은?

빠른 정답 2쪽

✽ 다음에서 설명하는 낱말을 빈칸에 적어 보세요.

1 문 문 '문'자로 끝나는 말은?

(1) 상품을 팔기 위하여 쓴 글 : ☐☐ 문

(2) 어떤 문제에 대한 학술적인 연구 결과를 체계적으로 적은 글 : ☐ 문

(3) 이상하거나 수상하여 사실이나 진실을 알고 싶은 것 : ☐ 문

2 기 기 '기'자로 끝나는 말은?

(1) 어떤 일을 일으키거나 결정하게 되는 동기나 기회 : ☐ 기

(2) 액체에 섞여 있는, 녹거나 풀리지 않은 덩어리 : ☐☐ 기

(3) 어느 한때로부터 다른 때까지의 동안 : ☐ 기

3 성 성 '성'자로 끝나는 말은?

(1) 사물의 중요한 요소나 성질 : ☐☐ 성

(2) 어떤 현상이나 일에 일정한 질서를 나타내는 성질 : ☐☐ 성

(3) 매우 활발하고 한참 성한 것 : ☐ 성

4 적 적 '적'자로 끝나는 말은?

(1) 자기와의 관계에서 벗어나 제삼자의 입장에서 사물을 보거나 생각하는 것 : ☐☐ 적

(2) 어떤 사업이나 연구 따위에서 세운 결과 : ☐ 적

(3) 가장 두드러지거나 뛰어나 대표가 될 만한 것 : ☐☐ 적

5 비 비 '비'자로 끝나는 말은?

(1) 돈·물품·시간·힘 등을 써서 없애는 것 : ☐ 비

(2) 몸속의 일부 기관과 세포에서 여러 가지 생리 작용을 일으키는 물질이 만들어져 몸으로 퍼지거나 나오는 일 : ☐ 비

(3) 앞으로 일어날지도 모르는 힘들거나 어려운 일을 겪지 않기 위해서 미리 준비하는 것 : ☐ 비

STEP 3
단락 요약하기

★ **단락 요약이란?**

단락의 중심 내용을 한 문장으로 간단하게 표현하는 것입니다.

● **단락을 요약하는 이유**

단락을 요약하면 글에서 무엇을 이야기하고 있는지 쉽게 이해하고, 글의 내용을 더 잘 기억할 수 있어요.

단락을 요약하는 방법
- 중심 문장을 선택하여 중심 낱말을 포함한 간단한 말로 표현하세요.
- 대상의 의미나 구체적인 정보를 이야기하고 있다면 이 내용들을 모두 담을 수 있는 표현을 사용하여 정리하세요.
- 구체적인 예시가 나온다면, 이 예시를 통해 무엇을 이야기하려는 것인지 생각하여 정리해 보세요.

지진의 공포

지문 확인

2017년, 우리나라에서 '대학 수학 능력 시험'이 생긴 이후 처음으로 연기되는 일이 생겼다. 포항에서 규모 5.4의 지진이 일어났기 때문이다. 도로가 갈라지고 철도가 끊겼으며 건물이 무너지는 등 영화에서나 보던 일이 실제로 일어나자 사람들은 혼란과 공포에 빠졌다. 이 사건 후로 일본이나 필리핀 등 다른 나라의 이야기로만 생각했던 지진에 대해 제대로 알고 대비해야 한다는 목소리가 높아졌다.

- 1단락의 중심 문장에 표시해 보세요.

지진은 큰 힘을 받은 지층이 끊어지면서 땅이 흔들리는 현상을 말한다. 땅 밑에 있는 지층은 항상 일정한 힘을 받고 있다. 평소에는 이 힘이 균형을 이루고 있지만, 균형이 깨지면 지층이 끊어지고 어긋나면서 힘이 사방으로 전달된다. 이 힘이 땅을 움직여 지진이 일어나게 되는 것이다. 지진이 일어났을 때 지구 안에서 처음으로 지진이 발생한 곳을 '진원', 진원 바로 위에 있는 땅을 '진앙'이라고 한다.

- 2단락의 중심 문장에 표시해 보세요.

지진으로 인한 피해는 진원이 인구 밀집 지역에 가까울수록 크며, 한 번으로 끝나지 않는다. 1차 피해는 땅이 갈라지거나 내려앉아 도로, 건물, 댐, 발전소 등의 건축물이 무너지고, 해안가에는 지진으로 인한 파도가 덮쳐 모든 것을 쓸어 버리는 것이다. 이후에는 수도·전기·가스·통신 시설이 파괴되어 산업과 일상생활이 마비되고 사람들이 유해 물질에 노출되는 2차 피해가 발생한다. 게다가 큰 지진이 발생한 후에는 진앙 주위에서 작은 지진이 연달아 일어나기 때문에 그 피해는 더 커질 수밖에 없다.

- 3단락의 중심 문장에 표시해 보세요.

아직까지 인간의 힘으로 지진을 막을 방법은 찾지 못했다. 다만 지진의 피해를 줄이기 위한 대비는 할 수 있다. 가장 대표적인 것이 내진 설계로, 지진이 일어나도 무너지지 않도록 건물을 짓는 것이다. 또한 지진이 일어났을 때 침착하게 안전한 곳으로 대피하는 훈련을 평상시에 꾸준히 해야 한다.

- 4단락의 중심 문장에 표시해 보세요.

낱말 따라 쓰기 

- 정한 시기가 뒤로 미루어지다. : 연 기 되 다

  예 학교의 사정으로 개학이 연기되었다.

- 사물이나 현상의 크기나 범위 : 규 모

  예 모금 운동이 전국적인 규모로 확대되어 갔다.

- 앞으로 있을지도 모를 힘들거나 어려운 일을 겪지 않기 위해 미리 준비하다. : 대 비 하다

- 서로 다른 시기에 생겼거나 형태나 성분이 달라서 생긴 땅의 층 : 지 층 [地-땅 지, 層-층 층]

- 어느 한쪽으로 치우치거나 기울어지지 않은 상태 : 균 형

- 잘 맞물려 있는 물체가 틀어져서 맞지 아니하다. : 어 긋 나 다

- 빈틈없이 아주 빽빽하게 모인 상태 : 밀 집 [密-빽빽할 밀, 集-모일 집]

- 제자리에서 아래로 무너져 내리다. : 내 려 앉 다

- 본래의 기능을 잃어 제구실을 못하게 되다. : 마 비 되 다

STEP 3 단락 요약하기

빠른 정답 3쪽

단락 요약이란 단락의 내용을 한 문장으로 간단하게 표현하는 것입니다.

단락별로 간단하게 표현한 것을 모아 정리하면 전체 글을 요약한 것이 됩니다. 따라서 단락을 요약하면 글에서 무엇을 이야기하고 있는지 쉽게 이해할 수 있어요.

★ 단락을 요약하는 방법

① 중심 문장을 선택하여 중심 낱말을 포함한 간단한 말로 표현하세요.

② 대상의 의미, 구체적인 정보를 이야기하고 있다면 이 내용들을 모두 담을 수 있는 표현을 사용하여 정리하세요.

③ 구체적인 예시가 나온다면 이 예시를 통해 무엇을 이야기하려는 것인지 생각하여 정리해 보세요.

1단락

지진이 일어나 '대학 수학 능력 시험'까지 연기되는 일이 우리나라에서 발생했다는 이야기이므로 1단락의 중심 낱말은 '지진'입니다.

2017년, 포항에서 규모 5.4의 지진이 일어나 사람들을 혼란과 공포에 빠뜨렸어요. 이로 인해 우리나라도 지진에 대해 제대로 알고 대비해야 한다는 목소리가 높아졌지요. 그러므로 1단락을 요약하면 '1) ☐☐ 대비의 필요성을 느낀 우리나라'입니다. (요약 방법 ③ 적용)

2단락

지진이 어떤 현상인지, 왜 일어나는지 등에 대해 이야기하고 있으므로 2단락의 중심 낱말은 '지진'입니다.

지진의 뜻과 더불어 '진원', '진앙' 등 지진과 관련된 개념을 설명하고 있습니다. 따라서 '지진은 큰 힘을 받은 지층이 끊어지면서 땅이 흔들리는 현상을 말한다.'가 2단락의 중심 문장입니다. 이것을 간단하게 표현하여 2단락을 요약하면 '지진의 2) ☐☐ 와/과 발생 원인'입니다. (요약 방법 ② 적용)

3단락

1차 피해, 2차 피해로 나누어 지진으로 인한 피해에 대해 이야기하고 있으므로 3단락의 중심 낱말은 '지진으로 인한 피해'입니다.

지진으로 인한 피해는 1차, 2차로 나뉘어 진원이 인구 밀집 지역에 가까울수록 크며, 한 번으로 끝나지 않는다고 이야기하고 있어요. 그러므로 3단락을 요약하면 '지진으로 인한 3) ☐☐ 와/과 그 특징'입니다. (요약 방법 ② 적용)

4단락

아직까지 인간의 힘으로 지진을 막을 방법이 없기 때문에 지진의 피해를 줄이기 위해 대비해야 한다고 이야기하고 있으므로 4단락의 중심 낱말은 '지진의 피해를 줄이기 위한 대비'입니다.

내진 설계, 대피 훈련 등 지진의 피해를 대비할 수 있는 방법을 설명하고 있으므로 4단락을 요약하면 '지진 피해에 4) ☐☐ 하는 방법'입니다. (요약 방법 ③ 적용)

★ 각 문단을 요약한 것 중에서 더 중요한 내용을 뽑아 다시 간추리면 글 전체의 내용을 요약한 것이 됩니다.

★ 이 글은 지진에 대해 제대로 대비하기 위해 지진의 개념과 지진으로 인한 피해의 특징을 알아보는 내용입니다. 그러므로 이 글을 요약하면 '지진의 개념과 지진으로 인한 피해의 특징을 제대로 알고 지진에 대비할 수 있도록 하자.'입니다.

01 단락 요약하기

2단락의 내용을 요약하는 과정입니다. 빈칸에 공통으로 들어가기에 알맞은 말을 쓰세요.

> 2단락의 중심 낱말은 (   )이고, 중심 내용은 큰 힘을 받은 지층이 끊어지고 어긋나면서 땅이 흔들리는 현상, (   )이/가 발생한다는 것이다. 따라서 2단락을 요약하면 '(   )의 개념과 발생 원인'이다.

(   )

02 내용 이해하기

다음 중 '지진'에 대한 설명으로 알맞지 <u>않은</u> 것은 무엇인가요?　(   )

① 지진은 아직까지 인간의 힘으로 막을 수 없다.
② 지진으로 인한 피해는 1차 피해와 2차 피해로 나뉜다.
③ 지층이 받는 힘의 균형이 깨지면 지층이 끊어져서 지진이 발생한다.
④ 1차 피해는 사람들이 유해 물질에 노출되거나 일상생활이 마비되는 것이다.
⑤ 지진이 일어난 이후에는 해안가에 거대한 파도가 일어 모든 것을 휩쓸어 간다.

03 내용 이해하기

다음에서 설명하고 있는 '지진 피해를 줄이기 위한 방법'을 이 글에서 찾아 쓰세요.

> 지진에 대비하는 방법으로 가장 대표적인 것은, 지진이 일어나도 무너지지 않고 견뎌 내도록 건물을 짓는 것이다.

(   )

04 내용 적용하기

다음 중 〈보기〉의 상황을 <u>잘못</u> 이해한 사람은 누구인가요?　(   )

〈 보기 〉

> A 지역에서 규모 6.0의 지진이 발생했다. 진원이 A 지역 바로 밑이어서 그 피해가 더했다. 게다가 A 지역과 떨어진 대도시 B에도 큰 피해가 발생했다. 그동안 B 도시가 지진 안전지대라고 믿고 아무런 대비도 하지 않았기 때문이다.

① 석원: A 지역은 진원 위에 위치한 진앙이군.
② 승재: A 지역은 많은 건축물이 무너지고 주요 시설이 파괴되었겠군.
③ 기호: A 지역 주변에서 작은 지진이 연달아 일어날 가능성이 있겠군.
④ 재훈: B 도시는 진원과 거리가 있으므로 생각보다 피해가 크지 않았겠군.
⑤ 동민: B 도시는 앞으로 꾸준히 대피 훈련을 해서 지진 피해에 대비해야겠군.

문제 이해하고 풀기

01 단락 요약하기

2단락의 내용을 요약하는 과정을 정리해 놓았네요. 잘 읽고 빈칸에 공통으로 들어가기에 알맞은 말을 생각해 보세요.

🍃 지진이 어떤 현상인지, 왜 일어나는지 등에 대해 이야기하고 있으므로 중심 낱말을 지진이고, 요약하면 지진의 개념과 발생 원인이에요.

정답은 ___________ 입니다.

02 내용 이해하기

'지진'에 대한 설명으로 알맞지 <u>않은</u> 것을 찾는 문제입니다.

🌸 **각각의 선택지 내용을 순서대로 살펴볼게요.**

① 지진은 아직까지 인간의 힘으로 막을 수 없다.(○)

> **근거** ④단락 ❶번째 문장: 아직까지 인간의 힘으로 지진을 막을 방법은 찾지 못했다.

② 지진으로 인한 피해는 1차 피해와 2차 피해로 나뉜다.(○)

> **근거** ③단락 ❷, ❸번째 문장: 1차 피해는 땅이 갈라지거나 ~ 유해 물질에 노출되는 2차 피해가 발생한다.

③ 지층이 받는 힘의 균형이 깨지면 지층이 끊어져서 지진이 발생한다.(○)

> **근거** ②단락 ❸, ❹번째 문장: 평소에는 이 힘이 균형을 ~ 일어나게 되는 것이다.

④ 지진의 1차 피해로 인해 사람들이 유해 물질에 노출되거나 일상생활이 마비된다.(×)

> **근거** ③단락 ❸번째 문장: 일상생활이 마비되고 사람들이 유해 물질에 노출되는 2차 피해가 발생한다.

🍃 수도·전기·가스·통신 시설이 파괴되어 산업과 일상생활이 마비되고 사람들이 유해 물질에 노출되는 것은 2차 피해예요.

⑤ 지진이 일어난 이후에는 해안가에 거대한 파도가 일어 모든 것을 휩쓸어 간다.(○)

> **근거** ③단락 ❷번째 문장: 1차 피해는 땅이 갈라지거나 ~ 쓸어 버리는 것이다.

정답은 ___________ 입니다.

03 내용 이해하기

🌸 지진 피해를 줄이기 위한 방법을 설명한 문장을 찾아볼까요?

> **근거** ④단락 ❸번째 문장: 가장 대표적인 것이 내진 설계로, ~

정답은 ___________ 입니다.

04 내용 적용하기

· 〈보기〉의 상황: A 지역 바로 밑에서 규모 6.0의 지진이 일어나 A 지역과 떨어진 대도시 B까지 큰 피해가 발생했다는 것입니다.

🟧 〈보기〉이 상황을 잘못 이해한 사람을 찾는 문제입니다.

🌸 **각자가 말한 내용을 순서대로 살펴볼게요.**

① 석원: A 지역은 진원 위에 위치한 진앙이군.(○)

> **근거** ②단락 ❺번째 문장: 지진이 일어났을 때 ~ '진앙'이라고 한다.

② 승재: A 지역은 많은 건축물이 무너지고 주요 시설이 파괴되었겠군.(○)

> **근거** ③단락 ❷번째 문장: 1차 피해는 ~ 2차 피해가 발생한다.

③ 기호: A 지역 주변에서 작은 지진이 연달아 일어날 가능성이 있겠군.(○)

> **근거** ③단락 ❹번째 문장: 게다가 큰 지진이 ~ 커질 수밖에 없다.

④ 재훈: B 도시는 진원과 거리가 있으므로 생각보다 피해가 크지 않았겠군.(×)

> **근거** 〈보기〉의 ❸번째 문장: 게다가 A 지역과 떨어진 대도시 B에도 큰 피해가 발생했다.

🍃 〈보기〉에서 A 지역과 떨어져 있으며 그동안 안전지대라고 믿고 아무런 대비도 하지 않은 대도시 B에도 큰 피해가 발생했다고 설명하고 있어요.

⑤ 동민: B 도시는 앞으로 꾸준히 대피 훈련을 해서 지진 피해에 대비해야겠군.(○)

> **근거** ④단락 ❹번째 문장: 또한 지진이 일어났을 ~ 꾸준히 해야 한다.

정답은 ___________ 입니다.

DAY
13

나라마다 다른 경제 체제

빠른 정답 3쪽

지문 확인

지구촌에는 다양한 나라가 있고, 각 나라마다 인종, 역사, 문화, 사회적·지리적 환경 등이 다르다. 그렇지만 경제 체제는 대체로 자본주의와 사회주의 중 하나를 선택하여 실시하고 있다. 경제 체제란, 한 사회의 경제 조직이나 제도 등 경제생활 양식을 의미한다. 그렇다면 자본주의와 사회주의는 어떻게 다를까?

자본주의는 시장 경제 체제라고도 하는데, 이 체제에서는 돈이 많은 사람이 공장이나 회사를 세워 노동자에게 임금을 주면서 생산 활동을 한다. 이때 돈을 가지고 노동자를 부리는 사람을 자본가라고 한다. 자본가는 자본을, 노동자는 노동력을 투자하여 서로 이익을 얻을 수 있다. 우리나라를 비롯하여 미국, 서유럽 등 많은 나라들이 자본주의를 실시하고 있다. 자본주의를 실시하는 나라에서는 누구나 자기 뜻에 따라 능력에 맞는 일을 한다. 또한 공장이나 회사에서 만들어진 상품은 그 상품을 원하는 사람들이 얼마만큼인지에 따라 가격이 매겨지고, 사람들은 자신이 원하는 상품을 선택하여 소비한다.

반면 사회주의는 계획 경제 체제라고도 하며, 중국이나 북한과 같은 나라에서 실시하고 있다. 사회주의는 개인의 재산권을 인정하지 않는다. 회사나 공장 같은 생산 시설은 나라 혹은 공공의 것이며, 모든 경제 활동이 국가의 계획과 통제 아래 결정된다. 생산은 물론 상품의 가격과 분배까지 모두 국가의 결정에 따른다.

오늘날 대부분의 나라들이 자본주의를 실시하고 있기는 하지만, 자본주의가 좋은 점만 있는 것은 아니다. 자본주의는 개인의 경제적 자유가 큰 만큼 잘사는 사람과 못사는 사람의 경제적 차이가 심해질 수밖에 없고, 이는 빈부 격차 등의 사회 문제가 된다. 그래서 자본주의일지라도 국가가 개입하여 경제 활동을 조절하기도 한다. 사회주의 역시 사회 전체의 이익만을 우선한 나머지 개인이 능력을 제대로 펼칠 수 없게 되는 경우가 생기고, 이로 인해 생산성이 떨어지는 문제가 발생하기도 한다. 그래서 현대에 들어서는 자본주의와 사회주의를 채택하되, 서로의 장점을 부분적으로 받아들이는 나라들도 생겨났다.

- 1단락의 중심 문장에 표시해 보세요.
- 2단락의 중심 문장에 표시해 보세요.
- 3단락의 중심 문장에 표시해 보세요.
- 4단락의 중심 문장에 표시해 보세요.

낱말 따라 쓰기 

- 사회적인 제도나 조직이 이루어진 짜임새 : 체 제
- 백인종·황인종·흑인종처럼, 사람의 피부, 머리털의 빛깔, 골격 등에 따라 나눈 사람의 종류 : 인 종
- 어떤 법이나 제도를 실제로 행하다. : 실 시 하다
  ㉲ 우리 학교에서는 급식을 실시하고 있다.
- 어떤 목표를 이루기 위해 여럿이 모여 하나의 단체를 이루는 것, 또는 그 단체 : 조 직
- 한 사회나 기관의 일정한 조직을 유지하고 일을 진행시키기 위하여 정한 절차·방법·원칙 등 : 제 도
- 오랜 시간이 지나면서 자연히 정하여진 방식 : 양 식

01 단락 요약하기

다음은 1단락의 내용을 요약하는 과정입니다. 빈칸에 공통으로 들어가기에 알맞은 말을 쓰세요.

> 1단락의 중심 낱말은 (   )이고, 중심 내용은 한 사회의 경제 조직이나 제도 등 경제생활 양식을 (   )(이)라고 하며, 그 종류인 자본주의와 사회주의의 다른 점을 알아보자는 것이다. 따라서 1단락을 요약하면 '(   )의 개념과 종류'이다.

(   )

정답 콕콕 특강

01
단락을 요약할 때는 중심 낱말을 먼저 찾아야 해요.

02 내용 이해하기

이 글의 '자본주의'에 대한 설명으로 알맞지 <u>않은</u> 것은 무엇인가요? (   )

① 시장 경제 체제라고도 한다.
② 노동자는 임금을 투자하여 노동력을 얻는다.
③ 자본가와 노동자는 서로 이익을 얻을 수 있다.
④ 누구나 자기 뜻에 따라 능력에 맞는 일을 할 수 있다.
⑤ 우리나라, 미국, 서유럽 등에서 실시하고 있는 경제 체제이다.

02
2단락에서 자본주의의 구체적인 내용을 살펴보세요.

DAY
14

03 내용 적용하기

〈보기〉의 상황에 대한 설명으로 알맞지 <u>않은</u> 것은 무엇인가요? (   )

> 〈 보기 〉
>
> 지은이의 아버지는 운동화 공장을 운영하신다. 지은이 아버지 회사에서 만들어진 운동화들은 예쁜 데다가 튼튼해서 인기가 많다. 그래서 다른 회사의 운동화들보다 가격이 비싼 편이다.

① 지은이의 아버지는 자본가이군.
② 운동화의 생산량과 가격은 국가가 결정하겠군.
③ 지은이 아버지가 공장의 노동자에게 임금을 주겠군.
④ 사회주의 국가였다면 운동화 공장은 지은이 아버지가 아니라 나라나 공공의 것이었겠군.
⑤ 사람들이 자신이 원하는 운동화를 선택하여 소비하는 것으로 보아 자본주의 국가이겠군.

03
자본주의와 사회주의에서는 생산량과 가격을 결정하는 주체가 다르다는 것을 떠올려 보세요.

자본주의와 사회주의의 특징과 문제점을 정리한 표입니다. ㉠~㉢에 알맞은 말을 쓰세요.

	자본주의	사회주의
특징	경제적 자유가 큰 만큼 잘사는 사람과 못사는 사람의 (㉠)이/가 심해질 수 있음.	(㉡)의 이익만을 우선한 나머지 개인이 능력을 제대로 펼칠 수 없음.
문제점	(㉢)이/가 발생함.	(㉣)이/가 떨어짐.

㉠: ( ), ㉡: ( )

㉢: ( ), ㉣: ( )

04

4단락에서 자본주의와 사회주의의 특징에 따른 문제점을 비교하여 제시하고 있어요.

05 내용 추론하기 `서술형`

자본주의를 실시하면서 문제가 생겼을 때, 어떤 해결 방안이 있을지 이 글에서 찾아 쓰세요.

05

자본주의의 문제점은 경제적 자유에 따른 빈부 격차예요. 이를 어떻게 해결할 수 있을지 4단락에서 찾아 보세요.

낱말 따라 쓰기

● 일한 값으로 주거나 받는 돈 : 임 금

● 사람이나 짐승을 움직여 일을 시키다. : 부 리 다

● 장사나 사업을 하는 데 드는 밑천 : 자 본
　[資 - 재물 자, 本 - 근본 본]

● 이익을 얻기 위하여 어떤 일이나 사업에 자본을 대거나 시간이나 정성을 쏟다. : 투 자 하다

● 일정 기간의 총수입에서 그것을 위하여 들인 비용을 뺀 순수한 소득 : 이 익

● 돈이나 물자, 시간, 노력 따위를 들이거나 써서 없애다. : 소 비 하다

● 경제적 가치가 있는 재산에 관한 법적인 권리 : 재 산 권

● 국가나 사회의 구성원에게 두루 관계되는 것 : 공 공
　[公 - 공평할 공, 共 - 함께 공]

● 질서·제도·규범 등을 어기지 않게 다스리는 것 : 통 제
　㉲ 그 지역 주민들은 한동안 철저한 통제를 받았다.

● 일정한 기준에 따라 물건을 여러 몫으로 나누는 것 : 분 배

● 가난함과 부유함을 아울러 이르는 말 : 빈 부
　[貧 - 가난할 빈, 富 - 부유할 부]

● 빈부, 임금, 기술 수준 따위가 서로 벌어져 다른 정도 : 격 차
　㉲ 교통·통신의 발달은 지역 간의 격차를 줄였다.

● 자신과 직접적인 관계가 없는 일에 끼어들다. : 개 입 하다
　[介 - 낄 개, 入 - 들 입]

● 토지, 자원, 노동력과 같이 생산의 여러 요소가 쓰인 양과 그것으로 이루어져 만든 결과물 양의 경제적인 효율 : 생 산 성
　㉲ 그 공장은 모든 시설을 자동화하여 생산성을 높였다.

● 작품, 의견, 제도 따위를 여럿 중에서 골라서 다루거나 뽑아 쓰다. : 채 택 하다

[01~04] 주어진 낱말 중 뜻풀이에 해당하는 것을 골라 쓰세요.

01　부리다　연달다

어떤 사건이나 행동 따위가 이어 발생하다. :

02　분류　분배

일정한 기준에 따라 물건을 여러 몫으로 나누는 것 :

03　실제　공공

국가나 사회의 구성원에게 두루 관계되는 것 :

04　격차　격분

빈부, 임금, 기술 수준 따위가 서로 벌어져 다른 정도 :

[05~09] 주어진 한자와 뜻풀이를 보고, 빈칸에 알맞은 낱말을 쓰세요.

05 有 있을 ☐ + 害 해로울 ☐ = ☐☐
건강에 해로운 것

06 密 빽빽할 ☐ + 集 모일 ☐ = ☐☐
빈틈없이 아주 빽빽하게 모인 상태

07 資 재물 ☐ + 本 근본 ☐ = ☐☐
장사나 사업을 하는 데 드는 밑천

08 貧 가난할 ☐ + 富 부유할 ☐ = ☐☐
가난함과 부유함을 아울러 이르는 말

09 地 땅 ☐ + 層 층 ☐ = ☐☐
서로 다른 시기에 생겼거나 형태나
성분이 달라서 생긴 땅의 층

[10~13] 낱말의 뜻과 예로 든 문장을 보고, 빈칸에 알맞은 낱말을 쓰세요.

10 ☐☐ 되다 : 본래의 기능을 잃어 제구실을 못하게 되다.
ⓔ 밤새 내린 눈으로 교통이 ＿＿＿＿＿＿되었다.

11 ☐☐ 하다 : 자신과 직접적인 관계가 없는 일에 끼어들다.
ⓔ 어른들이 ＿＿＿＿＿＿하자 문제가 커졌다.

12 ☐☐ 하다 : 이익을 얻기 위하여 어떤 일이나 사업에 자본을 대거나 시간이나 정성을 쏟다.
ⓔ 미래를 위해 시간을 ＿＿＿＿＿＿하고 있다.

13 ☐☐☐ : 제자리에서 아래로 무너져 내리다.
ⓔ 종달새가 나뭇가지에 ＿＿＿＿＿＿.

[14~17] 밑줄 친 낱말과 비슷한 말을 〈보기〉에서 찾아 쓰세요.

〈 보기 〉
노출　대피　소비　채택

14 용돈을 다 <u>써 버려서</u> 아무 일도 할 수가 없다.
➡ 일회용품의 ☐☐을/를 줄여야 한다.

15 적이 쳐들어오자 안전한 곳으로 <u>피신했다.</u>
➡ 그는 사람들을 높은 곳으로 ☐☐시켰다.

16 태권도가 올해 올림픽 정식 종목으로 <u>선정되었다.</u>
➡ 이번에 내가 낸 생각이 ☐☐되었다.

17 햇볕에 오래 <u>드러나면</u> 화상을 입을 수 있다.
➡ 그들은 산에서 위험에 ☐☐되었다.

DAY **14**

국악기는 어려워?

빠른 정답 3쪽

지문 확인

 '5초 안에 국악기 이름 10개 말하기!'라는 주제로 친구와 게임을 하던 수진이는 말문이 막혔다. 국악기라고 하니 가야금, 거문고, 장구, 꽹과리 외에 떠오르는 것이 없었기 때문이다. 우리나라 악기 중에 이름을 댈 수 있는 것이 4개밖에 없다는 사실이 부끄러웠던 수진이는 '국악기를 제대로 공부해 봐야겠다.'라고 다짐했다.

 국악기는 우리나라의 전통 음악인 국악에 쓰는 악기를 통틀어 이르는 말이다. 조상들이 처음 만든 악기뿐만 아니라, 다른 나라에서 들어와 오랜 시간에 걸쳐 우리나라 악기로 자리 잡은 것도 국악기라고 할 수 있다. 국립 국악원에 보관된 국악기의 종류만 해도 60여 종이 넘을 정도로 국악기는 다양하다.

 먼저, 국악기는 소리를 내는 방법에 따라 현악기, 타악기, 관악기로 분류할 수 있다. 가야금, 거문고, 아쟁, 해금 등은 대표적인 현악기로 손이나 활 같은 도구로 줄을 뜯거나 문질러 소리를 낸다. 우리에게 비교적 익숙한 북, 장구, 소고, 꽹과리, 징 등은 손이나 채로 두드려서 소리를 내는 타악기이다. 마지막으로 관악기는 입으로 바람을 불어 넣어 소리를 내는 악기로 단소, 대금, 태평소 등이 있다.

 또한 국악기는 예로부터 악기를 만든 재료에 따라 분류하기도 했다. 금(쇠붙이), 석(돌), 사(실), 죽(대나무), 포(박), 토(흙), 혁(가죽), 목(나무)이라는 총 8가지 재료가 국악기를 만드는 재료로 사용되었고, 이에 따라 국악기를 분류할 수 있다.

 우리 조상들은 서양 악기 못지않게 다양한 악기로 국악을 연주했다. 현대에는 서양 악기를 이용한 음악이 친숙해짐에 따라 국악기를 접할 기회가 줄었다. 하지만 조금만 관심을 기울여 다양한 국악기 연주를 접하면 국악기의 매력을 알게 되고 더욱 풍성한 음악의 세계를 경험할 수 있을 것이다.

- 1단락의 중심 문장에 표시해 보세요.
- 2단락의 중심 문장에 표시해 보세요.
- 3단락의 중심 문장에 표시해 보세요.
- 4단락의 중심 문장에 표시해 보세요.
- 5단락의 중심 문장에 표시해 보세요.

낱말 따라 쓰기 

- 입을 열어서 하는 말의 시작 : 말 문
- 있는 대로 모두 합하여 : 통 틀 어
  - 예) 내가 가진 돈은 통틀어 오백 원뿐이다.
- 학교나 기관 등을 나라에서 세워서 관리하는 것 : 국 립
  - [國 – 나라 국, 立 – 설 립]
- 물건이 맡겨져 간직되고 관리되다. : 보 관 되 다
- 여럿 중에서 같은 성질을 가진 것끼리 갈라 놓다. : 분 류 하다
  - [分 – 나눌 분, 類 – 무리 류]
- 현악기의 줄을 퉁겨서 소리를 내다. : 뜯 다

- 일정한 수준이나 보통 정도보다 꽤 : 비 교 적
  - 예) 교실은 비교적 깨끗하였다.
- 물건을 만들 때 그것의 구성 요소가 되는 물질 : 재 료
  - 예) 재료가 부족해서 공장에서 물건을 만들지 못하고 있다.
- 일정한 수준이나 정도에 뒤지지 않다. : 못 지 아 니 하다
  - 예) 우리 아버지는 선수 못지않게 운동을 잘하신다.
- 늘 보아서 낯설지 않다. : 친 숙 하다
- 넉넉하고 많다. : 풍 성 하다
  - 예) 설날에는 명절 음식을 많이 해서 먹을 것이 풍성하다.

STEP 3 단락 요약하기

★ **단락을 요약하는 방법**

① 중심 문장을 선택하여 중심 낱말을 포함한 간단한 말로 표현하세요.

② 대상의 의미, 구체적인 정보를 이야기하고 있다면 이 내용들을 모두 담을 수 있는 표현을 사용하여 정리하세요.

③ 구체적인 예시가 나온다면 이 예시를 통해 무엇을 이야기하려는 것인지 생각하여 정리해 보세요.

1단락

국악기에 대한 공부를 다짐하는 수진이의 이야기를 하고 있으므로 1단락의 중심 낱말은 '국악기'입니다.

우리나라 악기 중에 이름을 댈 수 있는 것이 4개밖에 없다는 사실이 부끄러웠고 이런 경험을 통해 국악기에 대해 제대로 공부할 것이라고 이야기하고 있어요. 그러므로 1단락을 요약하면 '[1)   ]을/를 제대로 공부해 보겠다는 다짐'입니다.(요약 방법 ③ 적용)

2단락

국악기는 우리나라의 전통 음악인 국악에 쓰는 악기를 통틀어 이르는 말이라며 국악기의 개념에 대해 말하고 있으므로 2단락의 중심 낱말은 '국악기'입니다.

국악기의 뜻과, 다른 나라에서 들어와 오랜 시간에 걸쳐 우리나라 악기로 자리 잡은 것도 국악기라고 설명하며 60여 종이 넘는 다양한 국악기가 국립 국악원에 보관되어 있다고 이야기하고 있어요. 따라서 2단락을 요약하면 '국악기의 개념과 2) [ ]'입니다.(요약 방법 ② 적용)

3단락

국악기를 분류하는 방법에 대해 이야기하고 있으므로 3단락의 중심 낱말은 '국악기'입니다.

국악기는 소리를 내는 방법에 따라 현악기, 타악기, 관악기로 분류할 수 있다고 해요. 그러므로 3단락을 요약하면 '3) [ ] 내는 방법에 따라 분류한 국악기'입니다.(요약 방법 ② 적용)

4단락

국악기를 분류하는 다른 방법에 대해 이야기하고 있으므로 4단락의 중심 낱말은 '국악기'입니다.

악기를 만드는 재료(쇠붙이, 돌, 실, 대나무, 박, 흙, 가죽, 나무)에 따라 국악기를 분류할 수 있다고 해요. 그러므로 4단락을 요약하면 '만드는 4) [ ]에 따라 분류한 국악기'입니다.(요약 방법 ② 적용)

5단락

국악기는 접할수록 매력적인 악기라고 이야기하고 있으므로 5단락의 중심 낱말은 '국악기'입니다.

다양한 국악기 연주를 접하면 그 매력을 알게 되고 더욱 풍성한 음악의 세계를 경험할 수 있을 것이라고 이야기하고 있으므로, 5단락을 요약하면 '5) [ ]에 대한 관심으로 풍성해지는 음악의 세계'입니다.(요약 방법 ① 적용)

★ 각 단락을 요약한 것 중에서 더 중요한 내용을 뽑아 다시 간추리면 글 전체의 내용을 요약한 것이 됩니다.

★ 이 글에서는 국악기의 개념과 다양한 국악기를 분류하는 방법을 이야기하고 있어요. 그러므로 이 글을 요약하면 '우리나라의 전통 음악인 국악에 쓰는 악기는 다양하며 소리 내는 방법, 악기를 만든 재료에 따라 분류할 수 있다.'입니다.

DAY
15

01 단락 요약하기

4단락의 내용을 요약하는 과정입니다. 빈칸에 공통으로 들어가기에 알맞은 말을 쓰세요.

> 4단락의 중심 낱말은 ( )이고, 중심 내용은 예로부터 총 8가지 재료가 ( )을/를 만드는 데 사용되었고, 이에 따라 ( )을/를 분류할 수 있다는 것이다. 따라서 4단락을 요약하면 '만드는 재료에 따라 분류한 ( )'이다.

( )

정답 콕콕 특강

01

단락을 요약할 때 중심 낱말을 먼저 찾아보세요.

02 내용 이해하기

이 글의 '국악기'에 대한 설명으로 알맞지 <u>않은</u> 것은 무엇인가요? ( )

① 전통 음악에 쓰는 악기이다.
② 우리나라의 국악기는 최소 60여 종이다.
③ 무척 다양한 재료로 국악기를 만들었다.
④ 다른 나라에서 들어온 것은 국악기라고 할 수 없다.
⑤ 소리를 내는 방법·만든 재료에 따라 나눠 볼 수 있다.

02

2단락에서 국악기의 개념을 찾아볼 수 있어요.

03 내용 이해하기

'소리를 내는 방법'에 따라 국악기를 분류한 것입니다. ㉠~㉢에 알맞은 말을 쓰세요.

(㉠)	손이나 활 같은 도구로 줄을 뜯거나 문질러 소리를 냄.
(㉡)	손이나 채로 두드려서 소리를 냄.
(㉢)	입으로 바람을 불어 넣어 소리를 냄.

㉠: ( ), ㉡: ( ), ㉢: ( )

03

3단락에서 소리를 내는 방법에 따라 국악기를 분류해 놓았어요.

04 알맞은 반응 찾기

이 글은 읽은 사람들의 반응으로 알맞지 <u>않은</u> 것은 무엇인가요? ( )

① 민아: 돌을 가지고도 국악기를 만들었군.
② 해연: 꽹과리와 징은 손이나 채로 두드려 소리를 내는 악기이군.
③ 수빈: 목관 악기와 금관 악기처럼 나무와 쇠붙이로 만든 국악기가 있었군.
④ 정민: 단소, 대금, 태평소는 바이올린처럼 활을 줄에 문질러 소리를 내는군.
⑤ 영미: 국악기 중에 리코더처럼 입으로 바람을 불어서 소리를 내는 국악기도 있군.

04

3단락에서 현악기, 관악기, 타악기의 종류를 살펴보세요.

낱말 따라 쓰기 

● 나무로 만든 관악기로, 예전에는 나무로 만들었던 플루트, 클라리넷, 오보에 등도 포함된다. : 목 관 악 기

● 입으로 불어서 대롱 속의 공기를 떨게 하여 소리를 내는, 쇠로 만든 악기로 트럼펫, 트롬본, 호른 등이 있다. : 금 관 악 기

낱말 쑥쑥 테스트

[01~05] 주어진 초성과 뜻풀이를 보고, 빈칸에 알맞은 낱말을 쓰세요.

01 그는 노래방에서 가수 ㅁ ㅈ ㅇ ㅇ 노래 실력을 뽐냈다.
일정한 수준이나 정도에 뒤지지 않다.

02 〈금도끼 은도끼〉 이야기는 한국 사람에게 매우 ㅊ ㅅ 한 이야기이다.
늘 보아서 낯설지 않다.

03 통일 신라의 귀한 유물들이 박물관에 ㅂ ㄱ 되어 있다.
물건이 맡겨져 간직되고 관리되다.

04 한참을 조용히 듣고만 계시던 아버지가 ㅁ ㅁ 을/를 여셨다.
입을 열어서 하는 말의 시작

05 우리 학교는 도시의 중심부에 위치하고 있어서 ㅂ ㄱ ㅈ 교통이 편리하다.
일정한 수준이나 보통 정도보다 꽤

[06~10] 주어진 뜻풀이에 해당하는 낱말을 연결하세요.

06 나무로 만든 관악기를 통틀어 이르는 말 • • ㉠ 국립

07 입으로 불어서 대롱 속의 공기를 떨게 하여 소리를 내는, 쇠로 만든 악기 • • ㉡ 재료

08 학교나 기관 등을 나라에서 세워서 관리하는 것 • • ㉢ 목관악기

09 물건을 만들 때 그것의 구성 요소가 되는 물질 • • ㉣ 금관악기

10 여럿 중에서 같은 성질을 가진 것끼리 갈라 놓다. • • ㉤ 분류하다

우리나라를 대표하는 현악기, 가야금

가야금은 맑으면서도 부드러운 소리를 내는 우리나라 전통 현악기예요. 12개의 줄로 이루어진 가야금은 보통 오동나무로 만들고, 손가락으로 뜯어 튕기며 연주해요. 그렇다면 가야금은 언제부터 연주되었을까요?

옛날에 우리나라 경상도 지역에는 '가야'라는 연맹 왕국이 있었어요. 《삼국사기》에 의하면 가야의 왕이 중국의 '쟁'이라는 악기를 본떠서 악기를 만들었는데, 이 악기는 왕국의 이름을 따서 '가야금'이라고 불리게 되었죠.

세월이 지나 가야의 세력이 약해지자, 가야는 신라에 항복했어요. 당시 가야에서 가야금으로 유명했던 우륵이 신라에 갈 때 가야금을 가지고 갔고, 곧 가야금은 신라에까지 널리 알려지며 인기를 얻었답니다. 가야금은 통일 신라의 악기로 계속 전해져 대표적인 현악기에 속하게 되었으며, 조선 시대에까지 이어져 궁중의 향악에 빠지지 않는 악기로 자리매김하게 되었어요.

미생물학의 아버지 파스퇴르

공부한 날   월   일

빠른 정답 3쪽

지문 확인

전염병을 예방하고 싶을 때는 어떻게 할까? 예방 주사를 맞으면 된다. 인류가 예방 주사로 전염병을 예방할 수 있게 되면서부터 수명은 크게 늘었다. 이 예방 주사를 만든 사람은 1800년대에 살았던 프랑스의 과학자 '파스퇴르'로, 그는 '미생물학의 아버지' 혹은 '의사보다 더 많은 사람을 구한 과학자'라고도 불린다. 파스퇴르가 어떤 일을 했고, 그것이 우리 삶에 어떤 영향을 끼쳤는지 알아보도록 하자.

파스퇴르는 세균, 효모 등 눈으로 볼 수 없는 아주 작은 생물인 '미생물'의 존재를 실험을 통해 증명하였다. 이 실험을 '백조목 플라스크 실험'이라고 한다. 파스퇴르는 고기 수프를 플라스크에 넣고 목 부분에 열을 가하여 늘인 후, 플라스크의 목을 백조의 목처럼 휘어진 모양으로 구부렸다. 그리고 플라스크를 끓여 고기 수프를 살균하였다. 그랬더니 2주일이 지나도 고기 수프가 상하지 않았다. 수프를 끓일 때 나온 수증기가 구부러진 목 부분에 물로 고여 미생물이 수프로 들어가는 것을 막아 줬기 때문이다. 이후 플라스크를 기울여 미생물들이 있는 물을 고기 수프로 흘려보내자 고기 수프는 곧 상하기 시작했다.

장티푸스라는 전염병으로 딸을 잃은 후 파스퇴르는 병을 일으키는 미생물에 관심을 가졌고, 당시 프랑스에서 유행하던 닭 콜레라의 치료법을 개발하기 위한 연구를 했다. 그는 닭 콜레라의 원인이 되는 균을 대량으로 기르도록 조수에게 지시했다. 그런데 조수의 실수로 균들을 영양분이 떨어진 배양액에 오래 두게 되었고, 여기서 자란 균들은 약해졌다. 파스퇴르는 이렇게 약해진 균을 닭에게 접종했을 때 닭이 병에 걸리지 않는 것과, 이 닭들에게 강한 균을 다시 접종하자 조금 앓다가 금방 낫는 것을 확인했다. 약해진 균으로 병을 가볍게 앓고 나면 그 병에 대한 면역력이 생긴다는 사실을 알아낸 것이다. 파스퇴르는 약하게 만든 세균을 '백신'이라고 이름 붙였다.

파스퇴르는 이후 탄저병, 광견병 등 인류에게 큰 위협이 된 병의 예방 백신을 만들면서 남은 생애를 보냈다. 현재 우리가 맞는 예방 주사도 우리 몸에 백신을 접종하는 것이다. 미생물의 존재를 증명하고, 백신을 개발한 파스퇴르의 업적 덕분에 오늘날 우리는 더 건강한 삶을 살 수 있게 된 것이다.

- 1단락의 중심 문장에 표시해 보세요.

- 2단락의 중심 문장에 표시해 보세요.

- 3단락의 중심 문장에 표시해 보세요.

- 4단락의 중심 문장에 표시해 보세요.

낱말 따라 쓰기 

- 전염이 되는 병들을 통틀어 이르는 말 : 전 염 병

- 병이나 사고 같은 것이 생기지 않도록 미리 막다. : 예 방 하다
  [豫－미리 예, 防－막을 방]

- 사람이나 생물이 살아 있는 기간 : 수 명

- 눈으로 볼 수 없을 만큼 작고, 병을 일으키거나 부패 작용을 하는, 세포가 하나뿐인 생물 : 세 균

- 엽록소가 없는 단세포로 이루어진 원형 또는 타원형의 균류로, 술이나 빵을 만드는 데에 널리 쓰임. : 효 모

뜻을 정확히 모르는
낱말들을 적어 보세요!

01 단락 요약하기

다음은 각 단락의 내용을 요약한 것입니다. ㉠~㉢에 들어가기에 알맞은 말을 쓰세요.

1단락	(㉠)을/를 만든 파스퇴르
2단락	파스퇴르의 업적 – (㉡)의 존재 증명
3단락	파스퇴르의 업적 – (㉢) 발명
4단락	파스퇴르의 업적이 우리 삶에 끼친 영향

㉠: (   ), ㉡: (   ), ㉢: (   )

02 내용 이해하기

다음 중 '백조목 플라스크 실험'에 대한 내용으로 알맞지 <u>않은</u> 것은 무엇인가요?

(   )

① 미생물이 고기 수프를 상하게 만들었다.
② 미생물의 존재를 증명하기 위한 실험이었다.
③ 구부러진 목 부분의 물은 미생물을 막는 역할을 했다.
④ 구부러진 목 부분의 물은 고기 수프를 끓일 때 나온 수증기가 고인 것이다.
⑤ 2주간 미생물이 생기지 않은 이유는 고기 수프의 영양분이 떨어졌기 때문이다.

03 알맞은 반응 찾기

다음은 이 글을 읽은 사람들의 대화입니다. <u>틀린</u> 내용을 말한 사람은 누구인지 쓰세요.

태일: 강한 균과 달리 약한 균은 면역력이 생기게 도와주는구나. 균도 도움이 될
　　　수 있네.
윤서: 파스퇴르는 딸을 죽음에 이르게 한 장티푸스에 대한 연구를 하다가 백신을
　　　발견했어.
지민: 닭 콜레라 균이 약해진 이유는 배양액의 영양분이 떨어졌기 때문이야. 미
　　　생물인 균도 영양분이 필요해.
유진: 파스퇴르가 '의사보다 더 많은 사람을 살린 과학자'라고 불리는 이유는 예방
　　　백신을 발명해서 많은 사람을 살렸기 때문이야.

(   )

DAY
16

4단락의 밑줄 친 상황을 표현한 속담으로 가장 알맞은 것은 무엇인가요?　（　　　）

① 소 잃고 외양간 고친다.
② 소 뒷걸음치다 쥐 잡는다.
③ 까마귀 날자 배 떨어진다.
④ 호랑이도 제 말 하면 온다.
⑤ 원숭이도 나무에서 떨어진다.

글의 내용으로 미루어 보아, 예방 주사를 맞으면 우리 몸에 어떤 일이 생길지 추측하여 쓰세요.

____

____

____

뜻을 정확히 모르는 낱말들을 적어 보세요!

낱말 따라 쓰기

● 어떤 사항이나 판단 따위에 대하여 그것이 진실인지 아닌지 증거를 들어서 밝히다. : 증 명 하다
　㉠ 이 증거가 나의 무죄를 증명해 주었다.

● 목 부분이 가는 대롱 모양이고 여러 가지 모양의 몸통 부분으로 된 화학 실험용 유리병 : 플 라 스 크

● 약품이나 열 등으로 세균을 죽여 없애다. : 살 균 하다
　[殺－죽일 살, 菌－세균 균]

● 기체 상태로 되어 있는 물 : 수 증 기
　[水－물 수, 蒸－찔 증, 氣－기운 기]

● 병이나 상처 따위를 잘 다스려 낫게 하는 방법 : 치 료 법
　㉠ 새로운 치료법을 개발하여 심각한 병도 쉽게 치료할 수 있게 되었다.

● 아주 많은 분량이나 수량 : 대 량　[大－큰 대, 量－헤아릴 량]

● 무엇을 하라고 시키다. : 지 시 하다
　㉠ 야구 코치가 선수에게 귓속말로 무언가를 지시했다.

● 영양이 되는 성분 : 영 양 분

● 식물이나 세균, 배양 세포 따위를 기르는 데 필요한 영양소가 들어 있는 액체 : 배 양 액

● 병의 예방, 치료, 진단, 실험 따위를 위하여 병원균이나 항독소, 항체 따위를 사람이나 동물의 몸에 넣다. : 접 종 하다

● 외부에서 들어온 병원균을 이겨 내는 몸의 힘 : 면 역 력

● 두려워하게 하는 것 : 위 협

● 한 사람이 나서 성장하여 어떤 특별한 경험을 쌓거나 일을 이루어 놓기까지의 기간 : 생 애

● 어떤 사업이나 연구 따위에서 세운 결과 : 업 적

낱말 쑥쑥 테스트

[01~05] 주어진 낱말 중 뜻풀이에 해당하는 것을 골라 쓰세요.

01 배양액   수증기

기체 상태로 되어 있는 물 : ☐☐☐

02 전염병   면역력

외부에서 들어온 병원균을 이겨 내는 몸의 힘 : ☐☐☐

03 위협   지시

두려워하게 하는 것 : ☐☐

04 수명   나이

사람이나 생물이 살아 있는 기간 : ☐☐

05 치료법   학습법

병이나 상처 따위를 잘 다스려 낫게 하는 방법 : ☐☐☐

[06~10] 주어진 초성과 낱말의 뜻을 보고, 빈칸에 알맞은 낱말을 쓰세요.

06 아이의 젖병은 약품을 이용하여 깨끗이 ㅅ ㄱ 해야 한다.
약품이나 열 등으로 세균을 죽여 없애다.

07 그 아파트 단지에서는 김장할 때 필요한 배추를 시골에서 ㄷ ㄹ (으)로 구매했다.
아주 많은 분량이나 수량

08 보건소에 가서 ㅇ ㅂ 주사를 ㅈ ㅈ 했다.
병이나 사고 같은 것이 생기지 않도록 미리 막는 것
병의 예방, 치료, 진단, 실험 따위를 위하여 병원균이나 항독소, 항체 따위를 사람이나 동물의 몸에 넣다.

09 광개토 대왕의 아들인 장수왕은 아버지의 위대한 ㅇ ㅈ 을/를 비석에 남겼다.
어떤 사업이나 연구 따위에서 세운 결과

DAY 16

10 여권은 외국 여행자의 신분이나 국적을 ㅈ ㅁ 하는 문서이다.
어떤 사항이나 판단 따위에 대하여 그것이 진실인지 아닌지 증거를 들어서 밝히다.

균이 만들어 준 맛있는 발효 음식

우리나라를 대표하는 전통 음식 '김치', 실처럼 쭈욱 늘어나는 '낫토', 새콤달콤한 '요구르트'. 겉으로 보면 비슷한 점이 없어 보이는 세 음식이지만, 사실 굉장한 공통점을 가지고 있어요. 바로 '발효 식품'이라는 점이에요.

발효란, 효모나 세균 등의 미생물이 유기물을 분해하는 작용이에요. 김치를 익히면 채소와 양념이 발효해서 유산균이 생겨요. 그리고 유산균은 나쁜 미생물이 자라는 것을 막아 줍니다. 요거트 역시 유산균을 번식시켜 발효한 음식이에요. 유산균은 젖산을 만드는데, 이것이 대장균처럼 우리 몸속에 있는 나쁜 균을 없애서 장을 깨끗하게 해 주어요.

균이라고 해서 모두 나쁜 것만은 아니라는 점, 잘 알겠죠?

비유하는 표현

'새파란 하늘에 양 떼처럼 뭉쳐 있는 뭉게구름 / 새파란 하늘에 뭉쳐 있는 뭉게구름' 두 문장의 차이점은 무엇일까? 앞의 문장은 비유하는 표현(양 떼처럼)이 사용되어 조금 더 생생한 느낌이 나고 장면이 쉽게 떠오른다. 비유하는 표현이란, 어떤 현상이나 사물을 비슷한 현상이나 사물에 빗대어 표현하는 것을 말한다. 비유하는 표현에는 대표적으로 은유법, 직유법, 의인법 등이 있다. 아래의 표현들을 살펴보자.

> ㄱ. 우리 엄마 음식은 솜사탕이다.
> ㄴ. 친구는 도둑같이 발걸음 소리를 죽여 살금살금 다가와 나를 놀라게 했다.
> ㄷ. 아침이 되자 나무들이 기지개를 켜고 집들이 꿈에서 깨어나 부산스럽다.

ㄱ은 은유법이 사용된 표현으로, 은유법은 '무엇은 무엇이다'로 빗대어 표현하는 방법이다. ㄱ에서는 엄마의 음식과 솜사탕이 입 안에서 사르르 녹아 사라진다는 공통점을 찾아 '무엇은 무엇이다'라는 은유법으로 표현한 것이다.

직유법은 모양이나 성질이 비슷한 두 사물을 '~같이', '~처럼', '~듯이'와 같은 말을 써서 직접 빗대어 표현하는 방법이다. ㄴ은 직유법이 사용된 표현으로, 들키지 않으려고 발소리를 내지 않는 모습을 공통점으로 보아 도둑과 친구의 모습을 '~같이'라는 말을 써서 직유법으로 표현한 것이다.

의인법은 사람이 아닌 동물이나 식물, 사물을 사람처럼 말하고 행동하도록 표현한 것이다. ㄷ은 의인법이 사용된 표현으로, 나무들이 마치 사람처럼 기지개를 켜고 집들이 꿈에서 깨어나 부산스럽게 움직인다고 표현한 것이다.

비유하는 표현은 어떤 대상을 다른 대상에 빗대어 표현하는 것이기 때문에 두 대상 사이에는 공통점이 있다. 또한 비유하는 표현은 대상을 새롭게 보게 해 주기 때문에, 비유하는 표현을 사용하면 전달하고자 하는 내용을 더욱 인상 깊게 전달할 수 있다.

- 1단락의 중심 문장에 표시해 보세요.
- 2단락의 중심 문장에 표시해 보세요.
- 3단락의 중심 문장에 표시해 보세요.
- 4단락의 중심 문장에 표시해 보세요.
- 5단락의 중심 문장에 표시해 보세요.

낱말 따라 쓰기 

- 사람이나 동물이 한데 많이 모여 있는 것 또는 그 무리 : 떼
  - 예 개미 떼가 음식에 모여 들었다.

- 뭉게뭉게 피어올라 윤곽이 확실하게 나타나는 큰 덩어리로 된 흰 구름 : 뭉게구름
  - 예 파란 하늘에는 뭉게구름이 두둥실 떠 있었다.

- 바로 눈앞에서 보는 것처럼 명백하고 또렷하다. : 생생하다
  - 예 전쟁 때 보았던 장면이 아직도 생생하게 기억이 난다.

- 넌지시 둘러서 가리키다. 다른 말로 간접적으로 나타내다. : 빗대다
  - 예 사람들은 심술궂고 짠돌이인 그를 놀부에 빗대어 부른다.

✏️ 뜻을 정확히 모르는 낱말들을 적어 보세요!

01 단락 요약하기

다음은 각 단락의 내용을 요약한 것입니다. ㉠~㉢에 들어가기에 알맞은 말을 쓰세요.

1단락	비유하는 표현의 개념과 대표적인 종류
2단락	비유하는 표현인 (㉠)
3단락	비유하는 표현인 (㉡)
4단락	비유하는 표현인 (㉢)
5단락	비유하는 표현의 특징과 장점

㉠: (   ), ㉡: (   ), ㉢: (   )

02 글쓰기 방식 이해하기

이 글에 대한 설명으로 알맞은 것은 무엇인가요?   (   )

① 직유법의 시대적 변화 모습을 나열하고 있다.

② 비유하는 표현의 장점과 단점을 밝히고 있다.

③ 비유하는 표현이 생겨난 역사적 배경을 설명하고 있다.

④ 은유법과 직유법 중 더 나은 것이 무엇인지 견주고 있다.

⑤ 구체적인 문장을 예로 들어 은유법, 직유법, 의인법에 대한 이해를 돕고 있다.

DAY 17

03 내용 이해하기

이 글의 '비유하는 표현'에 대한 설명으로 알맞지 <u>않은</u> 것은 무엇인가요?   (   )

① 사람이 말하고 행동하는 표현도 의인법에 해당한다.

② 직유법은 '~같이', '~처럼', '~듯이'와 같은 말을 사용한다.

③ '무엇은 무엇이다'로 빗대어 표현하는 방법을 은유법이라고 한다.

④ 비유하는 표현을 사용하면 대상을 좀 더 생생하게 나타낼 수 있다.

⑤ 비유하는 표현이란, 어떤 현상이나 사물을 비슷한 현상이나 사물에 빗대어 표현하는 것을 말한다.

다음 문장에는 각각 어떤 비유하는 표현이 사용되었는지 연결해 보세요.

뜻을 정확히 모르는
낱말들을 적어 보세요!

(1) 우리 누나는 꽃처럼 예쁘다. •

(2) 동생과 싸우는 내 마음은 성난 파도이다. •

(3) 나무는 오랜만에 만난 나를 반기며 손을 흔들어 주었다. •

• ㉠ 은유법

• ㉡ 직유법

• ㉢ 의인법

05 내용 이해하기 **서술형**

'비유하는 표현'의 장점이 무엇인지 이 글에서 찾아 쓰세요.

____

____

____

낱말 따라 쓰기

- 가장 두드러지거나 뛰어나 대표가 될 만한 것 : 대 표 적
  - 예 유관순 열사는 대표적인 독립운동가이다.
- 피곤할 때에 몸을 쭉 펴고 팔다리를 뻗는 일 : 기 지 개
- 보기에 급하게 서두르거나 시끄럽게 떠들어 어수선한 데가 있다. : 부 산 스 럽 다
  - 예 오전에 교실에 가 보면 아이들이 부산스럽게 돌아다니고 있다.
- 둘 또는 그 이상의 여럿 사이에 서로 비슷하거나 같은 점 : 공 통 점 [共 - 한가지 공, 通 - 통할 통, 點 - 점 점]
- 사물이나 현상이 가지고 있는 고유의 특성 : 성 질
  [性 - 성품 성, 質 - 바탕 질]

- 무엇의 상대나 목표가 되는 것 : 대 상
  - 예 이 상품은 초등학생을 대상으로 만든 것이다.
- 지시, 명령, 물품 따위를 다른 사람이나 기관에 전하여 이르게 하다. : 전 달 하다
- 어떤 대상에 대하여 마음속에 새겨지는 느낌 : 인 상
- 비슷한 것들을 차례대로 죽 벌여 늘어놓다. : 나 열 하다
- 역사에 관한 것 : 역 사 적
- 여러 사물의 차이를 알아보려고 무엇과 서로 마주 대어 보거나 비교하다. : 견 주 다
  - 예 어머니가 친구와 견주어 잔소리를 하셨다.

낱말 쏙쏙 테스트

빠른 정답 3쪽

[01~05] 주어진 뜻풀이에 해당하는 낱말을 〈보기〉에서 찾아 쓰세요.

〈 보기 〉
생생하다   나열하다   대표적   빗대다   부산스럽다

01 바로 눈앞에서 보는 것처럼 명백하고 또렷하다. : ___________

02 넌지시 둘러서 가리키다. 다른 말로 간접적으로 나타내다. : ___________

03 비슷한 것들을 차례대로 죽 벌여 늘어놓다. : ___________

04 가장 두드러지거나 뛰어나 대표가 될 만한 것 : ___________

05 보기에 급하게 서두르거나 시끄럽게 떠들어 어수선한 데가 있다. : ___________

[06~10] 예로 든 문장을 읽고, 빈칸에 알맞은 낱말을 쓰세요.

06   공통점   차이점

은지와 나는 [　　] 이 많아서 대화가 잘 통한다.

07   연상   인상

그는 말투가 너무 특이해서 [　　] 에 남는다.

08   성질   매질

기름은 물과 섞이지 않는 [　　] 을 갖고 있다.

09   전시   전달

나는 어머니께 사실 그대로를 [　　] 했다.

10   과학적   역사적

신라의 삼국 통일은 [　　] 의의가 크다.

인상 깊은 글을 쓰고 싶다면?

　글을 쓸 때 비유하는 표현을 사용하면 대상을 더욱 생생하고 인상 깊게 그려낼 수 있어요. 그렇다면 비유하는 표현 외에 다른 표현 방법에는 어떤 것이 있을까요?

　먼저, 과장법이 있어요. 과장법은 말하고자 하는 대상의 크기나 정도를 사실보다 훨씬 크거나 작게 표현하는 방법이에요. 예를 들어, '나는 그를 눈이 빠지도록 기다리고 있었다.'라는 말이 있어요.

　다음으로, 반복법이 있어요. 반복법은 같은 낱말 또는 구절을 여러 번 반복하는 방법으로, 말하고자 하는 것을 강조하는 효과가 있어요. 예를 들어, '살어리 살어리랏다 청산에 살어리랏다.'라는 표현이 있겠네요.

　과장법이나 반복법을 사용하면 더욱더 인상적인 글을 쓸 수 있답니다.

[01~05] 다음 글을 읽고, 물음에 답하세요.

뉴스에서 '우리나라의 인구 성장이 멈췄다.'라는 말을 자주 한다. 인구 성장이란 일정 기간에 한 국가나 지역에서 발생하는 인구 규모의 변화로, 인구수의 증가와 감소가 모두 포함된다. 기본적으로 국가의 인구 규모는 출생과 사망에 의해 결정되며, 지역의 인구 규모는 출생자 수에서 사망자 수를 뺀 자연적 증감과 인구 이동의 영향을 받는다.

인구 성장을 쉽게 알아보려면 인구 피라미드를 이용하면 된다. 인구 피라미드는 일정한 지역 또는 사회의 남녀별 인구를 좌우로 나누어 가로축에, 나이를 세로축에 잡아서 만든다. 가로축의 가운데는 인구수 0을 의미하며, 좌우 끝으로 갈수록 인구수가 증가함을 나타낸다. 또한 세로축의 아래에서 위로 갈수록 나이가 증가한다.

우리나라의 경우, 인구 성장 과정에서 다양한 모양의 인구 피라미드가 나타났다. 1940년대에 우리나라는 출생률과 사망률이 모두 높았다. 이때는 전체 인구 중 유소년층이 많았고 평균 수명이 낮아 노년층이 적었다. 이를 인구 피라미드로 나타내면 아래쪽이 넓고 위쪽이 좁은 피라미드형이다. 경제 성장 과정에서는 많은 청장년층 인구가 일자리를 찾아 대도시나 공업 지역으로 이동하는 일이 일어났다. 이에 따라 대도시나 공업 지역에서는 별형 인구 피라미드 모습이, 청장년층 인구가 떠나버린 농촌 지역에서는 청장년층 인구를 나타내는 부분이 잘록하게 들어간 표주박형 인구 피라미드 모습이 나타났다.

오늘날 우리나라는 산업 구조가 바뀌고 의학 기술이 발달함에 따라 출생률과 사망률이 동시에 낮아졌다. 또 평균 수명이 높아지면서 노년층은 늘고, 출생률이 계속 감소하여 유소년층 인구가 청장년층 인구보다 적어졌다. 이에 따라 방추형 인구 피라미드의 모습이 나타나고 있다. 지금처럼 출산율이 계속 감소한다면 머지않아 노년층 부분이 벌어진 항아리형으로 인구 피라미드가 바뀔 것이다.

인구 피라미드는 국가 또는 지역의 인구 성장을 한눈에 보여 주는 편리한 지표이다. 국가와 지역은 인구 피라미드의 변화를 민감하게 받아들여야 각각의 인구 규모에서 생기는 문제점에 대처할 수 있다.

01 ✱✱✱

다음은 3단락의 내용을 요약하는 과정입니다. 빈칸에 공통으로 들어가기에 알맞은 말을 쓰세요.

3단락의 중심 낱말은 다양한 모양의 (   ) 이고, 중심 내용은 우리나라의 경우, 인구 성장 과정에서 출생률과 사망률의 변화, 산업 구조의 변화로 인한 인구 이동으로 다양한 (   ) 모습이 나타나게 되었다는 것이다. 따라서 3단락을 요약하면 '과거 우리나라의 (   )'이다.

(   )

02 ✱✱✱

다음 괄호 안에 들어가기에 알맞은 말에 ○표 하세요.

(1) 피라미드형 인구 피라미드는 전체 인구 중에 유소년층이 많아 아래쪽이 (넓고 , 좁고), 노년층이 적어 위쪽이 (넓다 , 좁다).

(2) 공업 지역처럼 유독 청장년층이 많은 경우에는 (별 , 표주박)형, 농촌 지역처럼 유독 청장년층이 적은 경우에는 (별 , 표주박)형 인구 피라미드가 나타난다.

03 ★★★

다음 중 '방추형 인구 피라미드'에 대한 설명으로 알맞은 것을 모두 골라 묶은 것은 무엇인가요?　（　　　）

> ㉠ 출생률과 사망률이 모두 높은 국가의 인구 피라미드이다.
> ㉡ 청장년층 인구가 유소년층 인구보다 적은 인구 피라미드이다.
> ㉢ 이 인구 피라미드가 나타나는 국가는 출산율이 낮고 평균 수명이 높을 것이다.
> ㉣ 오늘날 의학 기술이 발달하여 사망률이 낮아진 우리나라의 인구 성장의 모습을 보여 준다.

① ㉠, ㉡　　　② ㉡, ㉢　　　③ ㉠, ㉢
④ ㉡, ㉣　　　⑤ ㉢, ㉣

04 ★★✿

이 글을 읽은 사람들의 반응으로 알맞은 것은 무엇인가요?　（　　　）

① 지수: 가로축에 나이를 적어 인구 피라미드를 나타낼 거야.
② 형규: 출생자 수에서 사망자 수를 뺀 자연적 증감을 계산해 지역의 인구 규모를 구할 거야.
③ 효진: 세로축에 일정한 지역 또는 사회의 남녀별 인구를 적어 인구 피라미드를 나타낼 거야.
④ 미라: 일정 기간에 한 국가나 지역에서 발생하는 인구수의 증가를 인구 성장이라고 설명할 거야.
⑤ 진아: 우리나라 인구 성장 과정을 설명하면서 피라미드형, 별형, 표주박형, 방추형 등 다양한 모양의 인구 피라미드를 예로 들 거야.

05 ★★★✿　서술형

인구 피라미드가 주는 이로움을 이 글에서 찾아 쓰세요.

____

____

낱말 따라 쓰기 

- 규모나 세력 따위가 점점 커지는 것 : 성 장
  예 세계는 한국의 빠른 경제 성장에 놀라워했다.
- 어떤 일이 일어나다. : 발 생 하다
  예 겨울에는 대기가 건조해서 화재가 발생하기 쉽다.
- 사물이나 현상의 크기나 범위 : 규 모
  예 아들은 아버지의 사업을 이어받아 규모를 점점 넓혀 갔다.
- 양이나 수치가 늘어나는 것 : 증 가
  예 차량이 늘어나면서 교통사고가 급격히 증가하고 있다.
- 양이나 수치가 줄어드는 것 : 감 소
  예 양파 수확량의 감소로 양파 가격이 올랐다.
- 늘어나거나 줄어드는 것 : 증 감
- 좌표에서 가로 방향의 중심 선 : 가 로 축
- 좌표에서 세로 방향의 중심 선 : 세 로 축
- 일정한 기간에 태어난 사람의 수가 전체 인구에 대하여 차지하는 비율 : 출 생 률
  예 전쟁 직후에는 출생률이 높아진다.
- 일정 기간 동안, 전체 인구수에 대한 죽은 사람 수의 비율 : 사 망 률
  예 선진국에서는 유아 사망률이 낮다.
- 어린아이나 소년을 아울러 이르는 말 : 유 소 년
- 한 나라나 사회에서 사람이 태어나서 몇 년을 살 수 있는가를 평균적으로 나타낸 수 : 평 균 수 명
  예 '장수 마을'의 마을 주민의 평균 수명이 85세이다.
- 청년, 그리고 서른에서 마흔 안팎의 장년을 아울러 이르는 말 : 청 장 년
- 조롱박이나 둥근 박을 반으로 쪼개어 만든 작은 바가지 : 표 주 박
- 사회 구성원 가운데 노년기에 있는 사람을 통틀어 이르는 말 : 노 년 층
  예 노년층에 들어서면 뼈 건강에 신경 써야 한다.
- 물레의 가락 비슷한 모양으로, 양 끝이 뾰족한 원기둥꼴의 모양을 이른다. : 방 추 형
- 아기를 낳는 비율 : 출 산 율
  예 출산율이 감소하면서 우리나라에 젊은이가 줄고 있다.
- 갈라져서 사이가 뜨다. : 벌 어 지 다
  예 벌어진 문틈 사이로 어떤 사람의 모습이 보인다.
- 방향이나 목적, 기준 따위를 나타내는 표지 : 지 표
  예 그 지표는 지금의 우리 경제 사정을 보여 준다.

DAY
18

빠른 정답 3쪽, 정답과 풀이 71쪽

✻ 주어진 뜻풀이에 해당하는 낱말을 쓰고, 글자판의 가로, 세로, 대각선에서 찾아 ○표를 하세요.

(1) 있는 대로 모두 합하여 :

(2) 어린아이나 소년을 아울러 이르는 말 :

(3) 어떤 재해에 대하여 위험이 없는 지대 :

(4) 병이나 상처 따위를 잘 다스려 낫게 하는 방법 :

(5) 빈부, 임금, 기술 수준 따위가 서로 벌어져 다른 정도 :

(6) 돈이나 물자, 시간, 노력 따위를 들이거나 써서 없애다. :

(7) 병이나 사고 같은 것이 생기지 않도록 미리 막다. :

(8) 보기에 급하게 서두르거나 시끄럽게 떠들어 어수선한 데가 있다. :

(9) 일정한 기간에 태어난 사람의 수가 전체 인구에 대하여 차지하는 비율 :

언	뜻	통	방	울	분	수	비	계	문	저	백
숭	하	인	국	흘	치	은	김	율	전	충	극
날	악	진	순	반	료	회	대	청	분	부	술
융	추	현	금	운	법	소	춘	피	산	중	대
출	격	안	도	날	공	비	료	스	더	유	진
생	전	학	전	시	비	하	럽	라	니	소	전
률	음	제	방	지	터	다	연	인	쇠	년	앙
을	소	사	운	전	대	하	외	박	터	교	다
탄	톳	여	정	당	격	차	미	지	녹	하	현
통	틀	어	중	산	전	말	세	안	방	최	슬
송	유	손	녈	부	오	군	눈	예	단	료	모

STEP 4

단락 간의 관계 이해하기

★ 단락 간의 관계 이해란?

각 단락이 서로 어떻게 이어져 있는지 알아보는 것입니다.

● 단락 간의 관계를 이해해야 하는 이유

각 단락이 어떻게 연결되어 있는지를 이해하면 글 전체에서 결국 이야기하고자 하는 것이 무엇인지 알 수 있어요.

단락 간의 관계를 이해하는 방법

- '그리고, 또, 또한, 마찬가지로' 등의 이어 주는 말이 나오면 앞의 내용과 비슷한 내용이 이어질 것을 알 수 있어요.
- '그러나, 하지만, 그렇지만, 그럼에도' 등의 이어 주는 말이 나오면 앞의 내용과 반대되거나 다른 방향의 내용이 이어질 것을 알 수 있어요.
- '그러므로, 그래서, 따라서' 등의 이어 주는 말이 나오면 앞의 내용이 이유가 되는 결과가 이어질 것을 알 수 있어요.
- '즉, 정리하면' 등의 이어 주는 말이 나오면 앞의 내용을 요약하는 내용이 이어질 것을 알 수 있어요.

세계의 다양한 시각

빠른 정답 3쪽

지문 확인

만약 전 세계가 하나의 시각에 맞춰서 생활한다면 어떻게 될까? 우리나라 시각을 기준으로 하여 전 세계 학생들이 오전 9시에 등교한다고 하면, 한국 학생들이 해가 떠 있는 아침에 등교할 때 미국 워싱턴 학생들은 깜깜한 저녁에 등교를 하게 된다. 사람은 일반적으로 해가 뜨고 지는 것에 맞춰서 생활하므로 이런 일이 생긴다면 아주 불편할 것이다. 그래서 나라마다, 지역마다 시각이 다른 것은 아주 자연스러운 현상이라고 할 수 있다. 그렇다면 세계 여러 곳의 시각은 어떻게 결정되는 것일까?

지구는 매일 하루에 한 바퀴를 돈다. 한 바퀴인 360°를 하루 24시간으로 나누면 1시간에 15°를 움직이는 셈이다. 이에 따라 영국의 그리니치 천문대를 지나는 (가)경선을 0°로 하여 15° 간격으로 선을 긋고 지구를 24개의 시각대로 나누었다. 예를 들어 서울은 동경 135°, 베이징은 동경 120°의 시각대를 사용한다. 15°는 1시간 차이이므로 서울이 오전 9시일 때 베이징은 오전 8시인 것이다.

그런데 (나)시각대를 나눈 선은 직선이 아니라 들쭉날쭉하다. 만약 (다) 이 선을 직선으로 고집한다면 한 나라, 심지어 같은 지역에서 여러 개의 시각대가 사용될 수 있다. 그래서 우리나라뿐만 아니라 대부분의 나라에서는 1개의 시각대를 사용하고 있으며, 이에 따라 (라)시각대를 나타내는 선이 울퉁불퉁해진 것이다. 다만 미국과 러시아처럼 땅이 넓고 동서로 긴 경우에는 나라 안에 (마)여러 개의 선이 지나기 때문에 지역별로 여러 개의 시각대가 사용된다. 미국은 4개, 러시아는 11개의 시각대를 사용하고 있다.

이렇게 세계 여러 곳의 시각은 지구를 15° 간격으로 나눈 시각대에 따라 결정된다. 해외여행을 하게 되거나 다른 나라에 사는 가족에게 연락할 일이 생긴다면 그곳은 어떤 시각대를 사용하며, 우리나라와 시각 차이가 얼마나 나는지 미리 알아보도록 하자.

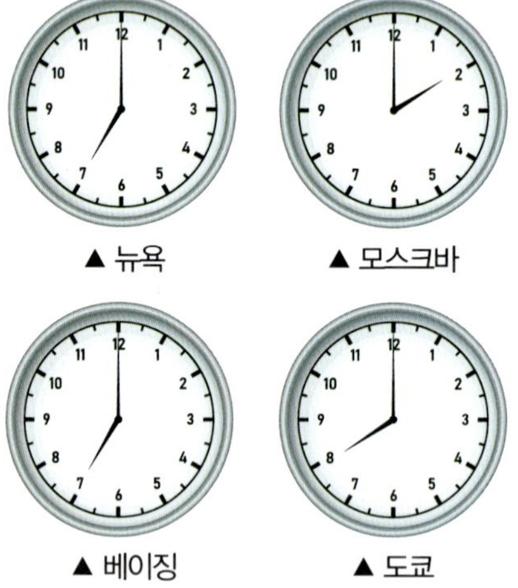
▲ 뉴욕   ▲ 모스크바
▲ 베이징   ▲ 도쿄

- **1단락 요약 :**
  1) ☐☐ 마다, 지역마다 다른 시각

- **2단락 요약 :**
  2) ☐☐☐ 의 의미

- **3단락 요약 :**
  3) ☐☐☐ 의 특징

- **4단락 요약 :**
  세계 여러 곳의 시각을 결정하는 4) ☐☐☐

낱말 따라 쓰기

- 시간의 흐름에서의 어느 한 때 : 시 각 [時-때 시, 刻-새길 각]
- 종류를 나누거나 비교를 하거나 정도를 구별하기 위하여 따르는 일 정한 원칙 : 기 준
- 일부에 한정되지 않고 전체에 두루 통하는 것 : 일 반 적
- 무슨 일을 어떻게 하기로 정하다. : 결 정 되 다
- 우주에 있는 별 등의 물체를 관측하고 연구하는 곳 : 천 문 대

STEP **4** 단락 간의 관계 이해하기

빠른 정답 3쪽

단락 간의 관계 이해하기는 단락들이 서로 어떻게 이어져 있는지 알아보는 것입니다.

각 단락이 어떻게 연결되어 있는지를 이해하면 글 전체에서 결국 이야기하고자 하는 것이 무엇인지 알 수 있어요.

★ **단락 간의 관계를 이해하는 방법**

- **'그리고, 또, 또한, 마찬가지로'** 등이 나오면 앞의 내용과 비슷한 내용이 이어질 것을 알 수 있어요.
- **'그러나, 하지만, 그렇지만, 그럼에도'** 등이 나오면 앞의 내용과 반대되거나 다른 방향의 내용이 이어질 것을 알 수 있어요.
- **'그러므로, 그래서, 따라서'** 등이 나오면 앞의 내용이 이유가 되어 나타나는 결과가 이어질 것을 알 수 있어요.
- **'즉, 정리하면'** 등이 나오면 앞의 내용을 요약하거나, 다시 한 번 말하면서 강조하는 내용이 이어질 것을 알 수 있어요.
- **'이, 그, 저, 이러한'** 등이 나오면 이 표현들이 앞의 내용 중 무엇을 가리키는지 살펴보세요.

1단락

나라마다, 지역마다 시각이 다른 것은 아주 자연스러운 현상이라고 말하고 있어요. 그러므로 1단락을 요약하면 '나라마다, 지역마다 다른 시각'입니다.

[단락 간의 관계] '그렇다면 세계 여러 곳의 시각은 어떻게 결정되는 것일까?'라는 마지막 문장을 통해 뒤에 이어질 내용이 ¹⁾〔　　〕이/가 결정되는 기준일 것이라고 예상할 수 있어요.

2단락

그리니치 천문대를 지나는 경선을 0°로 하여 15° 간격으로 지구를 24개의 시각대로 나눈다고 이야기하고 있으므로 2단락을 요약하면 '시각대의 의미'입니다.

[단락 간의 관계] 1단락에서 나라마다, 지역마다 시각이 다른 기준이 되는 ²⁾〔　　〕을/를 2단락에서 설명하고 있어요.

3단락

시각대를 나눈 선은 직선이 아니라 들쭉날쭉하며, 여러 개의 시각대를 사용하는 나라도 있다고 이야기하고 있으므로 3단락을 요약하면 '시각대의 특징'입니다.

[단락 간의 관계] '³⁾〔　　〕'(이)라는 이어 주는 말은 이야깃거리를 앞의 내용과 관련시키면서 다른 방향으로 이끌어 나갈 때 써요. 2단락에 이어서 3단락에서도 시각대에 대해 설명하고 있네요.

4단락

세계 여러 곳의 시각은 지구를 15° 간격으로 나눈 시각대에 따라 결정된다는 것이 중심 내용이에요. 그러므로 4단락을 요약하면 '세계 여러 곳의 시각을 결정하는 시각대'입니다.

[단락 간의 관계] '⁴⁾〔　　〕'(이)라는 말로 이어지며 앞에서 설명한 시각대에 대해 요약하고 있어요. 또, 해외여행을 하거나 다른 나라에 사는 사람에게 연락할 일이 생긴다면 그곳은 어떤 시각대를 사용하는지 미리 알아보자는 이야기로 글을 마무리하고 있네요.

★ 이 글은 1단락에서 등교 시각을 예로 들어 중심 낱말인 시각대에 대한 흥미를 이끌어 내고 있어요.

2단락과 3단락에서는 시각대의 의미와 그것이 가진 특징에 대해 설명하고 있어요.

4단락에서 앞의 내용에 대해 요약하며 글을 마무리하고 있어요.

★ **[단락 간의 관계] 정리**

- 1단락: 나라마다, 지역마다 다른 시각 — 중심 낱말에 대한 흥미 이끌어 내기
- 2단락: 시각대의 의미 — 중심 낱말의 의미 설명
- 3단락: 시각대의 특징 — 중심 낱말에 대한 설명 보충
- 4단락: 세계 여러 곳의 시각을 결정하는 시각대 — 앞 내용 요약 및 마무리

DAY **19**

01 단락 간의 관계 이해하기

각 단락에 대한 설명으로 알맞지 <u>않은</u> 것은 무엇인가요?　　　　　　　(　　)

① 1단락에서 던진 질문에 대한 답이 2~4단락에서 제시되고 있다.
② 2단락에서는 시각대의 의미를 설명하고, 3단락에서는 시각대에 대한 정보를 더 제공하고 있다.
③ 4단락에서는 1단락의 예를 다시 말하며 글을 마무리하고 있다.

02 내용 이해하기

이 글의 내용으로 알맞은 것은 무엇인가요?　　　　　　　(　　)

① 서울은 베이징보다 1시각 빠르다.
② 지구는 30° 간격으로 시각이 나누어진다.
③ 나라마다, 지역마다 시각이 다른 것은 자연스러운 현상이다.
④ 시각대를 나타내는 선이 울퉁불퉁한 이유는 자연적인 조건 때문이다.
⑤ 땅이 넓고 남북으로 긴 미국과 러시아는 1개보다 많은 시각대를 사용하고 있다.

03 내용 추측하기

이 글의 밑줄 친 ㈎~㈐ 중 의미하는 것이 <u>다른</u> 하나는 무엇인가요?　　　(　　)

① ㈎　　　　　② ㈏　　　　　③ ㈐　　　　　④ ㈑　　　　　⑤ ㈒

04 내용 적용하기

다음은 이 글을 읽고 난 후 서현이와 선생님이 나눈 대화입니다. ㉠, ㉡에 들어가기에 알맞은 말을 찾아 쓰세요.

> 선생님: 여러 개의 시각대를 사용하는 미국, 러시아와 달리 중국은 시각대를 나누는 선이 5개나 지나가는데도 1개의 시각대만을 사용하고 있어요. 이 글에서 그 이유를 찾아서 말해볼까요?
>
> 서현: (　㉠　) 나라에서 여러 개의 (　㉡　)이/가 사용되는 경우가 생기는 것을 막기 위해서입니다.

㉠: (　　　　　　　　　　　), ㉡: (　　　　　　　　　　　)

낱말 따라 쓰기 

- 동과 서의 위치를 나타내기 위해서 지도나 지구본 위에 적도를 180등분한 점과 남극에서 북극으로 세로로 곧바로 이어서 그은 선 : 　경　선

- 지구 위에서 그리니치 천문대를 0도로 하여 동쪽으로 180도까지 어떤 장소의 위치를 나타내는 경도 : 　동　경

- 중국의 수도 : 　베　이　징

- 서로 같지 않고 다른 것 : 　차　이
  [差–다를 차, 異–다를 이]

- 꺾이거나 굽은 데가 없는 곧은 선 : 　직　선

- 글이나 말로 어떤 내용·문제 등을 남이 알 수 있게 나타내어져 보이다. : 　제　시　되다

- 인공을 가하지 않은 자연 그대로의 것 : 　자　연　적
  ㉮ 겨울이 가고 봄이 오는 것은 자연적인 현상이다.

- 어떤 일을 이루기 위해 갖추어야 하는 것 : 　조　건

문제 이해하고 풀기

01 단락 간의 관계 이해하기

각 단락을 요약해 보면 단락 간의 관계를 쉽게 이해할 수 있어요.
1단락에서는 세계 여러 나라의 시각이 어떻게 결정되는지 질문을 던지고 있어요.
2단락에서는 시각대의 의미를 설명하고, 3단락에서는 시각대에 대한 자세한 정보를 더 제시하고 있네요.
4단락에서는 앞의 내용을 정리하면서 해외여행을 하거나 다른 나라에 사는 사람에게 연락할 때 시각대를 먼저 생각해 보라고 하면서 끝맺음하고 있네요.
🌱 4단락에서 1단락의 예를 다시 말하고 있지는 않아요.

정답은 ___________ 입니다.

02 내용 이해하기

선택지와 글의 내용을 비교하여 알맞은 내용을 찾아 보세요.
🌸 **각각의 선택지 내용을 순서대로 살펴볼게요.**

① 서울은 베이징보다 1시각 빠르다.(×)

> **근거** ②단락 ❺번째 문장: 서울이 오전 9시일 때 베이징은 오전 8시인 것이다.

② 지구는 30° 간격으로 시간이 나누어진다.(×)

> **근거** ②단락 ❸번째 문장: 이에 따라 영국의 그리니치 천문대를 ~ 지구를 24개의 시각대로 나누었다.

③ 나라마다, 지역마다 시각이 다른 것은 자연스러운 현상이다.(○)

> **근거** ①단락 ❹번째 문장: 그래서 나라마다, ~ 자연스러운 현상이라고 할 수 있다.

④ 시각대를 나타내는 선이 울퉁불퉁한 이유는 자연적인 조건 때문이다.(×)

> **근거** ③단락 ❷번째 문장: 만약 이 선을 ~ 사용될 수 있다.

⑤ 땅이 넓고 남북으로 긴 미국과 러시아는 1개보다 많은 시각대를 사용하고 있다.(×)

> **근거** ③단락 ❹번째 문장: 다만 미국과 러시아처럼 ~ 여러 개의 시각대가 사용된다.

정답은 ___________ 입니다.

03 내용 추측하기

㈎~㈐가 의미하는 것을 앞뒤 문장의 내용에서 미루어 헤아려 보면 쉽게 해결할 수 있어요.
🌸 **㈎~㈐의 내용을 순서대로 살펴볼게요.**

㈎ 경선
🌱 동과 서의 위치를 나타내기 위해서 지도나 지구본 위에 적도를 180등분한 점과 남극에서 북극으로 세로로 곧바로 이어서 그은 선을 말해요.

㈏ 시각대를 나눈 선
🌱 시각대를 말해요.

㈐ 이 선
🌱 시각대를 말해요.

㈑ 시각대를 나타내는 선
🌱 시각대를 말해요.

㈒ 여러 개의 선
🌱 시각대를 말해요.

정답은 ___________ 입니다.

04 내용 적용하기

• **서현이와 선생님이 나눈 대화:** 중국이 시각대를 나누는 선이 5개나 지나가는데도 1개의 시각대만 사용하는 이유에 대해 이야기하고 있습니다.

즉 중국이 1개의 시각대를 사용하는 이유를 묻고 있습니다.

🌸 **이 글에서 대부분의 나라가 1개의 시각대를 사용하고 있는 이유를 찾아볼까요?**

> **근거** ③단락 ❶~❸번째 문장: 그런데 시각대를 나눈 선은 ~ 시각대를 나눈 선이 울퉁불퉁해진 것이다.

정답은 ㉠: ___________ , ㉡: ___________ 입니다.

토의와 토론은 어떤 점이 다를까?

가족들이나 친구들 사이에서 의견이 충돌하면 흔히 '토의하자.' 혹은 '토론하자.'라고 이야기한다. 둘 중 어떤 표현이 맞는 것일까? 토의와 토론은 둘 다 어떤 문제에 대해 여럿이 모여서 의논하는 말하기이다. 이 때문에 토의와 토론을 헷갈려 하는 사람이 많지만 토의와 토론은 분명히 구별되는 말하기이다.

토의는 어떤 문제에 대하여 여러 가지 의견을 나눈 뒤에 이를 바탕으로 가장 적절한 해결 방법을 찾는 말하기이다. 여럿이 토의 주제에 대해 의견을 나누고, 각각의 의견이 갖는 장점과 단점에 대해 이야기한 후 가장 좋은 의견을 결정한다. 따라서 토의의 주제는 여러 사람이 함께 생각해 볼 만하고, 두 가지 이상의 의견이 나올 수 있는 것으로 정해야 한다. (가)'현장 체험 학습을 어디로 갈까?'와 같은 주제를 예로 들 수 있다.

토론은 어떤 문제에 대하여 의견이 다른 양편이 자신의 주장을 상대에게 설득시키기 위한 말하기이다. 토론에 참여하는 사람은 적절한 근거를 들어 주장을 펼치고, 상대편의 주장과 근거를 반박하면서 상대방을 설득시킨다. 따라서 토론의 주제는 찬성과 반대의 주장이 대립할 수 있는 것으로 정해야 한다. 예를 들어 (나)'초등학생도 교복을 입어야 하는가?'와 같은 문제는 토론의 주제로 적절하다.

___________, 토의와 토론은 진행 방식에도 차이가 있다. 토의는 비교적 자유롭게 진행되지만, 토론은 정해진 규칙에 따라 진행된다. 토론은 참여자들이 찬성과 반대로 나뉘어 논쟁하기 때문에 상대의 기분을 상하게 할 수도 있다. 이를 막기 위해 말하는 순서를 정하고 말할 수 있는 시간을 제한하는 등 엄격한 규칙에 따라 진행되는 것이다.

이처럼 토의와 토론은 다루는 주제나 목적, 진행 방식 등이 서로 다르다. 따라서 여러 가지 의견을 자유롭게 내놓는 말하기를 하고자 할 때는 '토의하자.'라고, 찬성과 반대로 나뉘어 의견을 주고받고자 할 때는 '토론하자.'라고 구분하여 표현해야 한다.

- **1단락 요약 :**
  1) ☐☐ 되는 말하기 방법인 토의와 토론

- **2단락 요약 :**
  2) ☐☐ 의 개념

- **3단락 요약 :**
  3) ☐☐ 의 개념

- **4단락 요약 :**
  진행 방식에도
  4) ☐☐ 이/가 있는 토의와 토론

- **5단락 요약 :**
  여러 가지 면에서 서로 다른 토의와 토론

낱말 따라 쓰기 

- 의견이나 이해관계가 아주 달라 서로 맞부딪치거나 맞서다. : 충 돌 하다
  - 예 나는 그와 충돌하기가 싫어서 잠자코 있었다.

- 생각이나 느낌 따위를 언어나 몸짓 따위의 형상으로 드러내어 나타내는 것 : 표 현
  - 예 사람의 마음을 표현하는 일은 쉽지 않다.

- 어떤 일에 대하여 서로 의견을 주고받다. : 의 논 하다

- 성질이나 종류에 따라 차이가 나다. : 구 별 되 다
  - 예 그 자매는 너무 닮아서 잘 구별되지 않는다.

- 무엇이 이루어지기 위한 토대나 근본이 되는 부분 : 바 탕

- 상대가 되는 두 편 : 양 편 [兩-두 양, 便-편할 편]

01   단락 간의 관계 이해하기

각 단락에 대한 설명으로 알맞지 <u>않은</u> 것은 무엇인가요?   (   )

① 1단락의 질문에 대한 답이 2단락에 바로 제시되고 있다.

② 2단락에서는 토의의 개념을, 3단락에서는 토론의 개념을 예를 들어 설명하고 있다.

③ 4단락에서는 토의와 토론을 비교하고 있다.

④ 5단락에서는 2~4단락의 내용을 요약하여 정리하고 있다.

02   내용 이해하기

이 글의 내용으로 알맞지 <u>않은</u> 것은 무엇인가요?   (   )

① 토의에서는 참여자들이 찬성과 반대로 나뉘지 않는다.

② 토론에서는 상대의 기분을 상하게 하는 논쟁이 효과적이다.

③ 토의와 토론은 다루는 주제나 목적, 진행 방식 등이 서로 다르다.

④ 토론 참여자는 적절한 근거를 들어 주장을 펼치고 상대를 설득시킨다.

⑤ 의견을 자유롭게 내놓는 말하기를 하고자 할 때는 '토의하자.'라고 표현해야 한다.

03   내용 이해하기

다음은 '토의'와 '토론'에 대해 정리한 표입니다. ㉠~㉢에 들어가기에 알맞은 말을 쓰세요.

	토의	토론
목적	어떤 문제에 대하여 여러 가지 의견을 나눈 뒤에 이를 바탕으로 가장 적절한 (㉠)을/를 찾는 것	어떤 문제에 대하여 의견이 다른 양편이 자신의 주장을 상대에게 (㉡)시키기 위한 것
진행 방식	비교적 자유롭게 진행됨.	말하는 순서를 정하고 말할 수 있는 시간을 제한하는 등 (㉢)에 따라 진행됨.

㉠: (   ), ㉡: (   ), ㉢: (   )

정답 **콕콕** 특강

01

각 단락의 핵심 문장을 찾으면 단락 간의 관계를 이해하기 쉬워요.

02

4단락에서 토의와 토론의 진행 방식이 다른 이유를 설명하고 있어요.

03

2단락에서 토의의 개념을, 3단락에서 토론의 개념을 이야기하고 있어요.

DAY
20

04 올바른 접속어 찾기

4단락의 밑줄 친 곳에 들어갈 이어 주는 말로 가장 알맞은 것은 무엇인가요? (   )

① 예를 들어   ② 왜냐하면   ③ 따라서
④ 그러나   ⑤ 한편

04

4단락은 진행 방식에도 차이가 있는 토의와 토론에 대해 이야기하고 있어요.

05 내용 추론하기 서술형

2단락의 밑줄 친 (가)와 3단락의 밑줄 친 (나)가 각각 토의와 토론의 주제로 적절한 이유를 쓰세요.

(가): ____

____

____

(나): ____

____

____

05

2단락에서는 토의에 적절한 주제를, 3단락에서는 토론에 적절한 주제를 살펴볼 수 있어요.

낱말 따라 쓰기

● 잘 설명하거나 타일러서 이해시켜 따르게 하다. : 설 득 하다

● 어떤 주장이나 의견에 대한 이유 : 근 거

● 어떤 의견, 주장, 논설 따위에 반대하여 말하다. : 반 박 하다

● 말·일·활동 등에서 상대가 되는 쪽이나 사람 : 상 대 방

● 생각이나 위치가 서로 정반대로 맞서거나 어긋나다. : 대 립 하다
  [對-마주할 대, 立-설 립]

● 어떤 일을 해 나가는 것 : 진 행
  예 행사의 진행이 어쩐지 엉성하기만 하였다.

● 일정한 수준이나 보통 정도보다 꽤 : 비 교 적

● 여러 사람이 다 같이 지키기로 정한 법칙 : 규 칙

● 서로 다른 의견을 가진 사람들이 각각 자기의 주장을 말이나 글로 다투다. : 논 쟁 하다

● 근심, 슬픔, 노여움 따위로 마음이 언짢아지다. : 상 하 다
  예 친구의 농담에 기분이 상했다.

● 일정한 한계나 범위를 정하거나 그것을 넘지 못하게 막다. : 제 한 하다

● 말, 태도, 규칙 따위가 매우 엄하고 철저하다. : 엄 격 하다
  예 그 학교는 선후배 간의 예절이 엄격하기로 유명하다.

[01~04] 주어진 뜻풀이에 해당하는 낱말을 연결하세요.

01 의견이나 이해관계가 아주 달라 서로 맞부딪치거나 맞서다. · · ㉠ 제시되다

02 성질이나 종류에 따라 차이가 나다. · · ㉡ 엄격하다

03 말, 태도, 규칙 따위가 매우 엄하고 철저하다. · · ㉢ 충돌하다

04 글이나 말로 어떤 내용·문제 등을 남이 알 수 있게 나타내어져 보이다. · · ㉣ 구별되다

[05~08] 주어진 뜻풀이에 해당하는 낱말을 〈보기〉에서 찾아 쓰세요.

〈 보기 〉

시각   경선   천문대   자연적

05 시간의 흐름에서의 어느 한 때 : ___________

06 인공을 가하지 않은 자연 그대로의 것 : ___________

07 우주에 있는 별 등의 물체를 관측하고 연구하는 곳 : ___________

08 동과 서의 위치를 나타내기 위해서 지도나 지구본 위에 적도를 180등분한 점과 남극에서 북극으로 세로로 곧바로 이어서 그은 선 : ___________

[09~12] 주어진 초성과 낱말의 뜻을 보고, 빈칸에 알맞은 낱말을 쓰세요.

09 찬성과 반대의 입장이 계속해서 ㄷ ㄹ 하자, 회의장 분위기는 매우 긴장되었다. 생각이나 위치가 서로 정반대로 맞서거나 어긋나다.

10 성공적인 대화를 위해서는 ㅅ ㄷ ㅂ 의 기분을 배려할 줄 알아야 한다. 말·일·활동 등에서 상대가 되는 쪽이나 사람

11 남의 주장을 ㅂ ㅂ 하기에 앞서, 스스로의 생각에는 문제가 없는지 따져 봐야 한다. 어떤 의견, 주장, 논설 따위에 반대하여 말하다.

12 콩은 다른 작물보다 자라는 기간이 ㅂ ㄱ ㅈ 짧다. 일정한 수준이나 보통 정도보다 꽤

[13~16] 빈칸에 알맞은 낱말을 골라 바르게 쓰세요.

13 바탕 / 바닥
밑그림을 □□으로 그림을 그렸다.

14 무시 / 의논
주말에 소풍을 어디로 갈지 □□하였다.

15 차비 / 차이
문화적 □□를 존중해야 한다.

16 구별 / 결정
다음 월드컵은 카타르에서 열리는 것으로 □□되었다.

표지판 색깔의 비밀

빠른 정답 3쪽

지문 확인

  승호는 자신의 방문 앞에 걸어 놓을 '출입 금지' 표지판을 만들기 위해 기존의 표지판들을 조사해 보기로 했다. 여러 가지 표지판을 살펴보던 승호는 표지판의 모양이나 그려진 그림은 제각각이지만, 표지판 색깔은 대부분 빨간색, 노란색, 검정색이라는 것을 발견했다. 왜 표지판에서 분홍색이나 연두색과 같은 색은 거의 찾아볼 수 없는 것일까?

▲ 교통 표지판

  먼저, 색은 저마다 고유한 느낌을 가지고 있다. 빨간색과 주황색 등 붉은 계통의 색은 태양이나 불을 떠오르게 하고, 파란색이나 남색 등 푸른 계통의 색은 공기나 물을 떠오르게 한다. 또한 따뜻한 색, 선명한 색, 밝은색은 앞으로 나아가는 느낌, 크기가 커지는 느낌을 주는 반면 차가운 색, 선명하지 않은 색, 어두운색은 뒤로 물러나는 느낌, 크기가 줄어드는 느낌을 준다. 그래서 안전을 의미하는 표지판에는 크게 보이는 노란색, 위험을 알리는 표지판에는 빨간색을 주로 사용한다.

  또한 두 가지 이상의 색을 함께 늘어놓을 때, 비슷한 색끼리 모아 두면 서로 어우러져 편안하고 부드러운 느낌을, 반대되는 색끼리 모아 두면 각각의 색이 튀어 화려하고 활기찬 느낌을 준다. 빨간색, 노란색을 사용한 표지판에 검정색이 섞여 있는 이유도 각각의 색이 튀어 멀리서도 잘 보이기 때문이다. 정지를 나타내는 빨간색과 통행을 나타내는 초록색이 함께 있는 신호등도 빨강과 초록이 서로 반대되는 색이어서 더욱 눈에 잘 띄는 것이다.

  이처럼 표지판은 각각의 색이 주는 느낌, 여러 색을 함께 두었을 때 나타나는 효과를 이용하여 만들어졌다. 승호 역시 이를 활용하여 표지판을 만든다면 '출입 금지'라는 의미를 효과적으로 드러낼 수 있을 것이다.

· 1단락 요약 :
1) □□□에 주로 사용되는 색깔

· 2단락 요약 :
2) □이 가진 고유한 느낌

· 3단락 요약 :
두 가지 이상의 색을 함께 늘어놓을 때의 3) □□

· 4단락 요약 :
색의 느낌과 여러 색을 함께 두었을 때의 효과를 이용하여 만든 4) □□□

낱말 따라 쓰기

● 여러 사람에게 알리려고 어떤 내용을 적거나 그려서 세워 놓은 판 : 표 지 판

● 어느 곳을 드나드는 것 : 출 입

● 이미 존재하는 것 : 기 존   [旣 – 이미 기, 存 – 있을 존]

● 명확히 알기 위하여 자세히 살펴보거나 찾아보다. : 조 사 하다
[調 – 고를 조, 査 – 조사할 사]

● 사람이나 물건이 모두 각각 : 제 각 각

● 집단이나 사물 등이 본래부터 지니고 있다. : 고 유 하다
[固 – 굳을 고, 有 – 있을 유]

● 서로 비슷한 성질을 가진 것들이 이루는 한 종류 : 계 통

● 산뜻하고 뚜렷하여 다른 것과 혼동되지 아니하다. : 선 명 하다

● 위험이 생기거나 사고가 날 염려가 없는 것 : 안 전
[安 – 편안 안, 全 – 온전할 전]
⑩ 관광객들의 안전을 위하여 수영 금지선을 표시해 놓았다.

● 여럿이 모여 한데 합치거나 한 덩어리나 한판을 이루다. : 어 우 러 지 다

● 움직이고 있던 것이 멎거나 그치는 것 : 정 지
[停 – 머무를 정, 止 – 그칠 지]

STEP 4 단락 간의 관계 이해하기

★ **단락 간의 관계를 이해하는 방법**

- **'그리고, 또, 또한, 마찬가지로'** 등이 나오면 앞의 내용과 비슷한 내용이 이어질 것을 알 수 있어요.
- **'그러나, 하지만, 그렇지만, 그럼에도'** 등이 나오면 앞의 내용과 반대되거나 다른 방향의 내용이 이어질 것을 알 수 있어요.
- **'그러므로, 그래서, 따라서'** 등이 나오면 앞의 내용이 이유가 되어 나타나는 결과가 이어질 것을 알 수 있어요.
- **'즉, 정리하면'** 등이 나오면 앞의 내용을 요약하거나, 다시 한 번 말하면서 강조하는 내용이 이어질 것을 알 수 있어요.
- **'이, 그, 저, 이러한'** 등이 나오면 이 표현들이 앞의 내용 중 무엇을 가리키는지 살펴보세요.

1단락

여러 가지 표지판을 살펴보면 대부분 빨간색, 노란색, 검정색이라는 것을 발견할 수 있어요. 그러므로 1단락을 요약하면 '표지판에 주로 사용되는 색깔'입니다.

[단락 간의 관계] '왜 표지판에서 분홍색이나 연두색과 같은 색은 거의 찾아볼 수 없는 것일까?'라는 마지막 문장을 통해 이어질 내용이 1) ☐☐☐ 에 주로 사용되는 색깔에 대해 말할 것임을 예상할 수 있어요.

2단락

색은 저마다 고유한 느낌을 가지고 있기 때문에 안전을 의미하는 표지판에는 크게 보이는 노란색, 위험을 알리는 표지판에는 빨간색을 사용한다고 이야기하고 있으므로 2단락을 요약하면 '색이 가진 고유한 느낌'입니다.

[단락 간의 관계] 1단락에서 말한 표지판에서 주로 사용되는 색깔이 어떤 느낌을 주는지 이야기하고 있어요. 또 2단락이 2) ☐☐ (이)라는 말로 시작하는 것을 통해 다음 단락에서도 표지판에서 주로 사용되는 색깔에 대한 내용이 이어질 것을 짐작할 수 있어요.

3단락

두 가지 이상의 색을 함께 늘어놓을 때, 반대되는 색끼리 모아 두면 각각의 색이 튀어 활기찬 느낌을 준다고 해요. 빨간색과 초록색이 함께 있는 신호등이 더욱 눈에 잘 띄는 이유랍니다. 그러므로 3단락을 요약하면 '두 가지 이상의 색을 함께 늘어놓을 때의 느낌'입니다.

[단락 간의 관계] '3) ☐☐'(이)라는 이어 주는 말은 앞의 내용과 비슷한 내용이 이어질 때 사용해요. 2단락에 이어서 3단락에서도 표지판에 주로 사용되는 색깔에 대해 설명하고 있네요.

4단락

표지판은 각각의 색이 주는 느낌, 여러 색을 함께 두었을 때 나타나는 효과를 이용하여 만든다는 것이 중심 내용이에요. 그러므로 4단락을 요약하면 '색의 느낌과 여러 색을 함께 두었을 때 나타나는 효과를 이용하여 만든 4) ☐☐☐'입니다.

[단락 간의 관계] '5) ☐☐☐'(이)라는 말로 시작하며, 앞에서 이야기한 내용을 요약하여 설명하고 있어요.

★ 이 글은 1단락에서 중심 낱말인 '표지판 색깔'에 대한 흥미를 이끌어 내고 있어요.

2단락과 3단락에서는 이에 대해 예를 들어 설명하며 이해를 돕고 있어요.

4단락에서 앞 내용을 요약하며 글을 마무리하고 있어요.

★ [단락 간의 관계] 정리

- 1단락: 표지판에 주로 사용되는 색깔 — 중심 낱말에 대한 흥미 이끌어 내기
- 2단락: 색이 가진 고유한 느낌 — 중심 낱말에 대한 설명
- 3단락: 두 가지 이상의 색을 함께 늘어놓을 때의 느낌 — 중심 낱말에 대한 또 다른 설명
- 4단락: 색의 느낌과 여러 색을 함께 두었을 때의 효과를 이용하여 만든 표지판 — 앞 내용 요약 및 마무리

DAY
21

01 단락 간의 관계 이해하기

각 단락에 대한 설명으로 알맞지 <u>않은</u> 것은 무엇인가요? (　　　)

① 1단락에서는 승호의 상황을 이야기하며 중심 낱말인 '신호등'을 소개하고 있다.

② 2단락과 3단락에서는 색이 주는 느낌에 대해 설명하고 있다.

③ 4단락에서는 1단락에 나왔던 승호의 상황을 이야기하며 글을 마무리하고 있다.

> **정답 콕콕 특강**
>
> **01**
> 이 글에서 중심적으로 설명하고 있는 대상이 무엇인지 떠올려 보세요.

02 내용 이해하기

다음은 색이 주는 느낌을 정리한 것입니다. ㉠, ㉡에 들어가기에 알맞은 말을 쓰세요.

(㉠) 색, 선명한 색, 밝은색	앞으로 나아가거나 크기가 커지는 느낌
차가운 색, 선명하지 않은 색, (㉡)색	뒤로 물러가거나 크기가 줄어드는 느낌

㉠: (　　　　　　　　　), ㉡: (　　　　　　　　　)

> **02**
> 2단락에서 색이 가진 고유한 느낌에 대해 이야기하고 있어요.

03 내용 이해하기

이 글의 내용으로 알맞지 <u>않은</u> 것은 무엇인가요? (　　　)

① 비슷한 색을 모아 두면 부드러운 느낌을 준다.

② 반대되는 색을 모아 두면 멀리서도 눈에 잘 띈다.

③ 반대되는 색을 모아 두면 화려하고 활기찬 느낌을 준다.

④ 신호등의 초록색은 노란색과 반대되는 색이며, 통행을 나타낸다.

⑤ 빨간색은 불을 떠올리게 하지만, 신호등에서는 정지를 나타낸다.

> **03**
> 3단락에서 두 가지 이상의 색을 함께 늘어놓을 때 주는 느낌에 대해 이야기하고 있어요.

04 내용 적용하기

다음 중 승호가 만들 '출입 금지' 표지판으로 가장 적절한 것은 무엇인가요? (　　　)

① 빨간색과 주황색으로 불을 그려 놓은 표지판

② 연두색 바탕에 초록색으로 문을 그려 놓은 표지판

③ 흰색 바탕에 분홍색으로 사람을 그려 놓은 표지판

④ 흰색으로 그린 사람 위에 노란색 금지 선을 그은 표지판

⑤ 검정색으로 그린 사람 위에 빨간색 금지 선을 그은 표지판

> **04**
> 2단락에서 색이 주는 느낌을, 3단락에서 두 가지 이상의 색을 함께 사용했을 때의 느낌을 이야기했어요. 이를 바탕으로 사람의 출입을 금지하는 표지판으로 가장 적절한 색의 조합을 생각해 보세요.

낱말 따라 쓰기 

- 어떤 장소를 지나다니는 것 : 통 행
  [通 - 통할 통, 行 - 다닐 행]
- 어떤 일을 하여서 생기는 좋은 결과 : 효 과

- 무엇이 지니고 있는 기능이나 능력을 제대로 잘 쓰다. : 활 용 하다
- 어떤 일이 되어 가는 과정이나 형편이나 모양 : 상 황
- 서로 다른 여럿을 모아 한 집단이 되게 하는 것 : 조 합

낱말 쑥쑥 테스트

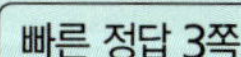
빠른 정답 3쪽

[01~06] 주어진 한자와 뜻풀이를 보고, 빈칸에 알맞은 낱말을 쓰세요.

01 通 통할 ☐ + 行 다닐 ☐ = ☐☐
어떤 장소를 지나다니는 것

02 調 고를 ☐ + 査 조사할 ☐ = ☐☐
명확히 알기 위하여 자세히 살펴보거나 찾아보다.

03 固 굳을 ☐ + 有 있을 ☐ = ☐☐
집단이나 사물 등이 본래부터 지니고 있다.

04 安 편안 ☐ + 全 온전할 ☐ = ☐☐
위험이 생기거나 사고가 날 염려가 없는 것

05 停 머무를 ☐ + 止 그칠 ☐ = ☐☐
움직이고 있던 것이 멎거나 그치는 것

06 旣 이미 ☐ + 存 있을 ☐ = ☐☐
이미 존재하는 것

[07~12] 주어진 초성과 낱말의 뜻을 보고, 빈칸에 알맞은 낱말을 쓰세요.

07 도로 ㅍ ㅈ ㅍ 이/가 흙먼지에 더러워졌다.
여러 사람에게 알리려고 어떤 내용을 적거나 그려서 세워 놓은 판

08 집집마다 김치 맛은 ㅈ ㄱ ㄱ 이다.
사람이나 물건이 모두 각각

09 한 번 쓰고 난 비닐을 다시 ㅎ ㅇ 한다면 원료를 절약할 수 있다.
무엇이 지니고 있는 기능이나 능력을 제대로 잘 쓰다.

10 깜깜한 밤하늘에 별빛이 ㅅ ㅁ 하다.
산뜻하고 뚜렷하여 다른 것과 혼동되지 아니하다.

11 나는 밝은색 ㄱ ㅌ 의 옷보다 어두운색 옷이 더 좋다.
서로 비슷한 성질을 가진 것들이 이루는 한 종류

12 몸에 좋다는 약은 모두 먹었으나 ㅎ ㄱ 이/가 없었다.
어떤 일을 하여서 생기는 좋은 결과

배경지식

교통 표지판과 자동차의 미래

미래의 자동차 운전석에는 사람이 없을지도 모릅니다. 세계 각국에서 자율 주행 자동차를 개발하고 있기 때문이지요.

자율 주행 자동차란, 사람이 직접 운전하지 않아도 스스로 움직이는 자동차를 말해요. 그런데 자율 주행 자동차에 교통 표지판이 매우 중요한 역할을 한다는 사실을 아시나요? 교통 표지판은 '시속 60km로 운행하시오.', '좌회전하시오.', '도로가 미끄러우니 조심하시오.' 등과 같이 도로를 주행하는 데 있어 중요한 정보를 담고 있기 때문이에요.

잠깐, 영화에서 나라마다 교통 표지판이 달랐던 것을 봤다고요? 맞아요. 잘 봤어요. 국제 협약에 따라 동일한 교통 표지판을 쓰고 있는 나라들도 있지만 우리나라의 경우 유럽과 달라요. 이렇게 되면 유럽에서 개발된 자율 주행 자동차는 우리나라의 도로를 잘 달릴 수 없답니다. 아직 해결해야 할 문제가 많이 남았지만 운전석에 사람이 없는 자동차, 기대되지 않나요?

식물의 잎은 어떤 역할을 할까?

'식물의 색'이라고 하면 우리는 보통 초록색을 떠올린다. 식물마다 조금씩 다르지만, 대부분의 식물은 푸릇푸릇한 잎사귀가 가장 많은 부분을 차지하기 때문이다. 그렇다면 우리에게 싱그러운 느낌을 주는 식물의 잎은 어떤 역할을 할까?

우선, 잎은 식물을 먹여 살리는 역할을 한다. 사람이 음식을 먹어 양분을 얻는 것과 달리 식물은 빛을 이용해 스스로 필요한 양분을 만든다. 식물이 빛과 이산화 탄소, 물을 이용하여 스스로 양분을 만드는 과정을 '광합성'이라고 한다. 광합성은 뿌리가 빨아들인 물과 공기 중의 이산화 탄소, 태양으로부터 내리쬐는 햇빛을 이용하여 엽록체에서 녹말과 산소를 만들어 내는 과정이다. 엽록체는 대부분 잎 뒷면에 많기 때문에 거의 모든 양분은 잎에서 만들어져 뿌리, 줄기, 열매 등 필요한 부분으로 운반되어 사용되거나 저장된다.

잎의 또 다른 기능은 식물 내의 물을 조절하는 것이다. 잎의 표면에는 우리 눈에 보이지 않는 작은 숨구멍이 무수히 많다. '기공'이라고 불리는 이 구멍을 통해 광합성이나 생장 활동에 이용된 물을 제외한 나머지가 식물 밖으로 빠져나가게 된다. 잎에 도달한 물이 기공을 통해 식물 밖으로 빠져나가는 것을 '증산 작용'이라고 하는데, 증산 작용은 뿌리에서 흡수한 물을 식물의 꼭대기까지 끌어 올릴 수 있도록 도우며 식물의 온도를 조절하는 역할을 한다. 증산 작용이 일어나지 않으면 뿌리에서 흡수한 물이 식물 안에 계속 머무르게 되어 뿌리는 더 이상 물을 흡수하지도 못하고, 잎에서는 양분을 만들어 낼 수 없게 된다.

이처럼 잎은 식물이 살아가는 데 꼭 필요한 역할을 한다. 우리 눈으로 보기에는 잎이 가만히 아무 일도 하지 않는 것처럼 보이지만, 그 안에서는 열심히 광합성과 증산 작용을 하는 것이다. 광합성은 햇빛이 있는 낮 동안에만 일어나며, 증산 작용 역시 햇빛이 강하고 온도가 높을 때 잘 일어난다. 화창한 오후에는 잎이 더 열심히 일할 수 있도록 화분을 해가 잘 드는 곳에 옮겨 두도록 하자.

지문 확인

- **1단락 요약 :**
  식물의 1) [   ]이/가 하는 역할에 대한 궁금증

- **2단락 요약 :**
  식물의 잎이 하는 역할 –
  2) [   ][   ][   ]

- **3단락 요약 :**
  식물의 잎이 하는 역할 –
  3) [   ][   ] 작용

- **4단락 요약 :**
  식물이 살아가는 데 꼭 필요한 4) [   ][   ]을/를 하는 잎

낱말 따라 쓰기 

- 조직이나 기관에서 하기로 되어 있는 일, 또는 맡아서 하는 일 : [역] [할]

- 사물이나 공간, 지위 따위를 자기 몫으로 가지다. : [차] [지] 하다
  예 명준이는 청소년 육상 대회에서 삼관왕을 <u>차지했다</u>.

- 싱싱하고 향기롭다. : [싱] [그] [럽] [다]

- 생물이 살아가기 위해 필요한 영양 성분 : [양] [분]

- 식물 잎의 세포 안에 있는 둥근 모양 또는 타원형의 작은 구조물 : [엽] [록] [체] [葉 – 잎 엽, 綠 – 초록빛 록, 體 – 몸 체]

- 녹색식물의 엽록체 안에서 광합성으로 만들어져 뿌리, 줄기, 씨앗 따위에 저장되는 탄수화물 : [녹] [말]

- 사물이 어떤 도구나 수단으로 실어서 옮겨지다. : [운] [반] [되] [다]
  예 꽃가루는 벌이나 나비에 의해서 다른 곳으로 <u>운반된다</u>.

01 단락 간의 관계 이해하기

각 단락에 대한 설명으로 알맞지 <u>않은</u> 것은 무엇인가요? ( )

① 1단락에서 대부분의 식물은 초록색 잎이 가장 많은 부분을 차지한다고 밝히고 2, 3단락에서는 각각 잎이 하는 역할을 설명하고 있다.

② 2단락에서는 물을 조절하는 잎의 기능이, 3단락에서는 양분을 만드는 잎의 기능이 소개되고 있다.

③ 4단락에서는 햇빛이 있을 때 2단락과 3단락에서 설명한 잎의 기능이 공통적으로 잘 일어난다고 이야기하고 있다.

02 글쓰기 방식 이해하기

다음 중 이 글에 대한 알맞은 설명을 모두 골라 묶은 것은 무엇인가요? ( )

㉠ 초록색 잎을 가진 식물들을 종류별로 나누어 비교하고 있다.
㉡ 잎의 기능과 관련된 새로운 개념의 뜻을 구체적으로 풀이하고 있다.
㉢ 식물의 뿌리, 줄기, 잎의 모습을 각각 소개하고 그 특징을 설명하고 있다.
㉣ 잎이 하는 역할을 설명하기에 앞서 질문을 던져 읽는 사람의 흥미를 이끌어 내고 있다.

① ㉠, ㉡ ② ㉠, ㉢ ③ ㉡, ㉢ ④ ㉡, ㉣ ⑤ ㉢, ㉣

03 내용 이해하기

이 글의 내용으로 알맞지 <u>않은</u> 것은 무엇인가요? ( )

① 광합성은 햇빛이 있어야 일어날 수 있다.

② 증산 작용은 햇빛이 강하고 온도가 높을수록 잘 일어난다.

③ 기공은 우리 눈에 보이지 않을 만큼 작은, 잎의 표면에 무수히 많이 있는 숨구멍이다.

④ 증산 작용이 일어나지 않으면 뿌리에서 흡수한 물이 계속 빠져나가 양분을 만들 수 없다.

⑤ 대부분의 양분은 잎에서 만들어져 뿌리, 줄기, 열매 등 필요한 부분으로 운반되어 사용되거나 저장된다.

DAY
22

04 내용 이해하기

다음은 '잎의 기능'을 정리한 표입니다. 알맞지 <u>않은</u> 내용은 무엇인가요? ( )

광합성	식물이 스스로 양분을 만드는 과정 ① 잎 뒷면에 많이 있는 엽록체에서 일어난다. ② 물, 이산화 탄소, 햇빛을 이용해 녹말, 산소를 만든다.
증산 작용	③ 식물 내의 물이 기공을 통해 밖으로 빠져나가는 작용 ④ 주로 기공이 닫히는 밤에 활발하게 일어난다. ⑤ 식물 내의 물과 온도가 조절된다.

05 내용 추측하기 서술형

이 글을 읽고, 식물의 잎이 역할을 가장 잘할 수 있는 날씨와 그 이유를 추측해서 써 보세요.

(1) 날씨: __________________________________

____

(2) 그 이유: __________________________________

____

낱말 따라 쓰기

- 나중에 쓰기 위하여 물질이나 물건이 모아져서 보관되다. : 저 장 되 다
  - ㉘ 식량은 창고에 충분히 저장되어 있다.
- 어떤 조직이나 기관의 특수한 작용 : 기 능
- 사물의 겉으로 드러난 쪽 : 표 면 [表–겉 표, 面–쪽 면]
- 동물이나 식물에 있는 숨을 쉬는 구멍 : 숨 구 멍
- 셀 수 없을 만큼 많다. : 무 수 하다
- 생물이 나서 자라는 것, 또는 점점 크게 자라는 것 : 생 장
  [生–날 생, 長–자라다 장]
- 어떤 대상에서 빼놓거나 셈에서 빼다. : 제 외 하다

- 목적한 곳이나 어떠한 수준에 다다르다. : 도 달 하다
  - ㉘ 탐험대는 고생 끝에 북극점에 도달했다.
- 식물체 안의 수분이 수증기가 되어 공기 중으로 나오는 것, 또는 그런 현상 : 증 산
- 어떠한 현상이나 행동을 일으키거나 영향을 미치는 것. : 작 용
  [作–만들 작, 用–쓸 용]
- 밖에 있는 것을 안으로 빨아들이다. : 흡 수 하다
  - ㉘ 속옷이 땀을 흡수해서 축축하다.
- 어떤 사정이나 조건에 알맞게 만들다. : 조 절 하다
- 날씨가 맑고 온화하다. : 화 창 하다
  - ㉘ 어제는 하루 종일 비가 부슬대더니 오늘은 날씨가 화창하다.

낱말 쑥쑥 테스트

[01~05] 다음 낱말의 뜻에 알맞은 것을 찾아 ○표 하세요.

01 생물이 살아가기 위해 필요한 영양 성분

양분　　　염분

02 사물의 겉으로 드러난 쪽

수면　　　표면

03 밖에 있는 것을 안으로 빨아들이다.

흡수하다　　　호흡하다

04 사물이 어떤 도구나 수단으로 실어서 옮겨지다.

저장되다　　　운반되다

05 어떤 사정이나 조건에 알맞게 만들다.

조절하다　　　조준하다

[06~09] 낱말의 뜻과 예로 든 문장을 보고, 빈칸에 알맞은 낱말을 쓰세요.

06 ☐☐ 하다 : 셀 수 없을 만큼 많다.

（예）시골에 밤하늘에 별이 ＿＿＿＿＿＿＿했다.

07 ☐☐ : 조직이나 기관에서 하기로 되어 있는 일, 또는 맡아서 하는 일

（예）반장 ＿＿＿＿＿＿＿을/를 할 사람이 없다.

08 ☐☐ : 생물이 나서 자라는 것, 또는 점점 크게 자라는 것

（예）이 꽃은 ＿＿＿＿＿＿＿ 기간이 유난히 짧다.

09 ☐☐ : 어떠한 현상이나 행동을 일으키거나 영향을 미치는 것

（예）물체에 힘이 ＿＿＿＿＿＿＿하면 움직인다.

잎의 색 변화

해바라기 꽃은 노란색, 벚꽃 잎은 분홍색, 이렇게 꽃잎의 색깔은 저마다 다른데 이상하게도 잎은 모두 초록색이에요. 왜 그럴까요? 엽록체 속에 있는 '엽록소'라는 색소 때문이에요.

엽록소는 광합성에 필수적인 빛을 받아들이는 안테나 역할을 해요. 그런데 엽록소는 다른 색은 모두 흡수하면서 유독 녹색만을 반사하기 때문에 우리 눈에는 잎이 녹색으로 보이는 것이랍니다.

그런데 봄, 여름에는 진초록빛의 싱그럽던 나무가 가을이 되면 단풍이 들고, 잎이 떨어지는 것을 본 적 있나요? 나무가 겨울을 날 준비를 하기 때문이에요.

나무는 수분과 영양분이 몸에서 빠져나가는 것을 막기 위해 잎을 떨어뜨려요. 수분 공급이 끊긴 잎에서는 엽록소가 점차 파괴되는데요, 그러면서 그동안 보이지 않던 노랑이나 빨강 같은 다른 색소들이 모습을 드러냅니다. 우리는 그 모습을 보고 "단풍이 든다."라고 하는 것이에요.

고통받는 지구를 위한 노력

지문 확인

자동차와 각종 전기 제품, 플라스틱 용품 등 우리는 과학 기술의 발달로 편한 삶을 누리고 있다. 과학 기술이 발전할수록 우리의 삶은 편리해졌지만, 지구 온난화, 해양 오염 등의 환경 오염으로 지구는 신음하고 있다. 그래서 지구를 살리자는 환경 단체들의 목소리가 점점 커지고 있으며, 많은 나라와 사람들이 이에 동참하는 것이다.

현대 사회의 가장 대표적인 환경 오염은 지구 온난화라고 할 수 있다. 지구 온난화란, 이산화 탄소 같은 기체가 하늘로 올라가 지구를 둘러싸는 바람에 지구의 기온이 높아지는 현상이다. 이로 인해 극지방의 빙하가 녹으면서 북극곰은 삶의 터전을 잃었고, 지대가 낮은 지역은 물에 잠길 위험에 처해 있다.

이러한 위기를 극복하고자 세계 여러 나라는 친환경 산업을 발전시키는 정책을 실시하고 있다. 우리나라 역시 2008년부터 '저탄소 녹색 성장'을 내세우며 지구 온난화를 막기 위해 노력하고 있다. 지구 온난화의 주된 원인인 이산화 탄소의 발생을 줄이고 환경을 생각하는 발전을 통해 환경 위기를 극복하려는 것이다.

한편, 우리가 쉽고 편리하게 사용하는 플라스틱은 심각한 해양 오염을 일으키고 있다. 버려진 플라스틱은 썩지 않고 바다로 흘러드는데, 이 플라스틱들이 모여 태평양에는 거대한 플라스틱 쓰레기 섬이 생겼다고 한다. 게다가 해양 동물들이 크기가 작은 미세 플라스틱을 먹이로 착각하여 먹는 경우가 많아지고, 그 물고기들이 우리 식탁에 오르고 있다.

플라스틱으로 인한 지구 오염을 막기 위해 여러 나라에서는 플라스틱 쓰레기를 줄이고자 노력하고 있다. 우리나라에서도 대형 커피 전문점에서 일회용 플라스틱 빨대와 컵을 사용하는 것을 금지하고, 대형 마트에서는 플라스틱으로 만든 비닐봉지 대신 여러 번 사용할 수 있는 장바구니를 사용하도록 하고 있다.

더불어 환경 오염을 막기 위해서는 우리 각자가 함께 노력해야 한다. 가까운 거리는 걸어 다니고, 일회용 플라스틱 컵보다는 유리로 된 컵을 사용하는 등 생활 속의 작은 실천을 통해 환경 오염으로 인해 고통받는 지구를 도울 수 있다.

· 1단락 요약 :
1) ☐☐ 기술의 발달로 심각해진 환경 오염

· 2단락 요약 :
현대 사회의 가장 대표적인 환경 오염인 2) ☐☐ ☐☐☐

· 3단락 요약 :
지구 온난화 극복을 위한 3) ☐☐☐ 산업 발전 정책

· 4단락 요약 :
4) ☐☐☐☐ (으)로 인한 해양 오염

· 5단락 요약 :
플라스틱 쓰레기를 줄이기 위한 노력

· 6단락 요약 :
5) ☐☐☐☐ 을/를 막기 위한 개개인의 노력

낱말 따라 쓰기 

● 어떤 일이나 목적과 관련하여 쓰이거나 필요한 물품 : 용 품

● 학문, 기술 따위의 현상이 이전보다 더 높은 수준에 이르는 것 : 발 달

● 더 낮고 좋은 상태나 더 높은 단계로 나아가다. : 발 전 하다

● 넓고 큰 바다 : 해 양 [海 — 바다 해, 洋 — 큰 바다 양]

● 병이나 고통으로 괴로워하며 내는 소리 : 신 음

● 어떤 모임이나 일에 같이 참가하다. : 동 참 하다
[同 — 함께 동, 參 — 참여할 참]

01 단락 간의 관계 이해하기

각 단락에 대한 설명으로 알맞지 <u>않은</u> 것은 무엇인가요? ( )

① 1단락에서는 과학 기술의 발달로 심각해진 환경 오염에 대해 이야기하고 있다.

② 2단락에서는 지구 온난화로 인한 문제가 제시되고, 3단락에서는 그것을 막기 위한 우리나라의 노력을 소개하고 있다.

③ 4단락에서는 플라스틱으로 인한 해양 오염 문제를 이야기하고, 5단락에서는 그것을 막기 위한 우리나라의 노력을 소개하고 있다.

④ 6단락에서는 2~4단락의 내용을 요약하여 설명하고 있다.

02 내용 이해하기

이 글의 '환경 오염'에 대한 내용으로 알맞지 <u>않은</u> 것은 무엇인가요? ( )

① 과학 발달이 가져온 부작용이다.

② 지구 온난화와 해양 오염 등을 예로 들 수 있다.

③ 해양 오염은 바다 생물의 생태계뿐만 아니라 우리 건강에도 부정적 영향을 미친다.

④ 지구 온난화는 이산화 탄소와 같은 기체로 인해 산소가 부족해져 일어나는 오염이다.

⑤ 일반적 크기의 플라스틱도 환경 오염을 일으키지만, 미세 플라스틱도 큰 위협을 일으키고 있다.

03 내용 이해하기

다음은 지구 온난화에 대처하는 방안을 정리한 것입니다. ㉠, ㉡에 들어가기에 알맞은 말을 쓰세요.

> 지구 온난화로 인한 위기를 극복하기 위해 세계 각국은 (㉠)을/를 발전시키는 정책을 실시한다. 우리나라의 경우 '(㉡) 녹색 성장'을 목표로 노력하고 있다. 이는 지구 온난화의 주된 원인인 이산화 탄소의 발생을 줄이고 환경을 생각하는 지속 가능한 발전을 꾀하는 것이다.

㉠: ( ), ㉡: ( )

04 내용 적용하기

다음 중 5단락에 추가할 수 있는 예로 알맞은 것은 무엇인가요? (   )

① 가급적이면 대중교통을 이용한다.
② 종량제 쓰레기봉투의 색을 통일한다.
③ 사용하지 않는 전자 제품의 전원 코드를 뽑는다.
④ 대형 마트의 박스 포장대를 없애서 종이 폐기물을 줄인다.
⑤ 생수·음료수용 페트병을 재활용이 가능한 무색 페트병으로 점차 전환한다.

05 내용 이해하기 `서술형`

다음은 채원이와 선생님이 나눈 대화입니다. 밑줄 친 곳에 들어가기 알맞은 내용을 이 글에서 찾아 쓰세요.

> 채원: 환경 보호를 위해 행동하는 것이 중요해 보여요.
> 선생님: 맞아요. 환경 보호에는 국가적 차원의 노력도 필요하지만 개개인의 노력도 중요합니다. 구체적으로 어떤 방법이 있을까요?
> 채원: ____________________________

____

____

--- 낱말 따라 쓰기 

● 남극과 북극을 중심으로 한 그 주변 지역 : 극 지 방
● 수백 수천 년 동안 쌓인 눈이 변한 얼음덩어리 : 빙 하
● 생활의 근거지 : 터 전
● 공통의 특성을 가진 한정된 구역이나 영역 : 지 대
　[地−땅 지, 帶−띠 대]
● 자연환경을 오염하지 않고 자연 그대로의 환경과 잘 어울리는 일 : 친 환 경
● 국가나 공공의 기관에서 어떤 법이나 제도를 실제로 행하다. : 실 시 하다
● 어렵고 힘든 일을 이겨 내다. : 극 복 하다
● 한 번만 쓰고 버림. 또는 그런 것 : 일 회 용
　[一−하나 일, 回−돌아올 회, 用−쓸 용]

● 이론이나 계획을 실제로 행하는 것 : 실 천
● 목적했던 일과 함께 일어나는 바람직하지 못한 일 : 부 작 용
● 어려운 일을 이겨 내기에 알맞은 행위를 하다. : 대 처 하다
● 무엇을 이용한 시간이나 분량에 따라 그 값을 내게 하는 제도 : 종 량 제
● 이미 사용했던 물건을 가공하여 다시 사용하는 것 : 재 활 용
　[再−다시 재, 活−살 활, 用−쓸 용]
● 지금까지의 방침·경향·상태 등을 다른 것으로 바꾸다. : 전 환 하다
　⑩ 그녀는 기분 전환을 위해 쇼핑했다
● 어떤 일을 다루거나 생각할 때의 기본이 되는 원칙이나 수준 : 차 원

낱말 쑥쑥 테스트

빠른 정답 3쪽

[01~05] 주어진 한자와 뜻풀이를 보고, 빈칸에 알맞은 낱말을 쓰세요.

01 海 바다 ☐ + 洋 큰 바다 ☐ = ☐☐
넓고 큰 바다

02 再 다시 ☐ + 活 살 ☐ + 用 쓸 ☐
= ☐☐☐
이미 사용했던 물건을 가공하여 다시 사용하는 것

03 地 땅 ☐ + 帶 띠 ☐ = ☐☐
공통의 특성을 가진 한정된 구역이나 영역

04 一 하나 ☐ + 回 돌아올 ☐ + 用 쓸 ☐
= ☐☐☐
한 번만 쓰고 버림. 또는 그런 것

05 同 함께 ☐ + 參 참여할 ☐ = ☐☐
어떤 모임이나 일에 같이 참가하다.

[06~10] 주어진 초성과 낱말의 뜻을 보고, 빈칸에 알맞은 낱말을 쓰세요.

06 기온이 낮은 ☐ㄱ ㅈ ㅂ☐ 에서는 짧은 여름에만 식물이 자란다.
남극과 북극을 중심으로 한 그 주변 지역

07 환경 오염에 대한 우려 때문에 최근에는 기업들이 ☐ㅊ ㅎ ㄱ☐ 제품을 많이 개발하고 있다.
자연환경을 오염하지 않고 자연 그대로의 환경과 잘 어울리는 일

08 이 약은 너무 많이 먹으면 ☐ㅂ ㅈ ㅇ☐ 이/가 일어날 수 있다.
목적했던 일과 함께 일어나는 바람직하지 못한 일

09 그는 자기 ☐ㅂ ㅈ☐ 을/를 위해 끊임없이 노력하고 있다.
더 낫고 좋은 상태나 더 높은 단계로 나아가다.

10 백 마디 말보다 한 번의 ☐ㅅ ㅊ☐ 이/가 중요하다.
이론이나 계획을 실제로 행하는 것

배경지식

작지만 해로운 미세 플라스틱

우리가 일상적으로 쓰는 플라스틱을 떠올려 볼까요? 음료수 병, 과자 봉지, 빨대, 샴푸·린스 통…… 어휴, 많기도 하죠? 이렇게 우리가 자주 쓰는 플라스틱은 사용하면 할수록 낡아서, 나중에는 조각조각 부서져 버립니다. 아예 처음부터 작게 만들 때도 있고요. 그렇게 만들어진 작은 플라스틱 조각을 미세 플라스틱이라고 불러요.

그런데 플라스틱 입자는 오랜 시간에 걸쳐 부서지고 분해되면서 환경 호르몬과 같은 독성 화학 물질을 내뿜어요. 생물들에게 치명적이죠. 게다가 눈에 보이지도 않을 정도로 작은 미세 플라스틱이 몸속에 들어오게 되면, 자연스럽게 배출되는 것이 아니라 세포들 속으로 들어가 버립니다. 그런 미세 플라스틱들이 세포 속에서 염증이나 유전자 변형 같은 문제를 일으키고 있어요. 이렇게 나쁜 영향을 주는 미세 플라스틱에게서 우리 몸을 지키기 위해서라도, 플라스틱 줄이기 운동을 실천해 나가야 할 때입니다.

[01~05] 다음 글을 읽고, 물음에 답하세요.

어머니 심부름으로 우유를 사러 간 해나는 당황스러웠다. 너무도 다양한 종류의 우유가 있어서 선택하기 힘들었기 때문이다. '가장 양이 많은 우유를 사 오렴.'이라고 한 어머니의 말을 떠올리며 해나는 고민에 빠졌다. 해나는 어떤 우유를 사야 할까? 액체의 양을 나타내는 단위를 살펴보면 이 문제를 쉽게 해결할 수 있다.

물병과 같은 통이나 그릇 안에 최대한으로 넣을 수 있는 물건의 부피를 '들이'라고 한다. 즉, 해나는 우유갑의 들이가 가장 큰 것을 선택하면 되는 것이다. 들이를 나타내는 단위는 'L'이며 '리터'라고 읽는다. 1L는 한 모서리의 길이가 10cm인 정육면체의 부피와 같은 들이이다. 정육면체의 부피는 가로와 세로, 높이의 길이를 곱하여 구하므로 '1L=10cm×10cm×10cm=1000cm^3'이다.

한편, 우리가 급식 시간에 먹는 작은 우유갑에는 L가 아닌 mL가 적혀 있다. 이것은 어떤 단위일까? mL는 '밀리리터'라고 읽으며, L보다 작은 단위의 부피이다. 1mL는 한 모서리의 길이가 1cm인 정육면체의 부피와 같은 들이이며, '1mL=1cm×1cm×1cm=1cm^3'이다.

그렇다면 L와 mL를 어떻게 비교할 수 있을까? 두 가지를 똑같은 단위로 바꿔 보면 된다. 앞에서 우리는 정육면체의 부피를 구하는 방법을 이용해 L와 mL를 cm^{3}라는 똑같은 단위로 바꿔 보았다. 1L는 1000cm^{3}이고 1mL는 1cm^{3}이므로 1L는 1mL보다 1000배 많다. 만약 200mL를 L로 나타내려면 $\frac{1}{1000}$을 곱하여 0.2L로 나타낼 수 있다. 반대로 L를 mL 단위로 바꾸려면 1000을 곱하면 되는 것이다. 이제 해나는 다양하게 적힌 우유갑의 들이를 비교하여 가장 양이 많은 우유를 사갈 수 있다.

여러 가지 음료들은 다양한 모양의 용기에 들어 있다. 용기의 높이가 높아도 통이 좁으면 들이가 크지 않을 수 있고, 높이가 좀 낮아도 통이 넓으면 들이가 클 수 있다. 따라서 다양한 음료의 들이를 단순히 눈으로 비교하는 것은 정확하지 않기 때문에 L와 mL의 단위를 확실히 따져보아야 한다. 비슷한 품질이고 같은 가격이라면 더 많은 양의 음료를 고르는 현명한 소비를 하도록 하자.

---

01 ✷✷✷

각 단락에 대한 설명으로 알맞지 **않은** 것은 무엇인가요?   (   )

① 1단락에서는 해나가 고민하는 문제 상황을 이야기하고 있다.
② 2단락과 3단락에서는 들이의 개념과 단위를 설명하고 있다.
③ 5단락에서는 다양한 음료의 품질과 가격을 서로 비교하고 있다.

02 ✷✷✷

이 글의 내용으로 알맞지 **않은** 것은 무엇인가요?
                                                          (   )

① mL는 L보다 작은 단위의 부피이다.
② 정육면체의 부피는 가로와 세로, 높이의 길이를 더하여 구한다.
③ 다양한 음료의 들이를 단순히 눈으로 비교하는 것은 정확하지 않다.
④ 통이나 그릇 안에 최대한으로 넣을 수 있는 물건의 부피를 '들이'라고 한다.
⑤ 정육면체의 부피를 구하는 방법을 이용해 L와 mL를 똑같은 단위로 나타낼 수 있다.

03 ✽✽✽

다음 중 '들이'에 대해 바르게 이해한 사람은 누구인지 쓰세요.

> 유빈: 1L는 1000mL야.
>
> 혜민: 1mL는 1L보다 1000배 많아.
>
> 지윤: 200mL를 L 단위로 바꾸려면 숫자 200에 1000을 곱해야 해.
>
> 가현: 급식 시간에 먹는 작은 우유의 들이는 보통 L라는 단위를 사용해.

(   )

04 ✽✽✽

다음은 들이의 단위를 바꾸는 과정입니다. ㉠~㉣에 들어가기에 알맞은 수를 쓰세요.

> • 2L를 mL 단위로 바꾸려면 2에 (㉠)을/를 곱하면 되므로 2L는 (㉡)mL이다.
>
> • 500mL를 L 단위로 바꾸려면 500에 (㉢)을/를 곱하면 되므로 500mL는 (㉣)L이다.

㉠: (   ), ㉡: (   )
㉢: (   ), ㉣: (   )

05 ✽✽✽ 서술형

L와 mL의 단위를 정확히 비교했을 때 얻을 수 있는 장점을 이 글에서 찾아 쓰세요.

____

____

____

낱말 따라 쓰기 

● 여럿 가운데서 필요한 것을 골라 뽑다. : 선택 하다

㉾ 점심으로 무엇을 먹을지 빨리 선택해야 한다.

● 길이, 무게, 시간 따위의 수량을 수치로 나타낼 때 기초가 되는 일정한 기준 : 단 위 [單-홑 단, 位-자리 위]

㉾ 나라마다 치수를 재는 단위가 다르니 외국에서 옷을 살 때는 사이즈를 꼼꼼히 확인해야 한다.

● 일정한 조건에서 정해진 가장 큰 정도 : 최 대 한

㉾ 그녀는 자기가 맡은 일은 빈틈없이 하려고 최대한으로 노력한다.

● 넓이와 높이를 가진 물건이 공간에서 차지하는 크기 : 부 피

㉾ 최근에 새로 산 이불은 부피는 커다란데 무게는 가벼운 것이 마음에 든다.

● 물체의 모가 진 가장자리 : 모 서 리

㉾ 달걀을 그릇 모서리에 부딪쳐 깨뜨렸다.

● 여섯 개의 면이 모두 합동인 정사각형으로 이루어진 정다면체 : 정 육 면 체

㉾ 주사위는 정육면체의 각 면에 한 개에서 여섯 개의 점이 찍혀 있는 장난감이다.

● 둘 이상의 사물을 견주어 서로 간의 유사점, 차이점 등을 생각하다. : 비 교 하다 [比-견줄 비, 較-견줄 교]

㉾ 물건을 살 때 여러 가지를 비교하고 선택해야 한다.

● 물건을 담는 그릇 : 용 기 [容-모양 용, 器-그릇 기]

㉾ 남은 음식 재료를 용기에 담아 냉장고에 잘 넣어 두었다.

● 복잡하지 않고 간단하다. : 단 순 하다

㉾ 단순하게 외우기만 한 지식은 오래가지 않는다.

● 바르고 확실하여 틀림이 없다. : 정 확 하다

㉾ 수학 시험이 어렵더라도 차근차근 정확하게 계산한다면 잘 풀 수 있을 것이다.

● 물건의 성질과 바탕 : 품 질 [品-물건 품, 質-품질 질]

㉾ 내가 이 제품을 좋아하는 이유는 값이 싸고 품질이 좋기 때문이다.

● 물건이 지니고 있는 가치를 돈으로 나타낸 것 : 가 격

㉾ 새 옷을 싼 가격으로 샀다.

● 판단력이 좋고 세상 이치에 밝다. : 현 명 하다

㉾ 해외여행을 가려고 한다면 숙소와 교통편을 예약해 두는 것이 현명하다.

● 돈이나 물자, 시간, 노력 따위를 들이거나 써서 없애는 것 : 소 비

㉾ 낭비하는 소비 습관을 고쳐야 한다.

● 수를 나타내는 말 뒤에 써서 같은 수량을 여러 번 합한 만큼의 분량 : 배 ㉾ 기쁨은 나누면 두 배가 된다.

DAY **24**

빠른 정답 3쪽

✱ 사다리 타기에 따라, 빈칸에 들어가기에 알맞은 낱말의 뜻을 〈보기〉에서 골라 번호를 쓰세요.

〈 보기 〉

① 물건을 담는 그릇

② 한 번만 쓰고 버림. 또는 그런 것

③ 꺾이거나 굽은 데가 없는 곧은 선

④ 어떤 의견, 주장, 논설 따위에 반대하여 말하다.

⑤ 사물이나 공간, 지위 따위를 자기 몫으로 가지다.

⑥ 산뜻하고 뚜렷하여 다른 것과 혼동되지 아니하다.

STEP 5

글의 구조 이해하기

★ **글의 구조 이해란?**
단락 간의 관계를 바탕으로 글의 짜임을
살펴보는 것입니다.

● **글의 구조를 이해해야 하는 이유**
글의 구조를 이해하면 글쓴이가 무엇을
이야기하기 위해서, 어떤 방식으로 글을
썼는지 알 수 있어요.

🌟 **글의 구조를 이해하는 방법**
① 먼저, 각 단락의 내용을 요약하여 단락
   간의 관계를 살펴보세요.
② 단락 간의 관계를 바탕으로 글의 구조를
   따져 보고, 이를 구조도로 정리하세요.
   – 단락마다 다른 이야기가 이어진다면
     각 단락을 기차 형태로 나란히 놓으
     세요.
   – 같은 종류의 내용을 다루는 단락
     끼리는 묶을 수 있어요.

연극의 기본이 되는 글, 희곡

빠른 정답 3쪽

지문 확인

수아네 반은 환경 오염의 심각성을 알리는 연극을 하기로 했다. 연극을 하려면 무엇이 필요할까? 무대, 배우, 의상, 관객 등 여러 가지가 있겠지만, 무엇보다 꼭 필요한 것은 연극의 대본이다. 대본은 연극이나 영화의 기본이 되는 글이며, 그중에서도 연극의 대본을 희곡이라고 한다. 희곡은 무엇으로 이루어져 있을까?

희곡의 첫 부분은 해설로 시작된다. 해설이란 이야기의 배경이 되는 시간, 장소, 등장인물 등을 소개하는 부분이다. 또한 희곡은 무대 위에서 공연을 하기 위한 목적으로 쓰인 글이기 때문에 무대나 소품, 등장인물의 행동 등을 무대 위에서 어떻게 드러낼 것인지를 구체적으로 써 놓는데 이것을 지시문 또는 지문이라고 한다. 지시문 중에서도 인물의 동작을 지시하는 것은 보통 괄호 안에 표시되어 있는 경우가 많다.

희곡에서 해설이나 지시문보다 더 중요한 것이 있다. 바로 희곡에서 가장 많은 부분을 차지하는 대사이다. 대사란 등장인물이 하는 말로, 희곡에서는 대사를 통해 인물의 심리, 성격, 사건의 진행 등이 모두 드러난다. 대사의 종류는 두 사람이 주고받는 '대화', 등장인물이 혼자서 하는 말인 '독백', 다른 등장인물에게는 들리지 않고 관객에게만 들린다고 정해 놓은 말인 '방백'으로 나뉜다.

이와 같이 희곡은 해설과 지시문(지문), 대사로 구성된 연극 대본이다. 희곡은 무대에서 공연하는 것이 목적인 글이기 때문에 작가의 뜻을 마음껏 표현하기에는 시간과 공간의 한계에 부딪힐 수밖에 없다. 하지만 희곡의 해설과 지시문이 무대 위에서 어떤 무대 장치나 소품, 효과로 표현되는지, 배우들이 대사를 어떻게 연기하는지 보는 재미가 있다. 희곡을 잘 이해하려면 실제로 연극을 해 보는 것이 가장 좋은 방법이다. 수아네 반은 연극을 하는 과정에서 희곡을 제대로 이해할 수 있을 것이다.

• **1단락 중심 낱말 :**
1) ☐☐

• **2단락 중심 낱말 :**
2) ☐☐, 지시문(지문)

• **3단락 중심 낱말 :**
3) ☐☐

• **4단락 중심 낱말 :**
4) ☐☐

낱말 따라 쓰기 

● 상태나 상황이 심각한 정도 : 심 각 성
　㉔ 경찰은 이번 사태의 심각성을 깨닫고, 범인을 잡기 위해 총출동했다.

● 운동 경기, 공연, 영화 따위를 보거나 듣는 사람 : 관 객

● 문학 작품에서, 주제를 뒷받침하는 시대적·사회적 환경이나 장소 : 배 경

● 연극의 무대 장치에 쓰이는 자잘한 물건 : 소 품

● 잘 알 수 있을 만큼 실례가 있고 자세한 것 : 구 체 적
　㉔ 예를 들어 설명할 때는 최대한 구체적인 예시를 골라야 한다.

● 겉으로 드러나 보이다. : 표 시 되 다
　[表-겉 표, 示-보일 시]

● 마음의 움직임이나 의식의 상태 : 심 리
　[心-마음 심, 理-다스릴 리]

● 어떤 일을 해 나가는 것 : 진 행

STEP 5 글의 구조 이해하기

빠른 정답 4쪽

글의 구조 이해하기는 단락 간의 관계를 바탕으로 글의 짜임을 살펴보는 것입니다.

★ **글의 구조를 이해하는 방법**

① 먼저, 각 단락의 내용을 요약하여 단락 간의 관계를 살펴보세요.

② 단락 간의 관계를 바탕으로 글의 구조를 따져 보고, 이를 구조도로 정리하세요.

- 단락마다 다른 이야기가 이어진다면 각 단락을 기차 형태로 나란히 놓으세요.
- 같은 종류의 내용을 다루는 단락끼리는 묶을 수 있어요.

1단락

연극이나 영화의 기본이 되는 글은 대본이며, 그중에서도 연극을 위한 대본을 희곡이라고 한다는 것이 중심 내용이에요. 그러므로 1단락을 요약하면 '1) ☐☐ 의 뜻'입니다.

2단락

희곡의 구성 요소를 설명하고 있어요. 이야기의 배경이 되는 시간, 장소, 등장인물 등을 소개하는 해설을 먼저 설명하고 있네요. 그 다음으로 무대나 소품, 등장인물의 행동 등을 무대 위에서 어떻게 드러낼지를 구체적으로 써 놓은 지시문(지문)을 설명하고 있으므로 2단락을 요약하면 '희곡의 구성 요소 – 2) ☐☐ 와/과 지시문(지문)'입니다.

3단락

희곡에서 가장 많은 부분을 차지하는 구성 요소를 설명하고 있어요. 희곡에서는 대사를 통해 인물의 심리, 성격, 사건의 진행 등을 드러낸다고 해요. 그리고 대사의 종류를 나누어 살펴보고 있네요. 3단락을 요약하면 '희곡의 구성 요소 – 3) ☐☐'입니다.

[단락 간의 관계]

1단락에서 소개한 '희곡'의 구성 요소를 2단락과 3단락에서 각각 '해설, 지시문(지문)'과 '대사'로 나누어 설명하고 있어요.

4단락

희곡은 해설과 지시문(지문), 대사로 구성된 연극 대본이라고 하네요. 그러므로 4단락을 요약하면 '희곡의 4) ☐☐ 요소로 정리해 본 개념'입니다.

[단락 간의 관계]

4단락에서는 '이와 같이'라고 하며 앞의 내용을 다시 한 번 말하고 있어요.

[글의 구조]

★ 1단락에서 연극의 대본인, 희곡을 소개하고 있어요.
2단락과 3단락에서 희곡의 구성 요소를 나누어 상세하게 설명하고 있어요.
4단락에서는 1~3단락의 내용을 요약하여 정리하고 있어요.

★ 2단락과 3단락은 각각 희곡의 구성 요소를 다루고 있으므로 묶을 수 있어요.

★ 글의 구조도를 그리면 다음과 같습니다.

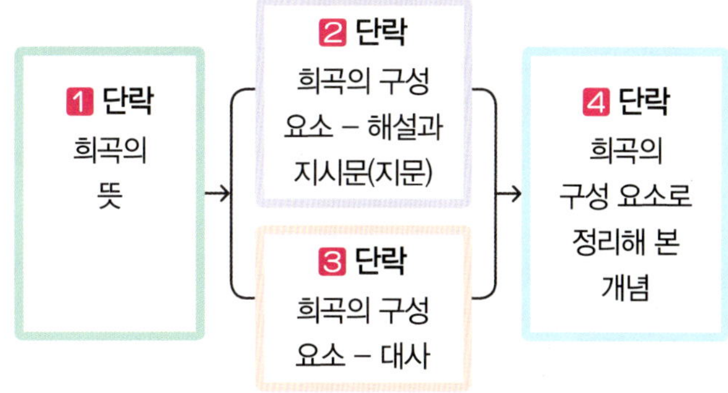

DAY
25

01 글의 구조 이해하기

다음은 이 글의 구조를 정리한 것입니다. ㉠, ㉡에 들어가기에 알맞은 말을 쓰세요.

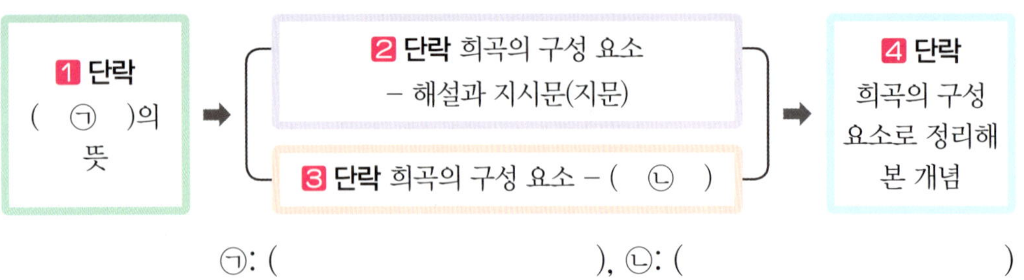

㉠: (   ), ㉡: (   )

02 내용 이해하기

이 글의 '희곡'에 대한 설명으로 알맞은 것은 무엇인가요?　(　　)

① 희곡은 연극이나 영화의 기본이 되는 글이다.

② 희곡에서 가장 많은 부분을 차지하는 것은 해설이다.

③ 희곡을 제대로 이해하기 위해서는 직접 연극을 해 보는 것이 좋다.

④ 희곡은 무대에서 공연하는 것이 목적이어서 시간과 공간의 영향을 받지 않는다.

⑤ 등장인물의 행동을 무대 위에서 어떻게 드러낼 것인지를 쓴 것을 대사라고 한다.

03 내용 이해하기

희곡을 구성하는 요소 세 가지를 이 글에서 찾아 쓰세요.

(   ), (   ), (   )

04 내용 적용하기

희곡의 일부분인 〈보기〉에 대한 설명으로 알맞지 않은 것은 무엇인가요?　(　　)

〈 보기 〉

　늑대, 빨간 모자 소녀의 할머니로 변장하고 침대에 누워 빨간 모자 소녀를 기다린다.
빨간 모자 소녀가 한 손에 음식이 든 바구니를 들고 할머니 댁에 도착한다.
빨간 모자 소녀: 할머니! 저 왔어요. ㉠ (침대에 걸터앉으며) 잘 지내셨어요?
늑대: ㉡ (방백) 드디어 왔군. 너도 잡아먹어 줄 테다. (할머니 목소리를 흉내 내며)
　그럼, 우리 예쁜 손녀가 오기를 기다리고 있었지.
빨간 모자 소녀: (늑대의 손을 가리키며) ㉢ 그런데 할머니, 손이 정말 커지셨네요!

① ㉠: 등장인물의 행동을 어떻게 드러낼 것인지 구체적으로 지시하고 있다.

② ㉡: 인물의 동작을 지시하는 지시문이다.

③ ㉡: 관객들은 들을 수 있지만 '빨간 모자 소녀'는 들을 수 없는 말이다.

④ ㉢: 배우가 어떻게 연기하는지를 보는 재미가 있다.

⑤ ㉢: 대사의 한 종류로, 두 사람이 주고받는 '대화'이다.

낱말 따라 쓰기 

● 사물이나 능력, 책임 따위가 실제 작용할 수 있는 범위나 경계 : [한][계] [限 – 한정할 한, 界 – 경계 계]

　㉲ 능력의 한계를 뛰어넘으려는 노력은 값진 것이다.

● 소리나 영상 따위로 그 장면에 알맞은 분위기를 인위적으로 만들어 진짜처럼 표현해 내는 일 : [효][과]

　㉲ 이 영화는 빛의 효과로 주제를 드러내 보였다.

● 무엇에 원인이 되든가 힘을 미치어 반응이나 변화가 생기게 하는 것 : [영][향]

● 본래의 모습을 알아볼 수 없게 하기 위하여 옷차림이나 얼굴, 머리 모양 따위를 바꾸다. : [변][장]하다

문제 이해하고 풀기

빠른 정답 4쪽, 정답과 풀이 49쪽

01 글의 구조 이해하기

단락을 요약한 후 중심 내용 간에 어떤 관계가 있는지 따져 보면 글의 구조를 쉽게 이해할 수 있어요.

1단락은 희곡의 뜻을 말하면서 희곡이 무엇으로 이루어져 있을까 질문을 던지고 있네요.

2단락에서는 희곡의 구성 요소인 해설과 지시문(지문)을, 3단락에서는 희곡의 구성 요소인 대사를 설명하고 있어요.

4단락에서는 희곡의 구성 요소로 개념을 정리해 보고 있네요.

정답은 ㉠: ____________, ㉡: ____________ 입니다.

02 내용 이해하기

'희곡'에 대한 설명으로 알맞은 것을 찾아보는 문제입니다.

🌼 각각의 선택지 내용을 순서대로 살펴볼게요.

① 희곡은 연극이나 영화의 기본이 되는 글이다.(×)

근거 ①단락 ❹번째 문장: 대본은 연극이나 영화의 기본이 되는 글이며, 그중에서도 연극의 대본을 희곡이라고 한다.

② 희곡에서 가장 많은 부분을 차지하는 것은 해설이다.(×)

근거 ③단락 ❷번째 문장: 바로 희곡에서 가장 많은 부분을 차지하는 대사이다.

③ 희곡을 제대로 이해하기 위해서는 직접 연극을 해 보는 것이 좋다.(○)

근거 ④단락 ❹번째 문장: 희곡을 잘 이해하려면 실제로 연극을 해 보는 것이 가장 좋은 방법이다.

④ 희곡은 무대에서 공연하는 것이 목적이어서 시간과 공간의 영향을 받지 않는다.(×)

근거 ④단락 ❷번째 문장: 희곡은 ~ 시간과 공간의 한계에 부딪힐 수밖에 없다.

⑤ 등장인물의 행동을 무대 위에서 어떻게 드러낼 것인지를 쓴 것을 대사라고 한다.(×)

근거 ②단락 ❸번째 문장: 또한 희곡은 무대 위에서 ~ 지시문 또는 지문이라고 한다.

정답은 ____________ 입니다.

03 내용 이해하기

희곡을 구성하는 요소 세 가지를 쓰는 문제예요.

🌼 희곡의 구성 요소를 정리해 둔 문장을 찾아볼까요?

근거 ④단락 ❶번째 문장: 이와 같이 희곡은 해설과 지시문(지문), 대사로 구성된 연극 대본이다.

🍃 바로 첫 문장에 희곡의 구성 요소를 정리해 두었네요.

정답은 ____________, ____________, ____________ 입니다.

04 내용 적용하기

· ㉠은 지시문(지문), ㉡은 방백, ㉢은 대화입니다.

즉 희곡의 구성 요소를 실제 희곡에 적용해 보는 문제입니다.

🌼 각각의 선택지 내용을 순서대로 살펴볼게요.

① ㉠: 등장인물의 행동을 어떻게 드러낼 것인지 구체적으로 지시하고 있다.(○)

근거 ②단락 ❹번째 문장: 지시문 중에서도 ~ 보통 괄호 안에 표시되어 있는 경우가 많다.

② ㉡: 인물의 동작을 지시하는 지시문이다.(×)

근거 ③단락 ❸, ❹번째 문장: 대사란 등장인물이 하는 말로, ~ '방백'으로 나뉜다.

③ ㉡: 관객들은 들을 수 있지만 '빨간 모자 소녀'는 들을 수 없는 말이다.(○)

근거 ③단락 ❹번째 문장: ~ 다른 등장인물에게는 들리지 않고 관객에게만 들린다고 정해 놓은 말인 '방백'으로 나뉜다.

④ ㉢: 배우가 어떻게 연기하는지를 보는 재미가 있다.(○)

근거 ④단락 ❸번째 문장: ~ 배우들이 대사를 어떻게 연기하는지 보는 재미가 있다.

⑤ ㉢: 대사의 한 종류로, 두 사람이 주고받는 '대화'이다.(○)

근거 ③단락 ❹번째 문장: 대사의 종류는 두 사람이 주고받는 '대화', 등장인물이 혼자서 하는 말인 '독백' ~

정답은 ____________ 입니다.

프랑스에 있는 우리의 문화재, 《직지심체요절》

공부한 날   월   일

빠른 정답 4쪽

지문 확인

금속 활자로 만든 세계 최초의 책으로, 세계 기록 유산에도 오른 우리의 문화재는 무엇일까? 바로 가치를 따질 수 없는 우리나라의 보물인 《직지심체요절》이지만, 이 책은 현재 프랑스 국립 도서관에 있다. 우리나라의 보물이 어쩌다 프랑스까지 가게 된 것일까?

대한 제국 시기까지 《직지심체요절》은 우리나라에 있었다. 그런데 당시 우리나라에 있던 프랑스 외교관 콜랭 드 플랑시는 동양 문화에 관심이 많아 책과 미술품 등을 사들였고 그중 하나가 《직지심체요절》이었다. 그는 그것들을 프랑스로 가져갔으며 이후 《직지심체요절》은 골동품 수집가의 손을 거쳐 프랑스 국립 도서관에 보관된 것이다.

프랑스 국립 도서관에 있던 《직지심체요절》을 발견한 사람은 박병선 박사이다. 한국에서 역사를 공부하던 그녀는 프랑스로 유학을 떠나 학위를 받고 프랑스 국립 도서관의 사서로 일하였다. 도서관 귀퉁이에서 《직지심체요절》을 발견한 그녀는 이것이 당시 최초의 금속 활자본으로 알려져 있던 구텐베르크의 것보다 73년이나 앞선 세계 최고(最古)의 금속 활자본이라는 사실을 증명해 냈다.

그렇다면 왜 《직지심체요절》은 우리나라로 돌아오지 못하고 있는 것일까? 그것은 이 책이 외규장각 의궤처럼 강제로 빼앗긴 문화재가 아니기 때문이다. 콜랭 드 플랑시가 《직지심체요절》을 합법적으로 구매한 것이므로 이를 일방적으로 돌려 달라고 요구하기가 어렵다. 게다가 과거 프랑스의 식민지였고 아직까지 문화재를 돌려받지 못하고 있는 많은 나라들 간의 복잡한 관계로 인해 문화재 반환이 더욱 힘든 상황이다.

하지만 이 책을 되찾아 와야 한다는 목소리는 끊이지 않고 있으며, 문화재 반환 운동을 하는 단체와 정부도 계속 노력하고 있다. 또한 소중한 문화재를 되찾기 위해 개개인들도 해외에 있는 우리의 문화재에 관심을 가져야 한다.

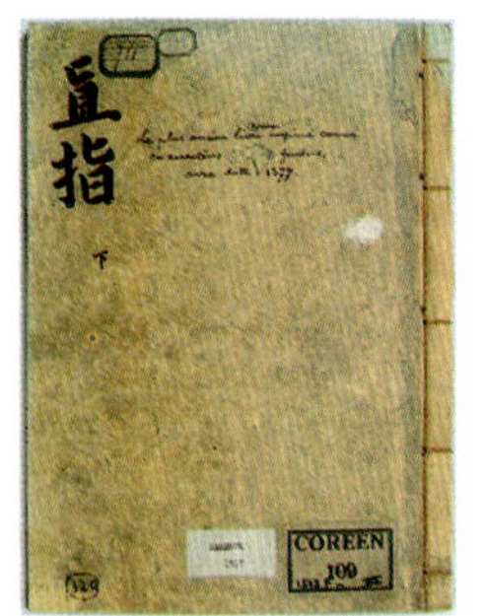

▲ 《직지심체요절》

출처: e뮤지엄 (http://www.emuseum.go.kr)

지문 확인

- **1단락 중심 낱말 :**
  1) ☐☐☐☐ / ☐☐
- **2단락 중심 낱말 :** 《직지심체요절》
- **3단락 중심 낱말 :** 《직지심체요절》
- **4단락 중심 낱말 :** 《직지심체요절》
- **5단락 중심 낱말 :**
  2) ☐☐☐ 반환 운동

낱말 따라 쓰기 

- 문화적 가치가 두드러져서 특별히 법으로 보호를 받는, 나라의 문화적 유물 : 문 화 재 [文-예술 문, 化-될 화, 財-보물 재]

- 납·구리 등의 쇠붙이로 글자 모양을 본떠 만든 활자 : 금 속 활 자

- 맨 처음 : 최 초 [最-가장 최, 初-처음 초]

- 앞 시대가 뒤의 시대에 물려준 사실이나 사물. 과거에서 현재로 전하여 오는 것 : 유 산 [遺-남길 유, 産-낳을 산]

  예 훈민정음은 우리가 세계적으로 자랑할 만한 유산이다.

- 귀중하게 여길 만한 성질이나 중요한 것 : 가 치

  예 이 그림은 색감이 고급스럽고 아름다워서 가치가 높다.

01 글의 구조 이해하기

다음은 이 글의 구조를 정리한 것입니다. 빈칸에 공통으로 들어가기에 알맞은 말을 쓰세요.

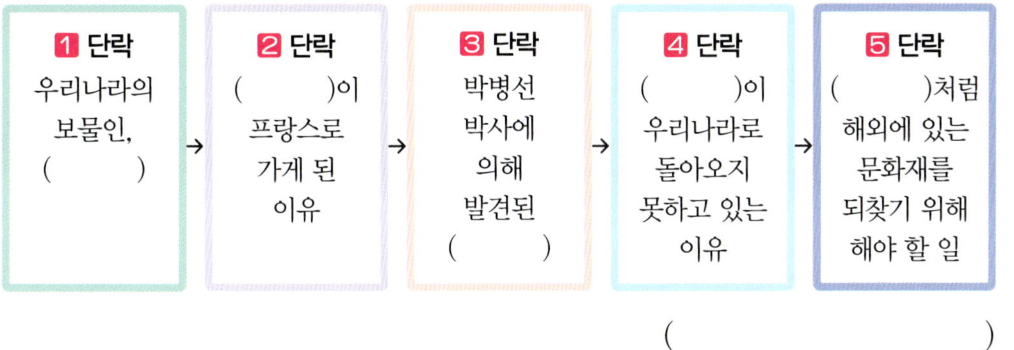

(   )

02 글쓰기 방식 이해하기

이 글에 대한 설명으로 알맞은 것을 두 가지 고르세요. (,   )

① 외규장각 의궤의 문화적 가치를 강조하고 있다.
② 콜랭 드 플랑시와 박병선 박사의 업적을 비교하고 있다.
③ 글쓴이가 질문을 던지고 스스로 답변을 하며 정보를 전달하고 있다.
④ 우리나라에서 《직지심체요절》이 완성된 과정을 시간 순서대로 늘어놓고 있다.
⑤ 다른 금속 활자본과 비교하며 《직지심체요절》이 만들어진 시기를 강조하고 있다.

03 내용 이해하기

《직지심체요절》에 관한 사건을 일어난 순서대로 정리하려고 합니다. 알맞은 기호를 차례대로 쓰세요.

> ㉠ 골동품 수집가를 거쳐 《직지심체요절》이 프랑스 국립 도서관에 보관되었다.
> ㉡ 대한 제국 시기에 프랑스 외교관이 《직지심체요절》을 구매해 프랑스로 가져갔다.
> ㉢ 프랑스 국립 도서관에서 사서로 일하던 박병선 박사가 《직지심체요절》을 발견하였다.

(   ) → (   ) → (   )

정답 콕콕 특강

01

이 글은 프랑스 국립 도서관에 보관된 우리나라의 문화재에 대해 설명하고 있어요. 단락별로 간추린 내용을 각 단락과 비교하며 읽어 보세요.

02

글쓰기 방식을 파악하려면 본문에 쓰인 표현을 유심히 보아야 해요. 선택지에서 말하고 있는 내용과 표현이 본문에 등장하는지 확인해 보세요.

03

2단락에 《직지심체요절》이 프랑스로 가게 된 이유가 나타나 있어요.

DAY
26

이 글을 읽고 나눈 대화입니다. 글의 내용과 맞지 <u>않는</u> 것은 무엇인가요?　　　（　　　）

① 소영: 합법적으로 구매한 것은 일방적으로 돌려달라고 요구할 수 없구나.

② 정규: 외규장각 의궤는 《직지심체요절》과 달리 빼앗긴 우리나라의 문화재야.

③ 지수: 우리나라 외에도 프랑스로부터 문화재를 돌려받지 못하고 있는 나라가 있구나.

④ 송연: 콜랭 드 플랑시는 《직지심체요절》과 동양 문화재들을 훔치거나 강제로 빼앗아 프랑스로 가져갔어.

⑤ 정훈: 우리나라에는 《직지심체요절》과 같은 해외에 있는 우리의 문화재를 되찾아 와야 한다고 주장하는 단체들이 있어.

04

선택지의 대화가 본문의 내용과 일치하는지 꼼꼼히 확인해 보세요. 본문에 쓰인 표현이 대화의 표현과 달라도 헷갈리지 않도록 주의해요.

05 내용 추측하기 서술형

이 글을 참고하여 해외에 있는 우리의 문화재를 되찾기 위해 개개인이 할 수 있는 노력을 쓰세요.

05

여러분이 문화재 반환을 위해 할 수 있는 일을 떠올려 보세요. 쉽고 작은 일이어도 큰 효과를 낼 수 있답니다.

낱말 따라 쓰기

● 외국에 파견되어 머무르면서 자기 나라를 대표하여 외교 사무를 보는 공무원 : 외 교 관
[外 – 바깥 외, 交 – 사귈 교, 官 – 벼슬 관]

● 유라시아 대륙의 동부 지역. 한국·중국·인도를 중심으로 한 아시아 지역 : 동 양　[東 – 동녘 동, 洋 – 큰 바다 양]

● 오래되고 예술적 가치도 높은 귀한 물건 : 골 동 품

● 어떤 물건이나 자료 등을 찾아 모으는 것을 전문적으로 하는 사람 : 수 집 가

● 외국에 머물면서 공부하는 것 : 유 학

● 어떤 부분의 학문을 전문적으로 익히고 공부하여 일정한 수준에 오른 사람에게 대학에서 주는 자격 : 학 위

● 도서관에서 전문적으로 서적을 관리하는 사람 : 사 서
예 그녀는 국회 도서관에서 사서로 일하고 있다.

● 증거를 가지고 어떤 주장이나 짐작이 참인지 거짓인지, 또는 옳은지 그른지를 판단하다. : 증 명 하다

● 1781년, 정조가 왕실 관련 서적을 보관할 목적으로 강화도에 설치한 규장각의 부속 도서관 : 외 규 장 각

● 조선 왕실에서 중요한 행사를 치를 때 후세에 참고하기 위해 행사의 과정을 자세하게 적은 책 : 의 궤

● 힘으로 눌러 억지로 하는 것 : 강 제
[強 – 강할 강, 制 – 억제할 제]
예 일제는 조선 사람들에게 강제로 일본어를 쓰게 했다.

● 법이 정한 것을 벗어나지 않는 것 : 합 법 적

● 남은 생각하지 않고 자기의 생각대로 정하여 하는 것, 어느 한쪽으로 치우친 것 : 일 방 적

● 빌리거나 차지했던 것을 도로 돌려주는 것 : 반 환

[01~04] 주어진 한자와 뜻풀이를 보고, 빈칸에 알맞은 낱말을 쓰세요.

01 表 겉 ☐ + 示 보일 ☐ = ☐☐
겉으로 드러나 보이는 것

02 心 마음 ☐ + 理 다스릴 ☐ = ☐☐
마음의 움직임이나 의식의 상태

03 最 가장 ☐ + 初 처음 ☐ = ☐☐
맨 처음

04 强 강할 ☐ + 制 억제할 ☐ = ☐☐
힘으로 눌러 억지로 하는 것

[05~08] 주어진 뜻풀이에 해당하는 낱말을 연결하세요.

05 어떤 물건이나 자료 등을 찾아 모으는 것을 전문적으로 하는 사람 •   • ㉠ 의궤

06 외국에 파견되어 머무르면서 자기 나라를 대표하여 외교 사무를 보는 공무원 •   • ㉡ 사서

07 도서관에서 전문적으로 서적을 관리하는 사람 •   • ㉢ 수집가

08 조선 왕실에서 중요한 행사를 치를 때 후세에 참고하기 위해 행사의 과정을 자세하게 적은 책 •   • ㉣ 외교관

[09~12] 빈칸에 알맞은 낱말을 골라 쓰세요.

09 구체적 | 일방적
상대편이 ☐☐☐으로 전화를 끊었다.

10 감상 | 감성
오늘은 차이콥스키의 음악을 ☐☐하였다.

11 유산 | 유전
나는 우리나라의 아름다운 문화 ☐☐을 널리 알리고 싶다.

12 가치 | 한계
그는 평발이라는 ☐☐를 극복하고 축구 선수가 되었다.

[13~16] 낱말의 뜻과 예로 든 문장을 보고, 빈칸에 알맞은 낱말을 쓰세요.

13 ☐☐ : 법이 정한 것을 벗어나지 않는 것
⑩ 그 모임은 __________(으)로 허가되었다.

14 ☐☐ : 빌리거나 차지했던 것을 도로 돌려주는 것
⑩ 대출한 책을 제때 __________해 주세요.

15 ☐☐ : 상태나 상황이 심각한 정도
⑩ 그는 사태의 __________을/를 곧 알아챘다.

16 ☐☐ : 어떤 일을 해 나가는 것
⑩ 이야기의 __________이/가 매끄럽지 않다.

마이너스 시력이란 무엇일까?

지문 확인

눈이 나빠지면 안경을 맞추기 위해 시력 검사를 한다. 시력 검사표에서 가장 위에 있는 숫자를 읽으면 0.1, 가장 아래에 있는 숫자를 읽으면 2.0이라고 한다. 우리가 알고 있는 '마이너스 시력'은 0.1보다 나쁜 시력을 말하는 것일까?

- 1단락의 중심 문장에 표시해 보세요.

시력이란 물체를 알아볼 수 있는 눈의 능력을 말한다. 시력 검사표 맨 위에 있는 기호만 알아볼 수 있다면 시력은 0.1이고, 맨 아래에 있는 것까지 읽을 수 있다면 시력은 2.0 이상이다. 그렇다면 0.1보다 낮은 시력은 0이고, 그보다 더 낮은 시력은 마이너스로 나타낼까? 그렇지 않다. 0.1보다 낮은 시력은 0.05 등으로 나타내며 시력이 없는 눈은 마이너스가 아니라 0이다. 즉, 마이너스로 표시하는 시력은 존재하지 않는 것이다.

- 2단락의 중심 문장에 표시해 보세요.

마이너스 시력이라는 표현은 눈이 원시인지 근시인지와 관련이 있다. 빛이 각막과 수정체를 지나 망막에 정확히 초점을 맺을 때 우리는 물체를 또렷하게 볼 수 있다. 초점이 망막보다 약간 뒤에 맺히는 상태를 원시라고 하는데, 원시는 먼 곳은 잘 볼 수 있지만 가까이 있는 작은 글씨가 잘 안 보인다. 따라서 돋보기처럼 가까이 있는 작은 물체를 크게 보이게 하는 볼록 렌즈를 사용하여 안경을 만든다. 반면 근시는 초점이 망막보다 약간 앞에 맺히는 상태로, 멀리 있는 물체가 잘 안 보이기 때문에 오목 렌즈로 안경을 만들어 시력을 교정한다. 볼록 렌즈는 플러스 렌즈, 오목 렌즈는 마이너스 렌즈라고도 하는데, 이에 따라 근시라서 오목 렌즈(마이너스 렌즈)로 교정해야 한다는 것을 마이너스 시력이라고 표현한 것이다.

- 3단락의 중심 문장에 표시해 보세요.

나와 주변 친구 중 안경을 쓴 사람들은 대부분 마이너스 렌즈로 교정을 한 경우가 많을 것이다. 눈의 성장이 빠른 청소년기에는 근시가 생기기 쉽고, 오랜 시간 텔레비전을 보고 컴퓨터를 사용하는 것도 근시를 만드는 나쁜 습관이기 때문이다. 우리의 눈 건강을 위해 올바른 습관을 가져 보는 것은 어떨까?

- 4단락의 중심 문장에 표시해 보세요.

낱말 따라 쓰기 

- 눈으로 볼 수 있는 능력 : 시 력 [視-볼 시, 力-힘 력]
  예 최근 들어 시력이 나빠졌다.

- 눈이 얼마만 한 크기의 물체를 볼 수 있는지를 검사하는 일 : 시 력 검 사

- 어떠한 뜻을 전달하기 위한 일정한 표시 : 기 호

- 눈동자를 덮고 있는 투명한 막 : 각 막
  예 콘택트렌즈를 깨끗하게 닦지 않으면 각막이 손상된다.

- 안구의 동공 바로 뒤에 붙어 있는 볼록한 모양의 탄력성 있는 투명체 : 수 정 체

- 눈알의 가장 안쪽에 빛의 자극을 받아들이는, 시신경이 퍼져 있는 막 : 망 막

- 수정체가 굽어지는 정도를 조절하여 대상을 가장 똑똑하게 볼 수 있도록 맞추는 점 : 초 점

- 매우 분명하고 똑똑하다. : 또 렷 하다

STEP 5 글의 구조 이해하기

★ 글의 구조를 이해하는 방법

① 먼저, 각 단락의 내용을 요약하여 단락 간의 관계를 살펴보세요.

② 단락 간의 관계를 바탕으로 글의 구조를 따져 보고, 이를 구조도로 정리하세요.
- 단락마다 다른 이야기가 이어진다면 각 단락을 기차 형태로 나란히 놓으세요.
- 같은 종류의 내용을 다루는 단락끼리는 묶을 수 있어요.

1단락

시력 검사표에서 가장 위에 있는 기호를 읽지 못했을 때 0.1보다 시력이 나쁜 '마이너스 시력'이라고 하는 것이 맞는 것인가에 대한 의문을 드러내요. 그러므로 1단락을 요약하면 '마이너스 [1)　　　] 에 대한 의문'입니다.

2단락

0.1보다 낮은 시력은 0.05 등으로 나타내며, 시력이 없는 눈은 마이너스가 아니라 0이라고 해요. 마이너스로 표시하는 시력은 존재하지 않는다고 이야기하고 있으므로 2단락을 요약하면 '존재하지 않는 [2)　　　　] 시력'입니다.

3단락

마이너스 시력이라는 표현은 눈이 원시인지 근시인지와 관련되어 있어요. 볼록 렌즈는 플러스 렌즈, 오목 렌즈는 마이너스 렌즈라고도 하는데, 근시라서 오목 렌즈(마이너스 렌즈)로 교정해야 한다는 것을 마이너스 시력이라고 잘못 표현한 것이에요. 그러므로 3단락을 요약하면 '마이너스 시력으로 잘못 표현된 마이너스 [3)　　] '입니다.

4단락

청소년기에는 빠른 신체적 성장과 나쁜 습관으로 마이너스 렌즈로 교정해야 할 근시가 생기기 쉽다고 해요. 눈 건강을 위해 올바른 습관을 가져야 한다고 당부하고 있네요. 그러므로 4단락을 요약하면 '[4)　　] 을/를 예방하기 위한 올바른 습관 가지기'입니다.

[단락 간의 관계]

4단락에서는 1~3단락의 내용과 관련되어 있지만, 더 나아간 이야기를 하고 있어요.

[글의 구조]

★ 1단락에서 '마이너스 시력'에 대한 의문을 내보이고 있어요. 2단락에서는 마이너스 시력이 존재하지 않는다고 결론을 내고 있어요.

3단락에서는 마이너스 렌즈에서 나온 마이너스 시력이라는 표현을 설명하고 있어요.

4단락에서는 앞의 내용에서 더 나아가 청소년기의 근시에 대한 이야기를 하고 있네요.

★ 1단락부터 4단락까지 마이너스 시력, 마이너스 렌즈, 청소년기의 근시 예방하기에 대한 낱낱의 이야기가 이어지고 있어요.

★ 글의 구조도를 그리면 다음과 같습니다.

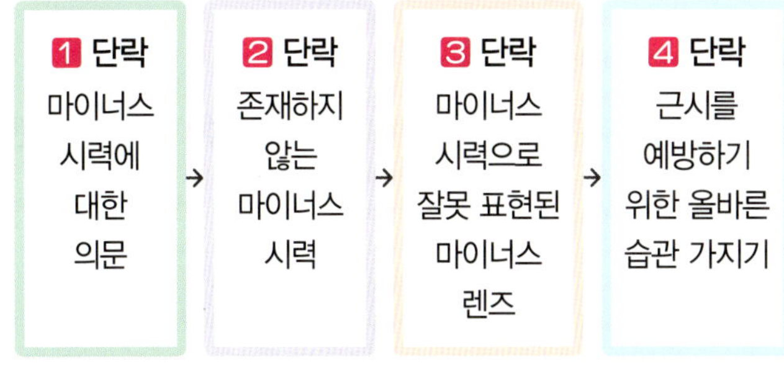

DAY
27

01 글의 구조 이해하기

이 글의 구조를 정리한 것입니다. 빈칸에 공통으로 들어가기에 알맞은 말을 쓰세요.

> 1, 2단락에서는 시력 검사를 소재로 글의 중심 낱말인 (　　　)에 대한 궁금증을 불러일으킨다. 3단락에서는 원시와 근시를 설명하면서 (　　　)(이)라는 표현의 원래 의미를 이야기하였다. 4단락에서는 눈 건강을 위해 올바른 습관을 가지기를 당부하고 있다.

(　　　　　　　　　　)

02 내용 이해하기

근시와 원시를 정리한 표입니다. 빈칸에 들어가기에 알맞은 말을 골라 ○표 하세요.

근시	• 초점이 망막보다 약간 (앞에 , 뒤에) 맺힘. • 먼 곳보다 가까이 있는 작은 글씨가 더 (잘 , 안) 보임. • (볼록 렌즈 , 오목 렌즈)를 사용해 시력을 교정함.
원시	• 초점이 망막보다 약간 (앞에 , 뒤에) 맺힘. • 먼 곳보다 가까이 있는 작은 글씨가 더 (잘 , 안) 보임. • (볼록 렌즈 , 오목 렌즈)를 사용해 시력을 교정함.

03 알맞은 반응 찾기

이 글을 읽고 나눈 대화입니다. 글의 내용과 맞지 않는 것은 무엇인가요? (　　　)

① 정원: 나는 근시라서 마이너스 렌즈로 시력을 교정했어.
② 민재: 할머니가 사용하시는 돋보기는 볼록 렌즈로 만든 거야.
③ 희진: 시력 검사표의 맨 아래에 있는 글자를 읽어서 시력이 0.1이 나왔어.
④ 제헌: 시력이 아주 좋은 편이야. 내 눈은 초점이 망막에 정확히 맺히나 봐.
⑤ 지은: 요새 매일같이 눈뜰 때부터 감을 때까지 컴퓨터를 해서 시력이 나빠졌어.

04 내용 추론하기 　서술형

청소년이 대부분 마이너스 렌즈로 교정했을 가능성이 큰 이유를 이 글에서 찾아 쓰세요.

____

____

--- 낱말 따라 쓰기 

• 가운데가 볼록한 렌즈 : [볼][록] 렌즈
• 가운데가 얇고 가장자리로 갈수록 두꺼운 렌즈 : [오][목] 렌즈
• 틀어지거나 잘못된 것을 바로잡다. : [교][정]하다
• 말로 단단히 부탁하다. : [당][부]하다

[01~04] 주어진 낱말 중 뜻풀이에 해당하는 것을 골라 쓰세요.

01 각막　　망막

눈동자를 덮고 있는 투명한 막 : ☐☐

02 시각　　시력

눈으로 볼 수 있는 능력 : ☐☐

03 시점　　초점

수정체가 굽어지는 정도를 조절하여 대상을 가장 똑똑하게 볼 수 있도록 맞추는 점 : ☐☐

04 오목 렌즈　　볼록 렌즈

가운데가 얇고 가장자리로 갈수록 두꺼운 렌즈 : ☐☐☐ ☐☐

[05~08] 밑줄 친 곳에 들어갈 낱말을 〈보기〉에서 찾아 쓰세요. 필요하면 문장에 맞게 바꾸어 쓰세요.

〈 보기 〉

기호　교정하다　또렷하다　시력 검사

05 컴퓨터에는 알아보기 쉽게 만든 많은 __________ 이/가 사용된다.

06 음악 소리가 너무 작아서 __________하게 들리지 않는다.

07 아픈 것도 참아 가며 치아를 __________ 했더니 치열이 가지런해졌다.

08 적절한 조명과 정기적인 __________(으)로 눈 건강을 지켜야 한다.

배경지식

DAY 27

시력을 교정해 주는 라식 수술

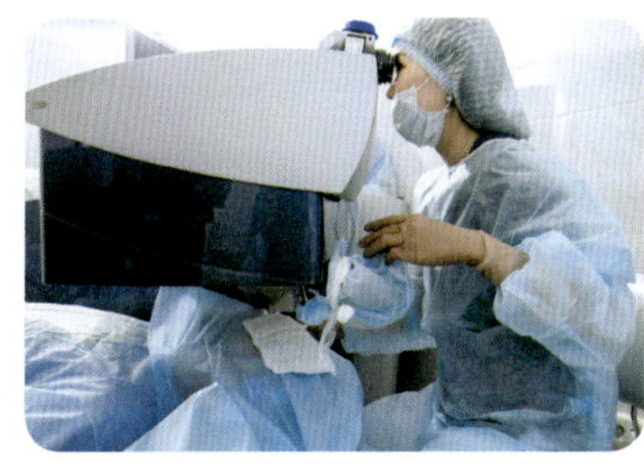

　진영이는 근시가 심해서 항상 두꺼운 안경을 끼고 다녀요. 게다가 수영을 할 때면 안경을 벗어야 해서 주변의 사물과 사람을 제대로 볼 수 없어 불편해요. 진영이가 안경을 쓰지 않고 주변을 잘 볼 수 있을 방법은 없을까요?

　진영이가 들으면 기뻐할 만한 소식이 있어요. 바로 '라식 수술'을 받으면 안경을 쓰지 않아도 잘 볼 수 있다는 것이에요. 라식 수술은 각막을 레이저 빔으로 깎아서 두께를 조절하는 방법으로 초점을 맞춰 주는 수술이랍니다.

　수술 전에 마취 안약을 떨어뜨려서 눈을 부분적으로 마취하고, 각막의 윗부분을 뚜껑처럼 얇게 잘라 열어요. 그 다음 아랫부분을 레이저빔으로 깎아 내고, 다시 열어 둔 각막의 윗부분을 덮는 것이에요.

　라식 수술은 짧은 시간 안에 시력을 교정해 주는 수술로, 큰 인기를 얻고 있어요. 하지만 어린이와 청소년은 눈이 아직 성장 중인 상태여서 라식 수술을 받을 수 없다고 해요. 진영이가 성인이 된 후, 검사를 하고 안전하게 수술을 받는다면 불편함을 겪지 않고 수영을 즐길 수 있을 거예요.

왜 지역에 따라 기온이나 강수량의 차이가 클까?

지문 확인

　기후란 기온, 강수량 등 한 지역에서 오랜 기간에 걸쳐 나타나는 지속적이고 평균적인 대기 상태이다. 우리나라는 여름에 적도 부근의 태평양에서 불어오는 더운 바람의 영향으로 기온이 높아서 덥고 비가 많이 온다. 겨울에는 북쪽의 시베리아에서 불어오는 차가운 바람의 영향으로 기온이 낮아서 춥고 눈이 내린다. 그런데 일기 예보를 보면 계절에 따라 남북 지역 간, 동서 지역 간에 기온과 강수량의 차이가 크게 나타난다. 그 이유가 무엇일까?

- 1단락의 중심 문장에 표시해 보세요.

　한반도는 남북으로 긴 모양이라 위도 차이가 크기 때문에 남북의 기온 차이가 크게 나타난다. 북쪽에 위치한 중강진은 겨울에 기온이 영하 20℃ 가까이 내려갈 정도로 몹시 춥지만, 남쪽에 위치한 서귀포는 기온이 0℃ 아래로 내려가는 일이 거의 없을 정도로 포근하다. 남한만 봐도 북쪽에 위치한 강원도와 남쪽에 위치한 부산 간의 기온 차이가 큰 편이다.

- 2단락의 중심 문장에 표시해 보세요.

　위도가 비슷한 지역 간의 기온 차이는 어떨까? 비슷한 위도상에서는 해안 지역이 내륙 지역에 비하여 대체로 겨울에 더 따뜻하다. 서울과 강릉은 비슷한 위도에 있지만 겨울에 강릉이 서울보다 더 따뜻하다. 해안가의 강릉은 수심이 깊은 동해의 영향으로 서울에 비해 겨울에 덜 추운 것이다. 게다가 시베리아에서 불어오는 차가운 바람을 태백산맥이 막아 주기도 한다.

- 3단락의 중심 문장에 표시해 보세요.

　또한 강수량은 공통적으로 여름에 가장 많지만 지역마다 차이가 나타난다. 서울을 비롯한 내륙 지역의 강수량은 겨울에 크게 줄어드는 반면, 해안가에 위치한 지역은 겨울에도 강수량이 많은 편이다. 특히 강릉은 동해의 영향을 받는 것과 함께, 동남쪽 바다에서 불어오는 습한 바람이 태백산맥에 부딪혀 비나 눈이 되어 내리기 때문에 겨울에도 강수량이 많다. 이때 태백산맥을 넘은 바람은 건조해져서 서울의 겨울 강수량이 적어지는 것에도 영향을 준다.

- 4단락의 중심 문장에 표시해 보세요.

　이처럼 우리나라는 남북과 동서, 내륙과 해안 지역에 따라 기온과 강수량의 차이가 크다. 지역별 기온과 강수량의 특징을 알고, 국내 여행을 할 때 참고해 보는 것은 어떨까?

- 5단락의 중심 문장에 표시해 보세요.

낱말 따라 쓰기 

● 공기의 온도 : 기 온 [氣 – 기운 기, 溫 – 따뜻할 온]

● 비, 눈, 우박, 안개 따위로 일정 기간 동안 일정한 곳에 내린 물의 총량 : 강 수 량
　예 강수량의 단위는 밀리미터(mm)를 사용한다.

● 어떤 일이나 상태가 끊어지지 않고 계속 이어지는 것 : 지 속 적
　예 성적을 올리기 위해서는 지속적으로 노력해야 한다.

● 수량이나 정도 따위가 중간이 되는 것 : 평 균 적
　예 12살의 평균적인 키는 140cm이다.

뜻을 정확히 모르는
낱말들을 적어 보세요!

01 글의 구조 이해하기

다음은 이 글의 구조를 정리한 것입니다. ㉠~㉢에 들어가기에 알맞은 말을 쓰세요.

> 1단락에서는 우리나라의 일반적인 기후를 소개하며 지역마다 기온과 강수량의 차이가 크다는 이야기를 꺼내고 있다. 2단락에서는 지역의 위도에 따라 남북의 (㉠) 차이가 크다는 점을, 3단락에서는 비슷한 위도의 해안 지역과 내륙 지역의 (㉡) 차이에 대해 설명하고 있다. 4단락에서는 해안과 내륙 지역의 (㉢) 차이를 비교했고, 5단락에서는 앞의 내용을 정리하며 마무리하고 있다.

㉠: (   ), ㉡: (   ), ㉢: (   )

02 내용 이해하기

이 글의 내용으로 알맞지 <u>않은</u> 것은 무엇인가요?　　　　　　(　)

① 우리나라 지역은 대부분 여름에 강수량이 가장 많다.
② 우리나라는 여름에 태평양에서 불어오는 더운 바람의 영향을 받는다.
③ 우리나라의 남쪽에 위치한 지역과 북쪽에 위치한 지역은 기온 차이가 크다.
④ 한 지역에서 오랜 기간 동안 나타나는 지속적이고 평균적인 대기 상태를 기후라고 한다.
⑤ 겨울에 위도가 다른 지역은 기온 차이가 크게 나타나고, 위도가 비슷한 지역은 기온이 똑같다.

03 내용 적용하기

오른쪽 지도를 보고 바르게 설명한 것을 모두 골라 묶은 것은 무엇인가요?　　　　(　)

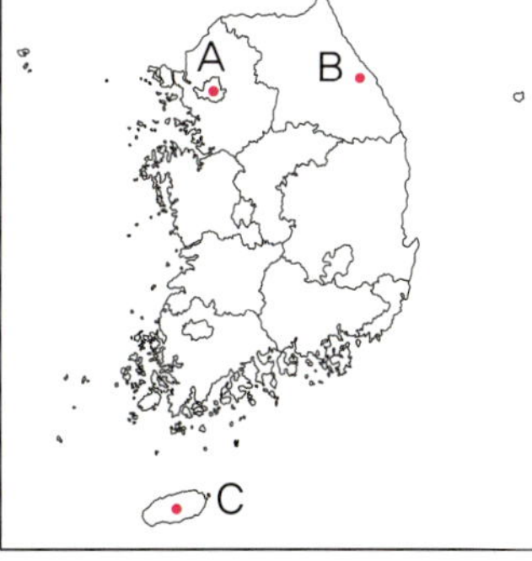

> ㉠ A 지역은 겨울에 B 지역보다 더 따뜻하다.
> ㉡ C 지역은 겨울에 B 지역보다 더 따뜻하다.
> ㉢ B 지역은 겨울에 A 지역보다 강수량이 많다.
> ㉣ A 지역은 겨울에 C 지역보다 강수량이 많다.

① ㉠, ㉡　　　　　　② ㉠, ㉢　　　　　　③ ㉡, ㉢
④ ㉡, ㉣　　　　　　⑤ ㉢, ㉣

DAY
28

다음 중 '태백산맥'에 대한 설명으로 맞으면 ○표, 틀리면 ✕표를 하세요.

(1) 태백산맥에 부딪힌 건조한 바람은 비나 눈이 되어 내린다. ( )

(2) 겨울철에 우리나라 동남쪽 바다에서 불어오는 바람이 태백산맥과 부딪힌다.

( )

(3) 태백산맥이 겨울철 차가운 바람을 막아서 서울의 기온이 강릉보다 높아진다.

( )

(4) 겨울철에 시베리아에서 불어오는 차가운 바람을 태백산맥이 막아 주기도 한다.

( )

05 내용 이해하기 서술형

한반도의 남북 지역 간에 기온 차이가 심하게 나타나는 까닭을 이 글에서 찾아 쓰세요.

____

____

____

뜻을 정확히 모르는 낱말들을 적어 보세요!

낱말 따라 쓰기

- 지구를 둘러싸고 있는 모든 공기 : 대 기
  [大 – 큰 대, 氣 – 공기 기]
- 지구의 위도가 0도인 선으로 지구의 남북 양극으로부터 같은 거리에 있는 지구 표면에서의 점을 이었으며, 지구 표면에서 해가 가장 뜨겁게 내리쬐는 지대의 중심이 되는 선 : 적 도
- 어떤 곳을 중심으로 하여 그곳에서 가까운 곳 : 부 근
  [附 – 붙을 부, 近 – 가까울 근]
  ㉯ 친구와 한강 부근에서 만나기로 했다.
- 그날그날의 비, 구름, 바람, 기온 따위가 나타나는 기상 상태 변화를 예측하여 미리 알리는 일 : 일 기 예 보
  ㉯ 오전에 비가 온다던 일기 예보를 들어서 우산을 챙겼다.
- 적도에서부터 남극과 북극까지의 거리를 일정하게 나누어 지구 위에서의 위치를 숫자로 표시하는 금 : 위 도
- 섭씨 영도 이하의 온도 : 영 하

- 바다와 육지가 맞닿은 부분 : 해 안
  [海 – 바다 해, 岸 – 언덕 안]
- 바다에서 멀리 떨어져 있는 육지 : 내 륙
  ㉯ 올해는 북부 내륙 지방의 가뭄 피해가 컸다.
- 강이나 바다, 호수 따위의 물의 깊이 : 수 심
  [水 – 물 수, 深 – 깊을 심]
- 강원도, 경상도 동부 지역에 남북으로 뻗어 있는 우리나라에서 가장 긴 산맥 : 태 백 산 맥
- 둘 또는 그 이상의 비슷하거나 서로 관계되는 것 : 공 통 적
- 여럿 가운데서 앞의 것을 첫째로 삼아 그것을 중심으로 다른 것도 포함하다. : 비 롯 하다
- 어떤 일을 하는 데에 도움이 될 만한 자료로 삼다. : 참 고 하다
  ㉯ 나는 도서관에서 찾은 책을 참고하여 숙제를 끝냈다.

낱말 쏙쏙 테스트

[01~04] 주어진 낱말 중 뜻풀이에 해당하는 것을 골라 쓰세요.

01 | 공통적 | 평균적 |

둘 또는 그 이상의 비슷하거나 서로 관계되는 것 :

02 | 해안 | 내륙 |

바다에서 멀리 떨어져 있는 육지 :

03 | 적도 | 위도 |

지구의 남북 양극으로부터 같은 거리에 있는 지구 표면에서의 점을 이었으며, 지구 표면에서 해가 가장 뜨겁게 내리쬐는 지대의 중심이 되는 선 :

04 | 강우량 | 강수량 |

비, 눈, 우박, 안개 따위로 일정 기간 동안 일정한 곳에 내린 물의 총량 :

[05~09] 주어진 초성과 낱말의 뜻을 보고, 빈칸에 알맞은 낱말을 쓰세요.

05 그를 ㅂㄹㅎ 6학년 아이들이 오늘 졸업을 한다.
여럿 가운데서 앞의 것을 첫째로 삼아 그것을 중심으로 다른 것도 포함하다.

06 오래된 자동차가 내뿜는 매연은 ㄷㄱ 오염의 심각한 원인이다.
지구를 둘러싸고 있는 모든 공기

07 형사들은 범인을 잡기 위해 그의 집 ㅂㄱ에서 한참 동안 기다렸다.
어떤 곳을 중심으로 하여 그곳에서 가까운 곳

08 병세가 많이 좋아졌지만, 퇴원 후에도 당분간은 ㅈㅅㅈ(으)로 안정을 취해야 한다.
어떤 일이나 상태가 끊어지지 않고 계속 이어지는 것

09 그 도시는 근처에 ㅅㅅ이/가 깊은 바다가 있
강이나 바다, 호수 따위의 물의 깊이

기 때문에 기온이 ㅇㅎ(으)로 잘 떨어지지 않는다.
섭씨 영도 이하의 온도

우리나라의 척추, 태백산맥

태백산맥은 함경남도에서 강원도와 경상도까지 내려오며 한반도 동쪽을 잇는 긴 산맥이에요. 태백산맥은 우리나라에서 가장 긴 산맥이고 금강산, 설악산 등 유명하고 높은 산이 있어서 예로부터 우리나라 사람들은 태백산맥을 기준으로 지역을 나누기도 했어요. 태백산맥의 동쪽은 영동 지방, 서쪽은 영서 지방이라고 불렀지요.

뿐만 아니라 태백산맥은 우리나라의 겨울철 기온에도 큰 영향을 주었어요. 겨울이면 우리나라에 춥고 건조한 북서풍이 부는데, 우뚝 솟은 태백산맥이 해마다 영동 지방을 차가운 북서풍으로부터 지켜 주고 있답니다. 그래서 비슷한 위도에 있다고 해도 영동 지방이 서울보다 기온이 높게 나타나는 것이에요.

영화 속 대정전(블랙아웃)이 실제로 일어난다면?

빠른 정답 4쪽

지문 확인

　전기가 끊기면 우리 생활은 어떻게 될까? 텔레비전, 냉장고 등 집안의 각종 전기 제품은 물론이고 휴대 전화와 인터넷도 쓸 수 없다. 또 지하철은 멈춰 서고 신호등도 꺼지며 해가 지면 도시는 암흑 속에 잠길 것이다. 이런 일은 영화에서만 일어나는 일일까? 그렇지 않다. 2011년 9월 15일, 서울 강남과 여의도 일대를 비롯해 제주도를 제외한 전국 곳곳이 기습적으로 5시간 동안 정전된 적이 있었다. 이처럼 대규모 지역에 전기 공급이 끊기는 일을 '대정전(블랙아웃)'이라고 한다. 대정전은 왜 일어나는 것일까?

　대정전은 ㈎ 일시적으로 전기 사용량이 크게 늘어 공급되는 전기의 양보다 많아질 때 일어난다. 전기는 발전소에서 생산되어 송전탑을 거쳐 곧바로 필요한 지역에 보내진다. 이때 전기는 저장될 수 없는 에너지이기 때문에 현재 생산되고 있는 전기보다 사용되는 전기가 많아질 때 전기 공급이 끊기는 현상이 발생하는 것이다.

　대정전은 한 지역에서 발생하면 바로 다른 지역으로 퍼져 나간다. 심각한 경우에는 전국이 한꺼번에 정전될 수도 있는 것이다. 전국적인 대정전이 일어난다면 간단하게 복구하기 어려워 피해가 커지게 된다. 따라서 대정전을 예방하기 위해 국가에서는 발전소를 충분히 지어 전기 공급을 늘리고 안정적인 전력 관리 시스템을 갖춰야 한다. 또한 일반 가정과 기업, 공장에서는 전기를 효율적으로 사용해야 한다.

　대정전 사태가 일어나면 국가적으로도 큰 피해를 입으며, 우리 개개인도 전기 제품을 사용할 수 없어 불편을 겪게 된다. 따라서 평상시에 전기를 아껴 쓰는 습관을 가지고, 전국적으로 전기 사용이 급격히 늘어나는 여름과 겨울에는 너무 낮거나 높지 않은 적정 실내 온도를 유지하는 등 전기를 너무 많이 사용하지 않도록 노력해야 한다.

- **1단락 요약 :**
  1) ☐☐☐ 의 뜻과 발생 이유에 대한 궁금증

- **2단락 요약 :**
  2) ☐☐☐ 이/가 발생하는 이유

- **3단락 요약 :**
  대정전이 발생했을 때 나타나는 특징과
  3) ☐☐☐

- **4단락 요약 :**
  대정전 사태를 막기 위한 우리의 4) ☐☐

낱말 따라 쓰기 

- 팔기 위하여 기술과 재료를 써서 만들어 낸 물건 : ☐제 ☐품
  [製―만들 제, 品―물건 품]
- 어둡고 캄캄한 것 : ☐암 ☐흑　[暗―어두울 암, 黑―거메질 흑]
- 일정한 범위의 어느 지역 전부 : ☐일 ☐대
- 어떤 대상에게 빼놓거나 셈에서 빼다. : ☐제 ☐외 하다
- 주로 전쟁·싸움·경기 등에서 상대가 미리 알아차리기 전에 공격하는 것 : ☐기 ☐습 ☐적　예 적군에게 기습적으로 공격을 당하다.

- 흐르던 전기가 일시적으로 끊어지다. : ☐정 ☐전 ☐되 ☐다
  [停―멈출 정, 電―전기 전]
- 짧은 기간 동안의 일 : ☐일 ☐시 ☐적
- 요구나 필요에 따라 물품 따위가 제공되다. : ☐공 ☐급 ☐되 ☐다
  예 음식이 수재민들에게 충분히 공급되지 못하고 있다.
- 수력·화력·원자력 등으로 전기를 일으키는 시설을 갖춘 곳 : ☐발 ☐전 ☐소

빠른 정답 4쪽, 정답과 풀이 56~57쪽

뜻을 정확히 모르는
낱말들을 적어 보세요!

01 글의 구조 이해하기

이 글의 구조를 정리한 것입니다. 빈칸에 공통으로 들어가기에 알맞은 말을 쓰세요.

> 1단락에서는 (   )이/가 무엇인지 알기 쉽도록 예를 들어서 설명하고 있다.
> 2단락에서는 (   )이/가 발생하는 이유에 대해 이야기하고 있다. 3단락에서
> 는 (   )은/는 한 번 발생하면 피해가 크기 때문에 이를 막기 위해 국가뿐만
> 아니라 일반 가정과 기업, 공장 모두 효율적으로 전기를 사용해야 한다고 이야기
> 하고 있다. 4단락에서는 (   ) 사태를 막기 위한 우리의 노력을 강조하면서
> 글을 마무리하고 있다.

(   )

02 글쓴이의 의도 이해하기

글쓴이가 말하고자 하는 내용으로 가장 알맞은 것은 무엇인가요? (   )

① 대정전은 영화에서만 일어나는 일이다.

② 대정전이 일어났을 때를 대비해서 집 안에 발전소를 설치해 두어야 한다.

③ 전기 사용이 급격히 늘어나는 여름과 겨울에는 전기 사용료를 낮춰야 한다.

④ 큰 피해를 주는 대정전을 예방하기 위해서는 국가적·개인적 차원의 노력이 필
요하다.

⑤ 대정전으로 전기 제품을 사용할 수 없을 때를 대비해 충전식 전기 제품을 구비
해 두어야 한다.

03 내용 이해하기

다음은 '대정전'에 대한 메모입니다. ㉠~㉢에 들어가기에 알맞은 말을 쓰세요.

대정전

뜻: 대규모 지역에 (㉠)이/가 끊기는 일이다.

원인: 현재 생산되고 있는 전기의 양이 사용되는 전기의 양보다 (㉡) 때 일
어난다.

결과: 정전이 발생하여 큰 피해를 입는다.

대비책

• 안정적인 (㉢)을/를 갖춘다.

• 전기를 아껴 쓰는 습관을 가진다.

㉠: (   ), ㉡: (   ), ㉢: (   )

DAY
29

04 내용 적용하기

다음 중 4단락에 추가할 수 있는 예로 알맞은 것은 무엇인가요? (   )

① 신재생 에너지를 위해 풍력 발전소를 설치한다.

② 사용하지 않는 전기 제품의 콘센트는 뽑아 놓는다.

③ 플라스틱 컵 대신 머그 컵을 사용하여 쓰레기를 줄인다.

④ 물건을 구매할 때는 비닐봉지 대신 장바구니를 사용한다.

⑤ 추위로 수도관이 얼어붙지 않게 오랫동안 집을 비울 때는 수도꼭지를 약하게
   틀어 놓는다.

05 내용 이해하기 서술형

2단락의 밑줄 친 (가)의 이유를 이 글에서 찾아 쓰세요.

____

____

____

낱말 따라 쓰기

● 발전소에서 생산된 전력을 변전소로 보내는 고압 전선을 걸기 위하
여 높이 세운 철탑 : 송 전 탑
  [送－보낼 송, 電－전기 전, 塔－탑 탑]

● 나중에 쓰기 위하여 물질이나 물건 등이 모아져 보관되다. :
  저 장 되 다

● 상태나 정도가 매우 깊고 심하다. : 심 각 하다

● 파괴된 것을 다시 본래의 상태로 고치다. : 복 구 하다
  [復－회복할 복, 舊－옛 구]
  예 가뭄 피해를 입은 지역을 복구하고 있다.

● 변하거나 흔들리지 않고 일정한 상태가 유지되는 것 : 안 정 적

● 어떤 일이나 물건을 정상적인 상태를 유지하도록 책임지고 보살피
  며 다루는 것 : 관 리

● 필요한 것을 모두 준비하여 가지고 있다. : 갖 추 다
  예 우리 지역은 아픈 사람을 위한 긴급 의료 시설을 갖추고 있다.

● 들인 노력에 비하여 얻는 결과가 큰 것 : 효 율 적
  예 우리나라는 효율적으로 자원을 활용해야 한다.

● 일이 되어 가는 형편이나 상황 또는 벌어진 일의 상태 : 사 태
  예 사태가 너무 빨리 변하는 바람에 대책을 세우기 힘들었다.

● 꼭 알맞은 것 : 적 정

● 어떤 상태나 현상을 그대로 이어 가거나 계속하다. : 유 지 하다
  예 아버지는 차의 속도를 일정하게 유지하며 안전 운행을 하셨다.

● 사용한 값으로 내는 요금 : 사 용 료

● 어떤 일을 다루거나 생각할 때의 기본이 되는 원칙이나 수준 :
  차 원

● 전지에 전기 에너지를 채워 넣는 방식 : 충 전 식

● 있어야 할 것을 빠짐없이 다 갖추다. : 구 비 하다

● 수돗물을 보내는 관 : 수 도 관

낱말 쑥쑥 테스트

빠른 정답 4쪽

[01~05] 주어진 한자와 뜻풀이를 보고, 빈칸에 알맞은 낱말을 쓰세요.

01 停 멈출 ☐ + 電 전기 ☐ = ☐☐
흐르던 전기가 일시적으로 끊어지다.

02 暗 어두울 ☐ + 黑 거메질 ☐ = ☐☐
어둡고 캄캄한 것

03 送 보낼 ☐ + 電 전기 ☐ + 塔 탑 ☐ = ☐☐☐
발전소에서 생산된 전력을 변전소로 보내는 고압 전선을 걸기 위하여 높이 세운 철탑

04 復 회복할 ☐ + 舊 옛 ☐ = ☐☐
파괴된 것을 다시 본래의 상태로 고치다.

05 製 만들 ☐ + 品 물건 ☐ = ☐☐
팔기 위하여 기술과 재료를 써서 만들어 낸 물건

[06~09] 주어진 초성과 낱말의 뜻을 보고, 빈칸에 알맞은 낱말을 쓰세요.

06 피겨 스케이팅 선수가 난이도 높은 점프를 한 뒤에 ㅇㅈㅈ(으)로 착지했다.
변하거나 흔들리지 않고 일정한 상태가 유지되는 것

07 신청 서류를 빠짐없이 ㄱㅂ했는지 꼭 확인해야 한다.
있어야 할 것을 빠짐없이 다 갖추다.

08 도둑질을 하면 ㅇㅅㅈ(으)로 필요한 것을 얻을 수 있지만 부끄러운 마음은 평생 남을 것이다.
짧은 기간 동안의 일

09 식물이 잘 자라려면 영양분이 충분히 ㄱㄱ되어야 한다.
요구나 필요에 따라 물품 따위가 제공되다.

배경지식

정전이 발생하면 어떻게 해야 할까?

날이 더운 여름이면 집집마다 에어컨과 선풍기를 틀어서 더위를 식혀요. 또한 찬바람이 쌩쌩 부는 겨울이면 각종 온열 기기를 가동하지요. 그런데 이렇게 여름이나 겨울에 가전 제품을 한꺼번에 오래 틀게 되면 전기 사용량이 기준을 초과해서 정전이 발생할 수 있어요. 또, 갑자기 주변이 암흑 속에 잠기면서 안전사고가 생길 위험이 커지지요.

정전이 일어났을 때는 당황하지 말고 침착하게 상황을 파악하는 것이 중요해요. 만약 우리 집뿐 아니라 이웃집까지 모두 정전이 되었다면, 전력 사용량이 너무 많았기 때문일 가능성이 커요. 곧 자동으로 복구 작업이 진행되니까 침착하게 기다리면 돼요. 하지만 만약 우리 집만 정전되었다면 전기 차단기와 퓨즈에 이상이 생겼을 수 있으므로 둘을 확인해 보아야 해요. 이때, 전원 플러그가 꽂혀 있으면 감전 사고로 이어질 수 있으므로 반드시 플러그를 뽑아야 한다는 것을 잊지 마세요.

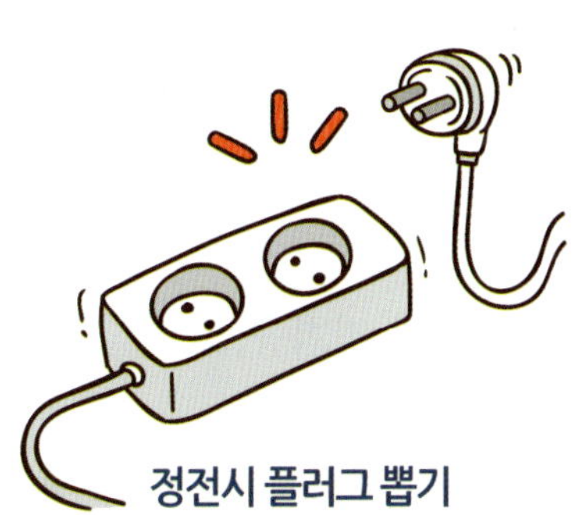
정전시 플러그 뽑기

건전지로 작동되는 휴대품 준비

전열기 장시간 사용 금지

독해력 완성 테스트 [STEP 5]

✱✱✱ : 상
✱✱✿ : 중
✱✿✿ : 하

공부한 날　　　월　　　일
맞은 개수　　　　／ 5개

[01~05] 다음 글을 읽고, 물음에 답하세요.

　성인병은 마흔 살을 전후로, 그 이후에 잘 나타나는 병들을 통틀어 이르는 말이다. 나이들수록 암, 동맥 경화증, 고혈압, 당뇨병, 심장병, 관절염 등의 병으로 죽거나 아픈 사람이 늘어나자, 더 젊을 때부터 이런 병들에 대한 대비책을 세워야 한다는 의미에서 성인병이라고 부르기 시작하였다. 그런데 최근에는 성인병에 걸리는 어린이 환자가 눈에 띄게 늘어나고 있어 문제가 되고 있다.

　오늘날 어린이 성인병 환자가 늘어난 이유는 성인병의 원인을 살펴보면 쉽게 알 수 있다. 가장 대표적인 성인병인 고혈압, 동맥 경화증 등은 심장 및 혈관과 관련있는 병이다. 심장에서 뿜어져 나온 혈액은 우리 몸 구석구석을 돈다. 이때 혈액이 혈관 벽을 미는 압력을 혈압이라고 하는데, 고혈압은 혈압이 정상 수치보다 높게 나오는 병이다. 지방이 많고 짠 음식 위주의 식습관, 운동 부족, 스트레스 등이 고혈압의 원인이다.

　한편 동맥 경화증은 혈관 속에 지방이나 섬유소 등의 물질이 쌓이면서 혈관이 좁아지거나 막혀 굳어지는 질병이다. 이 병 역시 잘못된 식습관, 운동 부족이 원인이 되어 생기기도 하고, 지나치게 술을 많이 마시거나 담배를 피울 때도 생기기 쉽다.

　대표적인 성인병인 고혈압과 동맥 경화증이 생기는 원인을 살펴봤을 때, 최근 성인병에 걸리는 어린이 환자가 늘어나고 있는 이유는 서구화된 생활 방식 때문이라고 할 수 있다. 야채보다는 고기 위주의 기름진 반찬, 인스턴트 음식을 자주 먹는 등 영양은 과다하게 섭취하는데 비하여 운동은 많이 하지 않아 비만 아동이 늘어나고 있는 것이다. '비만은 온갖 병의 원인이다.'라는 말이 있을 정도로, 비만은 각종 질병을 일으키는 원인이 된다.

　성인병을 예방하기 위해서는 자극이 강한 음식, 인스턴트 음식을 피하고 야채와 단백질 위주의 식사를 하는 등 건강한 식습관을 가지는 것이 중요하다. 또한 적당한 운동으로 체력을 기르고, 충분한 잠과 휴식으로 스트레스를 받지 않고 하루하루 즐겁게 생활한다면 성인병을 예방할 수 있을 것이다.

01　✱✿✿

다음은 이 글의 구조를 정리한 것입니다. 빈칸에 공통으로 들어가기에 알맞은 말을 쓰세요.

　1단락에서는 (　　　　)에 걸리는 어린이 환자가 늘어나고 있다는 문제점을 이야기하면서 2, 3단락에서 대표적인 (　　　　)의 원인을 설명하였다. 4단락에서 서구화된 생활 방식이 어린이 (　　　　) 환자가 늘어난 이유와 어떤 관계가 있는지 밝히고 있다. 5단락에서는 (　　　　)을/를 예방하는 방법을 이야기하며 글을 마무리하고 있다.

（　　　　　　）

02　✱✱✿

이 글의 내용으로 알맞지 <u>않은</u> 것은 무엇인가요?

（　　　　　　）

① 대표적인 성인병은 심장 및 혈관과 관련있다.
② 비만은 여러 가지 질병을 일으키는 원인이 된다.
③ 성인병은 더 이상 마흔 살 전후의 성인만 걸리는 병이 아니다.
④ 성인병에는 암, 동맥 경화증, 고혈압, 당뇨병, 심장병, 관절염 등이 있다.
⑤ 성인병을 예방하기 위해서는 영양을 과다하게 섭취하고 운동으로 체력을 길러야 한다.

---

03 ✱✱❀

다음은 '고혈압'과 '동맥 경화증'에 대해 정리한 것입니다. ㉠, ㉡에 들어가기에 알맞은 말을 쓰세요.

고혈압	• 혈압이 정상 수치보다 높게 나오는 질병 • 잘못된 식습관, (㉠), 과도한 스트레스가 원인
동맥 경화증	• 혈관 속에 지방이나 섬유소 등의 물질이 쌓여 (㉡)이/가 좁아지거나 막혀 굳어지는 질병 • 잘못된 식습관, 운동 부족, 과도한 음주와 흡연이 원인

㉠: (   )

㉡: (   )

04 ✱✱✱❀

이 글의 내용에 비추어 볼 때, 다음 중 성인병을 예방하는 방법으로 알맞지 <u>않은</u> 것은 무엇인가요? (   )

① 매일 저녁에 줄넘기를 하며 기초 체력을 기른다.

② 하루에 8시간 이상, 질 좋은 수면 시간을 가진다.

③ 자극적이고 매운 떡볶이와 라면 등은 최대한 멀리한다.

④ 체력을 보충하기 위해 고기와 기름진 반찬 위주의 식사를 한다.

⑤ 스트레스가 쌓이면 취미 활동을 하면서 즐거운 마음가짐을 가지려고 노력한다.

05 ✱✱✱ 서술형

성인병에 걸리는 어린이 환자가 늘어나고 있는 이유를 이 글에서 찾아 쓰세요.

____

____

____

낱말 따라 쓰기 

● (공간적으로) 앞과 뒤, (시간적으로) 먼저와 나중 : 전 후

[前 – 앞 전, 後 – 뒤 후]

㉑ 추석 전후에는 고속 국도에 차가 많다.

● 있는 대로 모두 합하여 : 통 틀 어

㉑ 음식 만들기, 설거지 등을 통틀어 부엌일이라고 한다.

● 앞으로 일어날지도 모르는 어떤 일에 대응하기 위한 방법과 꾀 : 대 비 책

㉑ 같은 문제가 다시 일어나지 않도록 대비책을 마련해야 한다.

● 혈액이 흐르는 몸속의 관 : 혈 관

● 사람이나 동물의 몸 안을 돌며 산소와 영양분을 공급하고, 노폐물을 운반하는 붉은색의 액체 : 혈 액

● 누르거나 미는 힘 : 압 력

㉑ 풍선이 압력을 이기지 못하고 터져버렸다.

● 계산하거나 재어서 얻은 수 : 수 치

● 무엇을 가장 중요한 것으로 삼음. : 위 주

● 음식을 취하거나 먹는 과정에서 저절로 익혀진 행동 방식 : 식 습 관

● 서구인의 문화나 생활 방식에 영향을 받아 닮아 가다. : 서 구 화 되 다

㉑ 옷차림이 서구화되기 이전에, 사람들은 주로 흰 옷을 입었다.

● 즉석에서 간편하게 이루어짐을 이르는 말 : 인 스 턴 트

● 지나치게 많다. : 과 다 하다 [過 – 지나칠 과, 多 – 많을 다]

㉑ 그녀는 과다한 스트레스 때문에 한동안 아팠다.

● 생물체가 양분 따위를 몸속에 빨아들이다. : 섭 취 하다

㉑ 이 영양제를 먹으면 좋은 영양분을 섭취할 수 있다.

● 살이 쪄서 몸이 뚱뚱한 것 : 비 만

● 병이나 사고 같은 것이 생기지 않도록 미리 대처하여 막다. : 예 방 하다

㉑ 산불이 나지 않도록 미리 예방해야 한다.

● 정도에 지나치다. : 과 도 하다 [過 – 지날 과, 度 – 법도 도]

㉑ 과도하게 욕심을 부리면 오히려 일이 꼬이기도 한다.

● 잠을 자는 일 : 수 면

㉑ 충분한 수면을 취하고 나니 상태가 좋아졌다.

● 어떤 강한 반응을 일으키는 성질이 있는, 또는 그런 것 : 자 극 적 ㉑ 레몬의 성분은 피부에 자극적이다.

● 육체적 활동을 할 수 있는 몸의 힘. 또는 질병이나 추위 따위에 대한 몸의 저항 능력 : 체 력

㉑ 체력 검사 결과를 보고 매일 운동을 하기로 결심했다.

빠른 정답 4쪽

✽ 다음 가로 열쇠와 세로 열쇠 문제를 잘 읽고, 빈칸에 알맞은 답을 써 보세요.

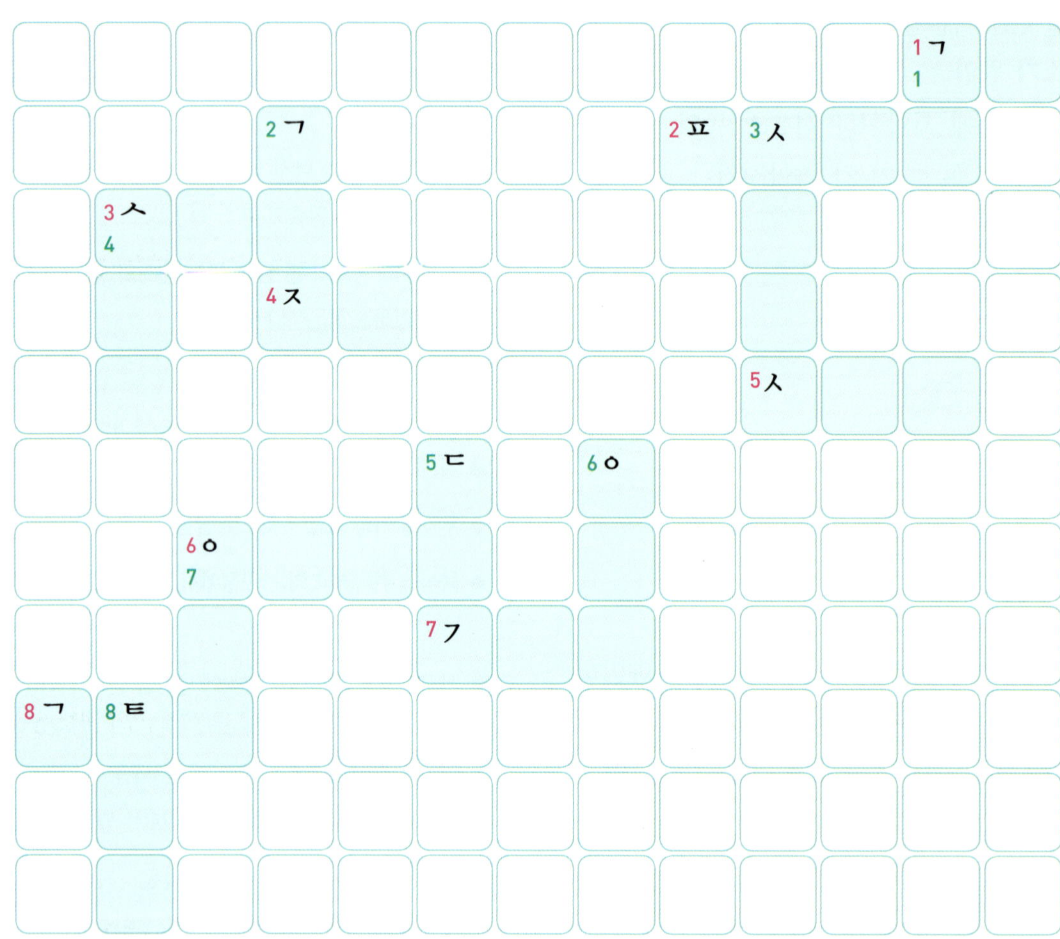

가로 열쇠

1 정도에 지나친 것

2 겉으로 드러나 보이다.

3 안구의 동공 바로 뒤에 붙어 있는 볼록한 모양의 탄력성 있는 투명체

4 지구의 위도가 0도인 선으로 지구의 남북 양극으로부터 같은 거리에 있는 지구 표면에서의 점을 이었으며, 지구 표면에서 해가 가장 뜨겁게 내리쬐는 지대의 중심이 되는 선

5 사용한 값으로 내는 요금

6 그날그날의 비, 구름, 바람, 기온 따위가 나타나는 기상 상태 변화를 예측하여 미리 알리는 일

7 주로 전쟁·싸움·경기 등에서 상대가 미리 알아차리기 전에 공격하는 것

8 둘 또는 그 이상의 비슷하거나 서로 관계되는 것

세로 열쇠

1 지나치게 많은 것

2 잘 알 수 있을 만큼 실례가 있고 자세한 것

3 눈이 얼마만 한 크기의 물체를 볼 수 있는지를 검사하는 일

4 어떤 물건이나 자료 등을 찾아 모으는 것을 전문적으로 하는 사람

5 가까이 있는 작은 물체를 크게 보이게 하는 볼록 렌즈를 사용하여 만든 안경으로, 흔히 노인들이 많이 사용한다.

6 남은 생각하지 않고 자기의 생각대로 정하여 하는 것, 어느 한쪽으로 치우친 것

7 짧은 기간 동안의 일

8 있는 대로 모두 합하여

STEP 6

주제 알아보기

★ **주제란?**

글쓴이가 한 편의 글을 통해 전달하고자 하는 중심 내용입니다

● **주제를 알아야 하는 이유**

주제를 아는 것은 곧 글의 핵심 내용을 이해하는 것이에요. 따라서 주제를 알아 내면 글을 완벽히 독해할 수 있습니다.

주제를 알아보는 방법
① 각 단락을 요약하여 글의 구조를 알아 보세요.
② 글의 구조를 바탕으로 글 전체에서 주로 이야기하는 내용이 무엇인지 살펴보세요.
③ 살펴본 내용을 글 전체의 중심 낱말을 포함한 간단한 말로 정리해 보세요.

노블레스 오블리주란 무엇일까?

    큰 기업의 대표가 모든 재산을 사회에 환원하거나, 사회적으로 높은 지위에 있는 사람이 경제적으로 어려운 사람들을 위해 기부하는 일 등이 종종 있다. 이럴 때 우리는 흔히 '노블레스 오블리주'라고 표현한다. 노블레스 오블리주란 어떤 의미이며, 어떻게 생겨난 말일까?

    노블레스 오블리주는 프랑스어로 '고귀한 신분(귀족)'이라는 말인 노블레스와 '책임이 있다'라는 말인 오블리주가 합해진 것으로, 사회적 지위가 높은 사람에게 요구되는 도덕적 의무와 사회적 책임을 의미한다. 이 개념이 처음 생겨난 것은 신분 제도가 존재했던 초기 로마 사회 때였다. 당시의 귀족들은 귀족으로 정당하게 대접받기 위해서는 명예만큼 의무를 다해야 한다고 생각했다. 그래서 사회를 위해 봉사하거나 기부하는 전통이 강했고, 이는 전쟁에 자발적으로 앞장서서 참여하는 것으로까지 이어졌다. 이러한 행위는 그들에게 의무이자 명예로 인식되었다.

    과거 우리나라에도 노블레스 오블리주를 실천한 사람들이 있었다. 고려 시대부터 조선 시대에 이르기까지 높은 관리와 그들의 자제 중에는 전쟁이 나면 앞장서서 참여하는 사람들이 있었다. 몇 대에 걸쳐 가난한 이웃에게 곡식과 재물을 나누어 준 부자들도 있었다. 또한 일제 강점기에는 큰 부자이거나 명망 높은 가문에서 독립운동에 앞장서거나 독립 자금을 대기도 했다.

    현대에도 노블레스 오블리주는 사회적 지위가 높은 사람에게 요구되고 있으며, 계층 간 대립을 해결할 방법으로 여겨져 왔다. 특히 1·2차 세계 대전 때 국민의 힘을 합하고 마음을 모으는 데 무엇보다 사회 고위층의 __________하는 자세가 큰 효과가 있었다. 또 빌 게이츠와 워렌 버핏 같은 세계적인 부자들은 어려운 이웃들을 위해 대부분의 재산을 기부하고 사회적 책임을 몸소 실천하고 있다. 현대 사회의 노블레스 오블리주는 부와 명예, 권력을 가진 사회 고위층이 자신의 사회적 지위에 맞는 도덕적 책임과 의무를 다해야 한다는 의미로 사용되고 있다.

낱말 따라 쓰기 

● 본디 상태로 되돌아가거나 되돌아가게 하다. : 환 원 하다

● 개인의 사회적 신분에 따르는 위치나 자리 : 지 위

● 많은 사람에게 도움이 되는 일에 돈이나 재산 등을 내어 주다. : 기 부 하다

● 어떤 집안이나 개인이 사회에 차지하고 있는 신분이나 지위가 높고 귀하다. : 고 귀 하다 [高－높을 고, 貴－귀할 귀]

● 이치에 맞아 올바르고 마땅하다. : 정 당 하다

● 남이 시키거나 요청하지 아니하여도 자기 스스로 원해서 하는 것 : 자 발 적

● 사물이 분별되고 판단되어 이해되다. : 인 식 되 다

● 다른 사람의 아들 또는 자식을 높여 이르는 말 : 자 제 [子－자식 자, 弟－나이 어린 사람 제]

STEP **6** 주제 알아보기

빠른 정답 4쪽

주제란 글쓴이가 한 편의 글을 통해 전달하고자 하는 중심 내용입니다.

★ **주제를 알아보는 방법**

① 각 단락을 요약하여 글의 구조를 알아보세요.

② 글의 구조를 바탕으로 글 전체에서 주로 이야기하는 내용이 무엇인지 살펴보세요.

③ 살펴본 내용을 글 전체의 중심 낱말을 포함한 간단한 말로 정리해 보세요.

1단락

'노블레스 오블리주'의 의미와 어떻게 생겨난 말인지에 대해 물음을 던지고 있어요. 그러므로 1단락을 요약하면 '[1) ☐☐☐☐☐ ☐☐☐☐☐]에 대한 궁금증'입니다.

2단락

1단락의 물음에 답하며 노블레스 오블리주의 의미와 초기 로마 사회에서 생겨났다는 것을 설명하고 있으므로 2단락을 요약하면 '노블레스 오블리주의 개념과 생겨난 2) ☐☐'입니다.

3단락

고려 시대, 조선 시대, 일제 강점기 때 노블레스 오블리주를 실천한 사람들에 대해 설명하고 있으므로 3단락을 요약하면 '과거 3) ☐☐☐☐의 노블레스 오블리주'입니다.

4단락

현대 사회에서 노블레스 오블리주로 실천하는 사람들의 예를 통해 그 의미를 다시 살펴보고 있으므로 4단락을 요약하면 4) ☐☐ 사회의 노블레스 오블리주의 의미'입니다.

[글의 구조]

★ 1단락에서 노블레스 오블리주의 의미와 어떻게 생겨난 말인지에 대해 질문을 하고 있어요.

2단락에서는 질문에 대한 답을 주고 있네요.

3단락에서는 과거 우리나라에도 노블레스 오블리주를 실천한 사람들이 있다고 이야기하고 있어요.

4단락에서는 현대 사회의 노블레스 오블리주의 의미를 살펴보며 글을 마무리하고 있어요.

★ 1단락부터 4단락까지 노블레스 오블리주와 관련된 낱낱의 이야기가 이어지고 있네요.

★ 글의 구조도를 그리면 다음과 같습니다.

> **1** 단락
> 노블레스 오블리주에 대한 궁금증
>
> ↓
>
> **2** 단락
> 노블레스 오블리주의 개념과 생겨난 시기
>
> ↓
>
> **3** 단락
> 과거 우리나라의 노블레스 오블리주
>
> ↓
>
> **4** 단락
> 현대 사회의 노블레스 오블리주의 의미

[주제]

★ 이 글에 많이, 자주 나오는 말 중에서 가장 중심이 되는 말이 노블레스 오블리주이므로, 이 글 전체의 중심 낱말은 '노블레스 오블리주'입니다.

★ 이 글은 노블레스 오블리주의 개념이 무엇이며, 그 표현이 어떻게 생겨나서 지금까지 의미가 이어져 왔는지 설명하고 있어요.

이 내용을 중심 낱말을 포함하는 말로 정리하면 주제가 됩니다. 그러므로 이 글의 주제는 '5) ☐☐☐☐ ☐☐☐☐의 개념과 역사'입니다.

✏️ 뜻을 정확히 모르는
낱말들을 적어 보세요!

01 　주제 알아보기

다음은 이 글의 주제를 이해하는 과정입니다. 빈칸에 들어가기에 알맞은 말을 쓰세요.

> 　이 글은 노블레스 오블리주의 개념을 설명하고, 옛날부터 오늘날까지 노블레스 오블리주를 실천한 사례들을 소개하고 있다. 따라서 이 글의 중심 낱말은 '노블레스 오블리주'이고, 주제는 '(　　　)의 개념과 역사'이다.

（　　　　　　　　　　　）

02 　내용 이해하기

다음 중 '노블레스 오블리주'의 예로 알맞지 <u>않은</u> 것은 무엇인가요?　（　　）

① 세계적인 부자가 재산의 대부분을 사회에 환원하는 것
② 대기업의 대표가 어려운 이웃을 위해 정기적으로 봉사 활동을 하는 것
③ 초기 로마 사회의 귀족이 신분 제도를 강조하고 계층 간 대립을 만드는 것
④ 흉년이 들자 프랑스의 귀족이 가난한 시민에게 곡식과 재물을 나누어 준 것
⑤ 조선 시대에 왜구가 침입하자 양반 가문의 자제가 전쟁에 앞장서서 참여한 것

03 　내용 적용하기

다음 〈보기〉의 뉴스를 보고 보인 반응으로 알맞은 것만 묶은 것은 무엇인가요?（　　）

〈 보기 〉

> 　일제 강점기의 대표적인 독립운동가 ○○○ 선생이 '올해의 독립운동가'로 선정됐다. ○○○ 선생은 명망 있는 양반 가문 출신으로 1910년 일제에 의해 나라가 망하자 독립운동에 앞장서기로 결심했고, 집과 땅을 포함한 전 재산을 팔아 마련한 자금으로 만주에 '신흥 무관 학교'를 세웠다.

> ㉠ 전 재산을 팔아야만 진정한 노블레스 오블리주를 실천할 수 있겠군.
> ㉡ ○○○ 선생은 자신의 고귀한 신분에 맞는 책임을 다하고자 노력했군.
> ㉢ 만주에서 활동하여 독립을 향한 국내의 열망은 하나로 모을 수 없었겠군.
> ㉣ ○○○ 선생은 과거에 우리나라에서 노블레스 오블리주를 실천한 사람이군.

① ㉠, ㉡　　　② ㉠, ㉢　　　③ ㉡, ㉢　　　④ ㉡, ㉣　　　⑤ ㉢, ㉣

04 　상황에 맞는 한자 성어 찾기

4단락의 밑줄 친 곳에 들어가기에 알맞은 한자 성어는 무엇인가요?　（　　）

① 약육강식(弱肉強食)　　　　② 일희일비(一喜一悲)
③ 동문서답(東問西答)　　　　④ 오비이락(烏飛梨落)
⑤ 솔선수범(率先垂範)

낱말 따라 쓰기 

● 남의 영토나 물건을 강제로 차지한 시기나 기간 : 　강 점 기

● 이름이 나고 인기가 높은 것 : 　명 망
　㉑ 교수님은 외과 의사로 <u>명망</u>이 높았다.

● 가족 또는 가까운 일가로 이루어진 공동체, 또는 그 사회적 지위 : 　가 문
　㉑ 그는 김씨 <u>가문</u>의 자손이다.

● 특정한 목적에 쓰는 큰 돈 : 　자 금

● 한 사회에서 지위, 역할, 직업, 경제적 수준에 따라 이루는 집단 : 　계 층

● 생각이나 위치가 서로 정반대로 맞서거나 서로 어긋나는 것 : 　대 립

● 높은 지위에 해당하는 계층. 또는 그 계층에 해당하는 사람 : 　고 위 층
　[高－높을 고, 位－자리 위, 層－층 층]

문제 이해하고 풀기

01 주제 알아보기

이 글의 주제를 이해할 수 있는 실마리를 정리해 놓았네요.

이 글은 노블레스 오블리주의 개념을 설명하고, 역사적으로 노블레스 오블리주를 실천한 사례를 알아보고 있어요. 빈칸에 알맞은 말은 이 글의 중심 낱말인 '노블레스 오블리주'예요.

정답은 ＿＿＿＿＿＿＿＿＿＿ 입니다.

02 내용 이해하기

'노블레스 오블리주'를 실천한 예로 알맞지 <u>않은</u> 것을 찾는 문제예요.

🌸 각각의 선택지 내용을 순서대로 살펴볼게요.

① 세계적인 부자가 재산의 대부분을 사회에 환원하는 것(○)

근거 ④단락 ❸번째 문장: 또 빌 게이츠와 워렌 버핏 같은 세계적인 부자들은 ~ 몸소 실천하고 있다.

② 대기업의 대표가 어려운 이웃을 위해 정기적으로 봉사 활동을 하는 것(○)

근거 ①단락 ❶번째 문장: 큰 기업의 대표가 ~ 종종 있다.

③ 초기 로마 사회의 귀족이 신분 제도를 강조하고 계층 간 대립을 만드는 것(×)

근거 ②단락 ❶번째 문장: 노블레스 오블리주는 ~ 사회적 책임을 의미한다.

🍃 신분 제도를 강조하고 계층 간 대립을 만드는 것은 노블레스 오블리주의 예로 알맞지 않아요.

④ 흉년이 들자 프랑스의 귀족이 가난한 시민에게 곡식과 재물을 나누어 준 것(○)

근거 ②단락 ❹번째 문장: 그래서 사회를 ~ 것으로까지 이어졌다.

⑤ 조선 시대에 왜구가 침입하자 양반 가문의 자제가 전쟁에 앞장서서 참여한 것(○)

근거 ③단락 ❷번째 문장: 고려 시대부터 ~ 사람들이 있었다.

정답은 ＿＿＿＿＿＿ 입니다.

03 내용 적용하기

• 〈보기〉의 뉴스: ○○○ 선생은 명망 있는 가문 출신으로 독립 운동에 앞장서며 노블레스 오블리주를 실천했습니다.

🟥 **즉** 뉴스를 본 반응으로 알맞은 것을 모두 찾는 문제입니다.

🌸 각각의 반응을 순서대로 살펴볼게요.

㉠ 전 재산을 팔아야만 진정한 노블레스 오블리주를 실천할 수 있겠군.(×)

🍃 전 재산을 팔아야만 진정한 노블레스 오블리주를 실천할 수 있는 것은 아니에요.

㉡ ○○○ 선생은 자신의 고귀한 신분에 맞는 책임을 다하고자 노력했군.(○)

근거 ③단락 ❹번째 문장: 일제 강점기에는 ~ 대기도 했다.

㉢ 만주에서 활동하여 독립을 향한 국내의 열망은 하나로 모을 수 없었겠군.(×)

🍃 신흥 무관 학교를 세워 뛰어난 독립군을 길러 냈기 때문에 독립을 향한 우리 민족의 열망을 뒷받침할 수 있었어요.

㉣ ○○○ 선생은 과거에 우리나라에서 노블레스 오블리주를 실천한 사람이군.(○)

근거 ③단락 ❹번째 문장: 일제 강점기에는 ~ 대기도 했다.

정답은 ＿＿＿＿＿＿ 입니다.

04 상황에 맞는 한자 성어 찾기

🌸 각 한자 성어가 담고 있는 의미를 알아봅시다.

① 약육강식(弱肉強食) 🍃 강한 자가 약한 자를 부당하게 망하게 한다는 의미에요.

② 일희일비(一喜一悲) 🍃 기쁨과 슬픔이 번갈아 일어난다는 의미에요.

③ 동문서답(東問西答) 🍃 묻는 말에 전혀 엉뚱한 대답을 한다는 의미에요.

④ 오비이락(烏飛梨落) 🍃 관계없는 일로 억울하게 의심을 받거나 난처해졌다는 의미에요.

⑤ 솔선수범(率先垂範) 🍃 남보다 앞장서서 행동해서 몸소 다른 사람의 본보기가 된다는 의미에요.

정답은 ＿＿＿＿＿＿ 입니다.

DAY
31

우리 몸에도 온도 조절 장치가 있다고?

추운 겨울에 유용하게 쓰는 전기장판은 화재나 화상을 방지하기 위해 일정 온도 이상 올라가지 못하게 하는 온도 조절 장치가 설치되어 있다. 우리 몸에도 그런 온도 조절 장치가 있을까?

우리 몸에도 아주 과학적인 온도 조절 장치가 있다. 바로 근육과 땀이다. 우리 몸은 평소에 대략 36.5℃~37℃ 정도의 체온을 유지하고 있다. 그런데 날씨가 추워 체온이 36.5℃ 이하로 떨어지면 몸을 부르르 떠는데, 이는 근육이 체온을 높이기 위해 우리 몸을 움직이게 만들기 때문이다. 추운 겨울에 오줌을 누면 몸이 떨리는 것도 같은 이유이다. 몸의 열이 오줌과 함께 빠져나가 순간적으로 낮아지는 체온을 다시 올리기 위해 근육이 몸을 떨게 하는 것이다.

____________ 체온이 올라가는 경우에는 어떨까? 날씨가 더워 체온이 37℃ 이상으로 올라가면 몸에서 땀이 나기 시작한다. 이때 땀이 마르면서 우리 몸의 열을 빼앗아가 체온이 낮아진다. 더운 날 몸에 물을 묻히면 물이 증발하면서 시원해지는 것과 같은 원리이다.

한편, 날씨가 추워서 체온이 떨어지는 것도 아닌데 우리 몸이 스스로 열을 내는 경우도 있다. 바로 감기와 같은 병을 일으키는 바이러스가 우리 몸에 들어왔을 때이다. 바이러스들은 보통 높은 온도에 약하기 때문에 우리 몸은 스스로를 지키기 위해 열을 내서 바이러스의 활동을 막는다. 다만 이런 경우, 우리 몸이 적정 온도 기준을 36.5℃보다 높게 맞추어 놓고 거기에 맞게 체온을 조절하기 때문에 체온이 높아져 열이 나도 몸이 떨리며 추위를 느끼게 되는 것이다.

이처럼 우리 몸은 근육과 땀을 통해 체온을 일정하게 유지하고, 때로는 열을 내서 우리 몸을 지키기 위해 노력한다. 우리는 스스로가 의식하지 않아도 몸을 건강하게 지켜 주는 훌륭한 온도 조절 장치를 지니고 있는 셈이다.

지문 확인

· 1단락의 중심 문장에 표시해 보세요.

· 2단락의 중심 문장에 표시해 보세요.

· 3단락의 중심 문장에 표시해 보세요.

· 4단락의 중심 문장에 표시해 보세요.

· 5단락의 중심 문장에 표시해 보세요.

낱말 따라 쓰기 

● 어떤 사정이나 조건에 알맞게 만드는 것 : 조 절
　예 건강을 위해 식사량 조절과 적절한 운동이 필요하다.

● 어떤 목적에 따라 기능하도록 기계, 도구 따위를 그 장소에 장착함. 또는 그 기계, 도구, 설비 : 장 치

● 쓸모가 있다. : 유 용 하다 [有-있을 유, 用-쓸 용]
　예 이 문제집은 복습할 때 유용하다.

● 전기 저항에 의하여 발생하는 열을 이용하여 바닥을 덥힐 수 있게 만든 장판 : 전 기 장 판

● 집이나 물건이 불에 타는 손해 : 화 재

● 높은 온도의 기체, 액체, 고체나 약품에 데어서 생긴 상처 : 화 상

● 좋지 않은 일이 일어나지 않도록 미리 막다. : 방 지 하다
　[防-막을 방, 止-그칠 지]
　예 사고를 방지하려면 대비를 철저하게 해야 한다.

● 어떤 일을 하는 데 필요한 기계나 설비 등이 제자리에 맞게 놓이다. : 설 치 되 다

● 동물체가 가지고 있는 온도 : 체 온

정답 콕콕 특강

01 주제 알아보기

이 글의 주제를 이해하는 과정입니다. 빈칸에 공통으로 들어가기에 알맞은 말을 쓰세요.

> 이 글은 우리 몸이 스스로 체온을 조절하는 원리를 설명하고 있다. 체온을 일정하게 유지하기 위해 근육이 떨리거나 땀이 나고, 바이러스로부터 몸을 보호하기 위해 열이 난다. 이 글 전체의 중심 낱말은 '(   )'이고, 이 글의 주제는 '일정한 체온을 유지하고 우리 몸을 지켜 주는 몸속의 훌륭한 (   )'이다.

(   )

01
글의 주제는 중심 낱말을 포함하여 주요 내용을 간추린 것이에요.

02 내용 이해하기

이 글의 내용으로 알맞지 <u>않은</u> 것은 무엇인가요? (   )

① 바이러스가 몸속에 들어오면 체온이 스스로 높아진다.
② 추운 겨울에 오줌을 누면 순간적으로 체온이 낮아진다.
③ 날씨가 춥지 않으면 우리 몸이 스스로 열을 내지 않는다.
④ 추운 겨울에 체온이 떨어지면 근육이 우리 몸을 움직이게 만든다.
⑤ 근육과 땀은 우리 몸이 체온을 일정하게 유지할 수 있도록 해 준다.

02
선택지의 내용이 글의 내용과 일치하는지 확인해 보세요. 선택지에 본문과 다른 표현이 쓰여도 헷갈리지 않도록 주의하세요.

03 내용 적용하기

다음 중 〈보기〉의 상황을 바르게 이해한 두 사람은 누구인지 쓰세요.

〈 보기 〉

> 기훈이는 한여름에 아버지와 뒷동산에 올랐다. 더워서 땀을 뻘뻘 흘리며 집에 돌아오자 아버지는 기훈이에게 등목을 하자고 하셨다. 기훈이가 엎드리자 아버지께서는 시원한 물을 뿌려서 땀을 씻어 주셨고 기훈이 역시 아버지의 등목을 도와드렸다.

유민: 등목을 하면 근육이 몸을 움직이게 만들어서 우리 몸을 지켜줘.
다연: 아버지가 뿌려 주신 물이 증발하면서 기훈이의 몸에 있던 열을 빼앗아 가서 체온이 내려갈 거야.
재은: 기훈이가 땀을 뻘뻘 흘린 건 높아진 체온을 낮추기 위해 몸이 스스로 온도를 조절했기 때문이야.
미래: 기훈이가 뒷동산에 오르면서 더위를 느낀 건 몸이 스스로를 지키기 위해 온도 기준을 높였기 때문이야.

(   ), (   )

03
〈보기〉의 상황을 글의 내용과 비교하면서 읽어 보세요. 몸에 열이 나는 현상에 대한 설명은 3단락과 4단락에 나와 있어요.

DAY
32

3단락의 밑줄 친 곳에 들어갈 이어 주는 말로 알맞은 것은 무엇인가요? ( )

① 또한 ② 반면에 ③ 그리고
④ 그러므로 ⑤ 왜냐하면

04

이어 주는 말은 두 개의 문장을 자연스럽게 연결해 주기 위해 사용하는 말이에요.
밑줄 친 곳 앞뒤 내용이 서로 어떤 관계에 있는지 생각해 보고, 선택지의 이어 주는 말을 넣어 읽어 보세요.

05 내용 이해하기 서술형

다음은 이 글을 읽고 나눈 대화입니다. ㈎에 알맞은 내용을 이 글에서 찾아 쓰세요.

> 지선: 땀은 그냥 흐르는 것처럼 보이지만, 많은 역할을 하는 것 같아.
> 민호: 무슨 말이야?
> 지선: 운동을 해서 몸을 많이 움직이면 체온이 올라가면서 우리 몸에서 땀이 흘러내리지. 땀을 흘리면서 올라갔던 체온이 낮아지는 거야.
> 민호: 그러면 운동이 끝나고 가만히 앉아 있으면 조금 춥게 느껴지는 것은 왜 그래?
> 지선: _______________________________ ㈎ _______________________________

05

2~4단락에 우리 몸이 스스로 온도를 조절하도록 돕는 것들이 나와 있어요. 대화에 등장한 예와 같은 원리를 찾아 보세요.

 **낱말 따라 쓰기**

- 어떤 상태나 현상을 그대로 이어 가거나 계속하다. : 유 지 하다
  예 영미와 누리는 지금까지 좋은 친구 관계를 유지해 왔다.
- 제한된 환경이나 경계의 밖으로 나가다. : 빠 져 나 가 다
  예 저녁이 되자 사람들이 빠져나가서 놀이공원이 텅 비었다.
- 아주 짧은 사이인 것 : 순 간 적
- 가루, 풀, 물 따위를 그보다 큰 다른 물체에 들러붙게 하거나 흔적을 남기다. : 묻 히 다
- 어떤 물질이 액체 상태에서 기체 상태로 변하다. : 증 발 하다
- 기본이 되는 이치나 법칙 : 원 리
- 바르고 알맞은 것 : 적 정

- 종류를 나누거나 비교를 하거나 정도를 구별하기 위하여 따르는 일정한 원칙, 잣대 : 기 준
- 어떤 것의 양, 성질, 상태, 계획 따위가 달라지지 아니하고 한결같다. : 일 정 하다 [一 − 하나 일, 定 − 정할 정]
  예 교실에는 크기가 일정한 책상들이 나란히 있었다.
- 무엇을 두드러지게 느끼거나 특별히 마음에 두다. 사물이나 일에 대해 깨닫거나 알아차리다. : 의 식 하다
  [意 − 뜻 의, 識 − 알 식]
  예 그는 최면에 걸려 자기 행동을 의식하지 못했다.
- 팔다리를 뻗고 엎드린 사람의 허리 위에서부터 목까지를 물로 씻어 주는 일 : 등 목

낱말 쏙쏙 테스트　　DAY 31 + DAY 32 낱말

[01~04] 주어진 낱말에 알맞은 뜻을 연결하세요.

01 이치에 맞아 올바르고 마땅하다. ·

02 양, 성질, 상태, 계획 따위가 달라지지 아니하고 한결같다. ·

03 본디 상태로 되돌아가거나 되돌아가게 하다. ·

04 어떤 물질이 액체 상태에서 기체 상태로 변하다. ·

· ㉠ 증발하다

· ㉡ 정당하다

· ㉢ 일정하다

· ㉣ 환원하다

[05~08] 빈칸에 알맞은 낱말을 골라 쓰세요.

05 저층　계층

소득의 차이가 □□ 간의 갈등으로 이어졌다.

06 자발적　순간적

지역 주민들이 □□□ 으로 공원의 잡초를 뽑기로 했다.

07 체중　체온

감기에 걸려서 □□ 이 급격히 올랐다.

08 자금　저금

그녀는 유학을 떠나기 위해 □□ 을 모으고 있다.

[09~12] 주어진 한자와 뜻풀이를 보고, 빈칸에 알맞은 낱말을 쓰세요.

09 高 높을 □ + 貴 귀할 □ = □□ 하다

어떤 집안이나 개인이 사회에서 차지하고 있는 신분이나 지위가 높고 귀하다.

10 意 뜻 □ + 識 알 □ = □□ 하다

무엇을 두드러지게 느끼거나 특별히 마음에 두다. 사물이나 일에 대해 깨닫거나 알아차리다.

11 有 있을 □ + 用 쓸 □ = □□ 하다

쓸모가 있다.

12 防 막을 □ + 止 그칠 □ = □□ 하다

좋지 않은 일이 일어나지 않도록 미리 막다.

[13~16] 낱말의 뜻과 예로 든 문장을 보고, 빈칸에 알맞은 낱말을 쓰세요.

13 □□ 하다 : 어떤 상태나 현상을 그대로 이어가거나 계속하다.

㉠ 세계 평화를 ＿＿＿＿＿하기 위해 각국의 대통령이 한자리에 모였다.

14 □□ 되다 : 어떤 일을 하는 데 필요한 기계나 설비 등이 제자리에 맞게 놓이다.

㉠ 신호등이 횡단보도에 ＿＿＿＿＿되었다.

15 □□ : 어떤 사정이나 조건에 알맞게 만드는 것

㉠ 그녀는 키에 알맞게 의자 높이를 ＿＿＿＿하였다.

16 □□ 하다 : 많은 사람에게 도움이 되는 일에 돈이나 재산 등을 내어 주다.

㉠ 그는 자기가 졸업한 학교에 장학금 ＿＿＿＿ 을/를 약속하였다.

문장의 기본 틀은 무엇으로 이루어질까?

빠른 정답 4쪽

지문 확인

'현아가 책을'을 문장이라고 할 수 있을까? 그렇지 않다. 문장을 이루는 기본 성분이 모두 채워지지 않은 불완전한 표현이기 때문이다. 문장의 기본 틀을 이루는 문장 성분을 '주성분'이라고 한다. 주성분에는 어떤 종류가 있을까?

· 1단락의 중심 문장에 표시해 보세요.

우선, 주성분에는 '주어'가 있다. 주어란 문장에서 어떤 행동을 하는 대상 혹은 성질이나 상태의 대상이 되는 말이다. '현석이가 뛴다.', '교실이 조용하다.'에서 '현석이가'와 '교실이'처럼 문장에서 '누가' 또는 '무엇이'에 해당하는 부분이 주어이다. 문장에서 주어가 없으면 행동을 하는 대상이 누구인지, 무엇에 대한 설명인지 알 수 없으므로 완전하지 않은 문장이다.

· 2단락의 중심 문장에 표시해 보세요.

'서술어'와 '목적어'도 주성분에 해당한다. 서술어는 주어의 행동이나 상태, 성질을 나타내는 말로, 문장에서 '어찌하다', '어떠하다', '무엇이다'에 해당하는 부분이다. '현석이가 뛴다.', '교실이 조용하다.'에서 '뛴다'와 '조용하다'가 서술어에 해당한다. 그리고 서술어가 어떤 행동을 나타낼 때, 그 행동의 대상이 되는 말이 목적어이다. '현아가 책을 읽는다.'에서는 행동을 나타내는 '읽는다'가 서술어이고, 그 행동의 대상이 되는 '책을'이 목적어이다.

· 3단락의 중심 문장에 표시해 보세요.

마지막으로, 주성분에는 '보어'가 포함된다. 보어는 주어와 서술어만으로는 뜻이 완전하지 못한 문장에서, 그 불완전한 곳을 보충해 주는 말이다. '현민이는 되었다.'와 '현민이는 반장이 되었다.'라는 문장을 비교해 보자. 앞의 문장은 현민이가 무엇이 되었는지 알 수 없어 완전하지 못한 문장이지만, 뒤의 문장은 현민이가 '반장이' 되었다는 것을 밝혀 주었으므로 완전한 문장이 된다. 이처럼 보어는 서술어 '되다/아니다' 앞에 '이/가'가 붙어 나타난다.

· 4단락의 중심 문장에 표시해 보세요.

정리하면, 주성분의 종류에는 주어, 서술어, 목적어, 보어가 있으며, 이것들이 모여 문장의 기본 틀을 만든다. 주성분의 종류와 그 쓰임을 잘 익혀 올바른 문장을 사용하는 습관을 가지도록 하자.

· 5단락의 중심 문장에 표시해 보세요.

낱말 따라 쓰기 

● 일정한 격식이나 형식, 제한된 구조 : 틀

● 몇 가지 부분이나 요소들이 모여 일정한 성질이나 모양을 가진 존재가 생기거나 만들어지다. : 이루어지다

● 한 문장을 구성하는 요소로 주성분, 부속 성분, 독립 성분이 있다. : 성분 [成 – 이룰 성, 分 – 나눌 분]

● 무엇을 비어 있는 데에 넣어 가득 차게 하다. : 채우다

● 완전하지 아니하거나 완전하지 못하다. : 불완전하다

● 어떤 기준에 따라 여러 가지 사물을 나눈 갈래 : 종류

● 어떤 때에 사물이 보여 주는 모양이나 놓여 있는 형편 : 상태

● 무엇에 잘 어울리든가 바로 들어맞다. : 해당하다

● 무엇이 어떤 무리나 범위에 들어가거나 함께 넣어지다. : 포함되다

STEP **6** 주제 알아보기

★ **주제를 알아보는 방법**

① 각 단락을 요약하여 글의 구조를 알아보세요.

② 글의 구조를 바탕으로 글 전체에서 주로 이야기하는 내용이 무엇인지 살펴보세요.

③ 살펴본 내용을 글 전체의 중심 낱말을 포함한 간단한 말로 정리해 보세요.

1단락

문장의 기본 틀을 이루는 성분을 주성분이라고 해요. 주성분의 뜻을 설명하고 종류를 궁금해하고 있어요. 그러므로 1단락을 요약하면 '1) [　][　][　]의 뜻'입니다.

2단락

문장에서 어떤 행동을 하는 대상 혹은 성질이나 상태의 대상이 되는 말을 주어라고 해요. 예로 든 문장에서 주어를 살펴보고 있으므로 2단락을 요약하면 '주성분의 종류 – 2) [　][　]'입니다.

3단락

주어의 행동이나 상태, 성질을 나타내는 말은 서술어, 서술어가 어떤 행동을 나타낼 때 그 행동의 대상이 되는 말은 목적어라고 해요. 예로 든 문장에서 서술어와 목적어를 살펴보고 있으므로 3단락을 요약하면 '주성분의 종류 – 3) [　][　][　]와/과 목적어'입니다.

4단락

주어와 서술어만으로는 뜻이 완전하지 못한 문장에서, 그 불완전한 곳을 보충해 주는 말을 보어라고 해요. 그러므로 4단락을 요약하면 '주성분의 종류 – 4) [　][　]'입니다.

5단락

주성분의 종류를 정리하고 이것들이 모여 문장의 기본 틀을 만든다는 것이 중심 내용이에요. 그러므로 5단락을 요약하면 '주성분의 종류와 개념 정리'입니다.

[글의 구조]

★ 1단락에서 주성분의 뜻을 이야기하고 앞으로 종류에 대해 알아볼 것임을 예상할 수 있는 질문을 하고 있어요.

2단락에서 주어, 3단락에서 서술어와 목적어, 4단락에서 보어까지 주성분의 종류를 설명하고 있네요.

5단락에서는 주성분의 종류와 개념을 정리하며 글을 마무리하고 있어요.

★ 2~4단락은 주성분의 종류로 묶을 수 있어요.

★ 글의 구조도를 그리면 다음과 같습니다.

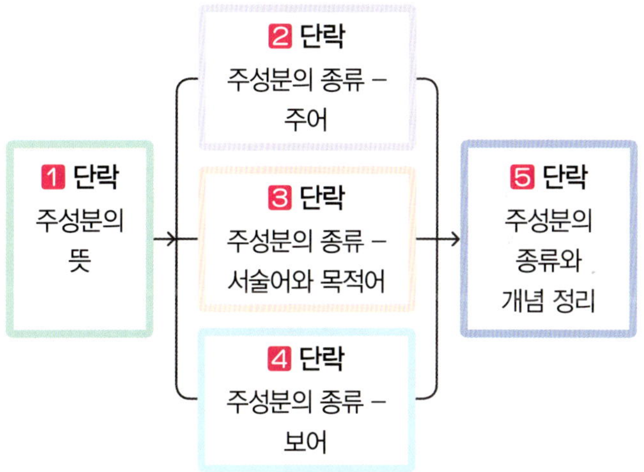

[주제]

★ 이 글에 많이 나오는 말 중에서 가장 중심이 되는 말이 주성분이므로, 이 글 전체의 중심 낱말은 '주성분'입니다.

★ 이 글은 주성분의 뜻을 설명하고 종류를 알아보고 있으므로 이 내용을 중심 낱말을 포함하는 말로 정리하면 주제가 됩니다. 따라서 이 글의 주제는 '문장의 기본 틀을 이루는 5) [　][　][　]의 개념과 종류'입니다.

01 주제 알아보기

이 글의 주제를 이해하는 과정입니다. 빈칸에 공통으로 들어가기에 알맞은 말을 쓰세요.

> 이 글은 1단락에서 '주성분'의 뜻을 설명하고 있다. 그리고 2~4단락에 걸쳐 주성분에 해당하는 것들의 개념을 밝히고 구체적인 예를 들고 있다. 이 글 전체의 중심 낱말은 '(   )'이고, 이 글의 주제는 '(   )의 개념과 종류'이다.

(   )

02 글쓰기 방식 이해하기

이 글에 대한 설명으로 알맞은 것은 무엇인가요? (   )

① 나라마다 다른 문장 성분을 늘어놓고 있다.
② 주성분이 생겨난 역사적 배경을 설명하고 있다.
③ 보어를 사용할 때의 장점과 단점을 밝히고 있다.
④ 서술어와 목적어 중 더 기본적인 성분이 무엇인지 비교하고 있다.
⑤ 구체적인 예를 들어 주어, 서술어, 목적어, 보어에 대한 이해를 돕고 있다.

03 내용 이해하기

이 글의 내용으로 알맞지 <u>않은</u> 것은 무엇인가요? (   )

① 주어가 없는 문장은 완전하지 않은 문장이다.
② 문장에서 '어떠하다'에 해당하는 부분이 서술어이다.
③ 주어의 행동이나 상태, 성질을 나타내는 말을 목적어라고 한다.
④ 주성분은 문장 성분 중에서 문장의 기본 틀을 이루는 성분이다.
⑤ 주어와 서술어만으로는 문장의 뜻이 불완전할 때 보어가 필요하다.

04 내용 적용하기 서술형

이 글을 참고하여 주어와 목적어, 서술어로 이루어진 문장을 만들어 보세요.

정답 콕콕 특강

01
이 글의 중심 낱말을 떠올려 보세요. 각 단락을 확인하면서 중심 낱말에 관한 내용을 찾아 간단한 말로 표현하면 주제가 됩니다.

02
선택지의 설명이 이 글에 쓰인 글쓰기 방식과 같은지 확인해 보세요.

03
선택지에서 설명하는 개념이 이 글의 어느 부분에 나오는 내용인지 살펴보세요.

04
2, 3단락에 주어, 목적어, 서술어의 의미와 쓰임이 자세히 나타나 있어요.

낱말 따라 쓰기 

- 부족한 것을 보태어 채우다. : 보 충 하다
- 능숙하게 할 수 있도록 배우거나 공부하다. : 익 히 다
- 모르거나 알려지지 않은 사실을 알아내거나 증명하다. : 밝 히 다
- 어떤 행동을 오랫동안 되풀이하는 과정에서 저절로 굳어진 버릇 : 습 관 [習 – 익힐 습, 慣 – 익숙할 관]
- 돈이나 물건 따위가 실제로 사용되는 곳, 또는 그 용도 : 쓰 임
- 역사에 관한 것 : 역 사 적

낱말 쑥쑥 테스트

[01~04] 낱말의 뜻과 예로 든 문장을 보고, 빈칸에 알맞은 낱말을 쓰세요.

01 ☐☐ : 어떤 행동을 오랫동안 되풀이하는 과정에서 저절로 굳어진 버릇

㉠ 그는 나쁜 ___________ 을/를 빨리 고쳤다.

02 ☐☐ : 돈이나 물건 따위가 실제로 사용되는 곳, 또는 그 용도

㉠ 소는 부위에 따라 고기의 ___________ 이/가 다르다.

03 ☐☐ : 어떤 기준에 따라 여러 가지 사물을 나눈 갈래

㉠ 그는 자료를 ___________ 에 따라 나누었다.

04 ☐☐ : 어떤 때에 사물이 보여 주는 모양이나 놓여 있는 형편

㉠ 발이 물속에 잠긴 ___________ (으)로 달리기는 힘들다.

[05~09] 문장을 보고, 빈칸에 들어갈 낱말을 〈보기〉에서 찾아 쓰세요. 필요하면 문장에 맞게 바꾸어 쓰세요.

〈 보기 〉

익히다 　밝히다 　포함되다 　불완전 　이루어지다

05 책의 결말을 두고 독자들의 해석이 여러 가지로 나뉘자, 작가가 직접 나서 결말을 ___________.

06 토마토는 채소일까 과일일까? 1893년, '토마토가 채소에 ___________'는 결론이 났다.

07 오랫동안 공들여서 해 온 일인데, ___________ 하게 마무리되어 아쉬움이 남는다.

08 아무도 가르쳐 주지 않았는데, 동생이 스스로 자전거 타는 법을 ___________.

09 백두산은 화산 폭발로 ___________.

주성분을 꾸며 주는 문장 성분은 무엇일까?

주어, 목적어, 서술어, 보어는 문장에서 꼭 필요한 성분이기 때문에 '주성분'이라고 부르죠. 그런데 문장 성분이기는 하지만 이들과 달리 없어도 문장이 이루어지는 성분이 있어요. 바로 관형어와 부사어예요. 관형어와 부사어를 알아볼까요?

"현아가 새 책을 빠르게 읽는다."라는 문장을 살펴봅시다. 행동을 하는 현아가 주어, 읽는 행위는 서술어, 그 대상인 책은 목적어에 해당하네요. 그렇다면 '새'와 '빠르게'는 무엇일까요? '책'을 꾸며 주는 '새'는 관형어, '읽는다'라는 행위를 꾸며 주는 '빠르게'는 부사어예요. 이들은 문장에서 주성분의 내용을 꾸며 뜻을 더하여 주는 성분이라서 '부속 성분'이라고 불러요.

달의 모양과 위치가 바뀌는 이유

'남산 위의 보름달', '서쪽 하늘의 초승달' 등은 노래 가사나 시에서 흔히 볼 수 있는 표현이다. 그런데 우리가 실제로 밤하늘에 떠 있는 달을 보면, 보름달이나 초승달이 아닌 경우가 더 많고 달의 위치도 남산 위나 서쪽 하늘이 아닐 때가 더 많다. 그 이유는 무엇일까?

달의 실제 모습은 둥근 공 모양이며 겉에는 어두운 곳과 밝은 곳이 있어 얼룩덜룩하다. 그렇지만 지구에서 달을 보면 늘 둥근 모양이 아니라 매일 조금씩 모양이 바뀐다. 한 달 동안 매일 같은 시각에 달을 관찰하면 보름달에서 하현달, 그믐달, 초승달, 상현달, 다시 보름달로 달의 모양이 조금씩 달라지는 것을 볼 수 있다.

이렇게 달의 모양이 바뀌는 이유는 지구가 태양 주위를 도는 것처럼 달이 지구 주위를 돌기 때문이다. 달은 스스로 빛을 내지 못해서 지구에서는 태양 빛을 받는 달의 일부분만 빛이 반사되어 밝게 보인다. 달이 지구 주위를 돌면서 태양 빛을 받는 부분이 계속 달라지기 때문에 지구에서는 달의 모양이 변하는 것처럼 보이는 것이다.

한편, 달은 떠 있는 위치도 항상 달라진다. 한 달 동안 저녁 7시에 같은 장소에서 달을 관찰하면 초승달은 서쪽 하늘에, 반달 모양의 상현달은 남쪽 하늘에, 보름달은 동쪽 하늘에 떠 있는 것을 볼 수 있다. 달의 모양이 달라질 뿐만 아니라 위치가 매일 서쪽에서 동쪽으로 조금씩 이동하는 것이다. 그 이유는 지구가 하루에 한 번 자전하는 동안 달은 서쪽에서 동쪽으로 조금씩 움직이면서 지구 주위를 돌기 때문이다.

이처럼 달의 모양과 위치가 바뀌는 것은 지구가 자전하면서 태양 주위를 도는 것, 달이 지구 주위를 도는 것과 관계가 있다. 앞으로 밤하늘의 달을 볼 때면 우리가 느끼지 못해도 지구와 달이 끊임없이 돌고 있다는 사실을 떠올려 보자.

지문 확인

- **1단락 요약 :**
1) ☐ 의 모양과 위치가 바뀌는 이유에 대한 궁금증

- **2단락 요약 :**
매일 조금씩 2) ☐☐ 이/가 바뀌는 달

- **3단락 요약 :**
달의 모양이 바뀌는 3) ☐☐

- **4단락 요약 :**
떠 있는 4) ☐☐ 이/가 달라지는 달

- **5단락 요약 :**
태양, 지구와 관계있는 달의 모양과 위치 변화

낱말 따라 쓰기 

- 음력으로 그달의 열닷새째 되는 날 밤에 뜨는 둥근 달 : [보][름][달]

- 음력으로 그달 초하루부터 처음 며칠 동안 뜨는 가는 활처럼 생긴 달 : [초][승][달]

- 있는 그대로의 상태나 사실 : [실][제] [實 – 열매 실, 際 – 즈음 제]

- 여러 색의 점이나 무늬가 고르지 않게 나 있다. : [얼][룩][덜][룩]하다

- 시간의 흐름에서의 어느 한 때 : [시][각]
[時 – 때 시, 刻 – 새길 각]
예 그녀는 약속 시각에 늦지 않으려고 뛰었다.

- 사물이나 현상을 주의하여 자세히 살펴보다. : [관][찰]하다
[觀 – 볼 관, 察 – 살필 찰]
예 양파가 자라나는 과정을 관찰하였다.

- 음력 매달 22~23일경 자정에 동쪽 하늘에서 떠서 새벽에 남쪽 하늘로 지는, 왼쪽이 둥근 반달 : [하][현][달]

빠른 정답 4쪽, 정답과 풀이 65~66쪽

✎ 뜻을 정확히 모르는
낱말들을 적어 보세요!

01 주제 알아보기

이 글의 주제를 이해하는 과정입니다. 빈칸에 공통으로 들어가기에 알맞은 말을 쓰세요.

> 이 글에서는 달의 모양과 달이 떠 있는 위치가 늘 바뀌는 이유에 대해 설명하고 있다. 따라서 이 글 전체의 중심 낱말은 '(　　　)'이고, 주제는 '(　　　)의 모양과 위치가 바뀌는 이유'이다.

(　　　　　　　)

02 글쓰기 방식 이해하기

이 글에 대한 설명으로 알맞은 것을 두 가지 고르세요. (　 , 　)

① 시각 자료를 활용하여 내용의 이해를 돕고 있다.
② 반대되는 생각을 가진 두 학자에 대해 이야기하고 있다.
③ 달의 모양과 위치가 변하는 이유를 나누어 설명하고 있다.
④ 과학자가 새로운 연구를 하게 된 원인과 결과를 드러내고 있다.
⑤ 주변에서 흔히 볼 수 있는 표현을 들어 달에 대한 흥미를 이끌어 내고 있다.

03 내용 이해하기

다음은 '달의 모습이 바뀌는 이유'를 정리한 것입니다. ㉠~㉢에 들어가기에 알맞은 말을 쓰세요.

> 달이 (　㉠　) 주위를 돌고 달은 스스로 (　㉡　)을/를 내지 못하기 때문에 지구에서는 태양 빛을 받아 반사되는 달의 일부분만 보임.

↓

> 달이 지구 주위를 돌면서 (　㉢　) 빛을 받는 부분이 계속 달라지기 때문에 지구에서는 달의 모양이 변하는 것처럼 보임.

㉠: (　　　　　　), ㉡: (　　　　　　), ㉢: (　　　　　　)

DAY
34

04 내용 이해하기

다음 중 날마다 달의 위치가 달라지는 이유를 바르게 설명한 사람은 누구인가요?

(   )

① 서진: 달의 실제 모습이 매일 바뀌기 때문이야.
② 수현: 지구가 달의 주위를 천천히 돌기 때문이야.
③ 민지: 태양이 돌면서 지구, 달의 위치가 항상 변하기 때문이야.
④ 지연: 태양은 스스로 빛을 내고, 달은 스스로 빛을 내지 못하기 때문이야.
⑤ 윤아: 지구가 하루에 한 번 자전할 때 달은 서쪽에서 동쪽으로 조금씩 움직이면
　　서 지구 주위를 돌기 때문이야.

05 내용 적용하기 서술형

**다음은 선호가 달을 관찰하고 기록한 것입니다. 밑줄 친 곳에 들어가기에 알맞은 내용
을 쓰세요.**

> 매일 저녁 7시에 같은 장소에서 달을 관찰했더니, 초승달은 서쪽 하늘에, 반달
> 모양의 상현달은 남쪽 하늘에, 보름달은 동쪽 하늘에 떠 있었다.
>
> ➡ 결론: ＿＿＿＿＿＿＿＿＿＿＿＿＿＿＿＿＿＿＿＿＿＿＿＿＿＿＿＿

낱말 따라 쓰기 

- 음력 매달 27~28일경 새벽에 떠서 해 뜨기 직전까지 동쪽 하늘에서
  관찰이 가능한, 아주 가늘게 보이는 달 : 그 믐 달

- 음력 매달 7~8일경 초저녁에 남쪽 하늘에서 떠서 자정에 서쪽 하늘
  로 지는, 오른쪽이 둥근 반달 : 상 현 달

- 어떤 곳의 바깥 둘레 : 주 위　[周 – 두루 주, 圍 – 둘레 위]

- 한 부분, 또는 전체를 여럿으로 나눈 얼마 : 일 부 분
  [一 – 하나 일, 部 – 나눌 부, 分 – 나눌 분]

- 일정한 방향으로 나아가던 빛·전파 등이 다른 물체의 표면에 부딪
  혀서 나아가던 방향이 반대로 바뀌다. : 반 사 되 다
  예 강물에 햇빛이 반사되어 눈이 부셨다.

- 일정한 곳에 자리를 차지함. 또는 그 자리 : 위 치
  [位 – 자리 위, 置 – 둘 치]
  예 그 가게는 위치가 좋아서 장사가 잘된다.

- 절반쯤만 보이는 반원 모양의 달 : 반 달

- 있던 자리를 옮겨서 바꾸다. : 이 동 하다
  [移 – 옮길 이, 動 – 움직일 동]

- 지구처럼 천체가 스스로 자체의 축을 중심으로 회전하다. : 자 전
  하다 [自 – 스스로 자, 轉 – 구를 전]

- 계속하거나 이어져 있던 것이 끊이지 아니하게 : 끊 임 없 이
  예 그는 끊임없이 불평해서 다른 사람들을 지치게 한다.

낱말 쏙쏙 테스트

[01~07] 주어진 한자와 뜻풀이를 보고, 빈칸에 알맞은 낱말을 쓰세요.

01 自 스스로 [　] + 轉 구를 [　] = [　][　] 하다
지구처럼 천체가 스스로 자체의 축을 중심으로 회전하다.

02 一 하나 [　] + 部 나눌 [　] + 分 나눌 [　]
= [　][　][　]
한 부분, 또는 전체를 여럿으로 나눈 얼마

03 周 두루 [　] + 圍 둘레 [　] = [　][　]
어떤 곳의 바깥 둘레

04 時 때 [　] + 刻 새길 [　] = [　][　]
시간의 흐름에서의 어느 한 때

05 觀 볼 [　] + 察 살필 [　] = [　][　] 하다
사물이나 현상을 주의하여 자세히 살펴보다.

06 位 자리 [　] + 置 둘 [　] = [　][　]
일정한 곳에 자리를 차지함. 또는 그 자리

07 實 열매 [　] + 際 즈음 [　] = [　][　]
있는 그대로의 상태나 사실

[08~12] 주어진 초성과 낱말의 뜻을 보고, 빈칸에 알맞은 낱말을 쓰세요.

08 우리는 한가위 [ㅂ][ㄹ][ㄷ]을/를 보고 소원을 빌었다.
음력으로 그달의 열닷새째 되는 날 밤에 뜨는 둥근 달

09 추석에 온 가족이 모여 [ㅂ][ㄷ] 모양으로 송편을 빚었다.
절반쯤만 보이는 반원 모양의 달

10 친구들과 신 나게 축구를 했더니 티셔츠가 땀에 젖어 [ㅇ][ㄹ][ㄷ][ㄹ] 했다.
여러 색의 점이나 무늬가 고르지 않게 나 있다.

11 올 한 해 동안 우리 주위에서 크고 작은 사건들이 [ㄲ][ㅇ][ㅇ][ㅇ] 일어났다.
계속하거나 이어져 있던 것이 끊이지 아니하게

12 풀잎마다 맺힌 이슬방울이 햇빛에 [ㅂ][ㅅ]되어 반짝이고 있었다.
일정한 방향으로 나아가던 빛·전파 등이 다른 물체의 표면에 부딪혀서 나아가던 방향이 반대로 바뀌다.

배경지식

달의 표면은 왜 얼룩덜룩할까?

　달을 망원경으로 관찰해 보면 표면에 크고 작은 구덩이가 파여 있는 것을 볼 수 있어요. 이 구덩이를 분화구나 운석이 떨어져 생긴 큰 구멍이라는 뜻을 가진 '크레이터(crater)'라고 불러요. 그렇다면 이 크레이터는 왜 생긴 것일까요?
　달에는 대기, 즉 공기가 없어요. 그래서 많은 과학자들이 운석이 떨어져 달의 표면과 충돌하면서 생긴 자국이 깊이 패인 웅덩이처럼 남아 크레이터가 되었다고 믿고 있어요.
　반면, 어떤 과학자들은 크레이터가 생기는 이유를 달에서 화산 활동이 일어났기 때문이라고 생각하기도 해요.
　그렇다면 지구는 왜 달보다 크레이터가 훨씬 적을까요? 지구는 달과 다르게 대기가 있어서 운석이 땅에 부딪히기 전에 타 버리기 때문이에요. 게다가 비, 바람, 강물 등의 활발한 활동으로 지표면이 깎여 무너져 버린 크레이터도 많아요.

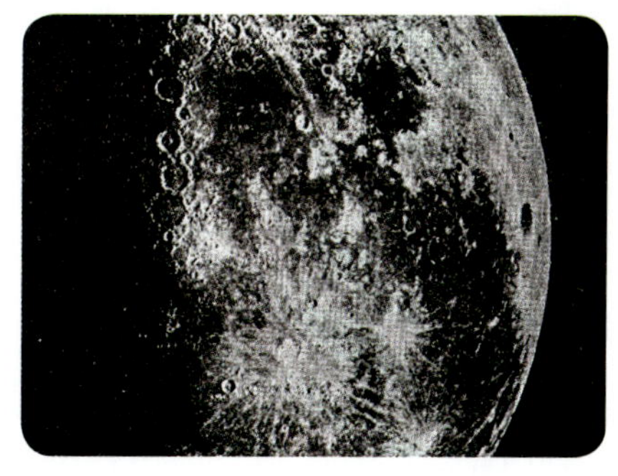

DAY 34

현대 미술은 이상하다?

지문 확인

　　다양한 방법으로 접할 수 있는 피카소의 작품을 처음 본 사람은 의문이 들 수도 있다. '이게 그 유명한 피카소의 그림이라고?'라는 생각이 들 정도로 피카소의 그림은 단번에 이해하기 어렵기 때문이다. 실제로 피카소는 살아생전에 작품 세계를 제대로 이해받지 못했고, 비교적 최근에서야 현대 미술을 대표하는 화가라고 평가받고 있다. 피카소의 작품처럼 현대 미술은 이해하기 어렵기만 한 것일까?

　　현대 미술은 20세기에 펼쳐진 새로운 경향의 미술을 말한다. 19세기 산업 혁명이 일어난 후로 사회는 빠른 속도로 변하였고, 이는 사람들의 생활을 이전과 다르게 바꿔 놓았다. 사람들은 더욱 다양한 직업을 갖게 되었고, 이에 따라 사람들의 생활 방식과 생각도 다양해졌다. 사회의 변화는 미술에도 영향을 주어 일정한 틀에 얽매이지 않고 다양한 방식으로 표현한 작품들이 등장했다.

　　피카소의 작품은 여러 방향에서 본 대상을 하나의 평면에 입체적으로 표현한 것이 많다. 이는 이전에 없던 방식으로, 정해진 틀에 맞추지 않고 작가의 생각과 개성을 자유롭게 표현한 것이다. 이러한 파격과 자유로움 때문에 피카소는 현대 미술의 상징이 되었다.

　　다만 현대 미술의 특징으로 인해 피카소의 작품처럼 무엇을 표현하는지, 작가가 무엇을 말하고자 하는지 한눈에 파악하기 어려운 작품들도 많다. 하지만 현대 미술은 작가의 표현뿐만 아니라 감상자가 어떻게 받아들이는지에 대해서도 제한을 두지 않는다. 따라서 작품이 무엇을 표현한 것인지 정답을 찾으려고 하는 것보다 작품을 보며 느끼는 생각, 감정 등에 집중하며 감상하는 것이 좋다. 만약 작품 속에 담긴 작가의 의도를 꼭 알고 싶다면 작가의 설명을 참고하면 된다.

　　현대 미술을 감상하는 정해진 방법은 없다. '현대 미술은 어렵다.'라는 편견을 버리고 작품을 있는 그대로 느껴 보면 흥미롭고 색다른 아름다움을 발견할 수 있을 것이다.

- **1단락 요약 :**
  1) ☐☐☐의 작품처럼 현대 미술도 이해하기 어렵다는 생각에 대한 의문

- **2단락 요약 :**
  2) ☐☐☐☐의 개념과 특징

- **3단락 요약 :**
  현대 미술의 상징이 된 피카소의 3) ☐☐적 표현 방법

- **4단락 요약 :**
  현대 미술 작품을 4) ☐☐하는 좋은 자세

- **5단락 요약 :**
  5) ☐☐을/를 버렸을 때 발견할 수 있는 현대 미술의 색다른 아름다움

낱말 따라 쓰기 

- 무엇을 알게 되거나 경험하다. : 접 하 다

- 이상하거나 수상하여 사실이나 진실을 알고 싶은 것, 의심스러운 것 :
  의 문 [疑 - 의심할 의, 問 - 물을 문]

- 단 한 번에 : 단 번 에
  예 나는 그의 부탁을 단번에 거절했다.

- 이 세상에 살아 있는 동안 : 살 아 생 전

- 사물의 가치나 수준 따위를 자세히 따져서 정하다. : 평 가 하다
  예 전문가들은 색감이 아름다운 그의 수채화를 높이 평가한다.

- 사상이나 행동이 어느 한쪽으로 쏠리거나 기울어지는 것 : 경 향
  예 요즘 학생들은 지나치게 유투브 영상에 빠지는 경향이 있다.

- 18세기 후반부터 약 100년 동안 유럽에서 일어난 생산 기술의 발전과 그에 따른 사회 조직의 큰 변화 : 산 업 혁 명

✏️ 뜻을 정확히 모르는 낱말들을 적어 보세요!

01 주제 알아보기

다음은 이 글의 주제를 이해하는 과정입니다. 빈칸에 공통으로 들어가기에 알맞은 말을 쓰세요.

> 이 글에서는 대표적 작가인 피카소에 대해 소개하며 (　　　)이/가 무엇이고, 어떤 특징을 지녔는지 설명하고 있다. 나아가 (　　　)을/를 감상할 때는 어떤 자세를 지니면 좋을지 이야기한다. 따라서 이 글의 주제는 '(　　　)의 개념과 특징 및 바른 감상 방법'이다.

(　　　　　　　　　)

02 글쓰기 방식 이해하기

이 글에 대한 설명으로 알맞지 <u>않은</u> 것은 무엇인가요? (　　　)

① 질문의 형식을 통해 독자들의 흥미를 끌고 있다.
② 피카소가 현대 미술의 상징이 된 이유를 피카소 작품의 특징에서 찾고 있다.
③ 현대 미술을 감상할 때 어떤 마음가짐을 가지는 것이 좋은지 소개하고 있다.
④ 다양한 작가의 구체적인 작품을 통해 현대 미술의 아름다움을 설득하고 있다.
⑤ 19세기부터의 사회 변화에 주목하면서 현대 미술이 등장한 배경을 설명하고 있다.

03 내용 이해하기

이 글의 '피카소'에 대한 설명으로 알맞지 <u>않은</u> 것은 무엇인가요? (　　　)

① 현대 미술의 상징처럼 여겨지는 작가이다.
② 살아생전에는 작품 세계를 제대로 이해받지 못했다.
③ 정해진 틀에 맞추지 않고 자신의 생각과 개성을 자유롭게 표현했다.
④ 여러 방향에서 본 대상을 하나의 평면에 입체적으로 표현한 작품들을 많이 그렸다.
⑤ 대다수의 사람들이 그가 무엇을 말하고자 하는지 한눈에 알 수 있도록 일정한 주제 의식을 드러냈다.

DAY 35

04 내용 적용하기

다음은 '현대 미술전'과 관련된 학생들의 대화입니다. ㉠~㉣ 중 **틀린** 내용을 찾아 기호를 쓰세요.

> 현중: 이번 주말에 '현대 미술전' 보러 가지 않을래?
>
> 민정: 글쎄, 현대 미술은 좀 어려운 것 같아. 어떻게 감상해야 할지 모르겠어.
>
> 현중: ㉠ 따로 정해진 방법은 없어. ㉡ 현대 미술은 표현에는 제한이 있지만, 감상하는 사람이 어떻게 받아들이는지에 관해서는 제한이 없거든.
>
> 민정: 그럼 작품이 뭘 표현하고 있는지 몰라도 괜찮아?
>
> 현중: 굳이 정답을 찾으려고 하기보다는 ㉢ 작품을 보며 느낀 생각이나 감정에 집중해 보면 어때? 그래도 꼭 작가의 의도를 알고 싶다면, ㉣ 미술관에 작가의 설명이 있으니 참고하면 돼.

(   )

05 내용 이해하기 `서술형`

현대 미술을 감상하는 바른 자세를 이 글에서 찾아 쓰세요.

____

____

낱말 따라 쓰기 

- 무엇에 붙들려 자유롭지 못하고 구속당하다. : 얽 매 이 다

- 삼차원의 공간적 부피를 가진 물체를 보는 것과 같은 느낌을 주는 것 : 입 체 적 [立-설 입, 體-몸 체, 的-과녁 적]

- 다른 사람이나 개체와 구별되는 고유의 특성 : 개 성
  [個-낱 개, 性-성품 성]

- 보통의 관습과 일정한 격식을 깨뜨리는 것 : 파 격

- 어떤 사실·생각이나 느낌을 떠오르게 하는 사물, 또는 그 사물을 가리키는 말이나 표시 : 상 징

- 어떤 일의 내용·사정·본질 등을 확실하게 이해하여 알다. : 파 악 하다

  ㉮ 나는 책을 여러 번 반복해서 읽으며 주요 내용을 파악했다.

- 예술 작품 따위의 아름다움을 이해하여 즐기고 평가하는 사람 : 감 상 자

- 일정한 한계나 범위를 정하거나 그 한계나 범위를 넘지 못하게 막음. 또는 그렇게 정한 한계 : 제 한

- 무엇을 하고자 하는 마음속의 생각이나 계획, 또는 무엇을 하려고 꾀함. : 의 도

- 어떤 일을 하는 데에 도움이 될 만한 자료로 삼다. : 참 고 하다

- 공정하지 못하고 한쪽으로 치우친 생각 : 편 견
  ㉮ 세계화 시대에는 외국 문화에 대한 편견을 버려야 한다.

- 상대편이 이쪽 편의 이야기에 따르도록 여러 가지로 깨우쳐 말하다. : 설 득 하다

- 관심을 가지고 주의 깊게 살피다. : 주 목 하다
  [注-뜻을 두다 주, 目-눈 목]

- 생각이나 활동을 이끌어 가는 중심이 되는 문제나 내용 : 주 제
  [主-주인 주, 題-제목 제]

낱말 쏙쏙 테스트

[01~06] 주어진 뜻풀이에 해당하는 낱말을 〈보기〉에서 찾아 쓰세요.

〈 보기 〉
경향   편견   살아생전   의도   의문   얽매이다

01 이상하거나 수상하여 사실이나 진실을 알고 싶은 것, 의심스러운 것 : ____________

02 이 세상에 살아 있는 동안 : ____________

03 무엇을 하고자 하는 마음속의 생각이나 계획, 또는 무엇을 하려고 꾀함. : ____________

04 공정하지 못하고 한쪽으로 치우친 생각 : ____________

05 무엇에 붙들려 자유롭지 못하고 구속당하다. : ____________

06 사상이나 행동이 어느 한쪽으로 쏠리거나 기울어지는 것 : ____________

[07~10] 주어진 낱말 중 예로 든 문장의 빈칸에 알맞은 낱말을 골라 쓰세요.

07 | 파격 | 입체 |

그녀의 옷차림은 [ ][ ]적이어서 많은 사람들의 관심을 받았다.

08 | 한철에 | 단번에 |

언니는 어려운 운전면허 시험에 [ ][ ][ ] 합격했다.

09 | 제출 | 제한 |

일제 강점기에 일본인은 조선인의 언어와 행동에 [ ][ ]을 두었다.

10 | 상징 | 상표 |

중국 황제들은 부유함을 [ ][ ]하는 황금으로 만든 물건들을 사용했다.

피카소가 6·25 전쟁을 소재로 그린 그림이 있다고?

파블로 피카소는 1881년 에스파냐 말라가에서 태어났으며 말을 배우기 시작할 무렵부터 그림을 그리기 시작했어요. 그는 초등학교를 졸업하기 어려울 정도로 학습 능력이 낮았지만, 그림을 그리는 능력만큼은 뛰어났다고 해요.

피카소의 작품 중에는 6·25 전쟁의 비참한 상황을 담은 그림이 있어요. 〈한국에서의 학살〉(1951)이라는 제목의 그림으로 6·25 전쟁 중 황해도 신천에서 일어났던 민간인 학살을 다루었지요. 중세의 기사처럼 묘사된 무장 군인들이 벌거벗은 여인들과 어린이들에게 총과 칼을 겨눈 이 그림은 전쟁의 잔혹함을 고발하는 내용으로 화제가 되었어요.

피카소는 우리나라에 직접 와 보지 않았지만 전쟁에 대한 보도를 접하고 그 비참함에 충격을 받아 이 그림을 그렸다고 해요.

DAY
35

독해력 완성 테스트 [STEP 6]

[01~05] 다음 글을 읽고, 물음에 답하세요.

　찬희는 친구와 가위바위보를 하면 매번 지는 것 같다. 찬희가 이길 가능성은 정말 0인 것일까? 찬희의 경우처럼, 우리는 살다 보면 어떤 사건이 일어날 가능성의 정도를 따져 보는 경우가 많다. '내일 비가 올 확률', '복권 1등에 당첨될 확률'처럼 말이다.

　확률은 일정한 조건 아래에서 어떤 사건이 일어날 가능성의 정도를 말하거나, 그러한 가능성의 정도를 나타낸 수치를 말한다. 확률이 1에 가까울수록 어떤 사건이 일어날 가능성이 크다는 것을, 0에 가까울수록 어떤 사건이 일어날 가능성은 작다는 것을 의미한다. 그렇다면 찬희가 친구와 가위바위보를 했을 때 이길 확률은 어느 정도인지 알아보자.

　찬희가 낼 수 있는 경우의 수는 가위, 바위, 보 3가지이고, 친구가 낼 수 있는 경우의 수 역시 똑같다.

찬희	가위	가위	가위	바위	바위	바위	보	보	보
친구	가위	바위	보	가위	바위	보	가위	바위	보

위 표와 같이, 두 사람이 가위바위보를 했을 때 나올 수 있는 경우의 수는 모두 9가지인 것이다. 찬희가 내는 것을 A, 친구가 내는 것을 B라고 간단하게 표기할 때, 찬희가 이기는 경우는 '(A, B) = (가위, 보), (바위, 가위), (보, 바위)' 이렇게 3가지 경우이다. 그렇다면 찬희가 친구와 가위바위보를 할 때 이길 확률은 총 9가지 경우 중 3가지 경우이므로 $\frac{3}{9}$이라고 할 수 있고, 이를 약분하여 나타내면 $\frac{1}{3}$이다. 이를 토대로 확률을 구하는 방법을 정리하면 다음 공식과 같다.

$$(확률) = \frac{(어떤\ 사건이\ 일어날\ 경우의\ 수)}{(모든\ 경우의\ 수)}$$

　확률은 어떤 사건이 일어날 가능성을 따지는 것이지 실제로 모든 사건은 확률대로 일어나지 않는다. 다만 사건이 일어나는 횟수가 많아질수록 확률에 점점 가까워진다. 사실 찬희와 친구가 가위바위보를 했을 때 이기거나 지거나 비기는 것을 확률로 따지면 모두 $\frac{1}{3}$로 같다.

　이처럼 확률은 어떤 사건이 일어날 가능성의 정도를 가늠해 보고, 객관적인 숫자로 나타내 준다. 이를 통해 우리는 확률을 고려하여 어떤 일을 할지 말지 등 더 나은 선택을 할 수 있다.

01　✽✽✽

다음은 이 글의 주제를 이해하는 과정입니다. 빈칸에 공통으로 들어가기에 알맞은 말을 쓰세요.

> 　이 글은 (　　　)이/가 무엇인지, 개념을 설명하고, 가위바위보의 예시를 통해 (　　　)을/를 구하는 방법을 설명하고 있다. 따라서 이 글의 주제는 '(　　　)의 개념과 (　　　)을/를 구하는 방법'이다.

（　　　　　　　）

02　✽✽✽

이 글의 '확률'에 대한 설명으로 맞으면 ○표, 틀리면 ✕표를 하세요.

⑴ 확률은 일정한 조건 아래에서 어떤 사건이 일어날 가능성의 정도를 말하거나, 그러한 가능성의 정도를 나타낸 수치를 말한다.　（　　）

⑵ 확률이 0에 가까울수록 그 사건은 일어날 가능성이 적다.　（　　）

⑶ '내일 비가 올 확률'처럼 현실의 모든 사건은 확률대로 일어난다.　（　　）

03 ✳✳✳❀

다음은 주사위를 굴려 4보다 작은 숫자가 나올 확률을 구하는 과정입니다. ㉠, ㉡에 들어가기에 알맞은 수를 쓰세요.

> 1. 주사위를 굴려 나올 수 있는 숫자는 1, 2, 3, 4, 5, 6이므로, 모든 경우의 수는 6이다.
> 2. 주사위를 굴려 나올 수 있는 숫자 중 4보다 작은 숫자는 1, 2, 3이다. 따라서 4보다 작은 숫자가 나올 경우의 수는 (㉠)가지이다.
> 3. 주사위를 굴려 4보다 작은 숫자가 나올 확률을 약분하여 나타내면 (㉡)이다.

㉠: (   ), ㉡: (   )

04 ✳✳✳

이 글을 읽고 짐작한 내용으로 알맞지 <u>않은</u> 것은 무엇인가요? (   )

① 가위바위보를 했을 때 이기거나 비길 확률은 $\frac{2}{3}$ 이겠군.

② 비가 올 확률이 0.3일 때보다 0.6일 때, 비가 올 가능성이 더 높겠군.

③ 가위바위보를 10번 하는 것보다 1000번 했을 때, 확률에 더 가까운 결과를 얻을 수 있겠군.

④ 10개의 뽑기 종이 중 '당첨'이 적힌 종이를 뽑을 확률은 '당첨' 종이가 많을수록 높아지겠군.

⑤ 6개의 뽑기 종이 중에서 '당첨' 종이 하나를 뽑을 때보다, 10개의 뽑기 종이 중에서 '당첨' 종이 하나를 뽑을 때의 확률이 더 높겠군.

05 ✳✳✳❀ 서술형

확률을 활용했을 때의 이점을 이 글에서 찾아 쓰세요.

____

____

____

낱말 따라 쓰기 

● 번번이, 어떤 일이 있을 때마다 : 매 번
  ㉞ 매번 성공할 수만은 없겠지만 늘 최선을 다해야 한다.

● 어떠하게 할 수 있거나 될 수 있을 만한 성질이나 정도 : 가 능 성 [可-옳을 가, 能-능할 능, 性-성질 성]
  ㉞ 하늘이 맑은 것으로 보아 오늘 비가 올 가능성은 거의 없다.

● 번호나 그림 등의 특정 표시가 찍힌 표, 추첨 등을 통하여 일치하는 표에 대해서 상금이나 상품을 준다. : 복 권

● 제비나 추첨에서 뽑히다. : 당 첨 되 다
  ㉞ 행사에 당첨되어 상품을 받았다.

● 계산하거나 재어서 얻은 값 : 수 치
  ㉞ 이 수치는 조사한 결과의 평균을 낸 것이다.

● 단순하고 간략하다. : 간 단 하다
  ㉞ 간단한 절차만 통과하면 출국할 수 있다.

● 문자나 기호를 써서 말이나 생각을 적다. : 표 기 하다
  ㉞ 다음 내용을 아라비아 숫자로 표기해야 한다.

● 분수의 분모와 분자를 공약수로 나누어 간단하게 하다. : 약 분 하다

● 어떤 사물이나 사업의 밑바탕이 되는 기초와 밑천을 비유적으로 이르는 말 : 토 대
  ㉞ 경험을 토대로 앞으로 일어날 일에 대비해야 한다.

● 어떤 것을 기준으로 순위, 수량 따위를 헤아리다. : 따 지 다
  ㉞ 나이로 따지면 그는 회사에서 막내에 해당한다.

● 사물을 어림잡아 헤아리다. : 가 늠 하다
  ㉞ 그 건물의 높이는 가늠조차 안 된다.

● 관련된 여러 가지 사정을 자세히 따져서 생각하다. : 고 려 하다
  ㉞ 현실을 고려해서 계획을 세워야 한다.

● 여럿 가운데서 마음에 들거나 필요한 것을 골라서 정하는 것 : 선 택
  ㉞ 색깔과 모양이 너무 다양해서 선택을 하기가 어려웠다.

DAY
36

빠른 정답 4쪽, 정답과 풀이 71쪽

✳ 주어진 뜻풀이에 해당하는 낱말을 쓰고, 글자판의 가로, 세로, 대각선에서 찾아 ○표를 하세요.

(1) 사물을 어림잡아 헤아리다. :

(2) 보통의 관습과 일정한 격식을 깨뜨리는 것 :

(3) 어떤 집안이나 개인이 사회에서 차지하고 있는 신분이나 지위가 높고 귀하다. :

(4) 어떠하게 할 수 있거나 될 수 있을 만한 성질이나 정도 :

(5) 완전하지 아니하거나 완전하지 못하다. :

(6) 어떤 물질이 액체 상태에서 기체 상태로 변하다. :

(7) 어떤 행동을 오랫동안 되풀이하는 과정에서 저절로 굳어진 버릇 :

(8) 여러 색의 점이나 무늬가 고르지 않게 나 있다. :

(9) 일정한 방향으로 나아가던 빛·전파 등이 다른 물체의 표면에 부딪혀서 나아가던 방향이 반대로 바뀌다. :

열	저	금	다	성	편	불	세	걱	야	바
희	상	하	의	실	패	완	이	임	주	다
눈	발	집	반	국	여	전	능	상	하	늠
증	군	식	사	독	단	하	노	룩	비	갑
룩	습	밀	되	정	상	다	덜	풀	온	오
첫	일	회	다	타	시	룩	무	귀	지	고
격	적	파	수	헌	얼	실	겸	연	자	파
고	사	가	늠	하	다	동	아	완	가	연
귀	줄	해	손	사	습	관	례	귀	능	구
하	증	와	발	자	장	운	나	계	성	찬
다	영	오	바	화	파	격	종	고	은	혹

◉ (주)수경출판사의 모든 교재에는 **마인드 트리**가 있습니다.

◉ 교재의 **마인드 트리** 5개를 모아서 보내 주시는 모든 분께 선물을 드립니다.

◉ 각각 다른 교재의 **마인드 트리**를 보내 주셔야 합니다.

≫ 다빈치 융합 학습 만화 도서 중 1권을 드립니다.

＊오려서 보내 주세요.

자이스토리

Mind Tree

5개를 모아 보내 주세요!

(각각 다른 교재로)

풀이나 스카치 테이프를 이용해 붙여 주세요.

우 편 봉 함 엽 서

보내는 사람

＊주소 _______________________________

＊이름 ____________   ＊학년 (__________)

□ □ □ □ □

우표

받는 사람

서울시 영등포구 양평로 21길 26(양평동 5가)
IS비즈타워 807호
(주)수경출판사 교재 기획실

0 7 2 0 7

자이스토리 초등 국어 **독해력 쑥쑥 ＋ 낱말 쑥쑥 6학년**

---

1. 이 책을 구입하게 된 동기는 무엇입니까? [교재명 :   ]
   ① 서점에서 다른 책들과 비교해 보고   ② 광고를 보고/듣고   ③ 학교/학원 보충 교재 [학교명(학원명):   ]
   ④ 선생님의 추천   ⑤ 친구/선배의 권유   ⑥ 기타 [   ]

2. 교재를 선택할 때 가장 큰 기준이 되는 것은?(복수 응답 가능)
   ① 유명 출판사   ② 교재 내용   ③ 디자인   ④ 난이도
   ⑤ 교재 분량   ⑥ 정답과 풀이   ⑦ 동영상 강의   ⑧ 기타 [   ]

3. 이 책의 전반적인 부분에 대한 질문입니다.
   ◆ 표지 디자인: 좋다 □   보통이다 □   좋지 않다 □   ◆ 본문 디자인: 좋다 □   보통이다 □   좋지 않다 □
   ◆ 문제 난이도: 어렵다 □   알맞다 □   쉽다 □   ◆ 교재의 분량: 많다 □   알맞다 □   적다 □

4. 이 책의 구성 요소를 평가한다면?
   • 교과 연계 지문 (   )   • 지문 술술 이해 (   )   • 정답 콕콕 특강 (   )
   • 낱말 따라 쓰기 (   )   • 낱말 쑥쑥 테스트 (   )   • 배경지식 (   )
   • 독해력 완성 테스트 (   )   • 낱말 쑥쑥 총정리 (   )

   ① 매우 만족   ② 만족   ③ 보통   ④ 불만   ⑤ 매우 불만

5. 이 책에서 추가되어야 할 점이 있다면 무엇입니까?

6. 최근 본인이 크게 도움을 받은 책이 있다면?(또는 가장 인기 있는 교재는?)

교재명 :　　　　　　　　　과목 :

7. 내가 원하는 교재가 있다면?

이름 :　　　　　　연락처 :　　　　　　이메일 :

학 교 :　　　　　　학 년 :

❄ **마인드 트리**를 붙이고 원하는 교재를 체크하세요.

mind tree 1	mind tree 2	mind tree 3	mind tree 4	mind tree 5

※ 원하는 교재를 **1권** 체크

다빈치 융합 학습 만화

☐ 국어 3학년	☐ 국어 4학년	☐ 국어 5학년	☐ 국어 6학년
☐ 수학 3학년	☐ 수학 4학년	☐ 수학 5학년	☐ 수학 6학년
☐ 사회 3학년	☐ 사회 4학년	☐ 사회 5학년	☐ 사회 6학년
☐ 과학 3학년	☐ 과학 4학년	☐ 과학 5학년	☐ 과학 6학년

정답과 풀이

수경출판사

서연비람 청소년 필독서

파도

토드 스트라써 지음/김재희 옮김 / 값 12,000원

복제인간 시리

샬로테 케어너 지음/김재희 옮김 / 값 12,000원

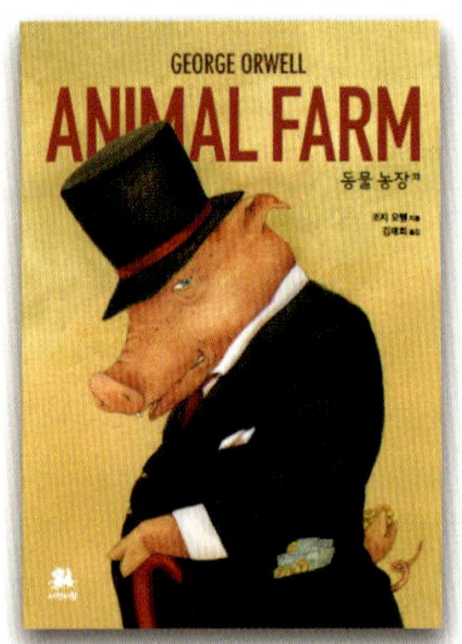

동물 농장 외

조지 오웰 지음/김재희 옮김 / 값 12,000원

뒤바뀐 교환학생

크리스티네 뇌슬링어 지음/김재희 옮김
값 12,000원

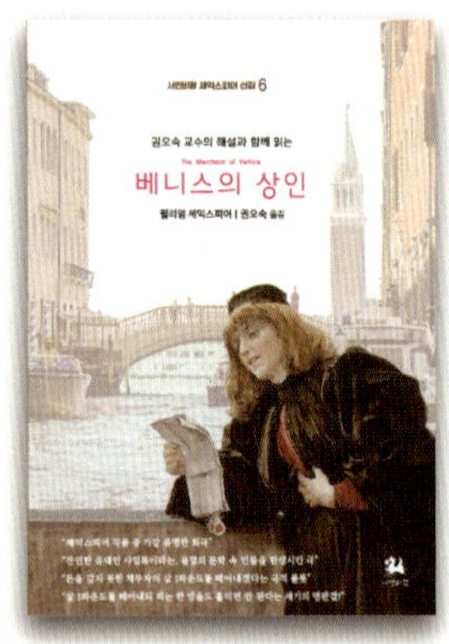

권오숙 교수의 해설과 함께 읽는 **베니스의 상인**

윌리엄 셰익스피어 지음/권오숙 옮김
값 12,000원

권오숙 교수의 해설과 함께 읽는 **리어 왕**

윌리엄 셰익스피어 지음/권오숙 옮김
값 12,000원

설중환 교수와 함께 읽는 **금오신화**

김시습 지음/설중환 옮김 / 값 12,000원

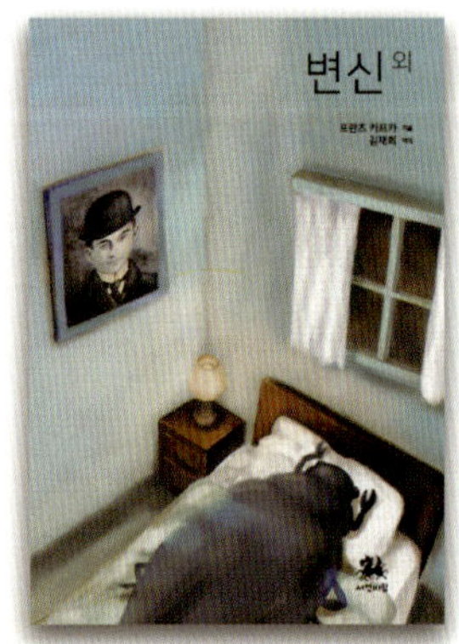

변신 외

프란츠 카프카 지음/김재희 옮김 / 값 12,000원

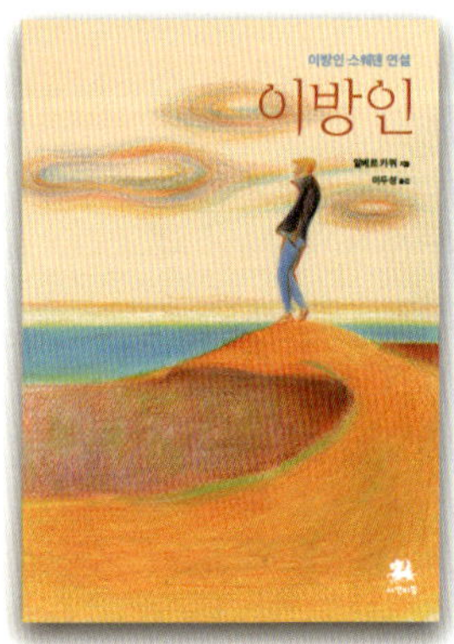

이방인·스웨덴 연설 **이방인**

알베르 카뮈 지음/이두성 옮김 / 값 12,000원

이 책의 차례

★ 글의 내용을 완벽히 이해시키는 입체 첨삭 해설

전체 중심 낱말
전체 중심 낱말을 확인할 수 있습니다.
◯ 표시

전체 중심 문장
글 전체에서 가장 중요한 중심 문장을 알려 줍니다. ▨ 표시

각 단락 중심 낱말
각 단락의 중심 낱말을 확인할 수 있습니다.
◯ 표시

단락별 중심 문장
각 단락의 중심 문장을 알아볼 수 있습니다.
[ ] 표시

글의 구조도
글 전체의 내용과 구조를 한눈에 파악할 수 있습니다.

단락 요약 각 단락의 중심 내용을 요약하여 알려 줍니다.

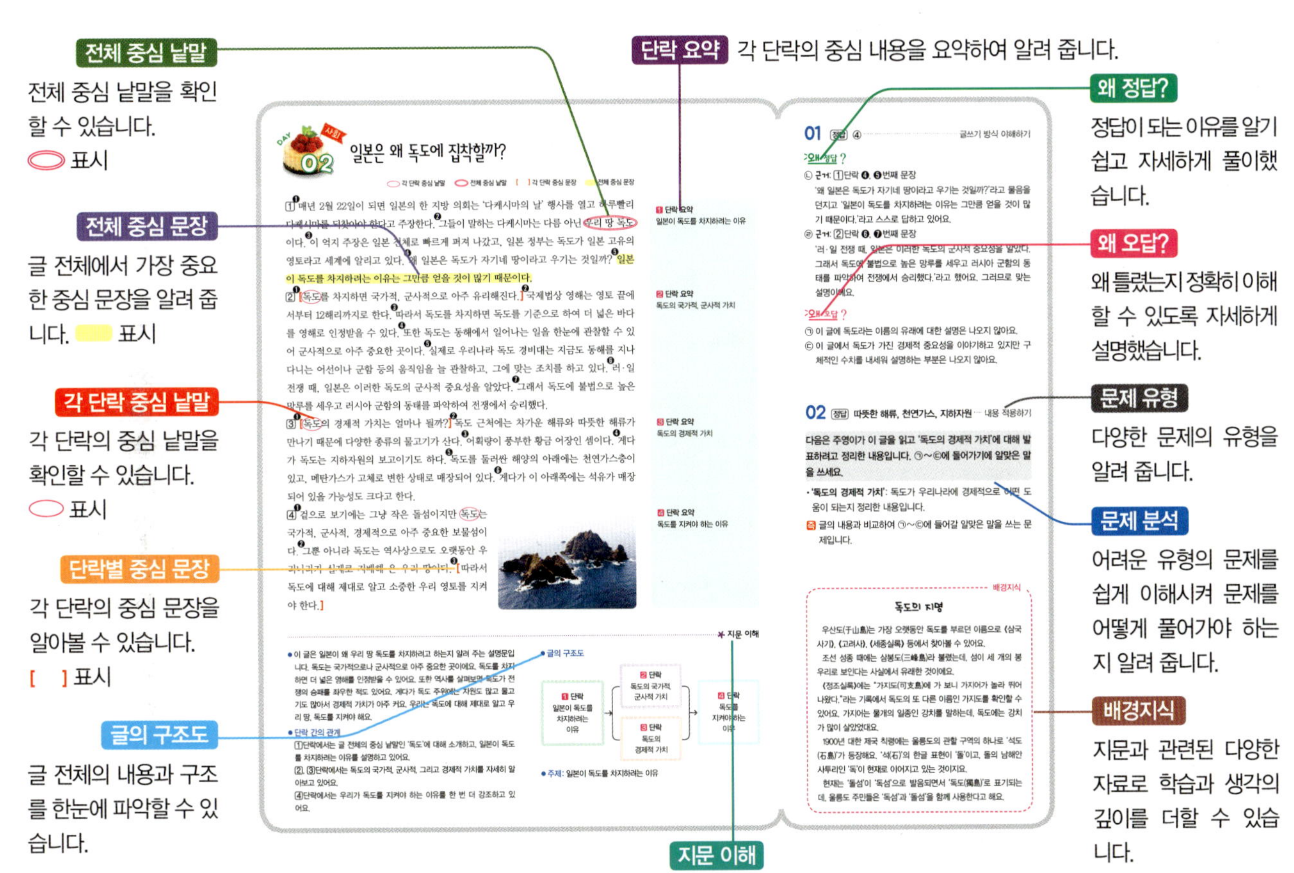

왜 정답?
정답이 되는 이유를 알기 쉽고 자세하게 풀이했습니다.

왜 오답?
왜 틀렸는지 정확히 이해할 수 있도록 자세하게 설명했습니다.

문제 유형
다양한 문제의 유형을 알려 줍니다.

문제 분석
어려운 유형의 문제를 쉽게 이해시켜 문제를 어떻게 풀어가야 하는지 알려 줍니다.

배경지식
지문과 관련된 다양한 자료로 학습과 생각의 깊이를 더할 수 있습니다.

지문 이해
지문의 내용과 단락 간의 관계, 주제를 스스로 공부할 수 있도록 정리했습니다.

DAY 01

지문 쏙쏙 이해 1) 아리랑 2) 이유 3) 상징 4) 인류 무형 문화재 5) 아리랑

문제 정답 ＋ 정답 콕콕 특강

01 아리랑 02 ④ 03 단순, 쉽고 04 ③

DAY 02

지문 확인 1) 독도 2) 독도

문제 정답 01 독도 02 ④ 03 ④ 04 따뜻한 해류, 천연가스, 지하자원
05 ⒫ 독도는 국가적, 군사적, 경제적으로 아주 중요한 보물섬이며, 역사상
으로도 오랫동안 우리나라가 실제로 지배해 온 우리 땅이기 때문이다.

———————————— 낱말 쑥쑥 테스트

01 상징 02 의회 03 연말 04 수치 05 남녀노소 06 대중가요 07 기,
원, 기원 08 동, 태, 동태 09 영, 해, 영해 10 어, 선, 어선 11 보고
12 억지 13 유리 14 선정 15 민족 16 대중 17 ⓒ 18 ⓐ 19 ⓑ 20 ⓓ

DAY 03

지문 쏙쏙 이해 1) 수 2) 이상 3) 미만 4) 이하 5) 초과
　　　　　　 6) 수의 범위를 나타내는 말

문제 정답 01 이상, 이하, 초과, 미만 02 (1) ○ (2) × (3) ○ 03 ④
04 ⒫ 키는 170cm 미만, 몸무게는 40kg 이상은 되었으면 좋겠다.

———————————— 낱말 쑥쑥 테스트

01 정원 02 신청하다 03 범위 04 적어도 05 관람 06 접 07 흔히
08 금지

DAY 04

문제 정답 01 실학 02 ① 03 중농학파, 중상학파, 국학파 04 ⑤
05 ⒫ 실학은 이론 중심의 학문에서 벗어나 실생활을 고민하고 연구했
다는 점에서 큰 의의가 있고, 이후에 다양한 분야로 이어져 조선 후기 사
회 발전에 큰 영향을 미쳤다.

———————————— 낱말 쑥쑥 테스트

01 개선 02 되살리다 03 복구 04 제도 05 시급 06 보급 07 효율적
08 학파

DAY 05

문제 정답 01 멸종 02 ⑤ 03 기후 변화, 서식지 파괴 04 ④ 05 ⒫
어느 한 생물이 급격하게 늘거나 줄면 먹이 사슬에 큰 영향을 주어 생태
계의 균형은 깨지게 되고, 이는 지구에서 살아가는 인간에게도 영향을
미치기 때문이다.

———————————— 낱말 쑥쑥 테스트

01 ⓑ 02 ⓐ 03 ⓓ 04 ⓒ 05 ⓔ 06 급격 07 불법적 08 공존
09 기구 10 보호

DAY 06

문제 정답 01 외래어, 외국어 02 ④ 03 ⑤ 04 (1) ○ (2) ○ (3) ×
(4) ○ 05 ⒫ 우리말의 가치를 보존하기 위해 우리가 무심코 사용하는
외국어와 한자어를 고유어로 바꿔 써 보도록 하자.

잠깐! 쉬어가기 ━━━━━━━━━━▶ 본문 32쪽

가로 열쇠 1 보고 2 마땅하다 3 황금어장 4 기준 5 적용되다
6 무형문화재 7 제도 8 서식지
세로 열쇠 1 속하다 2 고유어 3 마스코트 4 황폐 5 기후
6 적어도 7 되살리다 8 균형 9 등재되다 10 무질서

DAY 07

지문 확인 1) 다람쥐 2) 꽃 3) 다람쥐 4) 도토리

지문 쏙쏙 이해 1) 다람쥐 2) 열매 3) 도토리 4) 숲

문제 정답 ＋ 정답 콕콕 특강

01 ③ 02 ① 03 나비와 벌, 열매, 씨앗 04 ⑤

DAY 08

지문 확인 1) 탈레스 2) 수학적 3) 피라미드 4) 높이 5) 탈레스 6) 수학적

문제 정답 01 ④ 02 ④ 03 ⑤ 04 ③ 05 ⒫ 탈레스의 수학적 사고
는 학문적으로만이 아니라 우리 삶을 더 나아지게 했다.

———————————— 낱말 쑥쑥 테스트

01 제공하다 02 종족 03 추상적 04 대비하다 05 건망증 06 이성적
07 방해 08 겨울잠 09 시조 10 ⓒ 11 ⓐ 12 ⓓ 13 ⓑ 14 측량
15 업적 16 관찰 17 법칙 18 번식

DAY 09

지문 확인 1) 주장 2) 사설 3) 광고문 4) 평론 5) 주장하는 글

지문 쏙쏙 이해 1) 논설문 2) 사설 3) 광고문 4) 학술 논문
　　　　　　 5) 주장하는 글

문제 정답 01 ② 02 (1) × (2) × (3) ○ (4) ○ 03 ④ 04 (1) ⓑ (2) ⓒ
(3) ⓐ

———————————— 낱말 쑥쑥 테스트

01 타당하다 02 대표적 03 책임 04 합리적 05 일관되다 06 학술
07 파악 08 계기 09 비판적 10 소비

DAY 10

지문 확인 1) 과학적 2) 혼합물 3) 용액 4) 용액 5) 용액

문제 정답 01 ① 02 용질, 용매, 용액 03 ⑤ 04 ⓑ 05 ⒫ 용액은 한
가지 물질이 다른 물질에 녹아서 만들어진 것인데, 설탕을 식용유에 넣
으면 녹지 않고 그냥 가라앉기 때문에 용액이 아니다.

———————————— 낱말 쑥쑥 테스트

01 ⓐ 02 ⓒ 03 ⓓ 04 ⓑ 05 ⓔ 06 입자 07 일상 08 건더기
09 성분

DAY 11

지문 확인 1) 사춘기 2) 사춘기 3) 사춘기 4) 사춘기

문제 정답 01 ① 02 ③ 03 ③ 04 ④ 05 ⒫ 자신에게 변화가 찾아
오면 당황하거나 부끄러워하지 말고 어른이 되는 과정으로 자연스럽게
받아들인다.

———————————— 낱말 쑥쑥 테스트

01 길목 02 간사하다 03 성징 04 성장하다 05 관련 06 시기
07 과정 08 반항 09 특징 10 안정

DAY 12

문제 정답 01 ① 02 ⑤ 03 ⑤ 04 강호 05 ⒫ 클래식 음악은 느리
고 편안해서 고객들이 더 여유롭게 쇼핑하도록 이끌 수 있기 때문이다.

잠깐! 쉬어가기 ━━━━━━━━━━▶ 본문 56쪽

1 (1) 광고 (2) 논 (3) 의 2 (1) 계 (2) 건더 (3) 시 3 (1) 중요 (2) 규칙
(3) 왕 4 (1) 객관 (2) 업 (3) 대표 5 (1) 소 (2) 분 (3) 대

DAY 13

지문 확인
- 1단락 중심 문장: 4번째 문장
- 2단락 중심 문장: 1번째 문장
- 3단락 중심 문장: 1번째 문장
- 4단락 중심 문장: 2번째 문장

지문 술술 이해 1) 지진 2) 개념 3) 피해 4) 대비

문제 정답 ＋정답 콕콕 특강

01 지진 **02** ④ **03** 내진 설계 **04** ④

DAY 14

지문 확인
- 1단락 중심 문장: 3번째 문장
- 2단락 중심 문장: 1번째 문장
- 3단락 중심 문장: 1번째 문장
- 4단락 중심 문장: 5번째 문장

문제 정답 **01** 경제 체제 **02** ② **03** ② **04** 경제적 차이, 사회 전체, 빈부 격차, 생산성 **05** 예 국가가 개입하여 경제 활동을 조절한다. 사회주의 경제 체제의 장점을 부분적으로 받아들인다.

———————————————— 낱말 쑥쑥 테스트

01 연달다 **02** 분배 **03** 공공 **04** 격차 **05** 유, 해, 유해 **06** 밀, 집, 밀집 **07** 자, 본, 자본 **08** 빈, 부, 빈부 **09** 지, 층, 지층 **10** 마비 **11** 개입 **12** 투자 **13** 내려앉다 **14** 소비 **15** 대피 **16** 채택 **17** 노출

DAY 15

지문 확인
- 1단락 중심 문장: 3번째 문장
- 2단락 중심 문장: 1번째 문장
- 3단락 중심 문장: 1번째 문장
- 4단락 중심 문장: 1번째 문장
- 5단락 중심 문장: 3번째 문장

지문 술술 이해 1) 국악기 2) 다양성 3) 소리 4) 재료 5) 국악기

문제 정답 **01** 국악기 **02** ④ **03** 현악기, 타악기, 관악기 **04** ④

———————————————— 낱말 쑥쑥 테스트

01 못지않은 **02** 친숙 **03** 보관 **04** 말문 **05** 비교적 **06** ㉢ **07** ㉣ **08** ㉠ **09** ㉡ **10** ㉤

DAY 16

지문 확인
- 1단락 중심 문장: 4번째 문장
- 2단락 중심 문장: 1번째 문장
- 3단락 중심 문장: 6번째 문장
- 4단락 중심 문장: 3번째 문장

문제 정답 **01** 예방 주사, 미생물, 백신 **02** ⑤ **03** 윤서 **04** ② **05** 예 예방 주사로 백신을 접종하면 병을 가볍게 앓게 되는데, 그 결과 그 병에 대한 면역력이 생긴다.

———————————————— 낱말 쑥쑥 테스트

01 수증기 **02** 면역력 **03** 위협 **04** 수명 **05** 치료법 **06** 살균 **07** 대량 **08** 예방, 접종 **09** 업적 **10** 증명

DAY 17

지문 확인
- 1단락 중심 문장: 4번째 문장
- 2단락 중심 문장: 1번째 문장
- 3단락 중심 문장: 1번째 문장
- 4단락 중심 문장: 1번째 문장
- 5단락 중심 문장: 1, 2번째 문장

문제 정답 **01** 은유법, 직유법, 의인법 **02** ⑤ **03** ① **04** (1) ㉡ (2) ㉠ (3) ㉢ **05** 예 비유하는 표현은 대상을 새롭게 보게 해 주기 때문에, 이를 사용하면 전달하고자 하는 내용을 더욱 인상 깊게 전달할 수 있다.

———————————————— 낱말 쑥쑥 테스트

01 생생하다 **02** 빗대다 **03** 나열하다 **04** 대표적 **05** 부산스럽다 **06** 공통점 **07** 인상 **08** 성질 **09** 전달 **10** 역사적

DAY 18

문제 정답 **01** 인구 피라미드 **02** (1) 넓고, 좁다 (2) 별, 표주박 **03** ⑤

04 ⑤ **05** 예 인구 피라미드는 국가 또는 지역의 인구 성장을 한눈에 보여 주고, 각각의 인구 규모에서 생기는 문제점에 대처할 수 있게 해 준다.

잠깐! 쉬어가기 ▶ 본문 80쪽
(1) 통틀어 (2) 유소년 (3) 안전지대 (4) 치료법 (5) 격차 (6) 소비하다 (7) 예방하다 (8) 부산스럽다 (9) 출생률

DAY 19

지문 확인 1) 나라 2) 시각대 3) 시각대 4) 시각대

지문 술술 이해 1) 시각 2) 시각대 3) 그런데 4) 이렇게

문제 정답 ＋정답 콕콕 특강

01 ③ **02** ③ **03** ① **04** 한, 시각대

DAY 20

지문 확인 1) 구별 2) 토의 3) 토론 4) 차이

문제 정답 **01** ① **02** ② **03** 해결 방법, 설득, 정해진 규칙 **04** ⑤
05 (가): 예 친구들이 함께 생각해 볼 만하고, 두 가지 이상의 의견이 나올 수 있기 때문이다. (나): 예 찬성과 반대의 주장이 대립할 수 있기 때문이다.

———————————————— 낱말 쑥쑥 테스트

01 ㉢ **02** ㉣ **03** ㉡ **04** ㉠ **05** 시각 **06** 자연적 **07** 천문대 **08** 경선 **09** 대립 **10** 상대방 **11** 반박 **12** 비교적 **13** 바탕 **14** 의논 **15** 차이 **16** 결정

DAY 21

지문 확인 1) 표지판 2) 색 3) 느낌 4) 표지판

지문 술술 이해 1) 표지판 2) 먼저 3) 또한 4) 표지판 5) 이처럼

문제 정답 **01** ① **02** 따뜻한, 어두운 **03** ④ **04** ⑤

———————————————— 낱말 쑥쑥 테스트

01 통, 행, 통행 **02** 조, 사, 조사 **03** 고, 유, 고유 **04** 안, 전, 안전 **05** 정, 지, 정지 **06** 기, 존, 기존 **07** 표지판 **08** 제각각 **09** 활용 **10** 선명 **11** 계통 **12** 효과

DAY 22

지문 확인 1) 잎 2) 광합성 3) 증산 4) 역할

문제 정답 **01** ② **02** ④ **03** ④ **04** ④ **05** (1) 예 햇빛이 쨍쨍한 날 (2) 예 광합성과 증산 작용이 잘 일어나는 환경이기 때문이다.

———————————————— 낱말 쑥쑥 테스트

01 양분 **02** 표면 **03** 흡수하다 **04** 운반되다 **05** 조절하다 **06** 무수 **07** 역할 **08** 생장 **09** 작용

DAY 23

지문 확인 1) 과학 2) 지구 온난화 3) 친환경 4) 플라스틱 5) 환경 오염

문제 정답 **01** ④ **02** ④ **03** 친환경 산업, 저탄소 **04** ⑤ **05** 예 가까운 거리는 걸어 다니고, 일회용 플라스틱 컵보다는 유리로 된 컵을 사용한다.

———————————————— 낱말 쑥쑥 테스트

01 해, 양, 해양 **02** 재, 활, 용, 재활용 **03** 지, 대, 지대 **04** 일, 회, 용, 일회용 **05** 동, 참, 동참 **06** 극지방 **07** 친환경 **08** 부작용 **09** 발전 **10** 실천

DAY 24

문제 정답 **01** ③ **02** ② **03** 유빈 **04** 1000, 2000, $\frac{1}{1000}$, 0.5
05 예 비슷한 품질이고 같은 가격이라면 더 많은 양의 음료를 고르는 현명한 소비를 할 수 있다.

잠깐! 쉬어가기 ▶ 본문 104쪽
1 ④ 2 ① 3 ⑥ 4 ③ 5 ② 6 ⑤

DAY 25

지문 확인 1) 희곡 2) 해설 3) 대사 4) 희곡

지문 <del>술술</del> 이해 1) 희곡 2) 해설 3) 대사 4) 구성

문제 정답 ＋정답 콕콕 특강

01 희곡, 대사 02 ③ 03 해설, 지시문(지문), 대사 04 ②

DAY 26

지문 확인 1) 직지심체요절 2) 문화재

문제 정답 01 직지심체요절 02 ③, ⑤ 03 ㉡, ㉠, ㉢ 04 ④
05 예 문화재의 가치와 역사 등에 대한 올바른 정보를 바탕으로 '우리 문화재 알리기' 신문을 만든다.

낱말 쑥쑥 테스트

01 표, 시, 표시 02 심, 리, 심리 03 최, 초, 최초 04 강, 제, 강제
05 ㉢ 06 ㉣ 07 ㉡ 08 ㉠ 09 일방적 10 감상 11 유산 12 한계
13 합법적 14 반환 15 심각성 16 진행

DAY 27

지문 확인
- 1단락 중심 문장: 3번째 문장
- 2단락 중심 문장: 6번째 문장
- 3단락 중심 문장: 6번째 문장
- 4단락 중심 문장: 3번째 문장

지문 <del>술술</del> 이해 1) 시력 2) 마이너스 3) 렌즈 4) 근시

문제 정답 01 마이너스 시력 02 (위에서부터) 앞에, 잘, 오목 렌즈, 뒤에, 안, 볼록 렌즈 03 ③ 04 예 눈의 성장이 빠른 청소년기에는 근시가 생기기 쉽고, 오랜 시간 텔레비전을 보고 컴퓨터를 사용하는 것도 근시를 만드는 나쁜 습관이기 때문이다.

낱말 쑥쑥 테스트

01 각막 02 시력 03 초점 04 오목 렌즈 05 기호 06 또렷 07 교정
08 시력 검사

DAY 28

지문 확인
- 1단락 중심 문장: 4번째 문장
- 2단락 중심 문장: 1번째 문장
- 3단락 중심 문장: 2번째 문장
- 4단락 중심 문장: 1번째 문장
- 5단락 중심 문장: 1번째 문장

문제 정답 01 기온, 기온, 강수량 02 ⑤ 03 ③ 04 (1) × (2) ○ (3) × (4) ○ 05 예 한반도는 남북으로 긴 모양이라 위도 차이가 크기 때문이다.

낱말 쑥쑥 테스트

01 공통적 02 내륙 03 적도 04 강수량 05 비롯한 06 대기
07 부근 08 지속적 09 수심, 영하

DAY 29

지문 확인 1) 대정전 2) 대정전 3) 예방법 4) 노력

문제 정답 01 대정전 02 ④ 03 전기 공급, 적어질, 전력 관리 시스템
04 ② 05 예 전기는 저장될 수 없는 에너지이기 때문에 현재 생산되고 있는 전기보다 사용되는 전기가 많아질 때 전기 공급이 끊긴다.

낱말 쑥쑥 테스트

01 정, 전, 정전 02 암, 흑, 암흑 03 송, 전, 탑, 송전탑 04 복, 구, 복구
05 제, 품, 제품 06 안정적 07 구비 08 일시적 09 공급

DAY 30

문제 정답 01 성인병 02 ⑤ 03 운동 부족, 혈관 04 ④ 05 예 서구화된 생활 방식으로 인해 비만 아동이 늘어나고 있기 때문이다.

잠깐! 쉬어가기 ➤ 본문 128쪽

가로 열쇠 1 과도 2 표시되다 3 수정체 4 적도 5 사용료
6 일기 예보 7 기습적 8 공통적
세로 열쇠 1 과다 2 구체적 3 시력 검사 4 수집가 5 돋보기
6 일방적 7 일시적 8 통틀어

DAY 31

지문 확인 1) 노블레스 오블리주 2) 노블레스 오블리주

지문 <del>술술</del> 이해 1) 노블레스 오블리주 2) 시기 3) 우리나라 4) 현대
5) 노블레스 오블리주

문제 정답 ＋정답 콕콕 특강

01 노블레스 오블리주 02 ③ 03 ④ 04 ⑤

DAY 32

지문 확인
- 1단락 중심 문장: 2번째 문장
- 2단락 중심 문장: 4번째 문장
- 3단락 중심 문장: 3번째 문장
- 4단락 중심 문장: 3번째 문장
- 5단락 중심 문장: 1번째 문장

문제 정답 01 온도 조절 장치 02 ③ 03 다연, 재은 04 ② 05 예 땀이 마르면서 우리 몸의 열을 빼앗아가 체온이 낮아지기 때문이야.

낱말 쑥쑥 테스트

01 ㉡ 02 ㉢ 03 ㉣ 04 ㉠ 05 계층 06 자발적 07 체온 08 자금
09 고, 귀, 고귀 10 의, 식, 의식 11 유, 용, 유용 12 방, 지, 방지
13 유지 14 설치 15 조절 16 기부

DAY 33

지문 확인
- 1단락 중심 문장: 4번째 문장
- 2단락 중심 문장: 2번째 문장
- 3단락 중심 문장: 2, 4번째 문장
- 4단락 중심 문장: 2번째 문장
- 5단락 중심 문장: 1번째 문장

지문 <del>술술</del> 이해 1) 주성분 2) 주어 3) 서술어 4) 보어 5) 주성분

문제 정답 01 주성분 02 ⑤ 03 ③ 04 예 승희가 밥을 먹는다.

낱말 쑥쑥 테스트

01 습관 02 쓰임 03 종류 04 상태 05 밝혔다 06 포함된다
07 불완전 08 익혔다 09 이루어졌다

DAY 34

지문 확인 1) 달 2) 모양 3) 이유 4) 위치

문제 정답 01 달 02 ③, ⑤ 03 지구, 빛, 태양 04 ⑤ 05 예 달은 서쪽에서 동쪽으로 날마다 조금씩 이동하면서 그 모양도 달라진다.

낱말 쑥쑥 테스트

01 자, 전, 자전 02 일, 부, 분, 일부분 03 주, 위, 주위 04 시, 각, 시각
05 관, 찰, 관찰 06 위, 치, 위치 07 실, 제, 실제 08 보름달 09 반달
10 얼룩덜룩 11 끊임없이 12 반사

DAY 35

지문 확인 1) 피카소 2) 현대 미술 3) 입체 4) 감상 5) 편견

문제 정답 01 현대 미술 02 ④ 03 ⑤ 04 ㉡ 05 예 현대 미술이 어렵다는 편견은 버리고 작품을 있는 그대로 느껴 본다.

낱말 쑥쑥 테스트

01 의문 02 살아생전 03 의도 04 편견 05 얽매이다 06 경향
07 파격 08 단번에 09 제한 10 상징

DAY 36

문제 정답 01 확률 02 (1) ○ (2) ○ (3) × 03 3, $\frac{1}{2}$ 04 ⑤ 05 예 확률은 어떤 사건이 일어날 가능성의 정도를 객관적인 숫자로 나타내 주기 때문에, 어떤 일을 할지 말지에 있어서 더 나은 선택을 할 수 있다.

잠깐! 쉬어가기 ➤ 본문 152쪽

(1) 가능하다 (2) 파격 (3) 고귀하다 (4) 가능성 (5) 불완전하다
(6) 증발하다 (7) 습관 (8) 얼룩덜룩하다 (9) 반사되다

우리나라에서 가장 오랫동안 사랑받은 노래

○ 각 단락 중심 낱말 ◎ 전체 중심 낱말 [ ] 각 단락 중심 문장 ▨ 전체 중심 문장

1 해마다 연말이면 한 해 동안 가장 큰 사랑을 받은 노래를 뽑아 상을 준다. 그렇다면 우리나라에서 가장 오랫동안 큰 사랑을 받은 노래는 무엇일까? 부모님이 좋아하시는 조용필의 노래일까? 친구들이 좋아하는 방탄소년단의 노래일까? 정답은 바로 아리랑이다. '아리랑 아리랑 아라리요~'라는 노랫말이 어디선가 흘러나오면 남녀노소 누구나 따라 흥얼거릴 만큼 아리랑은 우리 민족에게 큰 사랑을 받아온 노래이다.

*1단락 요약: 우리 민족에게 큰 사랑을 받아온 아리랑

2 [아리랑은 여러 세대를 거치면서 평범한 대중들이 함께 만든 결과물이다.] 이는 '아리랑 아리랑 아라리요'로 반복되는 가사를 제외하고는, 지역과 시대에 따라 가사가 제각각 다른 것을 통해 알 수 있다. 우리나라의 3대 아리랑으로 손꼽히는 〈정선 아리랑〉, 〈밀양 아리랑〉, 〈진도 아리랑〉 외에도 지역에 따라 가사와 리듬이 다른 '아리랑'이 50여 종류나 있고, 그 수는 3,000개가 넘는다. 가사와 리듬이 조금씩 다른, 아주 다양한 아리랑이 존재하는 것이다. 그 이유는 아리랑이 아주 오랜 옛날부터 입에서 입으로 불려 전해지며 지역마다 다른 사람들의 생활 모습과 생각을 담아냈기 때문이다.

*2단락 요약: 평범한 대중들이 함께 만든 다양한 아리랑

3 [그렇다면 아리랑이 우리 민족에게 큰 사랑을 받을 수 있었던 이유는 무엇일까?] 가장 큰 이유는 아리랑의 노랫가락이 아주 단순하여 따라부르기 쉽기 때문이다. 또 우리의 삶의 모습을 이야기하듯이 늘어놓은 가사 덕분에 누가 부르든 자신의 이야기로 쉽게 바꿔 부를 수 있었다. 이러한 이유로 아리랑은 현대에도 발라드, 힙합 등의 대중가요 및 관현악곡으로 편곡되어 많은 사랑을 받을 수 있었다.

*3단락 요약: 아리랑이 사랑받았던 이유

4 2006년, 대한민국 정부는 한국을 대표하는 100대 민족 문화 상징으로 아리랑을 선정했으며 2012년에는 아리랑이 유네스코 인류 무형 문화재로 등재되기도 했다. 또한 남북한이 함께하는 자리에는 각국의 국가 대신 아리랑이 울려 퍼지며 갈라진 민족을 하나로 묶어 주기도 한다. [아리랑은 이제 우리나라를 대표하는 문화적 상징일 뿐만 아니라, 세계 속의 아리랑으로 성장할 것이다.]

*4단락 요약: 세계 속의 아리랑

---

01 정답 아리랑

1단락 ⑥번째 문장에서 '~ 남녀노소 누구나 따라 흥얼거릴 만큼 아리랑은 우리 민족에게 큰 사랑을 받아온 노래이다.'라고 했어요.

02 정답 ④

2단락 ③번째 문장에서 '가사와 리듬이 다른 '아리랑'이 50여 종류나 있고, 그 수는 3,000개가 넘는다.'라고 설명하고 있어요. 즉, 가사와 리듬이 다른 아리랑은 30여 종류에, 그 수는 1,000개가 아니에요.

03 정답 단순, 쉽고

3단락 ②번째 문장에서 '가장 큰 이유는 아리랑의 노랫가락이 아주 단순하여 따라부르기 쉽기 때문이다.'라고 했어요.

04 정답 ③

2단락 ⑤번째 문장을 근거로 아리랑은 사람들이 함께 듣고 부르면서 자연스럽게 전해져 내려온 노래라고 할 수 있어요.

✶ 지문 이해

● 이 글은 우리 민족에게 큰 사랑을 받아온 노래 '아리랑'에 대해서 소개하는 글입니다. 아리랑은 여러 세대를 거치며 대중들이 함께 만든 결과물로서, 지역과 시대마다 다양한 아리랑이 존재해요. 아리랑이 이처럼 사랑받을 수 있었던 이유는 노랫가락이 아주 단순해서 따라 부르기 쉬웠기 때문이에요. 아리랑은 우리나라를 대표하는 문화적 상징일 뿐만 아니라 세계 속의 아리랑으로 성장할 거예요.

● 단락 간의 관계
1단락에서는 글 전체의 중심 낱말인 '아리랑'이 우리 민족에게 큰 사랑을 받아왔다고 이야기하고 있어요.
2단락에서는 시대와 지역에 따라 다양한 아리랑을 소개하고 있어요.
3단락에서는 아리랑이 사랑받을 수 있었던 이유를 설명하고 있어요.
4단락에서는 세계 속의 아리랑에 대해 이야기하고 있어요.

● 글의 구조도

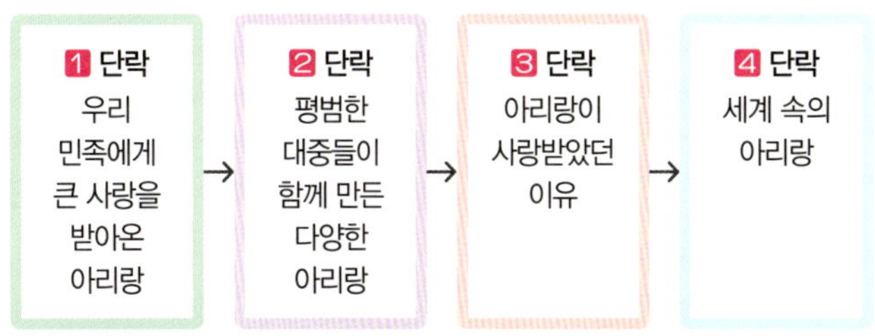

● 주제: 우리나라에서 가장 오랫동안 사랑받은 노래, 아리랑

일본은 왜 독도에 집착할까?

○ 각 단락 중심 낱말 ◎ 전체 중심 낱말 [ ] 각 단락 중심 문장 ▨ 전체 중심 문장

1 매년 2월 22일이 되면 일본의 한 지방 의회는 '다케시마의 날' 행사를 열고 하루빨리 다케시마를 되찾아야 한다고 주장한다. 그들이 말하는 다케시마는 다름 아닌 우리 땅 독도이다. 이 억지 주장은 일본 전체로 빠르게 퍼져 나갔고, 일본 정부는 독도가 일본 고유의 영토라고 세계에 알리고 있다. 왜 일본은 독도가 자기네 땅이라고 우기는 것일까? 일본이 독도를 차지하려는 이유는 그만큼 얻을 것이 많기 때문이다.

2 [독도를 차지하면 국가적, 군사적으로 아주 유리해진다.] 국제법상 영해는 영토 끝에서부터 12해리까지로 한다. 따라서 독도를 차지하면 독도를 기준으로 하여 더 넓은 바다를 영해로 인정받을 수 있다. 또한 독도는 동해에서 일어나는 일을 한눈에 관찰할 수 있어 군사적으로 아주 중요한 곳이다. 실제로 우리나라 독도 경비대는 지금도 동해를 지나다니는 어선이나 군함 등의 움직임을 늘 관찰하고, 그에 맞는 조치를 하고 있다. 러·일 전쟁 때, 일본은 이러한 독도의 군사적 중요성을 알았다. 그래서 독도에 불법으로 높은 망루를 세우고 러시아 군함의 동태를 파악하여 전쟁에서 승리했다.

3 [독도의 경제적 가치는 얼마나 될까?] 독도 근처에는 차가운 해류와 따뜻한 해류가 만나기 때문에 다양한 종류의 물고기가 산다. 어획량이 풍부한 황금 어장인 셈이다. 게다가 독도는 지하자원의 보고이기도 하다. 독도를 둘러싼 해양의 아래에는 천연가스층이 있고, 메탄가스가 고체로 변한 상태로 매장되어 있다. 게다가 이 아래쪽에는 석유가 매장되어 있을 가능성도 크다고 한다.

4 겉으로 보기에는 그냥 작은 돌섬이지만 독도는 국가적, 군사적, 경제적으로 아주 중요한 보물섬이다. 그뿐 아니라 독도는 역사상으로도 오랫동안 우리나라가 실제로 지배해 온 우리 땅이다. [따라서 독도에 대해 제대로 알고 소중한 우리 영토를 지켜야 한다.]

1 단락 요약
일본이 독도를 차지하려는 이유

2 단락 요약
독도의 국가적, 군사적 가치

3 단락 요약
독도의 경제적 가치

4 단락 요약
독도를 지켜야 하는 이유

✱ 지문 이해

● 이 글은 일본이 왜 우리 땅 독도를 차지하려고 하는지 알려 주는 설명문입니다. 독도는 국가적으로나 군사적으로 아주 중요한 곳이에요. 독도를 차지하면 더 넓은 영해를 인정받을 수 있어요. 또한 역사를 살펴보면 독도가 전쟁의 승패를 좌우한 적도 있어요. 게다가 독도 주위에는 자원도 많고 물고기도 많아서 경제적 가치가 아주 커요. 우리는 독도에 대해 제대로 알고 우리 땅, 독도를 지켜야 해요.

● **단락 간의 관계**
1 단락에서는 글 전체의 중심 낱말인 '독도'에 대해 소개하고, 일본이 독도를 차지하려는 이유를 설명하고 있어요.
2, 3 단락에서는 독도의 국가적, 군사적, 그리고 경제적 가치를 자세히 알아보고 있어요.
4 단락에서는 우리가 독도를 지켜야 하는 이유를 한 번 더 강조하고 있어요.

● **글의 구조도**

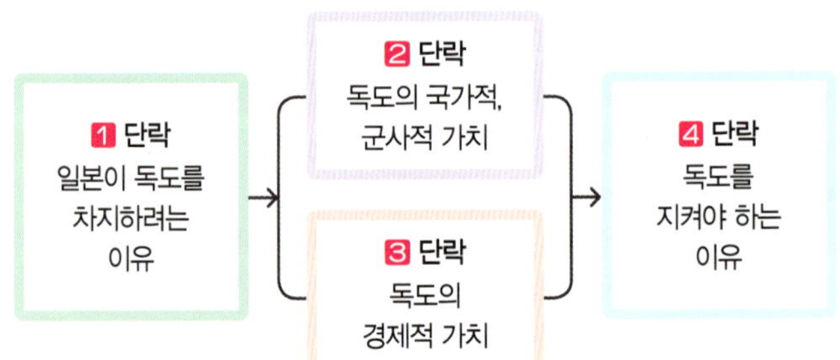

● **주제:** 일본이 독도를 차지하려는 이유

01 [정답] 독도 ·········· 중심 낱말 찾기

왜 정답?

근거: ①단락 ❺번째, ④단락 ❸번째 문장
①단락에서 '일본이 독도를 차지하려는 이유는 그만큼 얻을 것이 많기 때문이다.'라고 했어요.
④단락에서 '따라서 독도에 대해 제대로 알고 소중한 우리 영토를 지켜야 한다.'라고 했어요.
그러므로 빈칸에 공통으로 들어갈 말은 '독도'예요.

02 [정답] ④ ·········· 글쓰기 방식 이해하기

왜 정답?

ⓛ 근거: ①단락 ❹, ❺번째 문장
'왜 일본은 독도가 자기네 땅이라고 우기는 것일까?'라고 물음을 던지고 '일본이 독도를 차지하려는 이유는 그만큼 얻을 것이 많기 때문이다.'라고 스스로 답하고 있어요.
ⓔ 근거: ②단락 ❻, ❼번째 문장
'러·일 전쟁 때, 일본은 이러한 독도의 군사적 중요성을 알았다. 그래서 독도에 불법으로 높은 망루를 세우고 러시아 군함의 동태를 파악하여 전쟁에서 승리했다.'라고 했어요. 그러므로 맞는 설명이에요.

왜 오답?

ⓖ 이 글에 독도라는 이름의 유래에 대한 설명은 나오지 않아요.
ⓒ 이 글에서 독도가 가진 경제적 중요성을 이야기하고 있지만 구체적인 수치를 내세워 설명하는 부분은 나오지 않아요.

03 [정답] ④ ·········· 내용 이해하기

왜 정답?

④ 근거: ②단락 ❹번째 문장
'독도는 동해에서 일어나는 일을 한눈에 관찰할 수 있어 군사적으로 아주 중요한 곳'이라고 했어요. 즉, 독도에서 관찰할 수 있는 곳은 서해가 아닌 동해임을 알 수 있어요.

왜 오답?

① 근거: ②단락 ❷번째 문장
'국제법상 영해는 영토 끝에서부터 12해리까지로 한다.'라고 했으므로 맞는 내용이에요.
② 근거: ②단락 ❺번째 문장
'실제로 우리나라 독도 경비대는 지금도 동해를 지나다니는 어선이나 군함 등의 움직임을 늘 관찰하고, 그에 맞는 조치를 하고 있다.'라고 했으므로 맞는 내용이에요.
③ 근거: ②단락 ❻, ❼번째 문장
'러·일 전쟁 때, 일본은 이러한 독도의 군사적 중요성을 알았다. 그래서 독도에 불법으로 높은 망루를 세우고 러시아 군함의 동태를 파악하여 전쟁에서 승리했다.'라고 했으므로 맞는 내용이에요.

⑤ 근거: ②단락 ❸번째 문장
'따라서 독도를 차지하면 독도를 기준으로 하여 더 넓은 바다를 영해로 인정받을 수 있다.'라고 했으므로 맞는 내용이에요.

04 [정답] 따뜻한 해류, 천연가스, 지하자원 ····· 내용 적용하기

다음은 주영이가 이 글을 읽고 '독도의 경제적 가치'에 대해 발표하려고 정리한 내용입니다. ㉠~㉢에 들어가기에 알맞은 말을 쓰세요.

· '독도의 경제적 가치': 독도가 우리나라에 경제적으로 어떤 도움이 되는지 정리한 내용입니다.

즉 글의 내용과 비교하여 ㉠~㉢에 들어갈 알맞은 말을 쓰는 문제입니다.

왜 정답?

㉠ 근거: ③단락 ❷번째 문장
'독도 근처에는 차가운 해류와 따뜻한 해류가 만나기 때문에 다양한 종류의 물고기가 산다.'라고 했어요.
㉡ 근거: ③단락 ❺번째 문장
'독도를 둘러싼 해양의 아래에는 천연가스층이 있고, 메탄가스가 고체로 변한 상태로 매장되어 있다.'라고 했어요.
㉢ 근거: ③단락 ❹번째 문장
'게다가 독도는 지하자원의 보고이기도 하다.'라고 했어요.

05 [정답] 예 독도는 국가적, 군사적, 경제적으로 아주 중요한 보물섬이며, 역사상으로도 오랫동안 우리나라가 실제로 지배해 온 우리 땅이기 때문이다.

서술형 채점 기준 – 근거: ④단락 ❶, ❷번째 문장
'국가적, 군사적, 경제적으로 아주 중요'하다는 내용과 '우리가 오랫동안 지배해 온 우리 땅'이라는 말이 들어가면 정답이에요.

배경지식

독도의 지명

우산도(于山島)는 가장 오랫동안 독도를 부르던 이름으로 《삼국사기》, 《고려사》, 《세종실록》 등에서 찾아볼 수 있어요.

조선 성종 때에는 삼봉도(三峰島)라 불렸는데, 섬이 세 개의 봉우리로 보인다는 사실에서 유래한 것이에요.

《정조실록》에는 "가지도(可支島)에 가 보니 가지어가 놀라 뛰어나왔다."라는 기록에서 독도의 또 다른 이름인 가지도를 확인할 수 있어요. 가지어는 물개의 일종인 강치를 말하는데, 독도에는 강치가 많이 살았었대요.

1900년 대한 제국 칙령에는 울릉도의 관할 구역의 하나로 '석도(石島)'가 등장해요. '석(石)'의 한글 표현이 '돌'이고, 돌의 남해안 사투리인 '독'이 현재로 이어지고 있는 것이지요.

현재는 '돌섬'이 '독섬'으로 발음되면서 '독도(獨島)'로 표기되는데, 울릉도 주민들은 '독섬'과 '돌섬'을 함께 사용한다고 해요.

키 165cm 이상, 몸무게 50kg 미만

◯ 각 단락 중심 낱말　◯ 전체 중심 낱말　[ ] 각 단락 중심 문장　▮ 전체 중심 문장

[1] ❶수경이가 같은 학교 친구들에게 원하는 키와 몸무게를 조사했더니 '키는 적어도 165cm는 되었으면 좋겠다. ❷몸무게는 50kg을 넘지 않았으면 좋겠다.'라고 대답을 한 친구가 가장 많았다. ❸[친구들이 원하는 키와 몸무게를 보기 좋게 정리하려면 수의 범위를 나타내는 말 중 어떤 것을 사용해야 할까?]

[2] ❶흔히 수의 범위를 나타내는 말로 '이상과 이하', '초과와 미만'을 자주 사용한다. ❷[이상은 기준이 되는 수를 포함해 그보다 큰 수를 말하고, 이하는 기준이 되는 수를 포함해 그보다 작은 수를 말한다.] ❸이상과 이하는 반대되는 말이다. ❹친구들이 '적어도 165cm는 되었으면'이라고 한 말은 165cm를 포함하여 그보다 큰 키를 말하는 것이다. ❺그러므로 키와 관련하여 가장 많이 나온 대답은 '165cm 이상'이라고 정리할 수 있다.

[3] ❶[초과는 기준이 되는 수를 포함하지 않은 그보다 큰 수를 말한다. ❷미만은 기준이 되는 수를 포함하지 않은 그보다 작은 수를 말한다.] ❸'50kg을 넘지 않았으면'이라고 한 말은 50kg을 포함하지 않고 그보다 작은 몸무게를 말하는 것이다. ❹그러므로 몸무게와 관련하여 가장 많이 나온 대답은 '50kg 미만'이라고 정리할 수 있다.

[4] ❶[수경이의 상황 외에도 이상과 이하, 초과와 미만은 우리가 일상생활에서 자주 접하는 말이다.] ❷영화 포스터를 보면 '15세 이상 관람 가'라고 적혀 있는 경우가 있다. ❸이 말은 이 영화를 15세부터 볼 수 있다는 것을 의미한다. ❹또한 놀이공원에 가면 '몸무게 90kg 초과 탑승 금지'와 같은 표지판을 볼 수 있다. ❺이 놀이기구는 몸무게가 90kg인 사람은 탈 수 있지만, 91kg인 사람은 탈 수 없다는 말이다. ❻이상과 이하, 초과와 미만의 의미를 잘 익혀 두면 이와 같은 상황에서 제대로 이해하지 못해 당황하는 일이 없을 것이다.

1 단락 요약
수의 범위를 나타내는 말

2 단락 요약
이상과 이하의 의미

3 단락 요약
초과와 미만의 의미

4 단락 요약
수의 범위를 나타내는 말이 사용되는 일상생활의 예

✱ 지문 이해

● 이 글은 수의 범위를 나타낼 때 쓰는 '이상과 이하', '초과와 미만'의 개념을 알려 주는 설명문입니다. 이상은 기준이 되는 수를 포함해 그보다 큰 수를, 이하는 그보다 작은 수를 말해요. 초과는 기준이 되는 수를 포함하지 않은 그보다 큰 수를, 미만은 그보다 작은 수를 말해요. 우리는 일상생활에서 이러한 수의 범위를 나타내는 말을 자주 사용해요.

● **단락 간의 관계**
[1]단락에서는 글 전체의 중심 낱말인 '수의 범위를 나타내는 말'을 소개하고 있어요.
[2], [3]단락에서는 이상과 이하, 초과와 미만의 개념을 설명하고 있어요.
[4]단락에서는 일상생활에서 수의 범위를 나타내는 말을 어떻게 사용하는지 예시를 통해 설명하고 있어요.

● **글의 구조도**

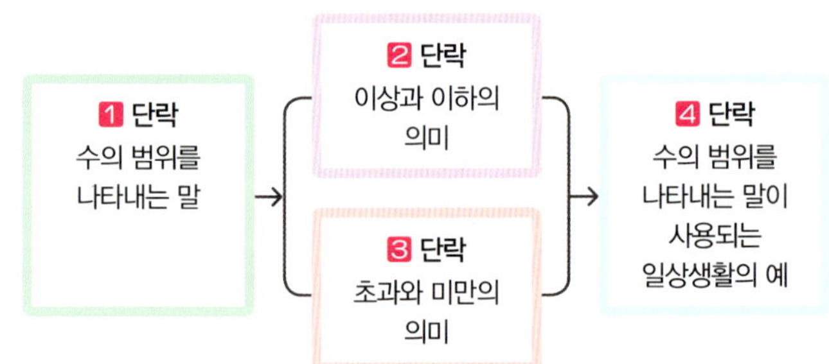

● **주제:** 수의 범위를 나타내는 말의 종류와 쓰임

01 [정답] 이상, 이하, 초과, 미만 ·········· 중심 낱말 찾기

왜 정답?

근거: ②단락 ❷번째 문장, ③단락 ❶, ❷번째 문장

②단락에서는 '이상은 기준이 되는 수를 포함해 그보다 큰 수를 말하고, 이하는 기준이 되는 수를 포함해 그보다 작은 수를 말한다.'라고 했어요.

③단락에서는 '초과는 기준이 되는 수를 포함하지 않은 그보다 큰 수를 말한다. 미만은 기준이 되는 수를 포함하지 않은 그보다 작은 수를 말한다.'라고 했어요.

따라서 빈칸에 들어갈 말은 순서대로 '이상', '이하', '초과', '미만'이에요.

02 [정답] (1) ○ (2) × (3) ○ ·············· 내용 이해하기

왜 정답?

(1) 근거: ②단락 ❸번째 문장

'이상과 이하는 반대되는 말'이라고 했어요.

(2) 근거: ④단락 ❶번째 문장

'이상과 이하, 초과와 미만은 우리가 일상생활에서 자주 접하는 말이다.'라고 했어요.

(3) 근거: ③단락 ❶, ❷번째 문장

'초과는 기준이 되는 수를 포함하지 않은 그보다 큰 수를 말한다. 미만은 기준이 되는 수를 포함하지 않은 그보다 작은 수를 말한다.'라고 했어요.

03 [정답] ④ ·········· 알맞은 반응 찾기

왜 정답?

④ 근거: ③단락 ❷번째 문장

'미만은 기준이 되는 수를 포함하지 않은 그보다 작은 수를 말한다.'라고 했어요.

따라서 탑승객 정원이 15명 미만인 엘리베이터에 15명까지 탈 수 있다는 것은 맞지 않은 반응이에요. 정원이 15명 미만인 엘리베이터는 14명까지 탈 수 있어요.

왜 오답?

① 근거: ③단락 ❷번째 문장

'미만은 기준이 되는 수를 포함하지 않은 그보다 작은 수를 말한다.'라고 했어요.

따라서 6명 미만 탑승 가능한 자동차는 최대 5명까지 탈 수 있다는 것은 맞는 반응이에요.

② 근거: ③단락 ❷번째 문장

'미만은 기준이 되는 수를 포함하지 않은 그보다 작은 수를 말한다.'라고 했어요.

따라서 80cm 미만의 코트를 사야 하는데 이 코트는 80cm이므로 살 수 없다는 것은 맞는 반응이에요.

③ 근거: ②단락 ❷, ❹번째 문장

'이상은 기준이 되는 수를 포함해 그보다 큰 수를 말'한다고 했어요. 또한 '친구들이 '적어도 165cm는 되었으면'이라고 한 말은 165cm를 포함하여 그보다 큰 키를 말하는 것이다.'라고 했어요.

따라서 집에서 학교까지 적어도 30분이 걸리므로 내 등굣길은 30분 이상 걸린다는 것은 맞는 반응이에요.

⑤ 근거: ②단락 ❷번째 문장

'이하는 기준이 되는 수를 포함해 그보다 작은 수를 말한다.'라고 했어요.

따라서 20세 이하만 신청할 수 있는 노래 대회에 20살 오빠가 신청한다는 것은 맞는 반응이에요.

04 [정답] [예] 키는 170cm 미만, 몸무게는 40kg 이상은 되었으면 좋겠다.

[서술형] 채점 기준 – 근거: ②단락 ❷번째 문장, ③단락 ❶, ❷번째 문장

'이상은 기준이 되는 수를 포함해 그보다 큰 수를 말하고, 이하는 기준이 되는 수를 포함해 그보다 작은 수를 말한다.'라고 했어요. 또한 '초과는 기준이 되는 수를 포함하지 않은 그보다 큰 수를 말한다. 미만은 기준이 되는 수를 포함하지 않은 그보다 작은 수를 말한다.'라고 했어요.

'안 되고'는 기준이 되는 수를 포함하지 않고 그보다 작은 수를, '적어도'는 기준이 되는 수를 포함해서 그보다 큰 수를 말해요. 따라서 키와 관련해서는 '미만', 몸무게와 관련해서는 '이상'이라고 적으면 정답이에요.

조선 후기의 새로운 학문, 실학

○ 각 단락 중심 낱말 　◎ 전체 중심 낱말 　[ ] 각 단락 중심 문장 　▨ 전체 중심 문장

1 조선 후기에는 임진왜란과 병자호란으로 인한 피해를 복구하는 것이 시급했다. 황폐해진 토지를 되살려 나라의 살림과 백성들의 생활을 나아지게 하려는 노력은 계속되었지만, 힘든 시간을 보내야 했다. [게다가 조선을 다스리는 근본 원리인 유교는 이론과 형식에 치우쳐 실제 생활을 나아지게 하는 데 도움이 되지 못했다.]

2 이러한 상황에서 어려운 백성들의 생활에 도움이 되고 나라가 튼튼해지는 방법을 연구하는 학문인 실학이 등장했다. 실학자들은 농업, 상공업, 신분 제도, 과학 기술 등 다양한 분야에 대한 연구를 바탕으로 사회의 문제점을 찾아내고 전반적인 제도나 규칙을 개선해야 한다고 주장했다.

3 [농업을 중심으로 사회를 개혁해야 한다고 주장한 중농학파 실학자들은 당시의 토지 제도에 문제가 많다는 점을 지적하였다.] 그들은 토지를 효율적으로 나누고 관리하는 방법을 제시했으며, 과학적인 농사 기술을 보급하여 농민들의 생활을 안정시켜야 한다고 주장했다.

4 [반면 중상학파 실학자들은 상공업을 중심으로 나라를 발전시켜야 한다고 생각하였다.] 중국과 서양의 발달된 기술을 경험해 본 중상학파 실학자들은 그들의 기술을 받아들여 상공업을 발전시켜야 한다고 주장했다.

5 [한편, 우리의 것에 관심을 두었던 국학파 실학자들도 있었다.] 이들은 우리의 역사, 지리, 언어, 자연 등에 관심을 가지고 연구하면서 관련된 책을 써서 남겼다.

6 하지만 실학자들의 다양한 주장과 연구가 조선의 정책과 제도에 적극적으로 적용되지는 못했다. 당시 실학자들 대부분이 나라를 다스리는 일에 참여하지 못했기 때문이다. [그럼에도 실학은 이론 중심의 학문에서 벗어나 실생활을 고민하고 연구했다는 점에서 큰 의의가 있고, 이후에 다양한 분야로 이어져 조선 후기 사회 발전에 큰 영향을 미쳤다.]

---

1 단락 요약
조선 후기의 시대 상황

2 단락 요약
실학의 등장

3 단락 요약
중농학파 실학자들의 주장

4 단락 요약
중상학파 실학자들의 주장

5 단락 요약
국학파 실학자들

6 단락 요약
실학의 한계와 의의

★ 지문 이해

● 이 글은 조선 후기 어려운 시대 상황 속에서 등장한 실학과 실학자들의 주장을 알려 주는 설명문입니다. 실학은 백성의 생활에 도움을 주고 나라를 튼튼하게 만드는 방법을 연구한 학문이었어요. 대표적으로는 농업을 중시한 중농학파, 상공업을 중시한 중상학파가 있었고, 우리의 것에 관심을 둔 국학파도 있었습니다. 안타깝게도 실학자들의 주장이 실제 정책에 반영되지는 못했지만 이론에만 치우쳤던 기존 학문에서 벗어나 실생활을 고민하고 연구했다는 점에서 의의가 있어요.

● 단락 간의 관계
1 단락에서는 실학이 등장하기 전의 시대적 배경을 소개하고 있어요.
2 단락에서는 실학이 어떤 학문인지 이야기하고 있어요.
3 ~ 5 단락에서는 실학자들의 다양한 주장들을 소개하고 있어요.
6 단락에서는 실학의 한계와 의의를 정리하면서 글을 마무리하고 있어요.

● 글의 구조도

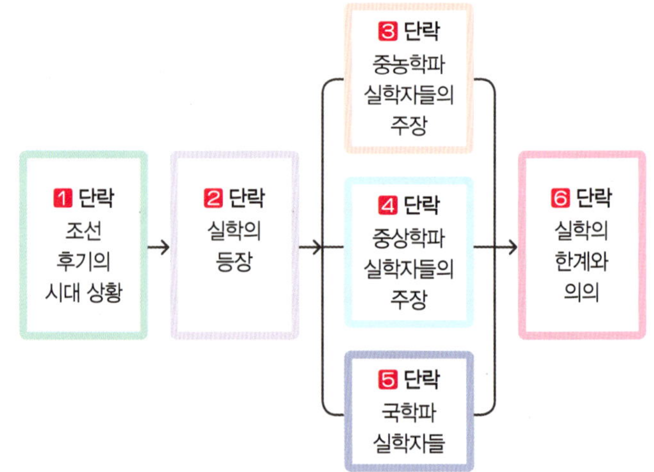

● 주제: 실학의 등장과 실학자들의 주장

01 [정답] 실학 ·· 중심 낱말 찾기

>왜 정답?

근거: ②단락 ❶번째 문장

'이러한 상황에서 어려운 백성들의 생활에 도움이 되고 나라가 튼튼해지는 방법을 연구하는 학문인 실학이 등장했다.'라고 했어요. 그러므로 빈칸에 들어가기에 알맞은 말은 '실학'이에요.

02 [정답] ① ·· 내용 이해하기

>왜 정답?

① 근거: ⑤단락 ❶번째 문장

'한편, 우리의 것에 관심을 두었던 국학파 실학자들도 있었다.'라고 했어요. 즉, 실학자들은 농업과 상공업 분야를 연구했을 뿐만 아니라 우리의 역사, 지리, 언어, 자연 등에도 관심을 가졌어요.

>왜 오답?

② 근거: ①단락 ❸번째 문장

'유교는 이론과 형식에 치우쳐 실제 생활을 나아지게 하는 데 도움이 되지 못했다.'라고 했으므로 맞는 내용이에요.

③ 근거: ②단락 ❷번째 문장

'실학자들은 농업, 상공업, 신분 제도, 과학 기술 등 다양한 분야에 대한 연구를 바탕으로 사회의 문제점을 찾아내고 전반적인 제도나 규칙을 개선해야 한다고 주장했다.'라고 했으므로 맞는 내용이에요.

④ 근거: ⑤단락 ❷번째 문장

'이들은 우리의 역사, 지리, 언어, 자연 등에 관심을 가지고 연구하면서 관련된 책을 써서 남겼다.'라고 했으므로 맞는 내용이에요.

⑤ 근거: ②단락 ❶번째 문장

'어려운 백성들의 생활에 도움이 되고 나라가 튼튼해지는 방법을 연구하는 학문인 실학이 등장했다.'라고 했으므로 맞는 내용이에요.

03 [정답] 중농학파, 중상학파, 국학파 ·············· 내용 이해하기

다음은 '실학자'들의 학파에 대해 정리한 것입니다. ㉠~㉢에 해당하는 학파를 쓰세요.

즉 현실 문제를 개혁하기 위해 어떤 방안을 제시했는지 학파를 쓰는 문제입니다.

>왜 정답?

㉠ 근거: ③단락 ❶번째 문장

'농업을 중심으로 사회를 개혁해야 한다고 주장한 중농학파 실학자들은 당시의 토지 제도에 문제가 많다는 점을 지적하였다.'라고 했어요.

따라서 ㉠에 들어갈 학파는 '중농학파'예요.

㉡ 근거: ④단락 ❶번째 문장

'중상학파 실학자들은 상공업을 중심으로 나라를 발전시켜야 한다고 생각하였다.'라고 했어요.

따라서 ㉡에 들어갈 학파는 '중상학파'예요.

㉢ 근거: ⑤단락 ❶번째 문장

'한편, 우리의 것에 관심을 두었던 국학파 실학자들도 있었다.'라고 했어요.

따라서 ㉢에 들어갈 학파는 '국학파'예요.

04 [정답] ⑤ ·· 알맞은 반응 찾기

>왜 정답?

⑤ 근거: ⑥단락 ❶번째 문장

'하지만 실학자들의 다양한 주장과 연구가 조선의 정책과 제도에 적극적으로 적용되지는 못했다.'라고 했어요. 그러므로 실학이 당시 정책과 제도에 적극적으로 반영되어 나라가 발전하는 데 큰 도움이 되었다고 볼 수 없어요.

>왜 오답?

① 근거: ③단락 ❶번째 문장

'중농학파 실학자들은 당시의 토지 제도에 문제가 많다는 점을 지적하였다.'라고 했으므로 맞는 반응이에요.

② 근거: ①단락 ❸번째 문장

'유교는 이론과 형식에 치우쳐 실제 생활을 나아지게 하는 데 도움이 되지 못했다.'라고 했으므로 맞는 반응이에요.

③ 근거: ⑤단락 ❷번째 문장

'이들은 우리의 역사, 지리, 언어, 자연 등에 관심을 가지고 연구하면서 관련된 책을 써서 남겼다.'라고 했으므로 맞는 반응이에요.

④ 근거: ④단락 ❷번째 문장

'중상학파 실학자들은 그들의 기술을 받아들여 상공업을 발전시켜야 한다고 주장했다.'라고 했으므로 맞는 반응이에요.

05 [정답] 예 실학은 이론 중심의 학문에서 벗어나 실생활을 고민하고 연구했다는 점에서 큰 의의가 있고, 이후에 다양한 분야로 이어져 조선 후기 사회 발전에 큰 영향을 미쳤다.

서술형 채점 기준 – 근거: ⑥단락 ❸번째 문장

'그럼에도 실학은 이론 중심의 학문에서 벗어나 실생활을 고민하고 연구했다는 점에서 큰 의의가 있고, 이후에 다양한 분야로 이어져 조선 후기 사회 발전에 큰 영향을 미쳤다.'라고 했어요.

따라서 '이론 중심의 학문에서 벗어나 실생활을 고민하고 연구했다.'는 내용과 '조선 후기 사회 발전에 큰 영향을 미쳤다.'라는 내용이 들어가면 정답이에요.

사라지는 동물들

○ 각 단락 중심 낱말   ○ 전체 중심 낱말   [ ] 각 단락 중심 문장   ▨ 전체 중심 문장

1 평창 동계 올림픽의 마스코트이기도 했던 '반다비'는 가슴에 초승달 무늬의 흰 털이 있는 반달가슴곰이다. 반달가슴곰은 과거 우리나라 산에 많은 개체 수가 살고 있었지만, 1998년부터 멸종 위기 동물 1급으로 정해져 보호를 받고 있다. 우리나라에서 영영 사라질 위기에 처했던 반달가슴곰은 전문가들의 지속적인 노력으로 현재는 50여 마리 이상이 우리와 함께 살아가고 있다. 반달가슴곰처럼 사라질 위기에 처한 동물은 한두 종이 아니다. [도대체 왜 지구상에서 동물들이 사라지고 있는 것일까?]

2 생물의 한 종류가 아주 없어지는 것을 멸종이라고 한다. 생물은 사는 곳에 알맞게 적응하기도 하지만, 갑작스러운 기후 변화나 환경 파괴 등에 의해 후손을 남기지 못하고 죽으면 멸종된다. 공룡의 멸종이 지구 환경이 변화함에 따른 것이었다면 오늘날 전 세계에서 일어나고 있는 생물의 멸종은 사람의 영향이 크다. 애완동물로 삼거나 동물원에 팔기 위해, 혹은 가죽이나 뿔, 장기 등을 얻기 위해 야생 동물을 불법적으로 사냥하는 일은 흔히 일어난다. 또한 무분별한 개발과 환경 오염으로 인해 동식물의 서식지가 파괴되고 있다. [이러한 인간의 이기적인 행동으로 지구에서 많은 동식물이 사라지고 있는 것이다.] 동식물 보호 단체에서는 2050년에 이르기까지 지구에 사는 동식물 중 30~50%가 사라질 것이라고 예상한다.

3 지구의 모든 생물은 서로 먹고 먹히는 관계로 사슬처럼 이어져 생태계를 이루고 있다. 어느 한 생물이 급격하게 늘거나 줄면 먹이 사슬에 큰 영향을 주어 생태계의 균형은 깨지게 되고, 이는 지구에서 살아가는 인간에게도 영향을 미친다. 그래서 각종 세계 기구나 환경 단체에서는 무질서한 자연 파괴를 막고, 멸종 위기 동물을 보호하기 위해 ㈎ 다양한 활동을 펼치고 있다. ㈏ 우리 개개인도 많은 생물들과 공존하는 것이 곧 나를 위한 일이라는 것을 기억해야 한다.

---

1 단락 요약
지구에서 사라지고 있는 동물들

2 단락 요약
동식물이 사라지는 이유

3 단락 요약
멸종 위기 동물을 보호해야 하는 이유

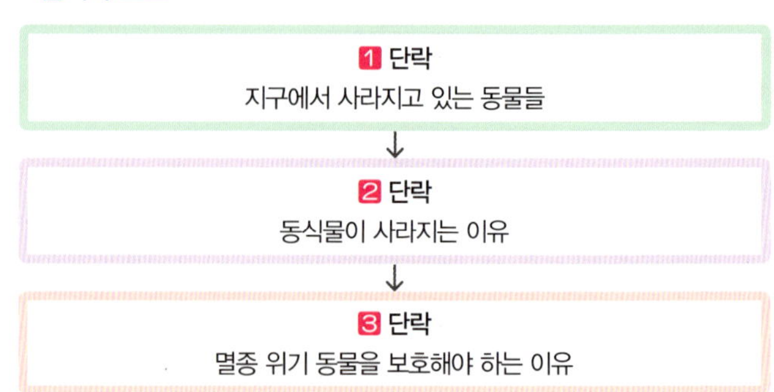

★ 지문 이해

● 이 글은 지구에서 점점 동물들이 사라지고 있는 상황과 그 원인에 대해 알려 주는 설명문입니다. 과거 동물들이 주로 기후나 환경 변화에 의해 사라졌다면 오늘날에는 사람의 영향이 아주 커요. 동물이 멸종되어 생태계의 균형이 깨지면 인간에게도 큰 영향을 미친다는 점에서 우리는 멸종 위기 동물을 보호해야 해요.

● 단락 간의 관계
  1 단락에서는 동물들이 사라지고 있는 상황을 구체적인 사례를 들어서 설명하고 있어요.
  2 단락에서는 동식물이 사라지는 이유를 인간의 행동과 연관지어 설명하고 있어요.
  3 단락에서는 멸종 위기에 놓인 동물을 보호해야 하는 이유를 이야기하며 글을 마무리하고 있어요.

● 글의 구조도

┌──────────────────────────┐
│ **1 단락** │
│ 지구에서 사라지고 있는 동물들 │
└──────────────────────────┘
↓
┌──────────────────────────┐
│ **2 단락** │
│ 동식물이 사라지는 이유 │
└──────────────────────────┘
↓
┌──────────────────────────┐
│ **3 단락** │
│ 멸종 위기 동물을 보호해야 하는 이유 │
└──────────────────────────┘

● 주제: 멸종 위기 동물을 보호해야 하는 이유

01 [정답] 멸종 ·· 중심 낱말 찾기

〉왜 정답?

근거: ②단락 ❸번째 문장, ③단락 ❷번째 문장

'공룡의 멸종이 지구 환경이 변화함에 따른 것이었다면 오늘날 전 세계에서 일어나고 있는 생물의 멸종은 사람의 영향이 크다.'라고 했어요.

또 '어느 한 생물이 급격하게 늘거나 줄면 먹이 사슬에 큰 영향을 주어 생태계의 균형은 깨지게 되고, 이는 지구에서 살아가는 인간에게도 영향을 미친다.'라고 했어요.

그러므로 빈칸에 공통으로 들어갈 말은 '멸종'이에요.

02 [정답] ⑤ ·· 글쓴이의 의도 이해하기

〉왜 정답?

⑤ **근거:** ③단락 ❷, ❹번째 문장

'어느 한 생물이 급격하게 늘거나 줄면 먹이 사슬에 큰 영향을 주어 생태계의 균형은 깨지게 되고, 이는 지구에서 살아가는 인간에게도 영향을 미친다.'라고 하며 '우리 개개인도 많은 생물들과 공존하는 것이 곧 나를 위한 일이라는 것을 기억해야 한다.'라고 했어요. 그러므로 이 글에서 전달하고자 하는 내용은 '멸종 위기 동물 보호의 필요성'이에요.

〉왜 오답?

① ③단락에 생태계의 구조에 관한 설명이 나오기는 하지만 이 글에서 전달하고자 하는 중심 내용으로 보기에는 부족해요.

② ②, ③단락에서 환경 오염의 위험성을 이야기하고는 있지만 이 글에서 전달하고자 하는 중심 내용으로 보기에는 부족해요.

③ ②단락에 멸종의 정의와 원인이 나오기는 하지만 이 글에서 전달하고자 하는 중심 내용으로 보기에는 부족해요.

④ 반달가슴곰은 ①단락에 나오는 예시 중 하나일 뿐이므로 이 글에서 전달하고자 하는 중심 내용으로 보기에는 부족해요.

03 [정답] 기후 변화, 서식지 파괴 ··············· 내용 이해하기

다음은 '멸종 위기의 원인'에 대해 정리한 내용입니다. ㉠, ㉡에 들어가기에 알맞은 말을 쓰세요.

· **'멸종 위기의 원인'에 대해 정리한 내용:** 과거와 오늘날 멸종 위기의 원인을 비교한 표입니다.

즉 과거와 오늘날 멸종 위기의 주요 원인을 쓰는 문제입니다.

〉왜 정답?

㉠ **근거:** ②단락 ❷, ❸번째 문장

'갑작스러운 기후 변화나 환경 파괴 등에 의해 후손을 남기지 못하고 죽으면 멸종된다. 공룡의 멸종이 지구 환경이 변화함에 따른 것이었다면'이라고 했어요. 그러므로 ㉠에 들어갈 말은 '기후 변화'예요.

㉡ **근거:** ②단락 ❺, ❻번째 문장

'또한 무분별한 개발과 환경 오염으로 인해 동식물의 서식지가 파괴되고 있다. 이러한 인간의 이기적인 행동으로 지구에서 많은 동식물이 사라지고 있는 것이다.'라고 했어요. 그러므로 ㉡에 들어갈 말은 '서식지 파괴'예요.

04 [정답] ④ ·· 내용 적용하기

〉왜 정답?

④ **근거:** ②단락 ❸번째 문장

'공룡의 멸종이 지구 환경이 변화함에 따른 것이었다면 오늘날 전 세계에서 일어나고 있는 생물의 멸종은 사람의 영향이 크다.'라고 했어요. 멸종 위기 동물을 모두 가두어 보호하기 위해 안락한 동물원을 전 세계에 마련하는 것은 멸종 동물 보호를 위한 활동으로 맞지 않아요.

〉왜 오답?

① 멸종 위기 동물을 보호하기 위한 활동이므로 맞는 내용이에요.
② 무질서한 자연 파괴를 막기 위한 활동이므로 맞는 내용이에요.
③ 멸종 위기 동물을 보호하기 위한 활동이므로 맞는 내용이에요.
⑤ 멸종 위기 동물을 보호하기 위한 활동이므로 맞는 내용이에요.

05 [정답] 예 어느 한 생물이 급격하게 늘거나 줄면 먹이 사슬에 큰 영향을 주어 생태계의 균형은 깨지게 되고, 이는 지구에서 살아가는 인간에게도 영향을 미치기 때문이다.

서술형 **채점 기준** – **근거:** ③단락 ❷번째 문장

'어느 한 생물이 급격하게 늘거나 줄면 먹이 사슬에 큰 영향을 주어 생태계의 균형은 깨지게 되고, 이는 지구에서 살아가는 인간에게도 영향을 미친다.'라고 했어요. '생태계의 균형이 깨지면 인간에게도 영향이 미친다.'라는 내용이 들어가면 정답이에요.

배경지식

멸종 위기에 빠진 바나나

바나나는 많은 사람들이 좋아하는 과일이에요. 전 세계에서 가장 많이 재배되는 과일이기도 하고요. 그런데 바나나가 멸종 위기에 빠졌다고 해요. 과연 바나나에게 무슨 일이 생긴 걸까요?

전 세계적으로 수백 종의 바나나가 있지만, 우리가 먹을 수 있는 바나나는 단 1종뿐이에요. 그래서 우리는 오랫동안 한 가지 종류의 바나나만 재배해 왔어요.

그런데 바나나에 치명적인 '파나마병'이 유행하면서 문제가 생겼어요. 파나마병은 곰팡이가 물과 흙을 통해서 바나나 뿌리를 감염시키는 병으로, 바나나가 이 병에 걸리면 점점 말라 죽어요. 그런데 우리가 재배하는 바나나는 단 한 가지 종류이기 때문에 병에 걸리면 멸종될 위험이 큰 것이지요. 아직 파나마병의 치료법이 개발되지 않아서 바나나의 멸종 위험은 사라지지 않고 있답니다.

우리말 속의 외래어와 외국어

◯ 각 단락 중심 낱말　◯ 전체 중심 낱말　[ ] 각 단락 중심 문장　▨ 전체 중심 문장

① 버스, 컴퓨터, 뉴스……. ❶ 이 낱말들이 우리말이 아니라는 것은 누구나 쉽게 알 수 있다. ❸ 하지만 이것들을 우리말로 바꾸려 하면 마땅한 낱말이 떠오르지 않는다. ❹ [이처럼 외국에서 들어온 말이지만 국어에서 널리 쓰이는 것들을 '외래어'라고 한다.]

② ❶ [반면 '외국어'란 다른 나라의 말로, 영어, 프랑스어, 중국어, 일본어 등 우리나라를 제외한 다른 나라의 모든 말이 외국어에 속한다.] ❷ 외래어도 외국어도 모두 다른 나라의 말인데, 이 두 가지를 어떻게 구분할 수 있을까?

③ ❶ 외래어와 외국어를 구분하는 기준이 명확하게 정해져 있지는 않지만 일반적으로 우리말로 바꾸어 쓸 수 없으면 외래어, 바꾸어 쓸 수 있으면 외국어로 판단한다. ❷ 예를 들면, '피아노', '빵'은 각각 영어와 포르투갈어이지만 이미 우리말로 정착하여 다른 말로 바꿔 쓸 수 없으므로 외래어이다. ❸ 반면 '라인', '선데이'는 '선', '일요일'과 같이 우리말로 바꿔 쓸 수 있으므로 외국어이다.

④ ❶ [한편, 다른 나라에서 들어와 국어로 정착했다는 점에서 한자어도 외래어라고 볼 수 있다.] ❷ 하지만 한자어는 우리말에서 큰 비중을 차지하고, 오랜 세월 동안 쓰이면서 우리말로 정착되었기 때문에 외래어와 구분 짓는다.

⑤ ❶ 외래어는 보통 외국의 새로운 문물이 들어올 때 함께 들어온다. ❷ [특히 정보와 문화의 교류가 활발한 현대 사회를 맞이하면서 우리말에서 외래어가 차지하는 비중이 늘고 있다.] ❸ 게다가 최근에는 외국어를 무분별하게 사용하는 모습이 많이 보인다.

⑥ ❶ 외래어나 외국어, 한자어가 아닌, 우리말에 본래부터 있던 고유어만 사용할 수는 없다. ❷ 하지만 우리의 고유어를 외면하고 외래어와 외국어, 한자어를 주로 사용한다면 우리말을 지키고 아름답게 가꿀 수 없다. ❸ [우리말의 가치를 보존하기 위해 우리가 무심코 사용하는 외국어와 한자어를 고유어로 바꿔 써 보도록 하자.] ❹ '헤어밴드'는 '머리띠', '낭설'은 '헛소문'처럼 말이다.

---

1 단락 요약
외래어의 의미

2 단락 요약
외국어의 의미

3 단락 요약
외래어와 외국어를 구분하는 기준

4 단락 요약
한자어와 외래어의 구분

5 단락 요약
우리말에서 차지하는 비중이 늘고 있는 외래어

6 단락 요약
고유어에 대해 우리가 가져야 할 태도

★ 지문 이해

● 이 글은 외래어와 외국어의 의미, 둘을 구분하는 기준 등을 알려 주는 설명문입니다. 외래어는 외국에서 들어왔지만 국어에서 널리 쓰이는 말들이고 외국어는 다른 나라의 모든 말들을 말해요. 최근에는 정보와 문화의 교류가 활발해지면서 외래어나 외국어가 우리말에서 차지하는 비중이 늘고 있어요. 우리말을 지키고 아름답게 가꾸기 위해서는 외국어 등을 고유어로 바꿔 써 보는 노력이 필요해요.

● **단락 간의 관계**
① ~ ③ 단락에서는 글 전체의 중심 낱말인 '외래어'와 '외국어'에 대해 소개하면서 둘을 구분하는 기준을 알려 주고 있어요.
④ 단락에서는 외래어와는 또 다른 한자어에 대해 설명하고 있어요.
⑤ 단락에서는 우리말에서 차지하는 비중이 늘고 있는 외래어에 대해 이야기하고 있어요.
⑥ 단락에서는 우리말의 가치를 보존하기 위해 우리가 가져야 할 태도를 이야기하며 글을 마무리하고 있어요.

● **글의 구조도**

1 단락: 외래어의 의미
↓
2 단락: 외국어의 의미
↓
3 단락: 외래어와 외국어를 구분하는 기준
↓
4 단락: 한자어와 외래어의 구분
↓
5 단락: 우리말에서 차지하는 비중이 늘고 있는 외래어
↓
6 단락: 고유어에 대해 우리가 가져야 할 태도

● **주제:** 우리말 속의 외래어와 외국어

01 [정답] 외래어, 외국어 ················ 중심 낱말 찾기

>왜 정답?

근거: [1]단락 ❹번째 문장

'외국에서 들어온 말이지만 국어에서 널리 쓰이는 것들을 '외래어'라고 한다.'라고 했어요. 그러므로 빈칸에 들어가기에 알맞은 말은 '외래어'예요.

근거: [2]단락 ❶번째 문장

'우리나라를 제외한 다른 나라의 모든 말이 외국어에 속한다.'라고 했어요. 그러므로 빈칸에 들어가기에 알맞은 말은 '외국어'예요.

02 [정답] ④ ················ 내용 이해하기

>왜 정답?

④ **근거:** [1]~[3]단락, [5]단락 전체

[1]단락에서는 외래어의 의미를, [2]단락에서는 외국어의 의미를, [3]단락에서는 외래어와 외국어를 구분하는 기준을 설명하고 있어요. 또한 [5]단락에서는 우리말에서 차지하는 비중이 늘고 있는 외래어에 대해 이야기하고 있어요.

따라서 이 글의 제목으로 가장 알맞은 것은 '우리말 속의 외래어와 외국어'예요.

>왜 오답?

① 이 글에 우리말의 역사는 나오지 않아요.
② 이 글에 외래어보다 외국어가 훌륭하다는 내용은 나오지 않아요.
③ 이 글에 외국어 공부가 중요한 이유에 대한 내용은 나오지 않아요.
⑤ 이 글에 한자어를 이해하기 어려운 이유에 대한 내용은 나오지 않아요.

03 [정답] ⑤ ················ 내용 이해하기

>왜 정답?

⑤ **근거:** [5]단락 ❸번째 문장

'최근에는 외국어를 무분별하게 사용하는 모습이 많이 보인다.'라고 했어요. 즉, 외국어의 비중도 늘고 있음을 알 수 있어요.

>왜 오답?

① **근거:** [6]단락 ❶번째 문장

'우리말에 본래부터 있던 고유어만 사용할 수는 없다.'라고 했으므로 맞는 내용이에요.

② **근거:** [4]단락 ❷번째 문장

'한자어는 우리말에서 큰 비중을 차지하고'라고 했으므로 맞는 내용이에요.

③ **근거:** [3]단락 ❷번째 문장

'예를 들면, '피아노', '빵'은 각각 영어와 포르투갈어이지만 이미 우리말로 정착하여 다른 말로 바꿔 쓸 수 없으므로 외래어이다.'라고 했으므로 맞는 내용이에요.

④ **근거:** [5]단락 ❶번째 문장

'외래어는 보통 외국의 새로운 문물이 들어올 때 함께 들어온다.'라고 했으므로 맞는 내용이에요.

04 [정답] (1) ○ (2) ○ (3) × (4) ○ ············ 내용 적용하기

>왜 정답?

근거: [3]단락 ❶번째 문장

(1) '우리말로 바꾸어 쓸 수 없으면 외래어'라고 했어요. '냄비'는 우리말로 바꿔 쓸 수 없으므로 외래어예요.
(2) '우리말로 바꾸어 쓸 수 없으면 외래어'라고 했어요. '라디오'는 우리말로 바꿔 쓸 수 없으므로 외래어예요.
(3) '우리말로 ~ 바꾸어 쓸 수 있으면 외국어'라고 했어요. '레시피'는 '요리법'이라는 우리말로 바꾸어 쓸 수 있으므로 외국어예요.
(4) '우리말로 ~ 바꾸어 쓸 수 있으면 외국어'라고 했어요. '홈페이지'는 '누리집'이라는 우리말로 바꾸어 쓸 수 있으므로 외국어예요.

05 [정답] 예 우리말의 가치를 보존하기 위해 우리가 무심코 사용하는 외국어와 한자어를 고유어로 바꿔 써 보도록 하자.

서술형 채점 기준 – **근거:** [6]단락 ❸번째 문장

고유어에 대해 우리가 가져야 할 올바른 태도를 설명하고 있어요. 따라서 '우리말의 가치를 보존하기 위해 우리가 무심코 사용하는 외국어와 한자어를 고유어로 바꿔 써 보도록 하자.'라는 내용이 들어가면 정답이에요.

배경지식

외래어 표기법

외래어는 외국에서 들어온 말이지만 국어에서 널리 쓰이는 것들을 말해요. '버스', '냄비', '리본' 등이 있지요. 그런데 외래어를 사람마다 다르게 적는다면 어떻게 될까요? '버스, 뻐스, 뻐쓰' 등 여러 가지 표기가 쓰이면 매우 혼란스러워질 거예요. 이 때문에 외래어를 적는 규범인 외래어 표기법이 필요해요.

제1항에서는 외래어를 국어의 24개의 자음과 모음만으로 적는다고 밝히고 있어요. 이 말은 영어의 [f]와 같이 한국어에 없는 발음을 표기하기 위해 새로운 문자를 만들지 않는다는 뜻이에요.

제2항에서는 외래어의 한 음운은 하나의 글자로 적는다고 밝히고 있어요. 이 말은 외국어 소리 하나에 대해서 국어 소리 하나로 나타낸다는 뜻이에요. 예를 들어, 'fish'에서는 '피쉬'와 같이 'ㅍ'으로 'file'에서는 '화일'과 같이 'ㅎ'으로 적지 않는다는 의미예요.

• fish [피쉬] (○)	• file [파일] (○) [화일] (×)

자주 쓰는 외래어의 올바른 표기를 익혀서 명확하게 의미를 전달할 수 있도록 해요.

숲을 키우는 다람쥐의 건망증

◯ 각 단락 중심 낱말 ◯ 전체 중심 낱말 [ ] 각 단락 중심 문장 ▨ 전체 중심 문장

1 다람쥐의 모습을 떠올리면, 입속에 먹이를 가득 머금고 있는 모습이 그려진다. 겨울 잠을 자는 다람쥐들은 이를 대비해 먹이를 저장한다. 도토리 등의 나무 열매를 탄력 좋은 볼 주머니에 가득 넣어 둥지로 나르거나 땅에 묻어 보관하는 것이다. 그런데 연구 결과에 따르면, 다람쥐는 기억력이 좋지 않아 자기가 묻은 열매의 약 95%를 찾아내지 못한다고 한다. 사람으로 친다면 엄청난 건망증이 있는 셈이다. 애써 숨긴 먹이를 찾지 못하는 일 은 다람쥐에게는 안된 일이지만, 이러한 다람쥐의 건망증은 숲을 키우는 데 큰 도움이 된 다. 그 이유가 무엇일까?
*1단락 요약: 숲을 키우는 다람쥐의 건망증

2 [식물의 꽃과 열매는 종족을 퍼뜨리기 위한 방법이다.] 화려하고 향기로운 꽃을 피워 나비와 벌을 유혹하고, 이 꽃 저 꽃 옮겨 다니는 나비와 벌에 의해 암술과 수술을 만나게 한다. 또한 꽃을 피우지 않는 나무는 수많은 열매를 만들어 산짐승이 씨앗을 퍼뜨리게 한 다. 산짐승이 열매를 먹고 똥을 싸면 소화가 되지 않은 씨앗이 땅에 떨어져 새싹을 틔우 는 것이다.
*2단락 요약: 꽃과 열매로 종족을 퍼뜨리는 식물

3 다람쥐와 도토리는 무슨 관계일까? 참나무는 많은 양의 도토리를 만들어 다람쥐에게 먹이를 제공한다. 잡식성 동물인 다람쥐는 나무 열매, 곤충, 과일, 애벌레 등을 먹지만 도토리를 가장 좋아한다. [그래서 다람쥐는 겨울을 나기 위해 도토리를 여러 군데 땅속 에 저장하는데, 다람쥐의 건망증으로 땅에 묻힌 도토리가 알맞은 조건일 때 싹을 틔우고 참나무로 자라는 것이다.]
*3단락 요약: 참나무를 자라게 하는 다람쥐의 건망증

4 가을에 등산로 입구에서 산을 관리하는 사람들이 등산객들에게 '도토리를 줍지 말자!' 라고 적힌 종이를 나눠 주기도 한다. 땅에 떨어진 도토리를 너도나도 주우면 다람쥐가 먹 을 것이 없어지고, 숲이 자라날 기회가 사라지기 때문이다. ['나 한 사람이 도토리 몇 개 줍는다고 무슨 피해가 될까?'라고 생각하기보다는, 도토리를 줍지 않는 일이 다람쥐와 숲 에 도움이 된다는 점을 기억하도록 하자.]
*4단락 요약: 산에서 도토리를 줍지 않아야 하는 이유

---

01 정답 ③

다람쥐의 건망증이 숲을 키우는 데 큰 도움이 된다는 것이 주요 내용이므로 '다람쥐의 건망증으로 ~ 참나무로 자라는 것이다.'라는 문장이 3단락의 중심 문장이에요.

02 정답 ①

㉠ 1단락 7번째 문장에서 '그 이유가 무엇일까?'라고 질문을 던진 다음 2, 3단락에서 답을 제시하고 있어요.
㉡ 2단락 2, 3번째 문장에서 식물이 종족을 퍼뜨리는 방법을 꽃과 열매로 나누어서 설명하고 있어요.

03 정답 나비와 벌, 열매, 씨앗

2단락 전체에서 식물이 종족을 퍼뜨리는 방법을 설명하고 있어요.

04 정답 ⑤

4단락 3번째 문장에서 '나 한 사람이 ~ 도움이 된다'라고 했어요.

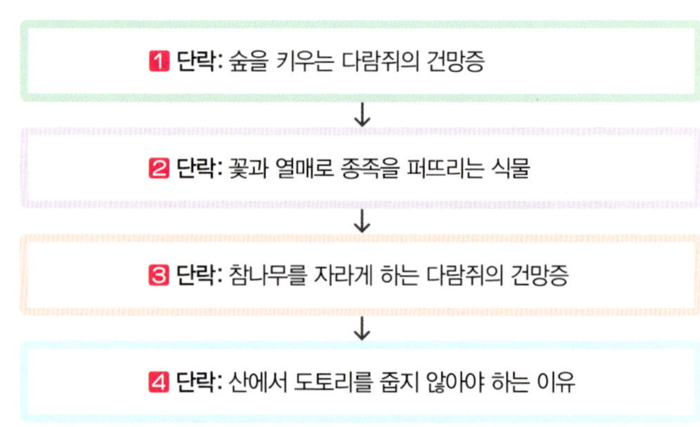

✸ 지문 이해

● 이 글은 다람쥐의 건망증이 숲을 키우는 데 미치는 긍정적인 영향을 알려 주는 설명문입니다. 다람쥐가 참나무의 열매인 도토리를 숲 이곳저곳에 묻어 두곤 하는데 기억력이 좋지 않아 대부분 찾아내지 못한다고 해요. 그 덕분에 땅에 묻힌 도토리가 알맞은 조건일 때 싹을 틔우고 참나무로 자란답니다. 이렇듯 숲을 풍성해지게 하기 위해서는 도토리를 줍지 않아야 해요.

● **단락 간의 관계**
1단락에서는 글 전체의 중심 낱말인 '다람쥐의 건망증'에 대해 소개하고 있어요.
2단락에서는 꽃과 열매로 종족을 퍼뜨리는 식물을 이야기하고 있어요.
3단락에서는 다람쥐의 건망증이 어떻게 도토리를 퍼뜨리는지를 알아보고 있어요.
4단락에서는 땅에 떨어진 도토리를 줍지 않아야 하는 이유를 말하며 글을 마무리하고 있어요.

● **글의 구조도**

┌─────────────────────────────────────┐
│ **1** 단락: 숲을 키우는 다람쥐의 건망증 │
└─────────────────────────────────────┘
↓
┌─────────────────────────────────────┐
│ **2** 단락: 꽃과 열매로 종족을 퍼뜨리는 식물 │
└─────────────────────────────────────┘
↓
┌─────────────────────────────────────┐
│ **3** 단락: 참나무를 자라게 하는 다람쥐의 건망증 │
└─────────────────────────────────────┘
↓
┌─────────────────────────────────────┐
│ **4** 단락: 산에서 도토리를 줍지 않아야 하는 이유 │
└─────────────────────────────────────┘

● **주제:** 다람쥐의 건망증 덕분에 풍성해지는 숲

수학적 사고의 시조인 탈레스

○ 각 단락 중심 낱말 　◯ 전체 중심 낱말 　[ ] 각 단락 중심 문장 　▨ 전체 중심 문장

1 ❶ 고대 그리스 사람들은 자연 현상뿐 아니라 세상의 모든 일이 신의 뜻으로 일어난다고 생각했고, 이는 이성적인 생각과 학문이 발달하는 것을 방해했다. ❷ 하지만 이런 시기에도 '왜?'라는 질문의 중요성을 강조하며 여러 가지 수학적 내용을 증명한 사람이 있었다. ❸ [바로 고대 그리스의 철학자이자 수학자인 탈레스이다.]

2 ❶ 그리스의 작은 도시에서 태어난 탈레스가 젊은 시절 소금 장사를 할 때 당나귀 등에 소금 자루를 실어 운반했다. ❷ 그런데 당나귀가 강을 건널 때마다 엎어지는 바람에 소금이 녹아 손해를 봤다. ❸ '당나귀는 왜 자꾸 강물에 빠지는 걸까?'라는 의문을 가진 탈레스는 한동안 당나귀의 행동을 관찰했다. ❹ 그 결과 당나귀가 짐을 가볍게 하기 위해 꾀를 부린다는 것을 알게 되었다. ❺ 그는 다음 날 당나귀에게 소금 대신 솜을 지게 했다. ❻ 당나귀는 평소처럼 강에서 엎어졌고, 물에 젖어 훨씬 무거운 솜을 지고 가게 되었다. ❼ 그 후로 당나귀는 다시는 잔꾀를 부리지 않았다고 한다. ❽ [당나귀에 대한 이 우스운 이야기를 통해 탈레스가 당나귀의 행동에서 규칙성을 발견하는 수학적 사고를 하였음을 알 수 있다.]

3 ❶ 탈레스의 소문을 들은 이집트의 왕은 그에게 피라미드의 높이를 구해 달라고 요청했다. ❷ 탈레스는 피라미드를 한동안 바라보다가 태양에 의해 생기는 그림자의 길이가 시간마다 달라지는 것을 발견했다. ❸ ['내 그림자의 길이가 내 키와 같을 때 피라미드 그림자의 길이도 피라미드의 높이와 같겠구나.'라고 생각한 탈레스는 이 원리를 이용하여 피라미드의 높이를 재는 데 성공했다.]

4 ❶ 또한 탈레스는 두 개의 도형이 크기만 다르고 모양이 똑같으면 두 도형을 '닮은꼴'이라고 하였고, 이를 이용해 닮은꼴인 두 다각형에서 대응각의 크기는 서로 같고 대응변은 그 길이의 비가 일정하다는 법칙을 발견했다. ❷ 이 법칙은 도형의 기본 개념이 되었을 뿐만 아니라 지금까지도 측량과 건축 설계에 쓰이고 있다. ❸ 이처럼 질문과 관찰을 바탕으로 한 탈레스의 수학적 사고는 학문적으로만이 아니라 우리 삶을 더 나아지게 했다는 점에서 의미가 있다.

---

1 단락 요약
고대 그리스의 수학자, 탈레스

2 단락 요약
수학적 사고로 당나귀의 잔꾀를 해결한 탈레스

3 단락 요약
피라미드의 높이를 구한 탈레스

4 단락 요약
닮은꼴 법칙을 발견한 탈레스의 수학적 사고

✖ 지문 이해

● 이 글은 고대 그리스의 수학자였던 탈레스와 그가 남긴 업적을 알려 주는 설명문입니다. 탈레스는 수학적 사고를 통해 당나귀의 잔꾀를 해결하였고, 피라미드의 높이를 구하기도 했어요. 특히 도형 사이의 '닮은꼴' 법칙을 발견했는데, 이 법칙은 지금까지도 사용되고 있어요. 이렇듯 탈레스의 수학적 사고는 학문적으로만이 아니라 우리 삶을 더 나아지게 만들었어요.

● **단락 간의 관계**
　1 단락에서는 '탈레스'라는 사람에 대해 소개하고 있어요.
　2, 3 단락에서는 수학적 사고를 활용하여 탈레스가 남긴 업적들을 설명하고 있어요.
　4 단락에서는 탈레스가 발견한 닮은꼴 법칙을 설명하고 탈레스가 학문뿐만 아니라 사람들의 삶에 끼친 영향을 이야기하며 글을 마무리하고 있어요.

● **글의 구조도**

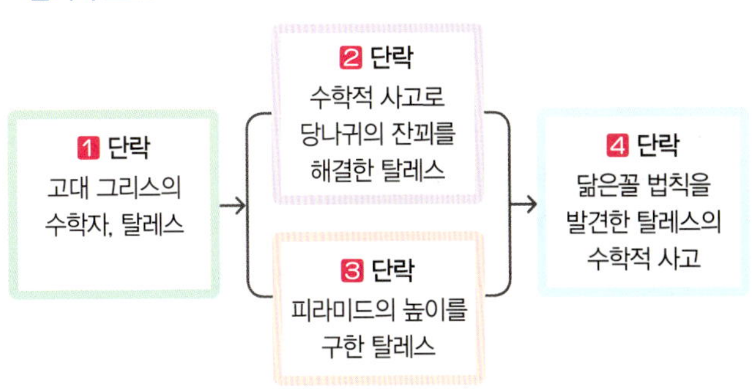

● **주제:** 수학적 사고를 통해 우리 삶을 나아지게 한 탈레스

01　정답　④　··　중심 문장 찾기

왜 정답?

②단락의 중심 내용은 탈레스가 수학적 사고를 통해 당나귀의 잔꾀를 알아낸 일이에요. 그러므로 ②단락의 중심 문장으로 알맞은 것은 '당나귀에 대한 이 우스운 이야기를 통해 탈레스가 당나귀의 행동에서 규칙성을 발견하는 수학적 사고를 하였음을 알 수 있다.'예요.

02　정답　④　··　글쓰기 방식 이해하기

왜 정답?

④ 근거: ②~④단락

②단락에서 '어리석은 당나귀 이야기', ③단락에서 '피라미드의 높이', ④단락에서 '닮은꼴 법칙' 등 구체적인 사례를 들어 탈레스의 업적을 설명하고 있어요.

왜 오답?

① 이 글에 글쓴이의 경험에 관한 내용은 나오지 않아요.
② 이 글에 여러 동물들의 지능을 비교하는 내용은 나오지 않아요.
③ 이 글에 과학적인 근거를 들어 주장을 펼치는 내용은 나오지 않아요.
⑤ 이 글에 피라미드의 건축 과정을 시간 순서대로 늘어놓은 내용은 나오지 않아요.

03　정답　⑤　··　내용 이해하기

왜 정답?

⑤ 근거: ②단락 ❹~❼번째 문장

'당나귀가 짐을 가볍게 하기 위해 꾀를 부린다는 것을 알게 되었다.' → '그는 다음 날 당나귀에게 소금 대신 솜을 지게 했다.' → '당나귀는 평소처럼 강에서 엎어졌고, 물에 젖어 훨씬 무거운 솜을 지고 가게 되었다.' → '그 후로 당나귀는 다시는 잔꾀를 부리지 않았다'라고 했어요.
즉 당나귀의 행동에서 규칙성을 발견함으로써 피라미드의 높이를 구한 것이 아니라 당나귀의 잔꾀를 고칠 수 있었어요.

왜 오답?

① 근거: ①단락 ❸번째 문장

'바로 고대 그리스의 철학자이자 수학자인 탈레스'라고 했으므로 맞는 내용이에요.

② 근거: ④단락 ❸번째 문장

'이처럼 질문과 관찰을 바탕으로 한 탈레스의 수학적 사고'라고 했으므로 맞는 내용이에요.

③ 근거: ②단락 ❺번째 문장

'그는 다음 날 당나귀에게 소금 대신 솜을 지게 했다.'라고 했으므로 맞는 내용이에요.

④ 근거: ④단락 ❷번째 문장

'지금까지도 측량과 건축 설계에 쓰이고 있다.'라고 했으므로 맞는 내용이에요.

04　정답　③　··　알맞은 반응 찾기

왜 정답?

③ 근거: ③단락 ❸번째 문장

'내 그림자의 길이가 내 키와 같을 때 피라미드 그림자의 길이도 피라미드의 높이와 같겠구나.'라고 했으므로 맞는 반응이에요.

왜 오답?

① 근거: ③단락 ❷번째 문장

'그림자의 길이가 시간마다 달라지는 것을 발견했다.'라고 했으므로 틀린 반응이에요.

② 근거: ①단락 ❶번째 문장

'고대 그리스 사람들은 자연 현상뿐 아니라 세상의 모든 일이 신의 뜻으로 일어난다고 생각했고, 이는 이성적인 생각과 학문이 발달하는 것을 방해했다.'라고 했으므로 틀린 반응이에요.

④ 근거: ④단락 ❶번째 문장

'닮은꼴인 두 다각형에서 대응각의 크기는 서로 같고 대응변은 그 길이의 비가 일정하다는 법칙을 발견했다.'라고 했으므로 틀린 반응이에요.

⑤ 근거: ②단락 ❷번째 문장

'당나귀가 강을 건널 때마다 엎어지는 바람에 소금이 녹아'라고 했으므로 틀린 반응이에요.

05　정답　예　탈레스의 수학적 사고는 학문적으로만이 아니라 우리 삶을 더 나아지게 했다.

서술형 채점 기준 − 근거: ④단락 ❸번째 문장

이 글은 탈레스가 발견한 닮은꼴 법칙뿐만 아니라 탈레스의 발견이 어떻게 우리 삶을 나아지게 만들었는지 설명하고 있어요.
따라서 '탈레스의 수학적 사고는 학문적으로만이 아니라 우리 삶을 더 나아지게 했다.'라는 내용이 들어가면 정답이에요.

주장하는 글에는 어떤 종류가 있을까?

각 단락 중심 낱말 　 전체 중심 낱말 　 [ ] 각 단락 중심 문장 　 전체 중심 문장

1 대부분의 사람들은 주장하는 글 하면 논설문을 떠올린다. 논설문은 글쓴이가 자신의 주장이나 의견을 논리적으로 내세워 읽는 사람을 설득하기 위해 쓴 글이다. 그렇다면 주장하는 글은 모두 논설문일까? [주장하는 글의 대표적인 종류가 논설문인 것은 맞지만, 우리는 살면서 논설문 외에도 다양한 종류의 주장하는 글을 접하고 있다.]

2 우리는 다양한 곳에서 논설문을 볼 수 있다. [신문이나 잡지를 보면 국내외의 다양한 사회 현상에 대한 의견이나 주장을 써 놓은 글이 있는데, 이것이 바로 대표적인 논설문인 사설이다.] 사설의 내용에 대해서는 신문사와 출판사가 책임을 지기 때문에 사설은 글쓴이 개인만의 의견이나 주장이라고 할 수 없다.

3 [또한 다양한 대중매체를 통해 하루에도 여러 번 접하게 되는 주장하는 글이 있는데, 바로 광고문이다.] 광고문은 제품의 우수성을 알리고, 사람들을 설득해 제품을 사도록 만드는 것이 목적이다. 그래서 광고문을 읽을 때는 사실과 의견을 구분하며 비판적인 입장에서 읽어야 합리적인 소비를 할 수 있다.

4 [이 밖에 평론과 학술 논문도 주장하는 글에 해당한다.] 평론은 정치, 경제, 문화 등 사회의 여러 분야에 대해 전문적인 지식을 바탕으로 옳고 그름을 따지거나 가치를 평가하는 글이다. 그리고 학술 논문은 글쓴이가 학술 분야에서 연구한 결과를 바탕으로 자신의 의견이나 주장을 체계적으로 적은 글이다. 학술 논문을 쓸 때는 정해진 형식에 맞춰, 객관적이고 과학적인 근거를 들어야 한다.

5 이처럼 주장하는 글에는 다양한 종류가 있다. 각각의 형식이나 특징은 다르지만, 모두 글쓴이가 일관되게 주장하는 의견을 담고 있다. 따라서 무엇이든 주장하는 글을 읽을 때는 글쓴이의 주장을 파악하고, 그 근거가 타당한지 살펴봐야 한다.

1 단락 요약
다양한 종류의 주장하는 글

2 단락 요약
주장하는 글의 종류 – 사설

3 단락 요약
주장하는 글의 종류 – 광고문

4 단락 요약
주장하는 글의 종류 – 평론과 학술 논문

5 단락 요약
주장하는 글을 읽는 올바른 자세

✱ 지문 이해

- 이 글은 다양한 종류의 주장하는 글과 그 특징을 소개하는 설명문입니다. 주장하는 글의 가장 대표적인 예는 논설문이며, 논설문 이외에 사설, 광고문, 평론, 학술 논문 역시 주장하는 글에 해당해요. 주장하는 글을 읽을 때는 글쓴이의 주장을 파악하고, 그 근거를 제대로 따져 봐야 해요.

● **단락 간의 관계**
1 단락에서는 글 전체의 중심 낱말인 '주장하는 글'에 대해 소개하고, 논설문 이외에도 다양한 종류의 주장하는 글이 있음을 이야기하고 있어요.
2 ~ 4 단락에서는 주장하는 글의 다양한 종류(사설, 광고문, 평론과 학술 논문)와 특징을 자세히 설명하고 있어요.
5 단락에서는 주장하는 글을 읽는 올바른 자세를 이야기하며 글을 마무리하고 있어요.

● **글의 구조도**

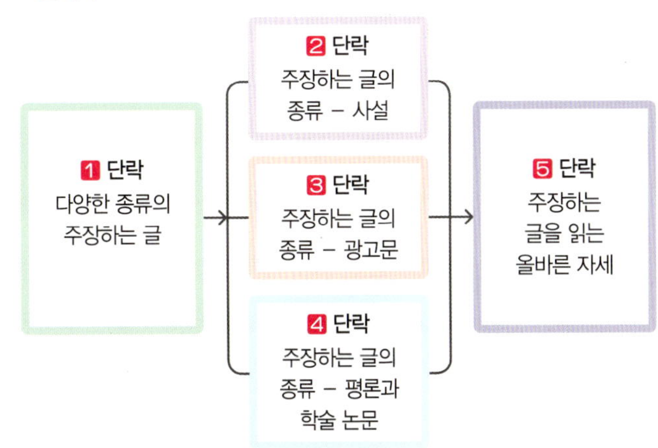

● **주제:** 다양한 종류의 주장하는 글과 그 특징

01 [정답] ② ································· 중심 문장 찾기

>왜 정답?

②단락에서는 주장하는 글의 한 종류인 '사설'을 설명하고 있어요. 그러므로 ②단락의 중심 문장으로 가장 알맞은 것은 '신문이나 잡지를 보면 국내외의 다양한 사회 현상에 대한 의견이나 주장을 써 놓은 글이 있는데, 이것이 바로 대표적인 논설문인 '사설'이다.'예요.

02 [정답] (1) × (2) × (3) ○ (4) ○ ··· 글쓰기 방식 이해하기

>왜 정답?

(1) 예시를 들어 잘못된 글쓰기를 비판하는 것은 이 글에 나오지 않는 내용이에요.

(2) 글쓴이가 주장하는 글을 쓰게 된 계기를 설명하는 것은 이 글에 나오지 않는 내용이에요.

(3) 근거: ②~④단락 전체

②단락에서는 주장하는 글의 종류인 사설을, ③단락에서는 주장하는 글의 종류인 광고문을, ④단락에서는 주장하는 글의 종류인 평론과 학술 논문의 형식과 특징을 구체적으로 설명하고 있으므로 맞는 내용이에요.

(4) 근거: ①단락 ❸번째 문장

'그렇다면 주장하는 글은 모두 논설문일까?'라고 질문을 던지며 읽는 사람의 흥미를 이끌어 내고 있으므로 맞는 내용이에요.

03 [정답] ④ ······································· 내용 이해하기

>왜 정답?

④ 근거: ②단락 ❸번째 문장

'사설의 내용에 대해서는 신문사와 출판사가 책임을 지기 때문에 사설은 글쓴이 개인만의 의견이나 주장이라고 할 수 없다.'라고 했어요.

따라서 사설의 내용에 대한 책임은 모두 글쓴이 개인에게 있다는 내용은 맞지 않아요.

>왜 오답?

① 근거: ③단락 ❸번째 문장

'광고문을 읽을 때는 사실과 의견을 구분하며 비판적인 입장에서 읽어야 합리적인 소비를 할 수 있다.'라고 했으므로 맞는 내용이에요.

② 근거: ①단락 ❶, ❷번째 문장

'대부분의 사람들은 주장하는 글 하면 논설문을 떠올린다.'라고 하며 '논설문은 글쓴이가 자신의 주장이나 의견을 논리적으로 내세워 읽는 사람을 설득하기 위해 쓴 글이다.'라고 했으므로 맞는 내용이에요.

③ 근거: ④단락 ❹번째 문장

'학술 논문을 쓸 때는 정해진 형식에 맞춰, 객관적이고 과학적인 근거를 들어야 한다.'라고 했으므로 맞는 내용이에요.

⑤ 근거: ⑤단락 ❶, ❷번째 문장

'이처럼 주장하는 글에는 다양한 종류가 있다. 각각의 형식이나 특징은 다르지만, 모두 글쓴이가 일관되게 주장하는 의견을 담고 있다.'라고 했으므로 맞는 내용이에요.

04 [정답] (1) ㉡ (2) ㉢ (3) ㉠ ····················· 내용 이해하기

>왜 정답?

(1) 근거: ④단락 ❷번째 문장

'평론은 정치, 경제, 문화 등 사회의 여러 분야에 대해 전문적인 지식을 바탕으로 옳고 그름을 따지거나 가치를 평가하는 글이다.'라고 했으므로 ㉡과 연결돼요.

(2) 근거: ③단락 ❷번째 문장

'광고문은 제품의 우수성을 알리고, 사람들을 설득해 제품을 사도록 만드는 것이 목적이다.'라고 했으므로 ㉢과 연결돼요.

(3) 근거: ④단락 ❸번째 문장

'학술 논문은 글쓴이가 학술 분야에서 연구한 결과를 바탕으로 자신의 의견이나 주장을 체계적으로 적은 글이다.'라고 했으므로 ㉠과 연결돼요.

무엇을 용액이라고 할까?

◯ 각 단락 중심 낱말　◉ 전체 중심 낱말　[ ] 각 단락 중심 문장　▮ 전체 중심 문장

1 음식의 간을 맞추려고 소금을 넣는 것, 우유에 초콜릿 맛 가루를 섞는 것 등은 일상에서 흔히 있는 일이다. ❷[이런 일들이 과학과는 전혀 관련 없는 것 같지만, 여기에는 모두 과학적 원리가 담겨 있다.]

2 ❶[두 가지 이상의 물질이 각각의 성질을 지니면서 섞인 물질을 혼합물이라고 한다.] ❷요리할 때 소금을 넣는 것, 우유에 초콜릿 맛 가루를 섞는 것도 모두 혼합물을 만드는 일이다. ❸[서로 다른 물질을 섞는다고 모두 같은 종류의 혼합물이 되는 것은 아니다.] ❹설탕을 각각 물과 식용유에 넣으면 두 가지 혼합물이 생긴다. ❺물에 넣은 설탕은 녹지만, 식용유에 넣은 설탕은 녹지 않고 그냥 가라앉는다. ❻이때 설탕이 물에 녹은 것은 용액이고, 식용유와 설탕이 섞인 것은 용액이 아니다.

3 ❶[혼합물 중 한 가지 물질이 다른 물질에 녹는 현상을 '용해'라고 하고, 이렇게 녹아서 만들어진 것을 용액이라고 한다.] ❷설탕을 물에 녹일 때 녹는 물질인 설탕을 '용질', 녹이는 물질인 물을 '용매'라고 한다. ❸물에 녹은 것만 용액이라고 할까? 물이 아닌 다른 액체에 ❹녹아도 용액이 된다. ❺그렇다면 용액인 것과 용액이 아닌 것은 어떻게 구분할 수 있을까?

4 ❶[용액의 성질을 이용하여 용액을 구분할 수 있다.] ❷첫째, 용액은 거름 장치에 걸렀을 때 거름종이 위에 남는 것이 없다. ❸눈으로 보았을 때나 현미경으로 보았을 때 용액은 용질의 입자가 보이지 않는다. ❹물에 설탕을 녹인 용액을 보면 녹아 있는 설탕의 입자가 눈에 보이지 않는다. ❺또한 오랫동안 가만히 두어도 설탕이 가라앉거나 뜨지 않는다. ❻과일주스는 가만히 두면 과일 건더기가 가라앉기 때문에 용액이라고 하지 않는다. ❼둘째, 용액은 어느 부분이나 성분이 똑같다. ❽그래서 물에 설탕을 녹인 용액을 그릇에 담고 어느 부분을 찍어 먹어도 맛은 똑같다.

5 ❶정리하면, 혼합물은 두 가지 이상의 물질이 각각의 성질을 지니면서 섞인 물질이고, 그중에서도 용액은 한 가지 물질이 다른 물질에 녹아서 만들어진 것이다. ❷우리 주변에서 혼합물은 어떤 것이 있고, 그중에서도 용액이라고 할 수 있는 것은 무엇인지 생각해 보자.

---

1 단락 요약
일상에 담긴 과학적 원리

2 단락 요약
혼합물의 개념과 분류

3 단락 요약
용액의 개념

4 단락 요약
용액의 성질을 이용하여 용액을 구분하는 방법

5 단락 요약
혼합물과 용액의 관계

★ 지문 이해

● 이 글은 용액의 개념과 용액을 구분하는 방법을 알려 주는 설명문입니다. 혼합물은 두 가지 이상의 물질이 각각의 성질을 지닌 채로 섞인 물질을 말하며, 용액은 한 가지 물질이 다른 물질에 녹아서 만들어진 것이에요. 이러한 용액의 성질을 이용하여 용액과 용액이 아닌 것을 구분할 수 있답니다.

● **단락 간의 관계**
1 단락에서는 일상에 담긴 과학적 원리를 이야기하고 있어요.
2 단락에서는 혼합물의 개념과 종류가 다른 혼합물을 설명하고 있어요.
3 단락에서는 용액의 개념을 설명하고 있어요.
4 단락에서는 용액의 성질을 이용하여 용액을 구분하는 방법을 설명하고 있어요.
5 단락에서는 혼합물과 용액의 관계를 정리하며 글을 마무리하고 있어요.

● **글의 구조도**

| 1 단락: 일상에 담긴 과학적 원리 |
↓
| 2 단락: 혼합물의 개념과 분류 |
↓
| 3 단락: 용액의 개념 |
↓
| 4 단락: 용액의 성질을 이용하여 용액을 구분하는 방법 |
↓
| 5 단락: 혼합물과 용액의 관계 |

● **주제:** 용액의 개념과 구분 방법

01 [정답] ① ···················· 중심 문장 찾기

>왜 정답?

②단락에서는 혼합물의 개념에 대해 설명하고 있어요. 또한 설탕이 물에 녹은 것은 용액이고 식용유에 넣은 설탕은 용액이 아닌 것처럼, 서로 다른 물질을 섞는다고 모두 같은 종류의 혼합물이 되는 것은 아니라고 혼합물을 분류하여 설명하고 있어요.

그러므로 중심 문장은 '두 가지 이상의 물질이 각각의 성질을 지니면서 섞인 물질을 혼합물이라고 한다.'예요.

02 [정답] 용질, 용매, 용액 ···················· 내용 이해하기

>왜 정답?

㉠ 근거: ③단락 ❷번째 문장

'녹는 물질인 설탕을 '용질''이라고 했어요.

㉡ 근거: ③단락 ❷번째 문장

'녹이는 물질인 물을 '용매''라고 했어요.

㉢ 근거: ③단락 ❶번째 문장

'혼합물 중 한 가지 물질이 다른 물질에 녹는 현상을 '용해'라고 하고, 이렇게 녹아서 만들어진 것을 '용액'이라고 한다.'라고 했어요.

03 [정답] ⑤ ···················· 내용 이해하기

>왜 정답?

⑤ 근거: ④단락 ❷번째 문장

'용액은 거름 장치에 걸렀을 때 거름종이 위에 남는 것이 없다.'라고 했어요. 즉, 거름 장치에 걸렀을 때 거름종이에 남는 물질이 있다면 용액이 아닐 뿐이지 혼합물이 아닌 것은 아니에요.

>왜 오답?

① 근거: ④단락 ❸번째 문장

'현미경으로 보았을 때 용액은 용질의 입자가 보이지 않는다.'라고 했으므로 맞는 내용이에요.

② 근거: ④단락 ❽번째 문장

'그래서 물에 설탕을 녹인 용액을 그릇에 담고 어느 부분을 찍어 먹어도 맛은 똑같다.'라고 했으므로 맞는 내용이에요.

③ 근거: ④단락 ❻번째 문장

'과일 주스는 가만히 두면 건더기가 가라앉기 때문에 용액이라고 하지 않는다.'라고 했으므로 맞는 내용이에요.

④ 근거: ②단락 ❶번째 문장

'두 가지 이상의 물질이 각각의 성질을 지니면서 섞인 물질을 혼합물이라고 한다.'라고 했으므로 맞는 내용이에요.

04 [정답] ㉡ ···················· 내용 적용하기

다음은 생활 속 혼합물에 대한 사람들의 대화입니다. ㉠~㉣ 중 용액이 <u>아닌</u> 것은 무엇인지 기호를 쓰세요.

· **혼합물에 대한 사람들의 대화:** 민정이는 초코우유, 지원이는 흙탕물, 서현이는 콜라, 은진이는 설탕물에 대해 이야기하고 있습니다.

☑ 이야기하고 있는 것이 용액이 아닌 것을 찾는 문제입니다.

>왜 정답?

㉡ 근거: ⑤단락 ❶번째 문장

'용액은 한 가지 물질이 다른 물질에 녹아서 만들어진 것'이라고 했어요. 그런데 흙탕물의 흙이 물에 녹지 않아서 신발에 들어온 것이므로 흙탕물은 용액이 아니에요.

>왜 오답?

㉠ 근거: ④단락 ❸번째 문장

'눈으로 보았을 때나 현미경으로 보았을 때 용액은 용질의 입자가 보이지 않는다.'라고 했으므로 가루가 남는 게 싫어 열심히 저은 초코우유는 용액이에요.

㉢ 근거: ④단락 ❼번째 문장

'용액은 어느 부분이나 성분이 똑같다.'라고 했으므로 콜라는 용액이에요.

㉣ 근거: ②단락 ❻번째 문장

'이때 설탕이 물에 녹은 것은 용액'이라고 했으므로 설탕물은 용액이에요.

05 [정답] 예 용액은 한 가지 물질이 다른 물질에 녹아서 만들어진 것인데, 설탕을 식용유에 넣으면 녹지 않고 그냥 가라앉기 때문에 용액이 아니다.

서술형 채점 기준 – 근거: ⑤단락 ❶번째 문장, ②단락 ❺번째 문장

'용액은 한 가지 물질이 다른 물질에 녹아서 만들어진 것'이라고 했어요. 또한 '물에 넣은 설탕은 녹지만, 식용유에 넣은 설탕은 녹지 않고 그냥 가라앉는다.'라고 했어요.

따라서 '설탕이 식용유에 녹지 않고 가라앉아 버리기 때문'이라는 내용이 들어가면 정답이에요.

어른으로 가는 길목, 사춘기

◯ 각 단락 중심 낱말   ◯ 전체 중심 낱말   [ ] 각 단락 중심 문장   ▨ 전체 중심 문장

1 사춘기라는 말을 들으면 떠오르는 것을 생각해 보자. ['짜증', '반항', '남자답게', '여자답게', '______', '다툼', '친구', '성장' 등 다양한 말들이 떠오를 수 있는데, 모두 사춘기와 관련이 있다고 볼 수 있다.] 이렇게 다양한 말들이 사춘기와 관련 있는 이유는 무엇일까? 사춘기의 의미와 특징을 알면 그 이유를 이해할 수 있을 것이다.

2 사춘기란 몸과 마음이 아이에서 어른으로 성장해 가는 길목, 과정을 말한다. 어린아이는 남자인지 여자인지 구분하기 어려운 경우가 있지만 성인 남녀는 외모만 봐도 한눈에 딱 남자인지 여자인지 구분할 수 있다. [아이가 자라면서 남자와 여자의 뚜렷한 특징이 나타나는 모습으로 변하는 것을 2차 성징이라고 하는데, 이 시기를 사춘기라고 한다.] 이때 성호르몬이 왕성하게 분비되면서 남자는 남자답게, 여자는 여자답게 변하고 생식기 외의 특징들로 남녀를 구분할 수 있게 되는 것이다.

3 [사춘기에는 겉으로 보이는 변화뿐만 아니라 마음에서도 많은 변화가 일어난다.] 겉모습에 관심이 많아지면서 자신의 외모를 가꾸는 데 많은 시간을 들이고 이성에 대한 관심 또한 커진다. 조그만 일에도 쉽게 짜증이 나거나 마음이 상하기도 하고 갑자기 기분이 좋아지는 등 감정의 변화가 심해진다. 게다가 부모님이나 어른들과 의견 차이로 자주 다투기도 하고 가족보다는 친구들과 많은 시간을 보내거나 혼자만의 시간이 편하고 좋게 느껴지기도 한다.

4 사춘기 때 몸과 마음에서 나타나는 변화들이 모두가 똑같은 모습으로 나타나는 것은 아니며, 사춘기를 겪는 시기도 사람마다 다르다. [다만 자신에게 변화가 찾아오면 당황하거나 부끄러워하지 말고 어른이 되는 과정으로 자연스럽게 받아들이는 것이 좋다.] 마음이 복잡하고 짜증이 날 때는 다양한 취미 활동을 즐기고 친구와 우정을 나누면서 안정을 찾는다면 어느새 몸과 마음이 성장하여 멋진 어른이 될 수 있을 것이다.

---

1 단락 요약
사춘기와 관련 있는 다양한 낱말

2 단락 요약
사춘기의 개념과 사춘기 때 겉으로 보이는 변화

3 단락 요약
사춘기 때 마음에서 일어나는 변화

4 단락 요약
사춘기 때 가져야 할 마음의 자세

✱ **지문 이해**

● 이 글은 사춘기의 개념과 이 시기에 나타나는 특징을 알려 주는 설명문입니다. 사춘기란 몸과 마음이 아이에서 어른으로 성장해 가는 과정을 말하는데, 이때 2차 성징이 나타나 성별에 따라 겉모습에서 뚜렷한 차이가 나타나요. 또한 외모나 이성에 신경을 쓰기도 하고 감정이 자주 바뀌는 등 마음에도 많은 변화가 일어나요. 사춘기 때는 자신에게 찾아온 변화에 당황하지 말고 어른이 되는 과정으로 자연스럽게 받아들이는 것이 좋아요.

● **단락 간의 관계**
1 단락에서는 글 전체의 중심 낱말인 '사춘기'에 대해 소개하고 있어요.
2 단락에서는 사춘기의 개념에 대해 설명하고 겉으로 보이는 변화를 이야기하고 있어요.
3 단락에서는 사춘기 때 마음에서 일어나는 변화를 이야기하고 있어요.
4 단락에서 사춘기 때 가져야 할 바람직한 마음의 자세를 이야기하면서 글을 마무리하고 있어요.

● **글의 구조도**

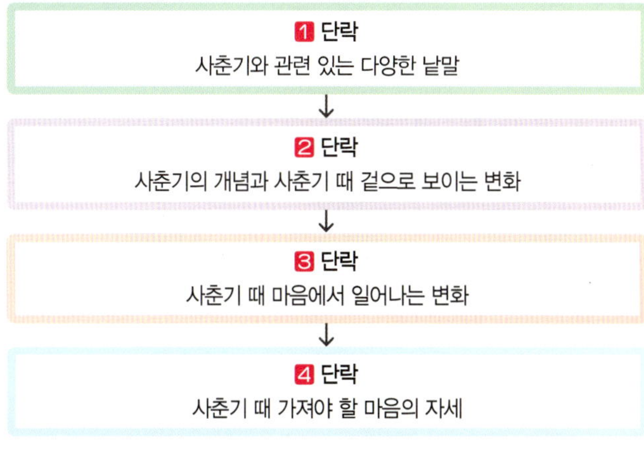

> **1 단락**
> 사춘기와 관련 있는 다양한 낱말
> ↓
> **2 단락**
> 사춘기의 개념과 사춘기 때 겉으로 보이는 변화
> ↓
> **3 단락**
> 사춘기 때 마음에서 일어나는 변화
> ↓
> **4 단락**
> 사춘기 때 가져야 할 마음의 자세

● **주제:** 사춘기의 개념과 특징

01 [정답] ① ·········· 중심 문장 찾기

>왜 정답?

③단락에서는 사춘기의 특징으로 마음에서도 많은 변화가 일어나는 것을 이야기하고 있어요.
그러므로 ③단락의 중심 문장은 '사춘기에는 겉으로 보이는 변화뿐만 아니라 마음에서도 많은 변화가 일어난다.'예요.

02 [정답] ③ ·········· 내용 이해하기

>왜 정답?

③ 근거: ③단락 ❹번째 문장
　'가족보다는 친구들과 많은 시간을 보내거나'라고 했으므로 틀린 내용이에요.

>왜 오답?

① 근거: ④단락 ❶번째 문장
　'사춘기 때 몸과 마음에서 나타나는 변화들이 모두가 똑같은 모습으로 나타나는 것은 아니며, 사춘기를 겪는 시기도 사람마다 다르다.'라고 했으므로 맞는 내용이에요.

② 근거: ②단락 ❸, ❹번째 문장
　'2차 성징이라고 하는데, 이 시기를 사춘기라고 한다. 이때 성호르몬이 왕성하게 분비되면서'라고 했으므로 맞는 내용이에요.

④ 근거: ②단락 ❶번째 문장
　'사춘기란 몸과 마음이 아이에서 어른으로 성장해 가는 길목, 과정'이라고 했으므로 맞는 내용이에요.

⑤ 근거: ②단락 ❸번째 문장
　'아이가 자라면서 남자와 여자의 뚜렷한 특징이 나타나는 모습으로 변하는 것을 2차 성징'이라고 했으므로 맞는 내용이에요.

03 [정답] ③ ·········· 알맞은 반응 찾기

>왜 정답?

③ 근거: ④단락 ❷번째 문장
　'다만 자신에게 변화가 찾아오면 당황하거나 부끄러워하지 말고'라고 했으므로 틀린 반응이에요.

>왜 오답?

① 근거: ②단락 ❷번째 문장
　'어린아이는 남자인지 여자인지 구분하기 어려운 경우가 있지만'이라고 했으므로 맞는 반응이에요.

② 근거: ③단락 ❶번째 문장
　'사춘기에는 겉으로 보이는 변화뿐만 아니라 마음에서도 많은 변화가 일어난다.'라고 했으므로 맞는 반응이에요.

④ 근거: ③단락 ❸번째 문장
　'쉽게 짜증이 나거나 마음이 상하기도 하고 갑자기 기분이 좋아지는 등 감정의 변화가 심해진다.'라고 했으므로 맞는 반응이에요.

⑤ 근거: ④단락 ❸번째 문장
　'다양한 취미 활동을 즐기고 친구와 우정을 나누면서 안정을 찾는다면 어느새 몸과 마음이 성장하여 멋진 어른이 될 수 있을 것이다.'라고 했으므로 맞는 반응이에요.

04 [정답] ④ ·········· 상황에 맞는 표현 찾기

>왜 정답?

④ 근거: ③단락 ❸번째 문장
　'조그만 일에도 쉽게 짜증이 나거나 마음이 상하기도 하고 갑자기 기분이 좋아지는 등 감정의 변화가 심해진다.'라고 했으므로 ①단락의 밑줄 친 곳에 들어가기 알맞은 말은 사춘기 때 마음에서 일어나는 변화를 나타내는 '질풍노도'예요.

05 [정답] 예 자신에게 변화가 찾아오면 당황하거나 부끄러워하지 말고 어른이 되는 과정으로 자연스럽게 받아들인다.

[서술형] 채점 기준 – 근거: ④단락 ❷번째 문장

사춘기에 나타나는 몸과 마음의 변화들을 어떻게 대해야 할지 설명하고 있어요. 그러면서 '자신에게 변화가 찾아오면 당황하거나 부끄러워하지 말고 어른이 되는 과정으로 자연스럽게 받아들이는 것이 좋다.'라고 했으므로 이러한 내용이 들어가면 정답이에요.

상품을 많이 팔기 위한 백화점의 비밀 전략

○ 각 단락 중심 낱말　◯ 전체 중심 낱말　[ ] 각 단락 중심 문장　▮ 전체 중심 문장

1 백화점에 들어가면 사고 싶은 상품들이 너무 많이 보이고, 결국에는 꼭 필요하지 않은데도 물건을 사게 된다. 왜 그런 것일까? [백화점에는 우리가 상품을 사도록 유도하는 비밀 전략이 여기저기 숨어 있기 때문이다.]

2 [대부분의 백화점에는 시계와 창문이 없다.] 고객들이 시간이 흐른 것을 확인하고 쇼핑을 끝내는 것을 막고자 시계를 걸어 놓지 않는다. 같은 이유로 사람들이 창문을 보고 날이 어둡거나 날씨가 흐린 것을 확인하면 서둘러 집으로 돌아갈 확률이 크기 때문에 창문을 내지 않는다.

3 [또한 백화점의 시설물도 전략적으로 설치해 놓았다.] 목적지까지 바로 이동하는 엘리베이터는 건물의 가장자리에, 상품을 보면서 이동하는 에스컬레이터는 건물의 중앙에 설치되어 있다. 고객들이 다른 층으로 이동하면서 조금이라도 상품을 더 볼 수 있게 에스컬레이터를 이용하도록 유도하는 것이다. 백화점 1층에 화장실이 없는 것도 같은 이유이다. 화장실만 이용하기 위해 백화점에 들른 사람도 다른 층으로 이동하며 상품을 구경하도록 하는 것이다.

4 [상품의 진열 방법에도 놀라운 비밀 전략이 반영되어 있다.] 음료수같이 꼭 필요해서 사는 상품은 입구에서 멀리 떨어진 곳에 진열하는 경우가 많다. 그 물건을 사기 위해 안쪽으로 들어가는 동안 다른 상품을 구경하게 하려는 것이다. 또, 어린이 고객이 살 만한 상품은 그들의 눈높이에 맞추어 놓는다.

5 [상품의 층별 배치도 전략적으로 이루어진다.] 백화점 1층에 들어서면 각종 화장품과 향수, 화려한 액세서리가 눈과 코를 사로잡는다. 백화점의 주된 고객이 여성이라는 점을 노린 것이다. 이처럼 여성을 대상으로 하는 상품을 아래층에 배치한다.

6 [마지막으로, 백화점은 고객들이 쇼핑을 더 오래 하기 위한 분위기를 만든다.] 주로 느리고 편안한 클래식 음악을 틀어 놓아 고객들이 더 여유롭게 쇼핑하도록 이끌고, 곳곳에 의자를 두어 잠시 쇼핑의 피로를 풀면서 백화점에 더 오래 머무르도록 유도한다.

7 이렇게 백화점은 더 많은 상품을 팔기 위해 다양한 전략을 펼친다. 백화점의 전략을 알아 두면, 충동구매를 줄이고 계획적인 소비를 하는, 현명한 소비자가 되는 데 도움이 될 것이다.

---

1 단락 요약
상품을 사도록 유도하는 백화점의 비밀 전략

2 단락 요약
백화점의 비밀 전략 ①
– 시계와 창문

3 단락 요약
백화점의 비밀 전략 ②
– 시설물

4 단락 요약
백화점의 비밀 전략 ③
– 상품 진열 방법

5 단락 요약
백화점의 비밀 전략 ④
– 층별 배치

6 단락 요약
백화점의 비밀 전략 ⑤
– 분위기

7 단락 요약
백화점의 다양한 비밀 전략을 알고 현명한 소비자가 되기 위한 노력

✶ 지문 이해

● 이 글은 소비자가 물건을 사도록 유도하는 백화점의 비밀 전략들을 알려 주는 설명문입니다. 백화점은 쇼핑 시간을 늘리기 위해 실내에 시계와 창문을 없앴어요. 또한 시설물을 설치하는 것, 상품의 진열 방법, 상품의 층별 배치 등도 신경 쓰지요. 이뿐만 아니라 쇼핑을 더 오래 하기 위한 분위기까지 만들고 있어요. 이러한 백화점의 비밀 전략을 알고 계획적인 소비를 하는 현명한 소비자가 되어야 해요.

● 단락 간의 관계
1단락에서 백화점에는 상품을 사도록 유도하는 비밀 전략이 여기저기 숨어 있다고 소개하고 있어요.
2~6단락에서는 소비를 유도하는 백화점의 비밀 전략을 구체적으로 이야기하고 있어요.
7단락에서는 백화점의 비밀 전략을 알고 현명한 소비자가 되기 위해 노력하자며 글을 마무리하고 있어요.

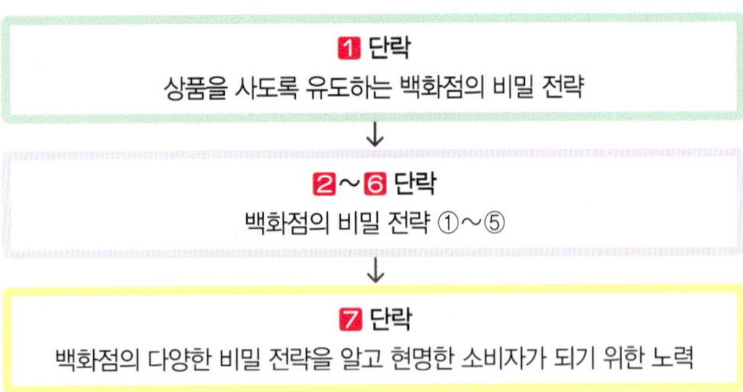

● **주제**: 상품을 팔기 위한 백화점의 다양한 비밀 전략

01 [정답] ① ······ 중심 문장 찾기

〉왜 정답?

5단락에서는 백화점에서 각각의 상품들이 층별로 어떻게 전략적으로 배치되어 있는지 설명하고 있어요.
그러므로 5단락의 중심 문장은 '상품의 층별 배치도 전략적으로 이루어진다.'예요.

02 [정답] ⑤ ······ 내용 이해하기

〉왜 정답?

⑤ **근거**: 1단락 ❸번째 문장
　'백화점에는 우리가 상품을 사도록 유도하는 비밀 전략이 여기저기 숨어 있다'고 했어요. 또 이어지는 2~6단락에서 백화점이 소비자의 구매를 유도하는 다양한 전략을 설명하고 있으므로 이 글의 제목으로 가장 적당한 것은 '상품을 많이 팔기 위한 백화점의 비밀 전략'이에요.

〉왜 오답?

① 7단락에 충동구매라는 낱말이 나오지만, 마지막 부분에서만 충동구매를 줄이는 것을 제안하고 있으므로 이 글의 제목으로 적당하지 않아요.
② 6단락에 클래식 음악의 효과가 나오지만, 백화점의 여러 전략 중 하나이므로 이 글의 제목으로 적당하지 않아요.
③ 2단락에 백화점에 시계가 없는 이유는 나오지만, 백화점의 여러 전략 중 하나이므로 이 글의 제목으로 적당하지 않아요.
④ 4단락에 백화점의 전략적 상품 진열 방법이 나오지만, 백화점의 여러 전략 중 하나이므로 이 글의 제목으로 적당하지 않아요.

03 [정답] ⑤ ······ 내용 이해하기

〉왜 정답?

⑤ **근거**: 3단락 ❷번째 문장
　'목적지까지 바로 이동하는 엘리베이터는 건물의 가장자리에, 상품을 보면서 이동하는 에스컬레이터는 건물의 중앙에 설치되어 있다.'라고 했으므로 틀린 내용이에요.

〉왜 오답?

① **근거**: 3단락 ❹번째 문장
　'백화점 1층에 화장실이 없는 것도 같은 이유이다.'라고 했으므로 맞는 내용이에요.
② **근거**: 2단락 ❸번째 문장
　'같은 이유로 사람들이 창문을 보고 날이 어둡거나 날씨가 흐린 것을 확인하면 서둘러 집으로 돌아갈 확률이 크기 때문에 창문을 내지 않는다.'라고 했으므로 맞는 내용이에요.
③ **근거**: 2단락 ❷번째 문장
　'고객들이 시간이 흐른 것을 확인하고 쇼핑을 끝내는 것을 막고자 시계를 걸어 놓지 않는다.'라고 했으므로 맞는 내용이에요.
④ **근거**: 5단락 ❷~❹번째 문장
　'백화점 1층에 들어서면 각종 화장품과 향수, 화려한 액세서리가 눈과 코를 사로잡는다. 백화점의 주된 고객이 여성이라는 점을 노린 것이다. 이처럼 여성을 대상으로 하는 상품을 아래층에 배치한다.'라고 했으므로 맞는 내용이에요.

04 [정답] 강호 ······ 내용 적용하기

〉왜 정답?

강호 **근거**: 4단락 ❷번째 문장
　'음료수같이 꼭 필요해서 사는 상품은 입구에서 멀리 떨어진 곳에 진열하는 경우가 많다.'라고 했어요. 그러므로 틀린 내용이에요.

〉왜 오답?

채연 **근거**: 5단락 ❷, ❸번째 문장
　'백화점 1층에 들어서면 각종 화장품과 향수, 화려한 액세서리가 눈과 코를 사로잡는다. 백화점의 주된 고객이 여성이라는 점을 노린 것이다.'라고 했으므로 맞는 내용이에요.
화영 **근거**: 4단락 ❹번째 문장
　'어린이 고객이 살 만한 상품은 그들의 눈높이에 맞추어 놓는다.'라고 했으므로 맞는 내용이에요.
현정 **근거**: 6단락 ❷번째 문장
　'곳곳에 의자를 두어 잠시 쇼핑의 피로를 풀면서 백화점에 더 오래 머무르도록 유도한다.'라고 했으므로 맞는 내용이에요.

05 [정답] 예 클래식 음악은 느리고 편안해서 고객들이 더 여유롭게 쇼핑하도록 이끌 수 있기 때문이다.

[서술형] 채점 기준 – 근거: 6단락 ❷번째 문장
백화점이 클래식 음악을 트는 이유를 설명하고 있어요.
따라서 '<u>클래식 음악은 느리고 편안해서 고객들이 더 여유롭게 쇼핑하도록 이끌 수 있기 때문이다.</u>'라는 내용이 들어가면 정답이에요.

지진의 공포

◯ 각 단락 중심 낱말   ◯ 전체 중심 낱말   [ ] 각 단락 중심 문장   ▢ 전체 중심 문장

① 2017년, 우리나라에서 '대학 수학 능력 시험'이 생긴 이후 처음으로 연기되는 일이 생겼다. ② 포항에서 규모 5.4의 지진이 일어났기 때문이다. ③ 도로가 갈라지고 철도가 끊겼으며 건물이 무너지는 등 영화에서나 보던 일이 실제로 일어나자 사람들은 혼란과 공포에 빠졌다. ④ [이 사건 후로 일본이나 필리핀 등 다른 나라의 이야기로만 생각했던 지진에 대해 제대로 알고 대비해야 한다는 목소리가 높아졌다.] *1단락 요약: 지진 대비의 필요성을 느낀 우리나라

② ① 지진은 큰 힘을 받은 지층이 끊어지면서 땅이 흔들리는 현상을 말한다. ② 땅 밑에 있는 지층은 항상 일정한 힘을 받고 있다. ③ 평소에는 이 힘이 균형을 이루고 있지만, 균형이 깨지면 지층이 끊어지고 어긋나면서 힘이 사방으로 전달된다. ④ 이 힘이 땅을 움직여 지진이 일어나게 되는 것이다. ⑤ 지진이 일어났을 때 지구 안에서 처음으로 지진이 발생한 곳을 '진원', 진원 바로 위에 있는 땅을 '진앙'이라고 한다. *2단락 요약: 지진의 개념과 발생 원인

③ ① [지진으로 인한 피해는 진원이 인구 밀집 지역에 가까울수록 크며, 한 번으로 끝나지 않는다.] ② 1차 피해는 땅이 갈라지거나 내려앉아 도로, 건물, 댐, 발전소 등의 건축물이 무너지고, 해안가에는 지진으로 인한 파도가 덮쳐 모든 것을 쓸어 버리는 것이다. ③ 이후에는 수도·전기·가스·통신 시설이 파괴되어 산업과 일상생활이 마비되고 사람들이 유해 물질에 노출되는 2차 피해가 발생한다. ④ 게다가 큰 지진이 발생한 후에는 진앙 주위에서 작은 지진이 연달아 일어나기 때문에 그 피해는 더 커질 수밖에 없다. *3단락 요약: 지진으로 인한 피해와 그 특징

④ ① 아직까지 인간의 힘으로 지진을 막을 방법은 찾지 못했다. ② [다만 지진의 피해를 줄이기 위한 대비는 할 수 있다.] ③ 가장 대표적인 것이 내진 설계로, 지진이 일어나도 무너지지 않도록 건물을 짓는 것이다. ④ 또한 지진이 일어났을 때 침착하게 안전한 곳으로 대피하는 훈련을 평상시에 꾸준히 해야 한다. *4단락 요약: 지진 피해에 대비하는 방법

01 정답 지진

②단락은 지진의 개념과 발생 원인을 설명하고 있어요. 그러므로 빈칸에 공통으로 들어갈 말은 '지진'이에요.

02 정답 ④

③단락 ③번째 문장을 근거로 사람들이 유해 물질에 노출되거나 일상생활이 마비되는 것은 1차 피해가 아니라 2차 피해예요.

03 정답 내진 설계

④단락 ③번째 문장에서 '가장 대표적인 것이 내진 설계'라고 했어요.

04 정답 ④

〈보기〉에서 'A 지역과 떨어진 대도시 B에도 큰 피해가 발생했다.'라고 했어요. 게다가 B는 대도시이고 지진 대비를 하지 않았기 때문에 피해가 컸을 것이라고 짐작할 수 있어요. 그러므로 재훈이가 말한 것은 틀린 내용이에요.

✖ 지문 이해

● 이 글은 지진의 개념과 지진으로 인한 피해, 그리고 지진에 대비하는 방법을 알려 주는 설명문입니다. 지진은 큰 힘을 받은 지층이 끊어지면서 땅이 흔들리는 현상을 말하는데, 인구가 밀집된 지역일수록 큰 피해를 입어요. 게다가 지진으로 인한 피해는 한 번으로 끝나지 않죠. 인간의 힘으로 지진을 막을 방법은 아직 없지만 내진 설계나 지진 대피 훈련을 통해 지진 피해를 줄이기 위해 노력해야 해요.

● 단락 간의 관계
①단락에서는 글 전체의 중심 낱말인 '지진'에 대해 소개하고, 2017년에 발생한 포항 지진이 우리나라에 남긴 영향을 이야기하고 있어요.
②단락에서는 지진의 개념과 발생 원인을 설명하고 있어요.
③단락에서는 지진으로 발생하는 피해의 특징을 이야기하고 있어요.
④단락에서는 지진 피해에 대비하는 방법을 이야기하며 글을 마무리하고 있어요.

● 글의 구조도

1 단락
지진 대비의 필요성을 느낀 우리나라

↓

2 단락
지진의 개념과 발생 원인

↓

3 단락
지진으로 인한 피해와 그 특징

↓

4 단락
지진 피해에 대비하는 방법

● 주제: 지진으로 인한 피해와 대비 방법

나라마다 다른 경제 체제

◯ 각 단락 중심 낱말　◎ 전체 중심 낱말　[　] 각 단락 중심 문장　▨ 전체 중심 문장

① 지구촌에는 다양한 나라가 있고, 각 나라마다 인종, 역사, 문화, 사회적·지리적 환경 등이 다르다. ② 그렇지만 경제 체제는 대체로 자본주의와 사회주의 중 하나를 선택하여 실시하고 있다. ③ [경제 체제란, 한 사회의 경제 조직이나 제도 등 경제생활 양식을 의미한다.] ④ 그렇다면 자본주의와 사회주의는 어떻게 다를까?

1 단락 요약
경제 체제의 개념과 종류

② ① [자본주의는 시장 경제 체제라고도 하는데, 이 체제에서는 돈이 많은 사람이 공장이나 회사를 세워 노동자에게 임금을 주면서 생산 활동을 한다.] ② 이때 돈을 가지고 노동자를 부리는 사람을 자본가라고 한다. ③ 자본가는 자본을, 노동자는 노동력을 투자하여 서로 이익을 얻을 수 있다. ④ 우리나라를 비롯하여 미국, 서유럽 등 많은 나라들이 자본주의를 실시하고 있다. ⑤ 자본주의를 실시하는 나라에서는 누구나 자기 뜻에 따라 능력에 맞는 일을 한다. ⑥ 또한 공장이나 회사에서 만들어진 상품은 그 상품을 원하는 사람들이 얼마만큼인지에 따라 가격이 매겨지고, 사람들은 자신이 원하는 상품을 선택하여 소비한다.

2 단락 요약
자본주의의 개념과 특징

③ ① [반면 사회주의는 계획 경제 체제라고도 하며, 중국이나 북한과 같은 나라에서 실시하고 있다.] ② 사회주의는 개인의 재산권을 인정하지 않는다. ③ 회사나 공장 같은 생산 시설은 나라 혹은 공공의 것이며, 모든 경제 활동이 국가의 계획과 통제 아래 결정된다. ④ 생산은 물론 상품의 가격과 분배까지 모두 국가의 결정에 따른다.

3 단락 요약
사회주의의 개념과 특징

④ ① 오늘날 대부분의 나라들이 자본주의를 실시하고 있기는 하지만, 자본주의가 좋은 점만 있는 것은 아니다. ② 자본주의는 개인의 경제적 자유가 큰 만큼 잘사는 사람과 못사는 사람의 경제적 차이가 심해질 수밖에 없고, 이는 빈부 격차 등의 사회 문제가 된다. ③ 그래서 자본주의일지라도 국가가 개입하여 경제 활동을 조절하기도 한다. ④ 사회주의 역시 사회 전체의 이익만을 우선한 나머지 개인이 능력을 제대로 펼칠 수 없게 되는 경우가 생기고, 이로 인해 생산성이 떨어지는 문제가 발생하기도 한다. ⑤ [그래서 현대에 들어서는 자본주의와 사회주의를 채택하되, 서로의 장점을 부분적으로 받아들이는 나라들도 생겨났다.]

4 단락 요약
다른 경제 체제의 장점을 부분적으로 받아들이는 나라들

✶ 지문 이해

● 이 글은 경제 체제의 개념과, 자본주의와 사회주의라는 두 가지 경제 체제의 특징을 알려 주는 설명문입니다. 자본주의는 개인의 선택에 따라 모든 경제 활동이 결정되는 시장 경제 체제이고, 사회주의는 모든 경제 활동이 국가의 통제 아래 결정되는 계획 경제 체제예요. 하지만 자본주의와 사회주의 둘 다 완벽하지 않기 때문에 현대에 들어서는 두 경제 체제의 장점을 부분적으로 받아들이는 나라들도 생겨났어요.

● **단락 간의 관계**
① 단락에서는 '경제 체제'에 대해 설명하고 그 종류인 자본주의와 사회주의의 다른 점을 알아보자고 이야기하고 있어요.
② 단락에서는 자본주의 경제 체제의 개념과 특징을, ③ 단락에서는 사회주의 경제 체제의 개념과 특징을 자세히 설명하고 있어요.
④ 단락에서는 자본주의와 사회주의의 문제점과 이를 해결하기 위해 다른 경제 체제의 장점을 도입한 나라들을 말하며 글을 마무리하고 있어요.

● **글의 구조도**

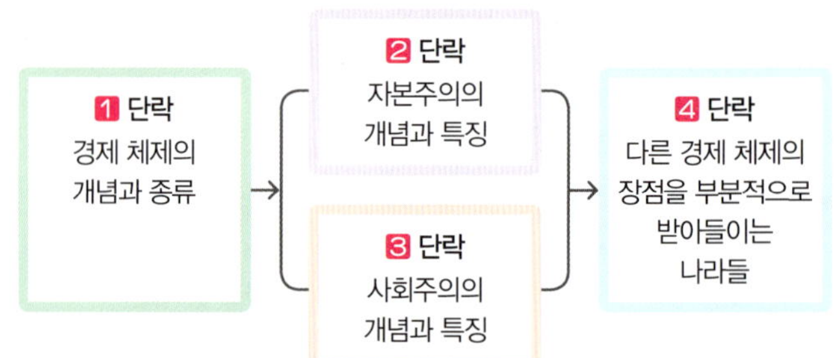

● **주제:** 자본주의와 사회주의 경제 체제의 개념과 특징

01 [정답] 경제 체제 ·········· 단락 요약하기

> **왜 정답?**

①단락에서 한 사회의 경제생활 양식이 경제 체제이며 대부분의 나라에서 자본주의와 사회주의 중 하나를 선택해 실시하고 있다고 설명하고 있어요.
그러므로 빈칸에 공통으로 들어갈 말은 '경제 체제'예요.

02 [정답] ② ·········· 내용 이해하기

> **왜 정답?**

② 근거: ②단락 ❸번째 문장
  '자본가는 자본을, 노동자는 노동력을 투자하여 서로 이익을 얻을 수 있다.'라고 했어요. 그러므로 노동자가 투자하는 것은 임금이 아니라 노동력이에요.

> **왜 오답?**

① 근거: ②단락 ❶번째 문장
  '자본주의는 시장 경제 체제라고도 하는데'라고 했으므로 맞는 내용이에요.
③ 근거: ②단락 ❸번째 문장
  '자본가는 자본을, 노동자는 노동력을 투자하여 서로 이익을 얻을 수 있다.'라고 했으므로 맞는 내용이에요.
④ 근거: ②단락 ❺번째 문장
  '자본주의를 실시하는 나라에서는 누구나 자기 뜻에 따라 능력에 맞는 일을 한다.'라고 했으므로 맞는 내용이에요.
⑤ 근거: ②단락 ❹번째 문장
  '우리나라를 비롯하여 미국, 서유럽 등 많은 나라들이 자본주의를 실시하고 있다.'라고 했으므로 맞는 내용이에요.

03 [정답] ② ·········· 내용 적용하기

〈보기〉의 상황에 대한 설명으로 알맞지 <u>않은</u> 것은 무엇인가요?

• 〈보기〉의 상황: 운동화 공장을 운영하는 지은이 아버지의 이야기를 하고 있습니다.

> **왜 정답?**

② 근거: ②단락 ❻번째 문장
  '상품은 그 상품을 원하는 사람들이 얼마만큼인지에 따라 가격이 매겨'진다고 했어요. 즉, 상품의 가격은 국가가 아니라 수요에 의해 결정되는 것임을 알 수 있어요.

> **왜 오답?**

① 근거: ②단락 ❷번째 문장
  '돈을 가지고 노동자를 부리는 사람을 자본가라고 한다.'라고 했으므로 맞는 내용이에요.

③ 근거: ②단락 ❶번째 문장
  '돈이 많은 사람이 공장이나 회사를 세워 노동자에게 임금을 주면서 생산 활동을 한다.'라고 했으므로 맞는 내용이에요.
④ 근거: ③단락 ❸번째 문장
  '회사나 공장 같은 생산 시설은 나라 혹은 공공의 것'이라고 했으므로 맞는 내용이에요.
⑤ 근거: ②단락 ❻번째 문장
  '사람들은 자신이 원하는 상품을 선택하여 소비한다.'라고 했으므로 맞는 내용이에요.

04 [정답] 경제적 차이, 사회 전체, 빈부 격차, 생산성
·········· 내용 이해하기

> **왜 정답?**

㉠ 근거: ④단락 ❷번째 문장
  '자본주의는 개인의 경제적 자유가 큰 만큼 잘사는 사람과 못사는 사람의 경제적 차이가 심해질 수밖에 없고'라고 했으므로 ㉠에 들어갈 말은 '경제적 차이'예요.
㉡ 근거: ④단락 ❹번째 문장
  '사회주의 역시 사회 전체의 이익만을 우선한 나머지'라고 했으므로 ㉡에 들어갈 말은 '사회 전체'예요.
㉢ 근거: ④단락 ❷번째 문장
  '자본주의는 개인의 경제적 자유가 큰 만큼 잘사는 사람과 못사는 사람의 경제적 차이가 심해질 수밖에 없고, 이는 빈부 격차 등의 사회 문제가 된다.'라고 했으므로 ㉢에 들어갈 말은 '빈부 격차'예요.
㉣ 근거: ④단락 ❹번째 문장
  '사회주의 역시 사회 전체의 이익만을 우선한 나머지 개인이 능력을 제대로 펼칠 수 없게 되는 경우가 생기고, 이로 인해 생산성이 떨어지는 문제가 발생하기도 한다.'라고 했으므로 ㉣에 들어갈 말은 '생산성'이에요.

05 [정답] 예) 국가가 개입하여 경제 활동을 조절한다. 사회주의 경제 체제의 장점을 부분적으로 받아들인다.

[서술형] 채점 기준 – 근거: ④단락 ❸, ❺번째 문장

④단락에서는 빈부 격차와 같은 자본주의 경제 체제의 문제점을 설명한 다음, 이를 보완하는 방법에 대해 이야기하고 있어요.
따라서 '국가가 개입하여 경제 활동을 조절한다.'와 '사회주의 경제 체제의 장점을 부분적으로 받아들인다.'라는 내용 중 하나를 썼다면 정답이에요.

국악기는 어려워?

◯ 각 단락 중심 낱말　◯ 전체 중심 낱말　[ ] 각 단락 중심 문장　▮ 전체 중심 문장

1 ❶'5초 안에 국악기 이름 10개 말하기!'라는 주제로 친구와 게임을 하던 수진이는 말문이 막혔다. ❷국악기라고 하니 가야금, 거문고, 장구, 꽹과리 외에 떠오르는 것이 없었기 때문이다. ❸[우리나라 악기 중에 이름을 댈 수 있는 것이 4개밖에 없다는 사실이 부끄러웠던 수진이는 '국악기를 제대로 공부해 봐야겠다.'라고 다짐했다.]

2 ❶국악기는 우리나라의 전통 음악인 국악에 쓰는 악기를 통틀어 이르는 말이다. 조상들이 처음 만든 악기뿐만 아니라, 다른 나라에서 들어와 오랜 시간에 걸쳐 우리나라 악기로 자리 잡은 것도 국악기라고 할 수 있다. ❸국립 국악원에 보관된 국악기의 종류만 해도 60여 종이 넘을 정도로 국악기는 다양하다.

3 ❶[먼저, 국악기는 소리를 내는 방법에 따라 현악기, 타악기, 관악기로 분류할 수 있다.] ❷가야금, 거문고, 아쟁, 해금 등은 대표적인 현악기로 손이나 활 같은 도구로 줄을 뜯거나 문질러 소리를 낸다. ❸우리에게 비교적 익숙한 북, 장구, 소고, 꽹과리, 징 등은 손이나 채로 두드려서 소리를 내는 타악기이다. ❹마지막으로 관악기는 입으로 바람을 불어 넣어 소리를 내는 악기로 단소, 대금, 태평소 등이 있다.

4 ❶[또한 국악기는 예로부터 악기를 만든 재료에 따라 분류하기도 했다.] ❷금(쇠붙이), 석(돌), 사(실), 죽(대나무), 포(박), 토(흙), 혁(가죽), 목(나무)이라는 총 8가지 재료가 국악기를 만드는 재료로 사용되었고, 이에 따라 국악기를 분류할 수 있다.

5 ❶우리 조상들은 서양 악기 못지않게 다양한 악기로 국악을 연주했다. ❷현대에는 서양 악기를 이용한 음악이 친숙해짐에 따라 국악기를 접할 기회가 줄었다. ❸[하지만 조금만 관심을 기울여 다양한 국악기 연주를 접하면 국악기의 매력을 알게 되고 더욱 풍성한 음악의 세계를 경험할 수 있을 것이다.]

---

1 단락 요약
국악기를 제대로 공부해 보겠다는 다짐

2 단락 요약
국악기의 개념과 다양성

3 단락 요약
소리 내는 방법에 따라 분류한 국악기

4 단락 요약
만드는 재료에 따라 분류한 국악기

5 단락 요약
국악기에 대한 관심으로 풍성해지는 음악의 세계

✹ 지문 이해

- 이 글은 국악기의 개념과 종류를 알려 주는 설명문입니다. 국악기는 우리나라의 전통 음악인 국악에 쓰는 악기를 통틀어 이르는 말로, 소리를 내는 방법과 악기를 만든 재료에 따라 다양하게 분류할 수 있어요. 현대에는 예전보다 국악기를 접할 기회가 많이 줄었지만 조금만 관심을 기울인다면 더욱 풍성한 음악의 세계를 경험할 수 있을 거예요.

- **단락 간의 관계**
  1단락에서는 수진이의 예를 통해 글 전체의 중심 낱말인 '국악기'에 대해 소개하고 있어요.
  2단락에서는 국악기의 개념과 그 종류가 얼마나 다양한지 설명하고 있어요.
  3단락에서는 소리 내는 방법에 따라, 4단락에서는 만든 재료에 따라 국악기를 분류해 보고 있어요.
  5단락에서는 국악기에 대한 관심으로 더욱 풍성한 음악 세계를 경험할 수 있다고 이야기하며 글을 마무리하고 있어요.

- **글의 구조도**

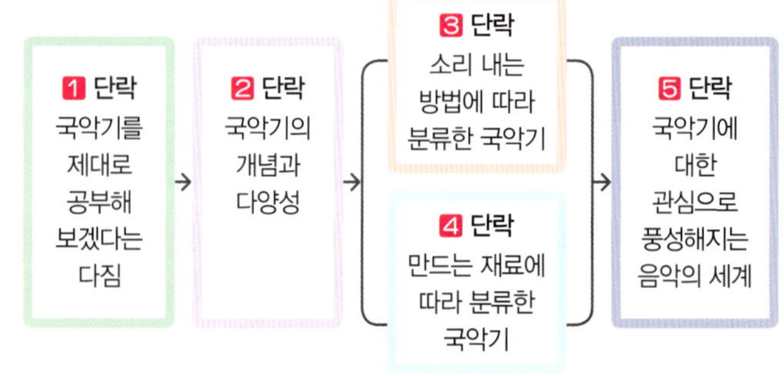

- **주제: 국악기의 개념과 종류**

01 [정답] 국악기 ·· 단락 요약하기

> **왜 정답 ?**

④단락에서는 만드는 재료에 따라 국악기를 분류하고 있어요. 쇠붙이, 돌, 실, 대나무, 박, 흙, 가죽, 나무라는 총 8가지 재료가 국악기를 만드는 재료로 사용되었다고 하네요.
따라서 빈칸에 공통으로 들어갈 말은 '국악기'예요.

02 [정답] ④ ·· 내용 이해하기

> **왜 정답 ?**

④ **근거:** ②단락 ❷번째 문장
'조상들이 처음 만든 악기뿐만 아니라, 다른 나라에서 들어와 오랜 시간에 걸쳐 우리나라 악기로 자리 잡은 것도 국악기라고 할 수 있다.'라고 했어요.
따라서 다른 나라에서 들어온 것은 국악기라고 할 수 없다는 설명은 맞지 않아요.

> **왜 오답 ?**

① **근거:** ②단락 ❶번째 문장
'국악기는 우리나라의 전통 음악인 국악에 쓰는 악기를 통틀어 이르는 말이다.'라고 했으므로 맞는 설명이에요.
② **근거:** ②단락 ❸번째 문장
'국립 국악원에 보관된 국악기의 종류만 해도 60여 종이 넘을 정도로 국악기는 다양하다.'라고 했어요.
따라서 우리나라의 국악기는 최소 60여 종이라는 것은 맞는 설명이에요.
③ **근거:** ④단락 전체
악기를 만든 재료에 따라 국악기를 분류할 수 있을 만큼 국악기는 무척 다양한 재료로 만들어졌으므로 맞는 설명이에요.
⑤ **근거:** ③, ④단락 전체
③단락에서는 소리 내는 방법에 따라, ④단락에서는 만든 재료에 따라 국악기를 분류해 보고 있으므로 맞는 설명이에요.

03 [정답] 현악기, 타악기, 관악기 ················· 내용 이해하기

> **왜 정답 ?**

㉠ **근거:** ③단락 ❷번째 문장
'가야금, 거문고, 아쟁, 해금 등은 대표적인 현악기로 손이나 활 같은 도구로 줄을 뜯거나 문질러 소리를 낸다.'라고 했으므로 ㉠에 들어갈 말은 '현악기'예요.
㉡ **근거:** ③단락 ❸번째 문장
'우리에게 비교적 익숙한 북, 장구, 소고, 꽹과리, 징 등은 손이나 채로 두드려서 소리를 내는 타악기이다.'라고 했으므로 ㉡에 들어갈 말은 '타악기'예요.

㉢ **근거:** ③단락 ❹번째 문장
'관악기는 입으로 바람을 불어 넣어 소리를 내는 악기로 단소, 대금, 태평소 등이 있다.'라고 했으므로 ㉢에 들어갈 말은 '관악기'예요.

▲ 해금(현악기)　　　▲ 대금(관악기)

04 [정답] ④ ·· 알맞은 반응 찾기

> **왜 정답 ?**

④ **근거:** ③단락 ❹번째 문장
'관악기는 입으로 바람을 불어 넣어 소리를 내는 악기로 단소, 대금, 태평소 등이 있다.'라고 했어요.
따라서 단소, 대금, 태평소는 바이올린처럼 활을 줄에 문질러 소리를 낸다고 한 정민이의 반응은 맞지 않아요.

> **왜 오답 ?**

① **근거:** ④단락 ❷번째 문장
'금(쇠붙이), 석(돌), 사(실), 죽(대나무), 포(박), 토(흙), 혁(가죽), 목(나무)이라는 총 8가지 재료가 국악기를 만드는 재료로 사용되었'다고 했어요.
따라서 돌을 가지고 국악기를 만들었다는 민아의 반응은 맞아요.
② **근거:** ③단락 ❸번째 문장
'우리에게 비교적 익숙한 북, 장구, 소고, 꽹과리, 징 등은 손이나 채로 두드려서 소리를 내는 타악기이다.'라고 했어요.
따라서 꽹과리와 징은 손이나 채로 두드려 소리를 내는 악기라는 해연이의 반응은 맞아요.
③ **근거:** ④단락 ❷번째 문장
'금(쇠붙이), 석(돌), 사(실), 죽(대나무), 포(박), 토(흙), 혁(가죽), 목(나무)이라는 총 8가지 재료가 국악기를 만드는 재료로 사용되었'다고 했어요.
따라서 목관 악기와 금관 악기처럼 나무와 쇠붙이로 만든 국악기가 있다는 수빈이의 반응은 맞아요.
⑤ **근거:** ③단락 ❹번째 문장
'관악기는 입으로 바람을 불어 넣어 소리를 내는 악기로 단소, 대금, 태평소 등이 있다.'라고 했어요.
따라서 국악기 중에 리코더처럼 입으로 바람을 불어서 소리를 내는 국악기도 있다는 영미의 반응은 맞아요.

미생물학의 아버지 파스퇴르

① 전염병을 예방하고 싶을 때는 어떻게 할까? 예방 주사를 맞으면 된다. 인류가 예방 주사로 전염병을 예방할 수 있게 되면서부터 수명은 크게 늘었다. 이 예방 주사를 만든 사람은 1800년대에 살았던 프랑스의 과학자 파스퇴르로, 그는 '미생물학의 아버지' 혹은 '의사보다 더 많은 사람을 구한 과학자'라고도 불린다. 파스퇴르가 어떤 일을 했고, 그것이 우리 삶에 어떤 영향을 끼쳤는지 알아보도록 하자.

② [파스퇴르는 세균, 효모 등 눈으로 볼 수 없는 아주 작은 생물인 '미생물'의 존재를 실험을 통해 증명하였다.] 이 실험을 '백조목 플라스크 실험'이라고 한다. 파스퇴르는 고기 수프를 플라스크에 넣고 목 부분에 열을 가하여 늘인 후, 플라스크의 목을 백조의 목처럼 휘어진 모양으로 구부렸다. 그리고 플라스크를 끓여 고기 수프를 살균하였다. 그랬더니 2주일이 지나도 고기 수프가 상하지 않았다. 수프를 끓일 때 나온 수증기가 구부러진 목 부분에 물로 고여 미생물이 수프로 들어가는 것을 막아 줬기 때문이다. 이후 플라스크를 기울여 미생물들이 있는 물을 고기 수프로 흘려보내자 고기 수프는 곧 상하기 시작했다.

③ 장티푸스라는 전염병으로 딸을 잃은 후 파스퇴르는 병을 일으키는 미생물에 관심을 가졌고, 당시 프랑스에서 유행하던 닭 콜레라의 치료법을 개발하기 위한 연구를 했다. 그는 닭 콜레라의 원인이 되는 균을 대량으로 기르도록 조수에게 지시했다. 그런데 조수의 실수로 균들을 영양분이 떨어진 배양액에 오래 두게 되었고, 여기서 자란 균들은 약해졌다. 파스퇴르는 이렇게 약해진 균을 닭에게 접종했을 때 닭이 병에 걸리지 않는 것과, 이 닭들에게 강한 균을 다시 접종하자 조금 앓다가 금방 낫는 것을 확인했다. 약해진 균으로 병을 가볍게 앓고 나면 그 병에 대한 면역력이 생긴다는 사실을 알아낸 것이다. [파스퇴르는 약하게 만든 세균을 '백신'이라고 이름 붙였다.]

④ 파스퇴르는 이후 탄저병, 광견병 등 인류에게 큰 위협이 된 병의 예방 백신을 만들면서 남은 생애를 보냈다. 현재 우리가 맞는 예방 주사도 우리 몸에 백신을 접종하는 것이다. [미생물의 존재를 증명하고, 백신을 개발한 파스퇴르의 업적 덕분에 오늘날 우리는 더 건강한 삶을 살 수 있게 된 것이다.]

---

1 단락 요약
예방 주사를 만든 파스퇴르

2 단락 요약
파스퇴르의 업적 – 미생물의 존재 증명

3 단락 요약
파스퇴르의 업적 – 백신 발명

4 단락 요약
파스퇴르의 업적이 우리 삶에 미친 영향

✖ 지문 이해

● 이 글은 예방 주사를 만든 프랑스의 과학자 파스퇴르와 그의 업적을 알려 주는 설명문입니다. 파스퇴르는 실험을 통해 미생물의 존재를 증명하였고, 닭 콜레라에 대한 치료법을 개발하기 위해 연구를 진행하던 과정에서 백신을 만들었어요. 오늘날 우리가 미생물의 존재를 알게 되고 예방 주사를 맞으며 건강하게 살아갈 수 있는 것은 파스퇴르 덕분이에요.

● **단락 간의 관계**
① 단락에서는 글 전체의 중심 낱말인 '파스퇴르'를 소개하고 있어요. ② 단락에서는 파스퇴르의 업적 중 미생물의 존재를 증명해 낸 것을, ③ 단락에서는 파스퇴르가 백신을 발명한 것을 이야기하고 있어요. ④ 단락에서는 파스퇴르의 업적이 우리 삶에 미친 영향을 이야기하며 글을 마무리하고 있어요.

● **글의 구조도**

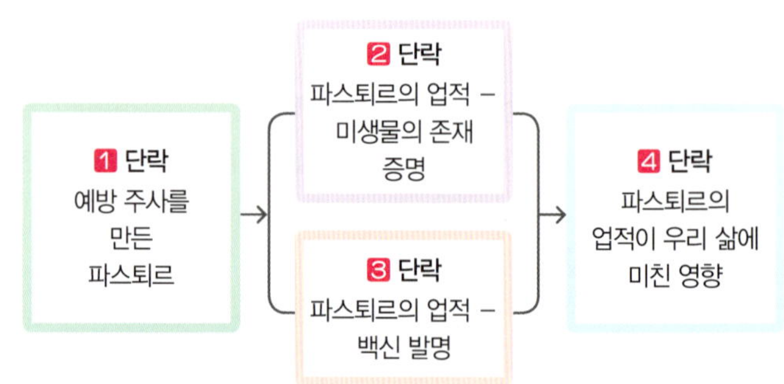

● **주제:** 미생물을 발견하고 백신을 개발하여 많은 사람을 구한 파스퇴르

01 [정답] 예방 주사, 미생물, 백신 ·················· 단락 요약하기

>왜 정답?

①단락에서는 '예방 주사'를 만든 파스퇴르에 대해 소개하고 있어요. ②단락에서는 백조목 플라스크 실험을 통해 '미생물'의 존재를 증명한 업적을, ③단락에서는 '백신'을 발명한 업적을 각각 소개하고 있어요.
그러므로 ㉠에는 예방 주사, ㉡에는 미생물, ㉢에는 백신이 들어갈 말이에요.

02 [정답] ⑤ ·················· 내용 이해하기

>왜 정답?

⑤ 근거: ②단락 ❻번째 문장
'수프를 끓일 때 나온 수증기가 구부러진 목 부분에 물로 고여 미생물이 수프로 들어가는 것을 막아 줬기 때문'이라고 했어요. 그러므로 미생물이 생기지 않은 이유는 고기 수프의 영양분이 떨어져서가 아니라 수증기가 미생물이 수프로 들어가지 않도록 막았기 때문이에요.

>왜 오답?

① 근거: ②단락 ❼번째 문장
'미생물들이 있는 물을 고기 수프로 흘려보내자 고기 수프는 곧 상하기 시작했다.'라고 했으므로 맞는 내용이에요.

② 근거: ②단락 ❶번째 문장
'파스퇴르는 세균, 효모 등 눈으로 볼 수 없는 아주 작은 생물인 '미생물'의 존재를 실험을 통해 증명하였다.'라고 했으므로 맞는 내용이에요.

③ 근거: ②단락 ❻번째 문장
'수프를 끓일 때 나온 수증기가 구부러진 목 부분에 물로 고여 미생물이 수프로 들어가는 것을 막아 줬기 때문이다.'라고 했으므로 맞는 내용이에요.

④ 근거: ②단락 ❻번째 문장
'수프를 끓일 때 나온 수증기가 구부러진 목 부분에 물로 고여'라고 했으므로 맞는 내용이에요.

03 [정답] 윤서 ·················· 알맞은 반응 찾기

>왜 정답?

윤서 근거: ③단락 ❶번째 문장
'파스퇴르는 병을 일으키는 미생물에 관심을 가졌고, 당시 프랑스에서 유행하던 닭 콜레라의 치료법을 개발하기 위한 연구를 했다.'라고 했어요. 즉, 그는 장티푸스가 아닌 닭 콜레라 치료법을 연구하다가 백신을 발견했어요.

>왜 오답?

태일 근거: ③단락 ❺번째 문장
'약해진 균으로 병을 가볍게 앓고 나면 그 병에 대한 면역력이 생긴다는 사실을 알아낸 것이다.'라고 했으므로 맞는 반응이에요.

지민 근거: ③단락 ❸번째 문장
'균들을 영양분이 떨어진 배양액에 오래 두게 되었고, 여기서 자란 균들은 약해졌다.'라고 했으므로 맞는 반응이에요.

유진 근거: ①단락 ❹번째 문장
'이 예방 주사를 만든 사람은 1800년대에 살았던 프랑스의 과학자 '파스퇴르'로, 그는 '미생물학의 아버지' 혹은 '의사보다 더 많은 사람을 구한 과학자'라고도 불린다.'라고 했으므로 맞는 반응이에요.

04 [정답] ② ·················· 상황에 맞는 표현 찾기

>왜 정답?

② '소 뒷걸음치다 쥐 잡는다.'는 의도치 않은 공을 세웠을 때 쓰는 속담이에요. ③단락에서 '조수의 실수로 균들을 영양분이 떨어진 배양액에 오래 두게 되었고, 여기서 자란 균들은 약해졌다.'라고 했으므로 이 상황을 표현한 속담으로 알맞은 것은 '소 뒷걸음치다 쥐 잡는다.'예요.

>왜 오답?

① '소 잃고 외양간 고친다.'는 일이 잘못된 다음에 손을 써봤자 별 소용이 없다는 뜻이므로 맞는 표현이 아니에요.

③ '까마귀 날자 배 떨어진다.'는 우연히 두 가지 일이 동시에 일어나 괜한 의심을 받는다는 뜻이므로 맞는 표현이 아니에요.

④ '호랑이도 제 말 하면 온다.'는 다른 사람에 대해 이야기할 때 하필 그 사람이 나타난다는 뜻이므로 맞는 표현이 아니에요.

⑤ '원숭이도 나무에서 떨어진다.'는 아무리 잘하는 사람도 실수할 때가 있다는 뜻이므로 맞는 표현이 아니에요.

05 [정답] 예 예방 주사로 백신을 접종하면 병을 가볍게 앓게 되는데, 그 결과 그 병에 대한 면역력이 생긴다.

(서술형) 채점 기준 – 근거: ③단락 ❺번째 문장
약해진 균을 접종했을 때 어떻게 병에 대한 면역력이 생기는지 설명하고 있어요.
따라서 '병을 가볍게 앓고 나면 그 병에 대한 면역력이 생긴다.'라는 내용이 들어가면 정답이에요.

비유하는 표현

○ 각 단락 중심 낱말　◯ 전체 중심 낱말　[ ] 각 단락 중심 문장　▨ 전체 중심 문장

① '새파란 하늘에 양 떼처럼 뭉쳐 있는 뭉게구름 / 새파란 하늘에 뭉쳐 있는 뭉게구름' ② 두 문장의 차이점은 무엇일까? ③ 앞의 문장은 비유하는 표현(양 떼처럼)이 사용되어 조금 더 생생한 느낌이 나고 장면이 쉽게 떠오른다. ④ 비유하는 표현이란, 어떤 현상이나 사물을 비슷한 현상이나 사물에 빗대어 표현하는 것을 말한다. ⑤ 비유하는 표현에는 대표적으로 은유법, 직유법, 의인법 등이 있다. ⑥ 아래의 표현들을 살펴보자.

> ⑦ ㄱ. 우리 엄마 음식은 솜사탕이다.
> ⑧ ㄴ. 친구는 도둑같이 발걸음 소리를 죽여 살금살금 다가와 나를 놀라게 했다.
> ⑨ ㄷ. 아침이 되자 나무들이 기지개를 켜고 집들이 꿈에서 깨어나 부산스럽다.

② [ㄱ은 은유법이 사용된 표현으로, 은유법은 '무엇은 무엇이다'로 빗대어 표현하는 방법이다.] ② ㄱ에서는 엄마의 음식과 솜사탕이 입 안에서 사르르 녹아 사라진다는 공통점을 찾아 '무엇은 무엇이다'라는 은유법으로 표현한 것이다.

③ [직유법은 모양이나 성질이 비슷한 두 사물을 '~같이', '~처럼', '~듯이'와 같은 말을 써서 직접 빗대어 표현하는 방법이다.] ② ㄴ은 직유법이 사용된 표현으로, 들키지 않으려고 발소리를 내지 않는 모습을 공통점으로 보아 도둑과 친구의 모습을 '~같이'라는 말을 써서 직유법으로 표현한 것이다.

④ [의인법은 사람이 아닌 동물이나 식물, 사물을 사람처럼 말하고 행동하도록 표현한 것이다.] ② ㄷ은 의인법이 사용된 표현으로, 나무들이 마치 사람처럼 기지개를 켜고 집들이 꿈에서 깨어나 부산스럽게 움직인다고 표현한 것이다.

⑤ [비유하는 표현은 어떤 대상을 다른 대상에 빗대어 표현하는 것이기 때문에 두 대상 사이에는 공통점이 있다. ② 또한 비유하는 표현은 대상을 새롭게 보게 해 주기 때문에, 비유하는 표현을 사용하면 전달하고자 하는 내용을 더욱 인상 깊게 전달할 수 있다.]

1 단락 요약	비유하는 표현의 개념과 대표적인 종류
2 단락 요약	비유하는 표현 – 은유법
3 단락 요약	비유하는 표현 – 직유법
4 단락 요약	비유하는 표현 – 의인법
5 단락 요약	비유하는 표현의 특징과 장점

★ 지문 이해

● 이 글은 비유하는 표현의 개념과, 여러 종류의 비유하는 표현을 소개하는 설명문입니다. 비유하는 표현이란 어떤 현상이나 사물을 비슷한 현상이나 사물에 빗대어 표현하는 것인데 대표적으로 은유법, 직유법, 의인법 등이 있어요. 비유하는 표현을 사용하면 말하고자 하는 내용을 보다 효과적으로 전달할 수 있어요.

● **단락 간의 관계**
　①단락에서는 글 전체의 중심 낱말인 '비유하는 표현'에 대해 소개하고, 대표적인 종류를 이야기하고 있어요.
　②~④단락에서는 문장을 예로 들어 은유법, 직유법, 의인법을 차례로 설명하고 있어요.
　⑤단락에서는 비유하는 표현의 특징과 장점을 이야기하며 글을 마무리하고 있어요.

● **글의 구조도**

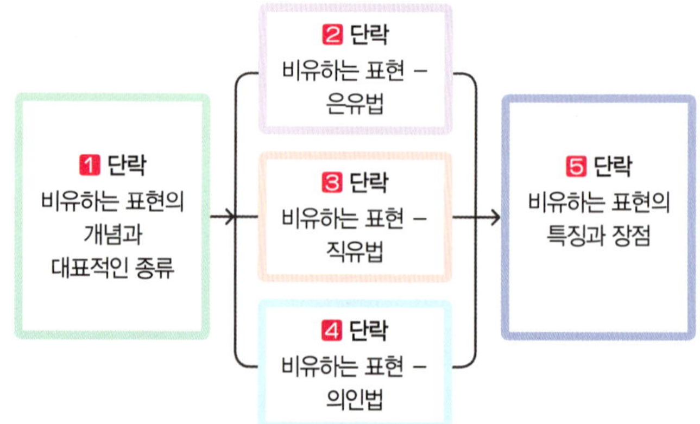

● **주제:** 비유하는 표현의 개념과 종류

01 [정답] 은유법, 직유법, 의인법 ·············· 단락 요약하기

왜 정답?

①단락에서는 비유하는 표현의 개념과 종류를 소개하고 있어요.
②~④단락에서는 비유하는 표현 방법인 '은유법', '직유법', '의인법'을 각각 설명하고 있어요.
⑤단락에서는 비유하는 표현의 특징과 장점을 설명하고 있어요.
따라서 ㉠에는 은유법, ㉡에는 직유법, ㉢에는 의인법이 들어갈 말이에요.

02 [정답] ⑤ ·············· 글쓰기 방식 이해하기

왜 정답?

⑤ 근거: ①단락 ❼~❾번째 문장, ②단락 ❷번째 문장, ③단락 ❷번째 문장, ④단락 ❷번째 문장

①단락 ❼번째, ②단락 ❷번째 문장은 은유법을 설명하고 있어요.
①단락 ❽번째, ③단락 ❷번째 문장은 직유법을 설명하고 있어요.
①단락 ❾번째, ④단락 ❷번째 문장은 의인법을 설명하고 있어요.

왜 오답?

① 이 글에 직유법의 시대적 변화 모습을 나열하는 내용은 나오지 않아요.
② 이 글에 비유하는 표현의 단점은 나오지 않아요.
③ 이 글에 비유하는 표현이 생겨난 역사적 배경은 나오지 않아요.
④ 이 글에 은유법과 직유법 중 더 나은 것이 무엇인지 견주는 내용은 나오지 않아요.

03 [정답] ① ·············· 내용 이해하기

왜 정답?

① 근거: ④단락 ❶번째 문장
'의인법은 사람이 아닌 동물이나 식물, 사물을 사람처럼 말하고 행동하도록 표현한 것이다.'라고 했어요. 즉, 의인법은 사람이 아닌 것을 사람처럼 표현하는 비유 방법임을 알 수 있어요.

왜 오답?

② 근거: ③단락 ❶번째 문장
'직유법은 모양이나 성질이 비슷한 두 사물을 '~같이', '~처럼', '~듯이'와 같은 말을 써서 직접 빗대어 표현하는 방법이다.'라고 했으므로 맞는 내용이에요.
③ 근거: ②단락 ❶번째 문장
'은유법은 '무엇은 무엇이다'로 빗대어 표현하는 방법이다.'라고 했으므로 맞는 내용이에요.
④ 근거: ①단락 ❸번째 문장
'비유하는 표현(양 떼처럼)이 사용되어 조금 더 생생한 느낌이 나고'라고 했으므로 맞는 내용이에요.

⑤ 근거: ①단락 ❹번째 문장
'비유하는 표현이란, 어떤 현상이나 사물을 비슷한 현상이나 사물에 빗대어 표현하는 것을 말한다.'라고 했으므로 맞는 내용이에요.

04 [정답] (1) ㉡ (2) ㉠ (3) ㉢ ·············· 내용 적용하기

왜 정답?

(1) 근거: ③단락 ❶번째 문장
'직유법은 모양이나 성질이 비슷한 두 사물을 '~같이', '~처럼', '~듯이'와 같은 말을 써서 직접 빗대어 표현하는 방법이다.'라고 했어요. 그러므로 (1) 문장에는 직유법이 사용되었어요.
(2) 근거: ②단락 ❶번째 문장
'은유법은 '무엇은 무엇이다'로 빗대어 표현하는 방법이다.'라고 했어요. 그러므로 (2) 문장에는 은유법이 사용되었어요.
(3) 근거: ④단락 ❶번째 문장
'의인법은 사람이 아닌 동물이나 식물, 사물을 사람처럼 말하고 행동하도록 표현한 것이다.'라고 했어요. 그러므로 (3) 문장에는 의인법이 사용되었어요.

05 [정답] 예 비유하는 표현은 대상을 새롭게 보게 해 주기 때문에, 이를 사용하면 전달하고자 하는 내용을 더욱 인상 깊게 전달할 수 있다.

서술형 채점 기준 – 근거: ⑤단락 ❷번째 문장

비유하는 표현의 특징과 장점에 대해 설명하고 있어요. 그러므로 '비유하는 표현을 사용하면 전달하고자 하는 내용을 더욱 인상 깊게 전달할 수 있다.'라는 내용이 들어가면 정답이에요.

배경지식

색깔로 표현하는 색채어

'사과가 빨갛게 익었다', '파릇파릇한 새싹이 돋아난다', '새하얀 눈이 내린다' 이 문장들을 읽으니 머릿속으로 그 모습들이 선명하게 그려지지 않나요? 이는 '색채어'를 사용해 대상을 표현하였기 때문이에요.

색채어는 색깔이나 빛깔을 나타내는 말이에요. 우리말에서 주로 쓰이는 색채어는 흰색, 빨간색, 노란색, 파란색, 검은색의 다섯 가지 색으로 만들어졌어요.

색채어는 사람의 감정을 표현할 때에도 쓰여요. 예를 들어, '그가 다쳤다는 소식을 들으니 하늘이 노래졌다'에서 '노랗다'는 '지나친 과로나 상심으로 기력이 몹시 약해지다'라는 뜻으로 쓰였어요. 실제로 피로감이나 상실감을 느끼면 머리의 혈관이 좁아져서 순간 모든 것이 노랗게 보인다고 해요. 또 다른 예로, '그녀는 새빨간 거짓말을 하였다'에서 '새빨간'은 '거짓말'과 함께 쓰였을 때 '뻔히 드러날 만큼 터무니없는 거짓말'이라는 뜻을 만들어요. 빨간색은 눈에 잘 보이는 색이어서 속이 훤히 들여다 보일 만큼 거짓말인 것이 티가 난다는 뜻으로 쓰이게 되었답니다.

우리나라의 인구는 어떻게 변화할까?

○ 각 단락 중심 낱말 ◎ 전체 중심 낱말 [ ] 각 단락 중심 문장 ▨ 전체 중심 문장

1 뉴스에서 '우리나라의 인구 성장이 멈췄다.'라는 말을 자주 한다. [인구 성장이란 일정 기간에 한 국가나 지역에서 발생하는 인구 규모의 변화로, 인구수의 증가와 감소가 모두 포함된다.] 기본적으로 국가의 인구 규모는 출생과 사망에 의해 결정되며, 지역의 인구 규모는 출생자 수에서 사망자 수를 뺀 자연적 증감과 인구 이동의 영향을 받는다.

2 [인구 성장을 쉽게 알아보려면 인구 피라미드를 이용하면 된다.] 인구 피라미드는 일정한 지역 또는 사회의 남녀별 인구를 좌우로 나누어 가로축에, 나이를 세로축에 잡아서 만든다. 가로축의 가운데는 인구수 0을 의미하며, 좌우 끝으로 갈수록 인구수가 증가함을 나타낸다. 또한 세로축의 아래에서 위로 갈수록 나이가 증가한다.

3 우리나라의 경우, 인구 성장 과정에서 다양한 모양의 인구 피라미드가 나타났다. 1940년대에 우리나라는 출생률과 사망률이 모두 높았다. 이때는 전체 인구 중 유소년층이 많았고 평균 수명이 낮아 노년층이 적었다. 이를 인구 피라미드로 나타내면 아래쪽이 넓고 위쪽이 좁은 피라미드형이다. 경제 성장 과정에서는 많은 청장년층 인구가 일자리를 찾아 대도시나 공업 지역으로 이동하는 일이 일어났다. 이에 따라 대도시나 공업 지역에서 별형 인구 피라미드 모습이, 청장년층 인구가 떠나버린 농촌 지역에서는 청장년층 인구를 나타내는 부분이 잘록하게 들어간 표주박형 인구 피라미드 모습이 나타났다.

4 오늘날 우리나라는 산업 구조가 바뀌고 의학 기술이 발달함에 따라 출생률과 사망률이 동시에 낮아졌다. 또 평균 수명이 높아지면서 노년층은 늘고, 출생률이 계속 감소하여 유소년층 인구가 청장년층 인구보다 적어졌다. [이에 따라 방추형 인구 피라미드의 모습이 나타나고 있다.] 지금처럼 출산율이 계속 감소한다면 머지않아 노년층 부분이 벌어진 항아리형으로 인구 피라미드가 바뀔 것이다.

5 [인구 피라미드는 국가 또는 지역의 인구 성장을 한눈에 보여 주는 편리한 지표이다.] 국가와 지역은 인구 피라미드의 변화를 민감하게 받아들여야 각각의 인구 규모에서 생기는 문제점에 대처할 수 있다.

1 단락 요약	인구 성장의 개념
2 단락 요약	인구 성장을 쉽게 알려 주는 인구 피라미드
3 단락 요약	과거 우리나라의 인구 피라미드
4 단락 요약	오늘날 우리나라의 인구 피라미드
5 단락 요약	인구 피라미드의 편리함과 이로움

✶ 지문 이해

● 이 글은 인구 성장의 개념과 우리나라의 시대별 인구 피라미드를 알려 주는 설명문입니다. 한 지역이나 나라에서 벌어지는 인구 변화를 인구 성장이라고 하는데 이를 알기 쉽게 나타낸 것이 인구 피라미드예요. 우리나라의 경우 인구 성장 과정에서 다양한 모습의 인구 피라미드가 나타났어요.

● **단락 간의 관계**

1 단락에서는 인구 성장의 개념을 설명하고 있어요.
2 단락에서는 인구 성장을 쉽게 알아볼 수 있는 인구 피라미드에 대해 이야기하고 있어요.
3 단락에서는 과거 우리나라의 인구 성장 과정에서 나타난 인구 피라미드를 설명하고 있어요.
4 단락에서는 오늘날 우리나라의 인구 피라미드를 설명하고 있어요.
5 단락에서는 인구 피라미드의 편리함과 이로움을 말하며 글을 마무리하고 있어요.

● **글의 구조도**

1 단락: 인구 성장의 개념
↓
2 단락: 인구 성장을 쉽게 알려 주는 인구 피라미드
↓
3 단락: 과거 우리나라의 인구 피라미드
↓
4 단락: 오늘날 우리나라의 인구 피라미드
↓
5 단락: 인구 피라미드의 편리함과 이로움

● **주제**: 인구 성장의 개념과 우리나라의 인구 성장 과정에서 나타난 다양한 모양의 인구 피라미드

01 [정답] 인구 피라미드 .... 단락 요약하기

✓왜 정답?

③단락에서는 출생률과 사망률의 변화, 산업 구조의 변화로 인한 인구 이동 등 때문에 과거 우리나라의 인구 성장 과정에서 다양한 모양의 인구 피라미드가 나타났다고 이야기하고 있어요.
그러므로 빈칸에 공통으로 알맞은 말은 '인구 피라미드'예요.

02 [정답] (1) 넓고, 좁다 (2) 별, 표주박 .... 내용 이해하기

✓왜 정답?

(1) **근거**: ③단락 ❸, ❹번째 문장
'전체 인구 중 유소년층이 많았고 평균 수명이 낮아 노년층이 적었다. 이를 인구 피라미드로 나타내면 아래쪽이 넓고 위쪽이 좁은 피라미드형이다.'라고 했으므로 괄호 안에 들어갈 말은 '넓고', '좁다'예요.

(2) **근거**: ③단락 ❺, ❻번째 문장
'경제 성장 과정에서는 많은 청장년층 인구가 일자리를 찾아 대도시나 공업 지역으로 이동하는 일이 일어났다. 이에 따라 대도시나 공업 지역에서 별형 인구 피라미드 모습이, 청장년층 인구가 떠나버린 농촌 지역에서는 청장년층 인구를 나타내는 부분이 잘록하게 들어간 표주박형 인구 피라미드 모습이 나타났다.'라고 했으므로 괄호 안에 들어갈 말은 '별', '표주박'이에요.

03 [정답] ⑤ .... 내용 이해하기

다음 중 '방추형 인구 피라미드'에 대한 설명으로 알맞은 것을 모두 골라 묶은 것은 무엇인가요?

· **방추형 인구 피라미드**: 오늘날 유럽의 많은 국가들을 비롯한 일본, 우리나라 등에서 나타나며, 저출산·고령화가 심각한 사회 문제가 되고 있다.

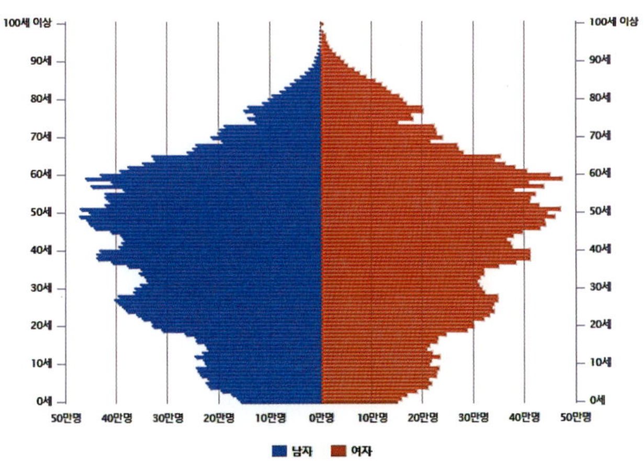

▲ 2020년 대한민국 인구 피라미드
출처: 통계청(http://kostat.go.kr)

✓왜 정답?

© **근거**: ④단락 ❶~❸번째 문장
방추형은 오늘날 우리나라처럼 출산율이 낮고 평균 수명이 높은 나라의 인구 피라미드 모습이에요.

② **근거**: ④단락 ❶~❸번째 문장
방추형은 의학 기술의 발달로 사망률이 낮고 평균 수명이 높은 오늘날 우리나라의 인구 성장 모습을 보여 줘요.

✓왜 오답?

㉠ **근거**: ④단락 ❶번째 문장
방추형은 출생률과 사망률이 모두 낮은 국가의 인구 피라미드예요.

㉡ **근거**: ④단락 ❷번째 문장
방추형은 청장년층 인구가 유소년층 인구보다 많은 인구 피라미드 모습이에요.

04 [정답] ⑤ .... 알맞은 반응 찾기

✓왜 정답?

⑤ **근거**: ③, ④단락 전체
③단락에서는 피라미드형, 별형, 표주박형 인구 피라미드의 모습이, ④단락에서는 방추형 인구 피라미드의 모습이 나타났다고 했어요.

✓왜 오답?

① **근거**: ②단락 ❷번째 문장
'인구 피라미드는 일정한 지역 또는 사회의 남녀별 인구를 좌우로 나누어 가로축에, 나이를 세로축에 잡아서 만든다.'라고 했으므로 틀린 반응이에요.

② **근거**: ①단락 ❸번째 문장
'지역의 인구 규모는 출생자 수에서 사망자 수를 뺀 자연적 증감과 인구 이동의 영향을 받는다.'라고 했으므로 틀린 반응이에요.

③ **근거**: ②단락 ❷번째 문장
'인구 피라미드는 일정한 지역 또는 사회의 남녀별 인구를 좌우로 나누어 가로축에'라고 했으므로 틀린 반응이에요.

④ **근거**: ①단락 ❷번째 문장
'인구 성장이란 일정 기간에 한 국가나 지역에서 발생하는 인구 규모의 변화로, 인구수의 증가와 감소가 모두 포함된다.'라고 했으므로 틀린 반응이에요.

05 [정답] 예 인구 피라미드는 국가 또는 지역의 인구 성장을 한눈에 보여 주고, 각각의 인구 규모에서 생기는 문제점에 대처할 수 있게 해 준다.

서술형 채점 기준 - 근거: ⑤단락 ❶, ❷번째 문장

인구 피라미드의 편리함과 이로움에 대해서 설명하고 있어요.
따라서 '인구 피라미드는 국가 또는 지역의 인구 성장을 한눈에 보여 주고, 각각의 인구 규모에서 생기는 문제점에 대처할 수 있게 해 준다.'라는 내용이 들어가면 정답이에요.

세계의 다양한 시각

◯ 각 단락 중심 낱말   ⬭ 전체 중심 낱말   [ ] 각 단락 중심 문장   ▨ 전체 중심 문장

1 ❶ 만약 전 세계가 하나의 시각에 맞춰서 생활한다면 어떻게 될까? ❷ 우리나라 시각을 기준으로 하여 전 세계 학생들이 오전 9시에 등교한다고 하면, 한국 학생들이 해가 떠 있는 아침에 등교할 때 미국 워싱턴 학생들은 깜깜한 저녁에 등교를 하게 된다. ❸ 사람은 일반적으로 해가 뜨고 지는 것에 맞춰서 생활하므로 이런 일이 생긴다면 아주 불편할 것이다. ❹ [그래서 나라마다, 지역마다 시각이 다른 것은 아주 자연스러운 현상이라고 할 수 있다.] ❺ 그렇다면 세계 여러 곳의 시각은 어떻게 결정되는 것일까? *1단락 요약: 나라마다, 지역마다 다른 시각

2 ❶ 지구는 매일 하루에 한 바퀴를 돈다. ❷ 한 바퀴인 360°를 하루 24시간으로 나누면 1시간에 15°를 움직이는 셈이다. ❸ [이에 따라 영국의 그리니치 천문대를 지나는 ㈎경선을 0°로 하여 15° 간격으로 선을 긋고 지구를 24개의 시각대로 나누었다.] ❹ 예를 들어 서울은 동경 135°, 베이징은 동경 120°의 시각대를 사용한다. ❺ 15°는 1시간 차이이므로 서울이 오전 9시일 때 베이징은 오전 8시인 것이다. *2단락 요약: 시각대의 의미

3 ❶ [그런데 ㈏시각대를 나눈 선은 직선이 아니라 들쭉날쭉하다.] ❷ 만약 ㈐ 이 선을 직선으로 고집한다면 한 나라, 심지어 같은 지역에서 여러 개의 시각대가 사용될 수 있다. ❸ 그래서 우리나라뿐만 아니라 대부분의 나라에서는 1개의 시각대를 사용하고 있으며, 이에 따라 ㈑시각대를 나타내는 선이 울퉁불퉁해진 것이다. ❹ [다만 미국과 러시아처럼 땅이 넓고 동서로 긴 경우에는 나라 안에 ㈒여러 개의 선이 지나기 때문에 지역별로 여러 개의 시각대가 사용된다.] ❺ 미국은 4개, 러시아는 11개의 시각대를 사용하고 있다. *3단락 요약: 시각대의 특징

4 ❶ 이렇게 세계 여러 곳의 시각은 지구를 15° 간격으로 나눈 시각대에 따라 결정된다. ❷ 해외여행을 하게 되거나 다른 나라에 사는 가족에게 연락할 일이 생긴다면 그곳은 어떤 시각대를 사용하며, 우리나라와 시각 차이가 얼마나 나는지 미리 알아보도록 하자. *4단락 요약: 세계 여러 곳의 시각을 결정하는 시각대

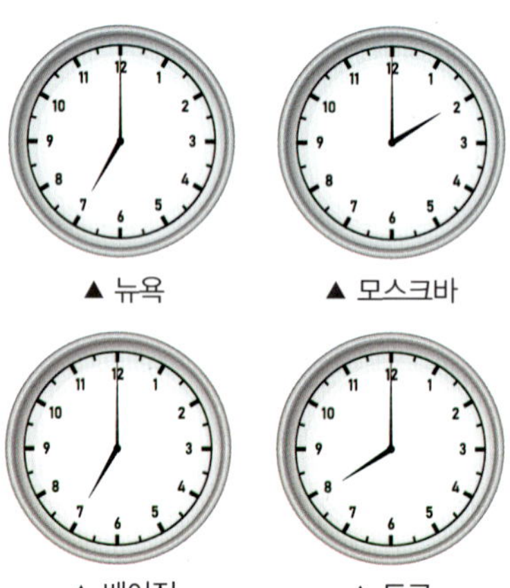

▲ 뉴욕   ▲ 모스크바
▲ 베이징   ▲ 도쿄

01 [정답] ③

④단락에서는 ①~③단락의 내용을 정리하면서 해외여행이나 다른 나라에 사는 사람에게 연락할 때 시각대를 먼저 생각해 보라고 이야기하며 글을 마무리하고 있어요.

02 [정답] ③

①단락 ❹번째 문장에서 '나라마다, 지역마다 시각이 다른 것은 아주 자연스러운 현상'이라고 했으므로 맞는 내용이에요.

03 [정답] ①

㈎는 지구상에서 동과 서의 위치를 나타내기 위한 가상의 선을 말해요.
㈏~㈒는 시각대를 말해요.

04 [정답] 한, 시각대

③단락 ❷번째 문장을 근거로 ㉠에 들어갈 말은 '한', ㉡에 들어갈 말은 '시각대'예요.

✱ **지문 이해**

● 이 글은 세계 여러 곳의 시각을 결정하는 시각대의 의미와 특징을 알려 주는 설명문입니다. 전 세계의 시각대는 영국 그리니치 천문대를 기준으로 15°씩 24개로 나뉘어 있어요. 시각대를 나눈 선이 직선이 아니라 들쭉날쭉한 이유는 나라와 지역을 고려하여 시각대를 나타내는 선을 정했기 때문이에요. 해외에 있는 사람에게 연락할 때는 그곳이 어떤 시각대를 사용하고 있는지 미리 알아볼 필요가 있어요.

● **단락 간의 관계**
①단락에서는 전 세계가 하나의 시각에 맞춰 생활할 때의 불편함을 말하면서 세계 여러 나라의 시각이 어떻게 결정되는지 질문을 던지고 있어요.
②단락에서는 세계 여러 곳의 시각을 결정하는 기준이 되는 시각대의 의미를 설명하고 있어요.

③단락에서는 시각대에 대해 좀 더 자세한 정보를 이야기하고 있어요.
④단락에서는 앞의 내용을 정리하면서 해외에 있는 사는 사람에게 연락할 때 시각대를 미리 알아보라고 이야기하며 마무리하고 있어요.

● **글의 구조도**

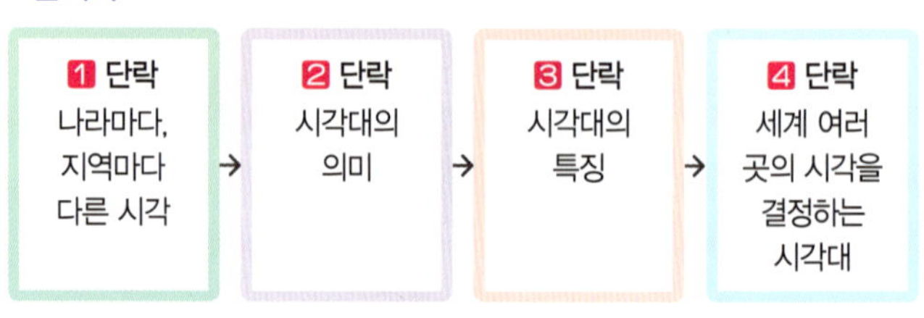

| **1** 단락 나라마다, 지역마다 다른 시각 | → | **2** 단락 시각대의 의미 | → | **3** 단락 시각대의 특징 | → | **4** 단락 세계 여러 곳의 시각을 결정하는 시각대 |

● **주제**: 세계 여러 곳의 시각을 결정하는 시각대의 의미와 특징

토의와 토론은 어떤 점이 다를까?

❶ 가족들이나 친구들 사이에서 의견이 충돌하면 흔히 '토의하자.' 혹은 '토론하자.'라고 이야기한다. ❷ 둘 중 어떤 표현이 맞는 것일까? ❸ 토의와 토론은 둘 다 어떤 문제에 대해 여럿이 모여서 의논하는 말하기이다. ❹ [이 때문에 토의와 토론을 헷갈려 하는 사람이 많지만 토의와 토론은 분명히 구별되는 말하기이다.]

❷ ❶ [토의는 어떤 문제에 대하여 여러 가지 의견을 나눈 뒤에 이를 바탕으로 가장 적절한 해결 방법을 찾는 말하기이다.] ❷ 여럿이 토의 주제에 대해 의견을 나누고, 각각의 의견이 갖는 장점과 단점에 대해 이야기한 후 가장 좋은 의견을 결정한다. ❸ 따라서 토의의 주제는 여러 사람이 함께 생각해 볼 만하고, 두 가지 이상의 의견이 나올 수 있는 것으로 정해야 한다. ❹ (가)'현장 체험 학습을 어디로 갈까?'와 같은 주제를 예로 들 수 있다.

❸ ❶ [토론은 어떤 문제에 대하여 의견이 다른 양편이 자신의 주장을 상대에게 설득시키기 위한 말하기이다.] ❷ 토론에 참여하는 사람은 적절한 근거를 들어 주장을 펼치고, 상대편의 주장과 근거를 반박하면서 상대방을 설득시킨다. ❸ 따라서 토론의 주제는 찬성과 반대의 주장이 대립할 수 있는 것으로 정해야 한다. ❹ 예를 들어 (나)'초등학생도 교복을 입어야 하는가?'와 같은 문제는 토론의 주제로 적절하다.

❹ ❶ [＿＿＿＿＿＿＿, 토의와 토론은 진행 방식에도 차이가 있다.] ❷ 토의는 비교적 자유롭게 진행되지만, 토론은 정해진 규칙에 따라 진행된다. ❸ 토론은 참여자들이 찬성과 반대로 나뉘어 논쟁하기 때문에 상대의 기분을 상하게 할 수도 있다. ❹ 이를 막기 위해 말하는 순서를 정하고 말할 수 있는 시간을 제한하는 등 엄격한 규칙에 따라 진행되는 것이다.

❺ ❶ 이처럼 토의와 토론은 다루는 주제나 목적, 진행 방식 등이 서로 다르다. ❷ 따라서 여러 가지 의견을 자유롭게 내놓는 말하기를 하고자 할 때는 '토의하자.'라고, 찬성과 반대로 나뉘어 의견을 주고받고자 할 때는 '토론하자.'라고 구분하여 표현해야 한다.

---

1 단락 요약
구별되는 말하기 방법인 토의와 토론

2 단락 요약
토의의 개념

3 단락 요약
토론의 개념

4 단락 요약
진행 방식에도 차이가 있는 토의와 토론

5 단락 요약
여러 가지 면에서 서로 다른 토의와 토론

✖ 지문 이해

● 이 글은 토의와 토론의 개념과 차이점을 알려 주는 설명문입니다. 토의는 의견을 나눈 뒤, 이를 바탕으로 가장 적절한 해결 방법을 찾는 말하기인 반면, 토론은 문제에 대해 서로 의견이 다른 양쪽이 자신의 주장을 상대에게 설득시키기 위한 말하기예요. 또한 진행 방식에도 차이가 있어요. 따라서 말하기의 목적에 맞도록 토의와 토론을 잘 구분해서 표현해야 해요.

● **단락 간의 관계**
　1단락에서는 글 전체의 중심 낱말인 '토의와 토론'에 대해 소개하고, 두 말하기 방식이 서로 다르다는 사실을 이야기하고 있어요.
　2, 3단락에서는 토의와 토론의 개념과 특징을 설명하고 있어요.
　4단락에서는 토의와 토론의 진행 방식에서 나타나는 차이점을 설명하고 있어요.
　5단락에서는 토의와 토론의 다른 점을 정리하면서 글을 끝맺고 있어요.

● **글의 구조도**

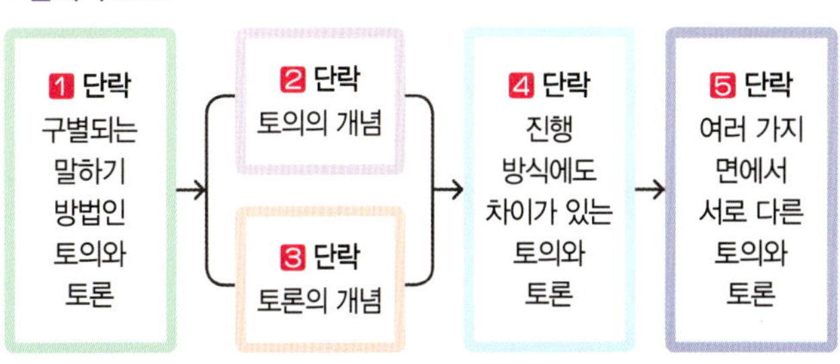

● **주제:** 토의와 토론의 개념 및 여러 가지 서로 다른 점

01 [정답] ① ·········· 단락 간의 관계 이해하기

>왜 정답?

근거: [1]단락 ❷번째 문장, [5]단락 ❷번째 문장
[1]단락에서 '둘 중 어떤 표현이 맞는 것일까?'라고 질문을 던진 뒤 [5]단락에서 '따라서 ~ 구분하여 표현해야 한다.'라고 답을 제시하고 있어요.
따라서 질문에 대한 답이 바로 [2]단락에 제시되고 있지 않으므로 틀려요.

02 [정답] ② ·········· 내용 이해하기

>왜 정답?

② 근거: [4]단락 ❸, ❹번째 문장
'토론은 참여자들이 찬성과 반대로 나뉘어 논쟁하기 때문에 상대의 기분을 상하게 할 수도 있다. 이를 막기 위해 말하는 순서를 정하고 말할 수 있는 시간을 제한하는 등 엄격한 규칙에 따라 진행되는 것이다.'라고 했으므로 틀린 내용이에요.

>왜 오답?

① 근거: [4]단락 ❸번째 문장
'토론은 참여자들이 찬성과 반대로 나뉘어 논쟁하기 때문에'라고 했으므로 맞는 내용이에요.
③ 근거: [5]단락 ❶번째 문장
'토의와 토론은 다루는 주제나 목적, 진행 방식 등이 서로 다르다.'라고 했으므로 맞는 내용이에요.
④ 근거: [3]단락 ❷번째 문장
'토론에 참여하는 사람은 적절한 근거를 들어 주장을 펼치고, 상대편의 주장과 근거를 반박하면서 상대방을 설득시킨다.'라고 했으므로 맞는 내용이에요.
⑤ 근거: [5]단락 ❷번째 문장
'의견을 자유롭게 내놓는 말하기를 하고자 할 때는 '토의하자.'라고, 찬성과 반대로 나뉘어 의견을 주고받고자 할 때는 '토론하자'라고 구분하여 표현해야 한다.'라고 했으므로 맞는 내용이에요.

03 [정답] 해결 방법, 설득, 정해진 규칙 ·········· 내용 이해하기

다음은 '토의'와 '토론'에 대해 정리한 표입니다. ㉠~㉢에 들어가기에 알맞은 말을 쓰세요.

- **'토의'와 '토론'에 대해 정리한 표**: 목적과 진행 방식에서 어떻게 다른지 정리하였습니다.
- 즉 토의와 토론의 다른 점에 알맞은 말을 쓰는 문제입니다.

>왜 정답?

㉠ 근거: [2]단락 ❶번째 문장
'토의는 어떤 문제에 대하여 여러 가지 의견을 나눈 뒤에 이를 바탕으로 가장 적절한 해결 방법을 찾는 말하기이다.'라고 했으므로 ㉠에 들어갈 말은 '해결 방법'이에요.
㉡ 근거: [3]단락 ❶번째 문장
'토론은 어떤 문제에 대하여 의견이 다른 양편이 자신의 주장을 상대에게 설득시키기 위한 말하기이다.'라고 했으므로 ㉡에 들어갈 말은 '설득'이에요.
㉢ 근거: [4]단락 ❷번째 문장
'토론은 정해진 규칙에 따라 진행된다.'라고 했으므로 ㉢에 들어갈 말은 '정해진 규칙'이에요.

04 [정답] ⑤ ·········· 올바른 접속어 찾기

>왜 정답?

⑤ '한편'이라는 이어 주는 말은 앞에서 말한 것과는 다른 새로운 사실을 말할 때 쓰는 말이에요. [4]단락에서는 앞의 [2], [3]단락에서 설명한 '토의와 토론'을 서로 다른 진행 방식의 측면에서 다루고 있어요. 그러므로 밑줄 친 곳에 들어갈 이어 주는 말은 '한편'이에요.

>왜 오답?

① '예를 들어'는 예시를 들어서 어떤 개념을 설명할 때 사용하는 이어 주는 말이므로 맞지 않아요.
② '왜냐하면'은 이유를 설명할 때 사용하는 이어 주는 말이므로 맞지 않아요.
③ '따라서'는 앞의 말이 뒤에서 말할 일의 이유나 원인이 될 때 사용하는 이어 주는 말이므로 맞지 않아요.
④ '그러나'는 앞에서 말한 내용과 반대되는 말을 할 때 사용하는 이어 주는 말이므로 맞지 않아요.

05 [정답] (가): 예 친구들이 함께 생각해 볼 만하고, 두 가지 이상의 의견이 나올 수 있기 때문이다.
(나): 예 찬성과 반대의 주장이 대립할 수 있기 때문이다.

서술형 채점 기준 – 근거: [2]단락 ❸번째 문장, [3]단락 ❸번째 문장
[2]단락에서 '토의의 주제는 여러 사람이 함께 생각해 볼 만하고, 두 가지 이상의 의견이 나올 수 있는 것으로 정해야 한다.'라고 했으므로 이 내용이 들어가면 정답이에요.
[3]단락에서 '토론의 주제는 찬성과 반대의 주장이 대립할 수 있는 것으로 정해야 한다.'라고 했으므로 이 내용이 들어가면 정답이에요.

표지판 색깔의 비밀

DAY 21

○ 각 단락 중심 낱말　◯ 전체 중심 낱말　[ ] 각 단락 중심 문장　▨ 전체 중심 문장

1 승호는 자신의 방문 앞에 걸어 놓을 '출입 금지' 표지판을 만들기 위해 기존의 표지판들을 조사해 보기로 했다. [여러 가지 표지판을 살펴보던 승호는 표지판의 모양이나 그려진 그림은 제각각이지만, 표지판 색깔은 대부분 빨간색, 노란색, 검정색이라는 것을 발견했다.] 왜 표지판에서 분홍색이나 연두색과 같은 색은 거의 찾아볼 수 없는 것일까?

▲ 교통 표지판

2 [먼저, 색은 저마다 고유한 느낌을 가지고 있다.] 빨간색과 주황색 등 붉은 계통의 색은 태양이나 불을 떠오르게 하고, 파란색이나 남색 등 푸른 계통의 색은 공기나 물을 떠오르게 한다. 또한 따뜻한 색, 선명한 색, 밝은색은 앞으로 나아가는 느낌, 크기가 커지는 느낌을 주는 반면 차가운 색, 선명하지 않은 색, 어두운색은 뒤로 물러나는 느낌, 크기가 줄어드는 느낌을 준다. 그래서 안전을 의미하는 표지판에는 크게 보이는 노란색, 위험을 알리는 표지판에는 빨간색을 주로 사용한다.

3 [또한 두 가지 이상의 색을 함께 늘어놓을 때, 비슷한 색끼리 모아 두면 서로 어우러져 편안하고 부드러운 느낌을, 반대되는 색끼리 모아 두면 각각의 색이 튀어 화려하고 활기찬 느낌을 준다.] 빨간색, 노란색을 사용한 표지판에 검정색이 섞여 있는 이유도 각각의 색이 튀어 멀리서도 잘 보이기 때문이다. 정지를 나타내는 빨간색과 통행을 나타내는 초록색이 함께 있는 신호등도 빨강과 초록이 서로 반대되는 색이어서 더욱 눈에 잘 띄는 것이다.

4 이처럼 표지판은 각각의 색이 주는 느낌, 여러 색을 함께 두었을 때 나타나는 효과를 이용하여 만들어졌다. 승호 역시 이를 활용하여 표지판을 만든다면 '출입 금지'라는 의미를 효과적으로 드러낼 수 있을 것이다.

---

1 단락 요약
표지판에 주로 사용되는 색깔

2 단락 요약
색이 가진 고유한 느낌

3 단락 요약
두 가지 이상의 색을 함께 늘어놓을 때의 느낌

4 단락 요약
색의 느낌과 여러 색을 함께 두었을 때의 효과를 이용하여 만든 표지판

✱ **지문 이해**

● 이 글은 표지판에서 주로 볼 수 있는 색깔과 표지판의 색깔이 갖고 있는 느낌을 알려 주는 설명문입니다. 색은 저마다 고유한 느낌을 가지고 있으며 표지판에는 크고 뚜렷한 느낌을 주는 색이 주로 사용되어요. 또한 서로 반대되는 색끼리 모아 두면 멀리서도 눈에 잘 띄기 때문에 이런 효과를 이용해 표지판이 만들어지기도 해요.

● **단락 간의 관계**
1단락에서는 글 전체의 중심 낱말인 '표지판 색깔'을 소개하며, 표지판에서 특정 색깔을 찾을 수 없는 이유에 대해 질문을 던져요.
2단락에서는 각각의 색들이 갖고 있는 고유한 느낌과 표지판에 주로 사용되는 색을 설명하고 있어요.
3단락에서는 서로 반대되는 색을 함께 사용했을 때 얻을 수 있는 효과를 신호등을 예로 들어 설명하고 있어요.
4단락에서는 표지판이 색의 고유한 느낌과 여러 색을 함께 두었을 때의 효과를 이용하여 만들어졌다고 이야기하며 글을 마무리하고 있어요.

● **글의 구조도**

● **주제:** 각각의 색이 주는 느낌, 여러 색을 함께 두었을 때의 효과를 이용하여 만든 표지판

01 [정답] ① ‥‥‥‥‥‥‥‥‥‥ 단락 간의 관계 이해하기

>왜 정답?

①단락에서는 방문 앞에 걸어 놓을 '출입 금지' 표지판을 만들고 싶어 하는 승호의 상황을 이야기하며 중심 낱말인 '표지판 색깔'을 소개하고 있어요.
따라서 중심 낱말이 '신호등'이라는 말은 맞지 않아요.

02 [정답] 따뜻한, 어두운 ‥‥‥‥‥‥‥‥ 내용 이해하기

>왜 정답?

㉠ 근거: ②단락 ❸번째 문장
'따뜻한 색, 선명한 색, 밝은색은 앞으로 나아가는 느낌, 크기가 커지는 느낌'을 준다고 했어요.
따라서 ㉠에 들어갈 말은 '따뜻한'이에요.

㉡ 근거: ②단락 ❸번째 문장
'차가운 색, 선명하지 않은 색, 어두운색은 뒤로 물러나는 느낌, 크기가 줄어드는 느낌'을 준다고 했어요.
따라서 ㉡에 들어갈 말은 '어두운'이에요.

03 [정답] ④ ‥‥‥‥‥‥‥‥‥‥‥‥‥‥ 내용 이해하기

>왜 정답?

④ 근거: ③단락 ❸번째 문장
'정지를 나타내는 빨간색과 통행을 나타내는 초록색이 함께 있는 신호등도 빨강과 초록이 서로 반대되는 색이어서 더욱 눈에 잘 띄는 것이다.'라고 했어요.
따라서 신호등의 초록색은 노란색과 반대되는 색이라는 내용은 맞지 않아요.

>왜 오답?

① 근거: ③단락 ❶번째 문장
'비슷한 색끼리 모아 두면 서로 어우러져 편안하고 부드러운 느낌'을 준다고 했으므로 맞는 내용이에요.

② 근거: ③단락 ❶, ❷번째 문장
'반대되는 색끼리 모아 두면 각각의 색이 튀어 화려하고 활기찬 느낌을 준다. 빨간색, 노란색을 사용한 표지판에 검정색이 섞여 있는 이유도 각각의 색이 튀어 멀리서도 잘 보이기 때문이다.'라고 했으므로 맞는 내용이에요.

③ 근거: ③단락 ❶번째 문장
'반대되는 색끼리 모아 두면 각각의 색이 튀어 화려하고 활기찬 느낌을 준'다고 했으므로 맞는 내용이에요.

⑤ 근거: ②단락 ❷번째 문장, ③단락 ❸번째 문장
②단락에서 '빨간색과 주황색 등 붉은 계통의 색은 태양이나 불을 떠오르게' 한다고 했어요. 또한 ③단락에서 '정지를 나타내는 빨간색'이라고 했으므로 맞는 내용이에요.

04 [정답] ⑤ ‥‥‥‥‥‥‥‥‥‥‥‥‥‥ 내용 적용하기

>왜 정답?

⑤ 근거: ②단락 ❸번째 문장, ③단락 ❸번째 문장
②단락에서 '어두운색은 뒤로 물러나는 느낌'이라고 했고, ③단락에서 '정지를 나타내는 빨간색'이라고 했어요.
따라서 '출입 금지' 표지판에 검정색과 빨간색을 사용하는 것이 가장 적절해요.

>왜 오답?

① 근거: ②단락 ❷번째 문장
'빨간색과 주황색 등 붉은 계통의 색은 태양이나 불을 떠오르게' 한다고 했어요. 따라서 '출입 금지' 표지판으로 적절하지 않아요.

② 근거: ①단락 ❷, ❸번째 문장
'표지판 색깔은 대부분 빨간색, 노란색, 검정색이라는 것을 발견했다. 왜 표지판에서 분홍색이나 연두색과 같은 색은 거의 찾아볼 수 없는 것일까?'라고 했어요.
따라서 연두색과 초록색으로 '출입 금지' 표지판을 만드는 것은 적절하지 않아요.

③ 근거: ①단락 ❷, ❸번째 문장
'표지판 색깔은 대부분 빨간색, 노란색, 검정색이라는 것을 발견했다. 왜 표지판에서 분홍색이나 연두색과 같은 색은 거의 찾아볼 수 없는 것일까?'라고 했어요.
따라서 흰색과 분홍색으로 '출입 금지' 표지판을 만드는 것은 적절하지 않아요.

④ 근거: ②단락 ❹번째 문장
'안전을 의미하는 표지판에는 크게 보이는 노란색'을 주로 사용한다고 했어요.
따라서 안전하다고 생각되는 곳은 출입이 가능하다고 생각할 수 있으므로 흰색과 노란색으로 '출입 금지' 표지판을 만드는 것은 적절하지 않아요.

배경지식

색의 의미

색은 각각의 독특한 성질을 가지고 있어서 사람들의 감정에 영향을 미친다고 해요. 그래서 특정한 감정이나 의미를 전달할 때 색을 이용하지요. 그럼 각각의 색이 어떠한 의미를 지니고 있는지 알아볼까요?

빨간색은 힘과 열정을 나타내요. 강렬한 에너지가 필요한 축제에서 자주 쓰인답니다. 또한 빨간색은 위험을 나타내기도 해서 소화기나 출입 금지 표시에 사용되어요.

노란색은 즐거움과 평화를 나타내요. 특히 아이들이 좋아하는 색이기도 하지요. 또한 눈에 잘 띄어서 어린이 시설이나 통학 차량에 사용되어요.

파란색은 상쾌함과 차분함을 나타내요. 그래서 시원함이 필요한 여름에 자주 쓰이는 색이에요. 또한, 믿음직한 인상을 주고 싶을 때 파란색 옷을 입으면 효과적이라고 해요.

식물의 잎은 어떤 역할을 할까?

○ 각 단락 중심 낱말   ○ 전체 중심 낱말   [ ] 각 단락 중심 문장   ▨ 전체 중심 문장

1 '식물의 색'이라고 하면 우리는 보통 초록색을 떠올린다. 식물마다 조금씩 다르지만, 대부분의 식물은 푸릇푸릇한 잎사귀가 가장 많은 부분을 차지하기 때문이다. [그렇다면 우리에게 싱그러운 느낌을 주는 식물의 잎은 어떤 역할을 할까?]

2 [우선, 잎은 식물을 먹여 살리는 역할을 한다.] 사람이 음식을 먹어 양분을 얻는 것과 달리 식물은 빛을 이용해 스스로 필요한 양분을 만든다. 식물이 빛과 이산화 탄소, 물을 이용하여 스스로 양분을 만드는 과정을 '광합성'이라고 한다. 광합성은 뿌리가 빨아들인 물과 공기 중의 이산화 탄소, 태양으로부터 내리쬐는 햇빛을 이용하여 엽록체에서 녹말과 산소를 만들어 내는 과정이다. 엽록체는 대부분 잎 뒷면에 많기 때문에 거의 모든 양분은 잎에서 만들어져 뿌리, 줄기, 열매 등 필요한 부분으로 운반되어 사용되거나 저장된다.

3 [잎의 또 다른 기능은 식물 내의 물을 조절하는 것이다.] 잎의 표면에는 우리 눈에 보이지 않는 작은 숨구멍이 무수히 많다. '기공'이라고 불리는 이 구멍을 통해 광합성이나 생장 활동에 이용된 물을 제외한 나머지가 식물 밖으로 빠져나가게 된다. 잎에 도달한 물이 기공을 통해 식물 밖으로 빠져나가는 것을 '증산 작용'이라고 하는데, 증산 작용은 뿌리에서 흡수한 물을 식물의 꼭대기까지 끌어 올릴 수 있도록 도우며 식물의 온도를 조절하는 역할을 한다. 증산 작용이 일어나지 않으면 뿌리에서 흡수한 물이 식물 안에 계속 머무르게 되어 뿌리는 더 이상 물을 흡수하지도 못하고, 잎에서는 양분을 만들어 낼 수 없게 된다.

4 이처럼 잎은 식물이 살아가는 데 꼭 필요한 역할을 한다. 우리 눈으로 보기에는 잎이 가만히 아무 일도 하지 않는 것처럼 보이지만, 그 안에서는 열심히 광합성과 증산 작용을 하는 것이다. 광합성은 햇빛이 있는 낮 동안에만 일어나며, 증산 작용 역시 햇빛이 강하고 온도가 높을 때 잘 일어난다. 화창한 오후에는 잎이 더 열심히 일할 수 있도록 화분을 해가 잘 드는 곳에 옮겨 두도록 하자.

1 단락 요약
식물의 잎이 하는 역할에 대한 궁금증

2 단락 요약
식물의 잎이 하는 역할 – 광합성

3 단락 요약
식물의 잎이 하는 역할 – 증산 작용

4 단락 요약
식물이 살아가는 데 꼭 필요한 역할을 하는 잎

✷ 지문 이해

- 이 글은 식물의 잎이 어떤 역할을 하는지 알려 주는 설명문입니다. 식물의 잎은 광합성을 통해 필요한 양분을 스스로 만들어 내고 기공이라는 작은 숨구멍을 통해 식물 내의 물을 조절하는 증산 작용을 해요. 겉으로 보기에는 식물의 잎이 아무 일도 하지 않는 것처럼 보이지만, 사실 잎은 식물이 살아가는 데 꼭 필요한 역할을 하고 있어요.

- **단락 간의 관계**
  1단락에서는 글 전체의 중심 낱말인 '식물의 잎'에 대해 소개하며 식물의 잎이 어떤 역할을 하는지에 대해 질문을 던지고 있어요.
  2, 3단락에서는 식물의 잎이 하는 역할을 광합성(양분을 만드는 일)과 증산 작용(물을 조절하는 일)으로 나누어 설명하고 있어요.
  4단락에서는 식물의 잎이 하는 필수적인 역할을 정리하며 글을 마무리하고 있어요.

- **글의 구조도**

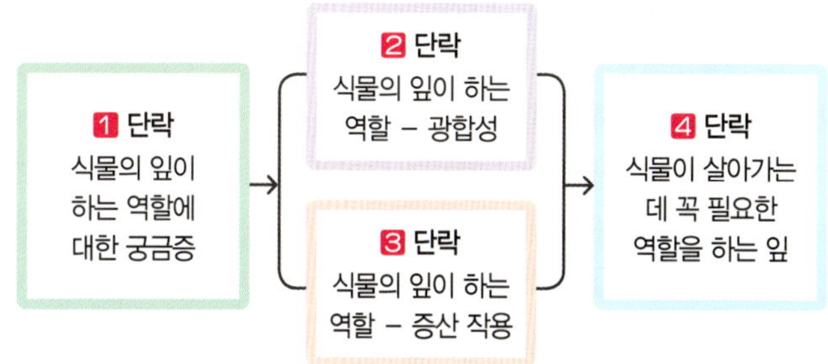

- **주제:** 광합성과 증산 작용 등 식물이 살아가는 데 꼭 필요한 역할을 하는 잎

01 [정답] ② ·· 단락 간의 관계 이해하기

>왜 정답?

①단락에서는 식물에서 잎이 차지하는 부분이 많다고 설명하고 있어요.

②단락에서는 식물의 잎이 하는 역할 중 양분을 만드는 일을, ③단락에서는 물을 조절하는 일을 설명하고 있어요.

④단락에서는 어떤 조건에서 잎이 더 활발하게 기능하는지 이야기하고 있어요.

02 [정답] ④ ·· 글쓰기 방식 이해하기

>왜 정답?

ⓒ 근거: ②단락 ❸번째 문장, ③단락 ❹번째 문장

②단락에서는 '광합성', ③단락에서는 '증산 작용'의 개념과 뜻을 구체적으로 풀이하고 있으므로 맞는 내용이에요.

ⓔ 근거: ①단락 ❸번째 문장

'그렇다면 우리에게 싱그러운 느낌을 주는 식물의 잎은 어떤 역할을 할까?'라며 질문을 던지고 있으므로 맞는 내용이에요.

>왜 오답?

㉠ 이 글에 나오지 않는 내용이에요.

ⓒ 이 글에 나오지 않는 내용이에요.

03 [정답] ④ ·· 내용 이해하기

>왜 정답?

④ 근거: ③단락 ❺번째 문장

'증산 작용이 일어나지 않으면 뿌리에서 흡수한 물이 식물 안에 계속 머무르게 되어 뿌리는 더 이상 물을 흡수하지도 못하고'라고 했어요. 즉, 증산 작용이 일어나지 않으면 뿌리에서 흡수한 물이 계속 빠져나가는 것이 아니라 식물에 계속 머무른다는 사실을 알 수 있어요.

>왜 오답?

① 근거: ④단락 ❸번째 문장

'광합성은 햇빛이 있는 낮 동안에만 일어나며'라고 했으므로 맞는 내용이에요.

② 근거: ④단락 ❸번째 문장

'증산 작용 역시 햇빛이 강하고 온도가 높을 때 잘 일어난다.'라고 했으므로 맞는 내용이에요.

③ 근거: ③단락 ❷, ❸번째 문장

'잎의 표면에는 우리 눈에 보이지 않는 작은 숨구멍이 무수히 많다. '기공'이라고 불리는'이라고 했으므로 맞는 내용이에요.

⑤ 근거: ②단락 ❺번째 문장

'거의 모든 양분은 잎에서 만들어져 뿌리, 줄기, 열매 등 필요한 부분으로 운반되어 사용되거나 저장된다.'라고 했으므로 맞는 내용이에요.

04 [정답] ④ ·· 내용 이해하기

다음은 '잎의 기능'을 정리한 표입니다. 알맞지 <u>않은</u> 내용은 무엇인가요?

- **'잎의 기능'을 정리한 표**: 잎의 기능을 광합성과 증산 작용으로 분류하여 개념과 역할 등을 정리한 표입니다.

>왜 정답?

④ 근거: ④단락 ❸번째 문장

'증산 작용 역시 햇빛이 강하고 온도가 높을 때 잘 일어난다.'라고 했어요. 그러므로 증산 작용이 밤에 활발하게 일어난다는 것은 틀린 설명이에요.

>왜 오답?

① 근거: ②단락 ❺번째 문장

'엽록체는 대부분 잎 뒷면에 많기 때문에 거의 모든 양분은 잎에서 만들어져'라고 했으므로 맞는 내용이에요.

② 근거: ②단락 ❹번째 문장

'광합성은 뿌리가 빨아들인 물과 공기 중의 이산화 탄소, 태양으로부터 내리쬐는 햇빛을 이용하여 엽록체에서 녹말과 산소를 만들어 내는 과정'이라고 했으므로 맞는 내용이에요.

③ 근거: ③단락 ❹번째 문장

'잎에 도달한 물이 기공을 통해 식물 밖으로 빠져나가는 것을 '증산 작용'이라고 하는데'라고 했으므로 맞는 내용이에요.

⑤ 근거: ③단락 ❹번째 문장

'증산 작용은 뿌리에서 흡수한 물을 식물의 꼭대기까지 끌어 올릴 수 있도록 도우며 식물의 온도를 조절하는 역할을 한다.'라고 했으므로 맞는 내용이에요.

05 [정답] (1) 예 햇빛이 쨍쨍한 날
(2) 예 광합성과 증산 작용이 잘 일어나는 환경이기 때문이다.

서술형 채점 기준 – 근거: ④단락 ❸번째 문장

④단락에서는 광합성과 증산 작용이 활발하게 일어나는 조건을 설명하고 있어요.

따라서 '<u>햇빛</u>'이라는 낱말과 '<u>광합성과 증산 작용이 잘 일어나는 환경이기 때문</u>'이라는 내용이 들어가면 정답이에요.

고통받는 지구를 위한 노력

각 단락 중심 낱말　전체 중심 낱말　[　] 각 단락 중심 문장　전체 중심 문장

1 자동차와 각종 전기 제품, 플라스틱 용품 등 우리는 과학 기술의 발달로 편한 삶을 누리고 있다. 과학 기술이 발전할수록 우리의 삶은 편리해졌지만, 지구 온난화, 해양 오염 등의 환경 오염으로 지구는 신음하고 있다. 그래서 지구를 살리자는 환경 단체들의 목소리가 점점 커지고 있으며, 많은 나라와 사람들이 이에 동참하는 것이다.

2 [현대 사회의 가장 대표적인 환경 오염은 지구 온난화라고 할 수 있다.] 지구 온난화란, 이산화 탄소 같은 기체가 하늘로 올라가 지구를 둘러싸는 바람에 지구의 기온이 높아지는 현상이다. 이로 인해 극지방의 빙하가 녹으면서 북극곰은 삶의 터전을 잃었고, 지대가 낮은 지역은 물에 잠길 위험에 처해 있다.

3 [이러한 위기를 극복하고자 세계 여러 나라는 친환경 산업을 발전시키는 정책을 실시하고 있다.] 우리나라 역시 2008년부터 '저탄소 녹색 성장'을 내세우며 지구 온난화를 막기 위해 노력하고 있다. 지구 온난화의 주된 원인인 이산화 탄소의 발생을 줄이고 환경을 생각하는 발전을 통해 환경 위기를 극복하려는 것이다.

4 [한편, 우리가 쉽고 편리하게 사용하는 플라스틱은 심각한 해양 오염을 일으키고 있다.] 버려진 플라스틱은 썩지 않고 바다로 흘러드는데, 이 플라스틱들이 모여 태평양에는 거대한 플라스틱 쓰레기 섬이 생겼다고 한다. 게다가 해양 동물들이 크기가 작은 미세 플라스틱을 먹이로 착각하여 먹는 경우가 많아지고, 그 물고기들이 우리 식탁에 오르고 있다.

5 [플라스틱으로 인한 지구 오염을 막기 위해 여러 나라에서는 플라스틱 쓰레기를 줄이고자 노력하고 있다.] 우리나라에서도 대형 커피 전문점에서 일회용 플라스틱 빨대와 컵을 사용하는 것을 금지하고, 대형 마트에서는 플라스틱으로 만든 비닐봉지 대신 여러 번 사용할 수 있는 장바구니를 사용하도록 하고 있다.

6 [더불어 환경 오염을 막기 위해서는 우리 각자가 함께 노력해야 한다.] 가까운 거리는 걸어 다니고, 일회용 플라스틱 컵보다는 유리로 된 컵을 사용하는 등 생활 속의 작은 실천을 통해 환경 오염으로 인해 고통받는 지구를 도울 수 있다.

1 단락 요약
과학 기술의 발달로 심각해진 환경 오염

2 단락 요약
현대 사회의 가장 대표적인 환경 오염인 지구 온난화

3 단락 요약
지구 온난화 극복을 위한 친환경 산업 발전 정책

4 단락 요약
플라스틱으로 인한 해양 오염

5 단락 요약
플라스틱 쓰레기를 줄이기 위한 노력

6 단락 요약
환경 오염을 막기 위한 개개인의 노력

✹ 지문 이해

● 이 글은 환경 오염에 대처하기 위한 다양한 노력을 알려 주는 설명문입니다. 과학 기술의 발달로 편리한 삶을 살고 있지만 지구 온난화, 해양 오염 등의 환경 문제가 발생하고 있어요. 환경 오염을 막기 위해 여러 나라는 친환경 산업을 발전시키고, 플라스틱 쓰레기를 줄이려는 노력을 하고 있지요. 개개인 역시 함께 노력해야 환경 오염으로부터 지구를 지킬 수 있어요.

● **단락 간의 관계**
1단락에서는 글 전체의 중심 낱말인 '환경 오염'에 대해 소개하고 있어요.
2, 3단락에서는 지구 온난화 문제와 이를 막기 위한 노력을 설명하고 있어요.
4, 5단락에서는 플라스틱으로 인한 해양 오염 문제와 이를 해결하기 위한 노력을 이야기하고 있어요.
6단락에서는 개개인도 환경 오염을 막기 위해 노력하자고 하며 글을 마무리하고 있어요.

● **글의 구조도**

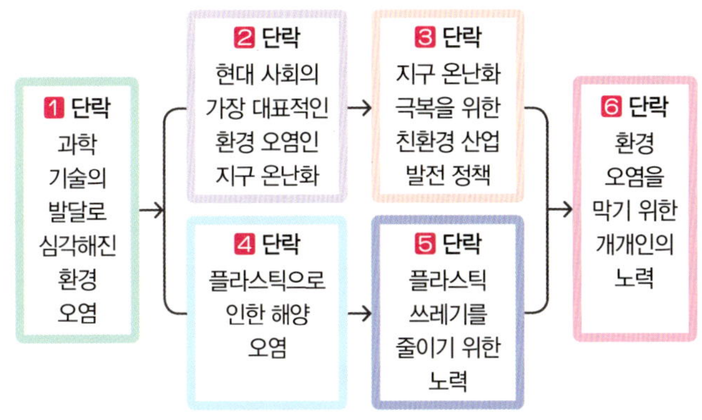

● **주제**: 과학 기술의 발달로 심각해진 환경 오염과 이를 극복하기 위한 노력

01 정답 ④ ·········· 단락 간의 관계 이해하기

왜 정답?

1단락에서는 과학 기술의 발달로 심각해진 환경 오염에 대한 이야기를 꺼내며 글을 시작하고 있어요.
2단락에서는 지구 온난화 문제를 제시하고 3단락에서는 이를 막기 위한 우리의 노력을 설명하고 있어요.
4단락도 플라스틱으로 인한 해양 오염 문제를 제시한 후 5단락에서 이를 해결하기 위한 우리의 노력을 설명하고 있어요.
6단락에서는 환경 오염을 막기 위한 개개인의 노력에 대해 설명하고 있어요.
그러므로 6단락에서 2~4단락의 내용을 요약하며 설명하고 있다는 것은 틀린 말이에요.

02 정답 ④ ·········· 내용 이해하기

왜 정답?

④ 근거: 2단락 ❷번째 문장
　'지구 온난화란, 이산화 탄소 같은 기체가 하늘로 올라가 지구를 둘러싸는 바람에 지구의 기온이 높아지는 현상이다.'라고 했어요. 즉, 산소가 부족해져 일어나는 오염이 아니라 기온이 올라가서 일어나는 문제예요.

왜 오답?

① 근거: 1단락 ❷번째 문장
　'과학 기술이 발전할수록 우리의 삶은 편리해졌지만, 지구 온난화, 해양 오염 등의 환경 오염으로 지구는 신음하고 있다.'라고 했으므로 맞는 내용이에요.
② 근거: 1단락 ❷번째 문장
　'지구 온난화, 해양 오염 등의 환경 오염으로'라고 했으므로 맞는 내용이에요.
③ 근거: 4단락 ❸번째 문장
　'플라스틱을 먹이로 착각하여 먹는 경우가 많아지고, 그 물고기들이 우리 식탁에 오르고 있다.'라고 했으므로 맞는 내용이에요.
⑤ 근거: 4단락 ❸번째 문장
　'해양 동물들이 크기가 작은 미세 플라스틱을 먹이로 착각하여 먹는 경우가 많아지고'라고 했으므로 맞는 내용이에요.

03 정답 친환경 산업, 저탄소 ·········· 내용 이해하기

왜 정답?

㉠ 근거: 3단락 ❶번째 문장
　'세계 여러 나라는 친환경 산업을 발전시키는 정책을 실시하고 있다.'라고 했으므로 ㉠에 들어갈 말은 '친환경 산업'이에요.

㉡ 근거: 3단락 ❷번째 문장
　'우리나라 역시 2008년부터 '저탄소 녹색 성장'을 내세우며 지구 온난화를 막기 위해 노력'한다고 했으므로 ㉡에 들어갈 말은 '저탄소'예요.

04 정답 ⑤ ·········· 내용 적용하기

다음 중 5단락에 추가할 수 있는 예로 알맞은 것은 무엇인가요?

· 5단락에 추가할 수 있는 예: 플라스틱 쓰레기를 줄이기 위한 노력으로 알맞은 것을 찾는 문제입니다.

왜 정답?

⑤ 5단락에서는 플라스틱 쓰레기를 줄이기 위한 나라 차원의 노력들을 설명하고 있어요. 생수·음료수용 페트병을 재활용이 가능한 무색 페트병으로 전환하는 것은 플라스틱 쓰레기를 줄이는 예로 맞는 내용이에요.

왜 오답?

① 대중교통을 이용하는 것은 플라스틱 쓰레기를 줄이기 위한 노력과 관계가 없어요.
② 종량제 쓰레기봉투의 색을 통일하는 것은 플라스틱 쓰레기를 줄이기 위한 노력과 관계가 없어요.
③ 전자 제품의 전원 코드를 뽑는 것은 플라스틱 쓰레기를 줄이기 위한 노력과 관계가 없어요.
④ 종이 폐기물을 줄이는 것은 플라스틱 쓰레기를 줄이기 위한 노력과 관계가 없어요.

05 정답 예 가까운 거리는 걸어 다니고, 일회용 플라스틱 컵보다는 유리로 된 컵을 사용한다.

다음은 채원이와 선생님이 나눈 대화입니다. 밑줄 친 곳에 들어가기 알맞은 내용을 이 글에서 찾아 쓰세요.

· 채원이와 선생님이 나눈 대화: 환경 보호를 위해 개개인이 할 수 있는 노력을 찾아 쓰는 문제입니다.

서술형 채점 기준 – 근거: 6단락 ❷번째 문장
6단락에서는 환경 오염에 대처하기 위해 개인이 노력할 수 있는 방법들을 소개하고 있어요.
따라서 '가까운 거리는 걸어 다니고, 일회용 플라스틱 컵보다는 유리로 된 컵을 사용'이라는 내용이 들어가면 정답이에요.

가장 양이 많은 우유는 어느 것일까?

○ 각 단락 중심 낱말 ◯ 전체 중심 낱말 [ ] 각 단락 중심 문장 ▨ 전체 중심 문장

1 ❶ 어머니 심부름으로 우유를 사러 간 해나는 당황스러웠다. ❷ 너무도 다양한 종류의 우유가 있어서 선택하기 힘들었기 때문이다. ❸ '가장 양이 많은 우유를 사 오렴.'이라고 한 어머니의 말을 떠올리며 해나는 고민에 빠졌다. ❹ 해나는 어떤 우유를 사야 할까? ❺ [액체의 양을 나타내는 단위를 살펴보면 이 문제를 쉽게 해결할 수 있다.]

2 ❶ 물병과 같은 통이나 그릇 안에 최대한으로 넣을 수 있는 물건의 부피를 '들이'라고 한다. ❷ 즉, 해나는 우유갑의 들이가 가장 큰 것을 선택하면 되는 것이다. ❸ 들이를 나타내는 단위는 'L'이며 '리터'라고 읽는다. ❹ [1L는 한 모서리의 길이가 10cm인 정육면체의 부피와 같은 들이이다.] ❺ 정육면체의 부피는 가로와 세로, 높이의 길이를 곱하여 구하므로 '1L=10cm×10cm×10cm=1000cm³'이다.

3 ❶ 한편, 우리가 급식 시간에 먹는 작은 우유갑에는 L가 아닌 mL가 적혀 있다. ❷ 이것은 어떤 단위일까? ❸ mL는 '밀리리터'라고 읽으며, L보다 작은 단위의 부피이다. ❹ [1mL는 한 모서리의 길이가 1cm인 정육면체의 부피와 같은 들이이며, '1mL=1cm×1cm×1cm=1cm³'이다.]

4 ❶ 그렇다면 L와 mL를 어떻게 비교할 수 있을까? ❷ 두 가지를 똑같은 단위로 바꿔 보면 된다. ❸ 앞에서 우리는 정육면체의 부피를 구하는 방법을 이용해 L와 mL를 cm³라는 똑같은 단위로 바꿔 보았다. ❹ [1L는 1000cm³이고 1mL는 1cm³이므로 1L는 1mL보다 1000배 많다.] ❺ 만약 200mL를 L로 나타내려면 $\frac{1}{1000}$을 곱하여 0.2L로 나타낼 수 있다. ❻ 반대로 L를 mL 단위로 바꾸려면 1000을 곱하면 되는 것이다. ❼ 이제 해나는 다양하게 적힌 우유갑의 들이를 비교하여 가장 양이 많은 우유를 사갈 수 있다.

5 ❶ 여러 가지 음료들은 다양한 모양의 용기에 들어 있다. ❷ 용기의 높이가 높아도 통이 좁으면 들이가 크지 않을 수 있고, 높이가 좀 낮아도 통이 넓으면 들이가 클 수 있다. ❸ 따라서 다양한 음료의 들이를 단순히 눈으로 비교하는 것은 정확하지 않기 때문에 L와 mL의 단위를 확실히 따져보아야 한다. ❹ 비슷한 품질이고 같은 가격이라면 더 많은 양의 음료를 고르는 현명한 소비를 하도록 하자.

1 단락 요약
액체의 양을 나타내는 단위 살펴보기

2 단락 요약
액체의 양을 나타내는 단위 L

3 단락 요약
액체의 양을 나타내는 단위 mL

4 단락 요약
L와 mL를 비교하는 방법

5 단락 요약
음료의 들이를 정확하게 비교하는 방법

★ 지문 이해

● 이 글은 액체의 양을 나타내는 단위의 개념과 종류를 알려 주는 설명문입니다. 액체의 양을 나타내는 종류에는 '리터'와 '밀리리터'가 있는데 1리터는 1밀리리터보다 1000배 많아요. 단순히 눈으로 비교하는 것은 정확하지 않으므로 액체의 양을 비교할 때 리터와 밀리리터 단위를 비교해야 해요.

● 단락 간의 관계
1 단락에서는 '액체의 양을 나타내는 단위'에 대해 소개하고 있어요.
2, 3 단락에서는 리터와 밀리리터의 개념을 설명하고 있어요.
4 단락에서는 두 단위를 비교하는 방법을 이야기하고 있어요.
5 단락에서는 액체의 양을 나타내는 단위를 정확하게 비교하여 현명한 소비를 하자며 글을 마무리하고 있어요.

● 글의 구조도

1 단락	2 단락		
액체의 양을 나타내는 단위 살펴보기	액체의 양을 나타내는 단위 L	4 단락 L와 mL를 비교하는 방법	5 단락 음료의 들이를 정확하게 비교하는 방법
	3 단락 액체의 양을 나타내는 단위 mL		

● 주제: 액체의 양을 나타내는 단위인 L와 mL 알아보기

01 [정답] ③ ································· 단락 간의 관계 이해하기

>왜 정답 ?

1단락에서는 해나가 고민하는 문제 상황을 통해 액체의 양을 나타내는 단위를 살펴보고자 이야기하고 있어요.
2단락과 3단락에서는 들이의 개념과 그 단위인 리터와 밀리리터를 설명하고 있어요.
5단락에서는 음료를 살 때 액체의 양을 나타내는 단위를 확실히 따져보는 현명한 소비를 하도록 하자며 글을 마무리하고 있어요.
그러므로 다양한 음료의 품질과 가격을 비교하고 있다는 것은 틀린 설명이에요.

02 [정답] ② ································· 내용 이해하기

>왜 정답 ?

② 근거: 2단락 ❺번째 문장
  '정육면체의 부피는 가로와 세로, 높이의 길이를 곱하여 구하므로'라고 했으므로 틀린 내용이에요.

>왜 오답 ?

① 근거: 3단락 ❸번째 문장
  'mL는 '밀리리터'라고 읽으며, L보다 작은 단위의 부피이다.'라고 했으므로 맞는 내용이에요.
③ 근거: 5단락 ❸번째 문장
  '다양한 음료의 들이를 단순히 눈으로 비교하는 것은 정확하지 않'다고 했으므로 맞는 내용이에요.
④ 근거: 2단락 ❶번째 문장
  '물병과 같은 통이나 그릇 안에 최대한으로 넣을 수 있는 물건의 부피를 '들이'라고 한다.'라고 했으므로 맞는 내용이에요.
⑤ 근거: 4단락 ❸번째 문장
  '정육면체의 부피를 구하는 방법을 이용해 L와 mL를 cm^3라는 똑같은 단위로 바꿔 보았다.'라고 했으므로 맞는 내용이에요.

03 [정답] 유빈 ································· 내용 이해하기

>왜 정답 ?

유빈 근거: 4단락 ❹번째 문장
  '1L는 1mL보다 1000배 많다.'라고 했으므로 맞는 내용이에요.

>왜 오답 ?

혜민 근거: 4단락 ❹번째 문장
  '1L는 1mL보다 1000배 많다.'라고 했으므로 1mL는 1L와 비교했을 때 1000배 작은 양에 해당해요. 그러므로 틀린 내용이에요.
지윤 근거: 4단락 ❺번째 문장
  '만약 200mL를 L로 나타내려면 $\frac{1}{1000}$을 곱하여 0.2L로 나타낼 수 있다.'라고 했으므로 틀린 내용이에요.

가현 근거: 3단락 ❶번째 문장
  '작은 우유갑에는 L가 아닌 mL가 적혀 있다.'라고 했으므로 틀린 내용이에요.

04 [정답] 1000, 2000, $\frac{1}{1000}$, 0.5 ········· 내용 적용하기

>왜 정답 ?

㉠ 근거: 4단락 ❻번째 문장
  'L를 mL 단위로 바꾸려면 1000을 곱하면 되는 것이다.'라고 했어요.
㉡ 2L를 mL 단위로 바꾸면 2000mL예요.
㉢ 근거: 4단락 ❺번째 문장
  '200mL를 L로 나타내려면 $\frac{1}{1000}$을 곱하여 0.2L로 나타낼 수 있다.'라고 했어요.
㉣ 500mL의 경우 L 단위로 나타내면 0.5L예요.

05 [정답] 예 비슷한 품질이고 같은 가격이라면 더 많은 양의 음료를 고르는 현명한 소비를 할 수 있다.

[서술형] 채점 기준 – 근거: 5단락 ❹번째 문장
5단락에서는 액체의 양을 눈으로 비교하는 것이 아니라 리터와 밀리리터를 사용했을 때 얻을 수 있는 장점을 이야기하고 있어요.
따라서 '비슷한 품질이고 같은 가격이라면 더 많은 양의 음료를 고르는 현명한 소비'를 할 수 있다는 내용이 들어가면 정답이에요.

---- 배경지식 ----

단위의 탄생

  단위는 길이, 무게, 부피 등을 잴 때, 기초가 되는 일정한 기준을 말해요. 길이를 잴 때는 m와 cm를, 무게를 잴 때는 g과 kg를, 부피를 잴 때는 ml와 L를 사용하지요. 그렇다면 단위가 없었던 옛날에는 무엇으로 사물을 측정했을까요?
  옛날에는 자나 저울 대신 사람의 몸을 측정의 단위로 삼았어요. 예를 들어, 손가락의 길이로 한 뼘, 두 뼘 등의 길이를 재었고, 양 손바닥을 모아 한 줌, 두 줌 등의 부피를 재었지요. 그러나 사람마다 신체의 길이가 달랐기 때문에 정확하게 사물을 잴 수 없었어요.
  그래서 1790년 프랑스의 탈레랑이라는 사람의 제안으로 학자들이 모여서 1m의 값을 정했어요. 1m를 어느 정도의 길이로 정할까 고민하다가 적도에서 북극까지의 거리를 천만 분의 1로 나눈 값을 1m로 결정했어요. 이후 국제적으로 길이, 무게, 부피 등을 재는 방법과 기준을 정하였는데, 이를 '미터법'이라고 해요. 미터법으로 길이는 미터(m), 무게는 킬로그램(kg), 부피는 리터(L)로 나타내기로 약속했답니다.

연극의 기본이 되는 글, 희곡

◯ 각 단락 중심 낱말　◯ 전체 중심 낱말　[ ] 각 단락 중심 문장　▨ 전체 중심 문장

❶ 수아네 반은 환경 오염의 심각성을 알리는 연극을 하기로 했다. ❷ 연극을 하려면 무엇이 필요할까? ❸ 무대, 배우, 의상, 관객 등 여러 가지가 있겠지만, 무엇보다 꼭 필요한 것은 연극의 대본이다. ❹ [대본은 연극이나 영화의 기본이 되는 글이며, 그중에서도 연극의 대본을 희곡이라고 한다.] ❺ 희곡은 무엇으로 이루어져 있을까?　*1단락 요약: 희곡의 뜻

❷ ❶ 희곡의 첫 부분은 해설로 시작된다. ❷ [해설이란 이야기의 배경이 되는 시간, 장소, 등장인물 등을 소개하는 부분이다.] ❸ 또한 희곡은 무대 위에서 공연을 하기 위한 목적으로 쓰인 글이기 때문에 무대나 소품, 등장인물의 행동 등을 무대 위에서 어떻게 드러낼 것인지를 구체적으로 써 놓는데 이것을 지시문 또는 지문이라고 한다. ❹ 지시문 중에서도 인물의 동작을 지시하는 것은 보통 괄호 안에 표시되어 있는 경우가 많다.　*2단락 요약: 희곡의 구성 요소−해설, 지시문(지문)

❸ ❶ 희곡에서 해설이나 지시문보다 더 중요한 것이 있다. ❷ 바로 희곡에서 가장 많은 부분을 차지하는 대사이다. ❸ [대사란 등장인물이 하는 말로, 희곡에서는 대사를 통해 인물의 심리, 성격, 사건의 진행 등이 모두 드러난다.] ❹ 대사의 종류는 두 사람이 주고받는 '대화', 등장인물이 혼자서 하는 말인 '독백', 다른 등장인물에게는 들리지 않고 관객에게만 들린다고 정해 놓은 말인 '방백'으로 나뉜다.　*3단락 요약: 희곡의 구성 요소−대사

❹ ❶ 이와 같이 희곡은 해설과 지시문(지문), 대사로 구성된 연극 대본이다. ❷ 희곡은 무대에서 공연하는 것이 목적인 글이기 때문에 작가의 뜻을 마음껏 표현하기에는 시간과 공간의 한계에 부딪힐 수밖에 없다. ❸ 하지만 희곡의 해설과 지시문이 무대 위에서 어떤 무대 장치나 소품, 효과로 표현되는지, 배우들이 대사를 어떻게 연기하는지 보는 재미가 있다. ❹ 희곡을 잘 이해하려면 실제로 연극을 해 보는 것이 가장 좋은 방법이다. ❺ 수아네 반은 연극을 하는 과정에서 희곡을 제대로 이해할 수 있을 것이다.　*4단락 요약: 희곡의 구성 요소로 정리해 본 개념

---

01 [정답] 희곡, 대사

[1]단락에서는 희곡의 뜻을 소개하고 [2], [3]단락에서는 희곡의 구성 요소인 해설과 지시문(지문), 대사를 자세히 설명하고 있어요.

02 [정답] ③

[4]단락 ❹번째 문장에서 '희곡을 잘 이해하려면 실제로 연극을 해 보는 것이 가장 좋은 방법이다.'라고 했어요.

03 [정답] 해설, 지시문(지문), 대사

[4]단락 ❶번째 문장에서 '희곡은 해설과 지시문(지문), 대사로 구성된 연극 대본이다.'라고 했어요.

04 [정답] ②

ⓛ은 등장인물이 하는 말, 그중에서도 '방백'에 해당해요. [3]단락 ❸번째 문장에서 '대사란 등장인물이 하는 말'이라고 했으므로 ⓛ은 지시문이 아니라 대사(방백)예요.

✖ 지문 이해

● 이 글은 희곡의 개념과 희곡의 구성 요소를 알려 주는 설명문입니다. 연극에 사용되는 대본을 희곡이라고 해요. 배경을 소개해 주는 해설과 무대나 소품, 등장인물에 대한 지시를 담은 지시문, 등장인물의 말에 해당하는 대사가 희곡의 중요한 구성 요소예요. 이렇듯 희곡을 구성하는 여러 요소를 이해하면 연극을 재미있게 감상할 수 있어요.

● **단락 간의 관계**

[1]단락에서는 글 전체의 중심 낱말인 '희곡'에 대해 소개하고 있어요.

[2]단락에서는 희곡의 구성 요소인 해설과 지시문(지문)을, [3]단락에서는 희곡의 구성 요소인 대사를 설명하고 있어요.

[4]단락에서는 [1]~[3]단락의 내용을 다시 한번 정리하며 글을 마무리하고 있어요.

● **글의 구조도**

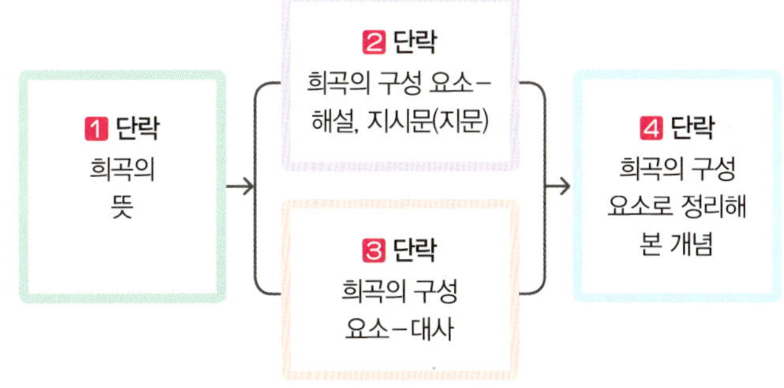

● **주제**: 희곡의 뜻과 희곡을 구성하는 요소들

프랑스에 있는 우리의 문화재, 《직지심체요절》

○ 각 단락 중심 낱말　◯ 전체 중심 낱말　[ ] 각 단락 중심 문장　▢ 전체 중심 문장

① 금속 활자로 만든 세계 최초의 책으로, 세계 기록 유산에도 오른 우리의 문화재는 무엇일까? ❷ 바로 가치를 따질 수 없는 우리나라의 보물인 《직지심체요절》이지만, 이 책은 현재 프랑스 국립 도서관에 있다. ❸ 우리나라의 보물이 어쩌다 프랑스까지 가게 된 것일까?

② 대한 제국 시기까지 《직지심체요절》은 우리나라에 있었다. ❷ [그런데 당시 우리나라에 있던 프랑스 외교관 콜랭 드 플랑시는 동양 문화에 관심이 많아 책과 미술품 등을 사들였고 그중 하나가 《직지심체요절》이었다.] ❸ 그는 그것들을 프랑스로 가져갔으며 이후 《직지심체요절》은 골동품 수집가의 손을 거쳐 프랑스 국립 도서관에 보관된 것이다.

③ 프랑스 국립 도서관에 있던 《직지심체요절》을 발견한 사람은 박병선 박사이다. ❷ 한국에서 역사를 공부하던 그녀는 프랑스로 유학을 떠나 학위를 받고 프랑스 국립 도서관의 사서로 일하였다. ❸ [도서관 귀퉁이에서 《직지심체요절》을 발견한 그녀는 이것이 당시 최초의 금속 활자본으로 알려져 있던 구텐베르크의 것보다 73년이나 앞선 세계 최고(最古)의 금속 활자본이라는 사실을 증명해 냈다.]

④ 그렇다면 왜 《직지심체요절》은 우리나라로 돌아오지 못하고 있는 것일까? ❷ [그것은 이 책이 외규장각 의궤처럼 강제로 빼앗긴 문화재가 아니기 때문이다.] ❸ 콜랭 드 플랑시가 《직지심체요절》을 합법적으로 구매한 것이므로 이를 일방적으로 돌려달라고 요구하기가 어렵다. ❹ 게다가 과거 프랑스의 식민지였고 아직까지 문화재를 돌려받지 못하고 있는 많은 나라들 간의 복잡한 관계로 인해 문화재 반환이 더욱 힘든 상황이다.

⑤ [하지만 이 책을 되찾아 와야 한다는 목소리는 끊이지 않고 있으며, 문화재 반환 운동을 하는 단체와 정부도 계속 노력하고 있다.] ❷ 또한 소중한 문화재를 되찾기 위해 개개인들도 해외에 있는 우리의 문화재에 관심을 가져야 한다.

---

1 단락 요약
우리나라의 보물인 《직지심체요절》

2 단락 요약
《직지심체요절》이 프랑스로 가게 된 이유

3 단락 요약
박병선 박사에 의해 발견된 《직지심체요절》

4 단락 요약
《직지심체요절》이 우리나라로 돌아오지 못하고 있는 이유

5 단락 요약
《직지심체요절》처럼 해외에 있는 문화재를 되찾기 위해 해야 할 일

✱ 지문 이해

● 이 글은 우리나라의 보물인 《직지심체요절》이 프랑스로 가게 된 과정과 아직도 우리나라로 돌아오지 못하는 이유를 알려 주는 설명문입니다. 《직지심체요절》은 외규장각 의궤와 달리 강제로 빼앗긴 문화재가 아니어서 안타깝지만 우리나라로 돌아오지 못하는 상황이에요. 소중한 문화재를 되찾기 위해 우리 모두가 해외에 있는 문화재에 관심을 가져야 해요.

● **단락 간의 관계**
　① 단락에서는 글 전체의 중심 낱말인 '직지심체요절'에 대해 소개하고, 왜 우리나라의 보물이 프랑스에 있는 것인지 질문을 던지고 있어요.
　② 단락에서는 직지심체요절이 프랑스에 가게 된 과정을 설명하고 있어요.
　③ 단락에서는 박병선 박사가 직지심체요절을 프랑스 국립 도서관에서 발견하고 그 가치를 증명한 사실을 말하고 있어요.
　④ 단락에서는 직지심체요절이 반환되지 못하는 이유를 설명하고 있어요.
　⑤ 단락에서는 해외에 있는 우리 문화재에 대해 관심을 가질 것을 부탁하며 글을 마무리하고 있어요.

● **글의 구조도**

> **1 단락:** 우리나라의 보물인 《직지심체요절》
> ↓
> **2 단락:** 《직지심체요절》이 프랑스로 가게 된 이유
> ↓
> **3 단락:** 박병선 박사에 의해 발견된 《직지심체요절》
> ↓
> **4 단락:** 《직지심체요절》이 우리나라로 돌아오지 못하고 있는 이유
> ↓
> **5 단락:** 《직지심체요절》처럼 해외에 있는 문화재를 되찾기 위해 해야 할 일

● **주제:** 우리나라의 문화재인 《직지심체요절》이 프랑스로 가게 된 과정과 아직 우리나라로 돌아오지 못하는 이유

01 [정답] 직지심체요절 ·········· 글의 구조 이해하기

왜 정답?

①단락에서는 '직지심체요절'에 대해 소개하고 있어요.
②~③단락에서는 '직지심체요절'이 프랑스에 가게 된 이유와 박병선 박사가 이를 발견하게 된 과정을 설명하고 있어요.
④단락에서는 '직지심체요절'이 우리나라로 돌아오지 못하는 이유를 이야기하고 있어요.
⑤단락에서는 해외에 있는 우리의 문화재에 관심을 가질 것을 부탁하고 있어요.
그러므로 빈칸에 공통으로 들어갈 말은 '직지심체요절'이에요.

02 [정답] ③, ⑤ ·········· 글쓰기 방식 이해하기

왜 정답?

③ 근거: ①단락 ❸번째 문장, ②단락 전체, ④단락 ❶, ❷번째 문장
①단락에서 '우리나라의 보물이 어쩌다 프랑스까지 가게 된 것일까?'라는 질문을 던진 다음 ②단락에서 답변을 하고 있어요. ④단락에서도 '왜 《직지심체요절》은 우리나라로 돌아오지 못하고 있는 것일까?'라고 질문을 던진 후 뒤이어 '그것은 이 책이 외규장각 의궤처럼 강제로 빼앗긴 문화재가 아니기 때문이다.'라고 답변을 하고 있으므로 맞는 설명이에요.

⑤ 근거: ③단락 ❸번째 문장
'이것이 당시 최초의 금속 활자본으로 알려져 있던 구텐베르크의 것보다 73년이나 앞선 세계 최고(最古)의 금속 활자본이라는 사실을 증명해 냈다.'라고 했으므로 맞는 설명이에요.

왜 오답?

①, ②, ④는 이 글에 나오지 않는 내용이에요.

03 [정답] ㉁, ㉠, ㉢ ·········· 내용 이해하기

왜 정답?

㉁ 근거: ②단락 ❷, ❸번째 문장
'콜랭 드 플랑시는 동양 문화에 관심이 많아 책과 미술품 등을 사들였고 그중 하나가 《직지심체요절》이었다. 그는 그것들을 프랑스로 가져갔으며'라고 했어요.

㉠ 근거: ②단락 ❸번째 문장
'그는 그것들을 프랑스로 가져갔으며 이후 《직지심체요절》은 골동품 수집가의 손을 거쳐 프랑스 국립 도서관에 보관된 것이다.'라고 했어요.

㉢ 근거: ③단락 ❶번째 문장
'프랑스 국립 도서관에 있던 《직지심체요절》을 발견한 사람은 박병선 박사'라고 했어요.
그러므로 《직지심체요절》에 관한 사건을 일어난 순서대로 정리하면 ㉁ → ㉠ → ㉢이에요.

04 [정답] ④ ·········· 알맞은 반응 찾기

왜 정답?

④ 근거: ②단락 ❷번째 문장
'콜랭 드 플랑시는 동양 문화에 관심이 많아 책과 미술품 등을 사들였고 그중 하나가 《직지심체요절》이었다.'라고 했으므로 틀린 반응이에요.

왜 오답?

① 근거: ④단락 ❸번째 문장
'합법적으로 구매한 것이므로 이를 일방적으로 돌려달라고 요구하기가 어렵다.'라고 했으므로 맞는 반응이에요.

② 근거: ④단락 ❷번째 문장
'이 책이 외규장각 의궤처럼 강제로 빼앗긴 문화재가 아니기 때문이다.'라고 했어요. 그러므로 외규장각 의궤가 《직지심체요절》과 달리 빼앗긴 문화재라는 설명은 맞는 반응이에요.

③ 근거: ④단락 ❹번째 문장
'과거 프랑스의 식민지였고 아직까지 문화재를 돌려받지 못하고 있는 많은 나라들'이라고 했으므로 맞는 반응이에요.

⑤ 근거: ⑤단락 ❶번째 문장
'문화재 반환 운동을 하는 단체와 정부도 계속 노력하고 있다.'라고 했으므로 맞는 반응이에요.

05 [정답] 예 문화재의 가치와 역사 등에 대한 올바른 정보를 바탕으로 '우리 문화재 알리기' 신문을 만든다.

[서술형] 채점 기준 – 근거: ⑤단락 ❷번째 문장
'소중한 문화재를 되찾기 위해 개개인들도 해외에 있는 우리의 문화재에 관심을 가져야 한다.'라고 했어요. 따라서 이러한 내용을 담고 있는 노력을 적으면 정답이에요.

배경지식

일본에 있는 몽유도원도

문화재청에 따르면 해외에 있는 우리의 문화재는 약 76,000점이라고 해요. 그중에서 조선 시대 화가인 안견의 그림 '몽유도원도'는 어떻게 일본으로 가게 되었는지 정확하게 알려지지 않았지만 일본의 텐리(天理)대학교 중앙 도서관에 소장되어 있어요.

몽유도원도는 세종의 셋째 아들인 안평 대군의 신비로운 꿈 이야기를 담은 그림이에요. 안평 대군이 꿈속에서 무릉도원을 거닐었는데, 그 모습이 어찌나 아름다운지 반드시 그림으로 남겨야겠다고 생각했대요. 그래서 안견에게 그 모습을 설명하였고, 안견은 3일 만에 몽유도원도를 완성했다고 해요. 꿈속의 낙원을 탁월하게 표현한 몽유도원도는 한국의 산수화 발전에 큰 영향을 끼쳤지요.

마이너스 시력이란 무엇일까?

◯ 각 단락 중심 낱말 ◯ 전체 중심 낱말 [ ] 각 단락 중심 문장 ▢ 전체 중심 문장

① 눈이 나빠지면 안경을 맞추기 위해 시력 검사를 한다. ② 시력 검사표에서 가장 위에 있는 숫자를 읽으면 0.1, 가장 아래에 있는 숫자를 읽으면 2.0이라고 한다. ③ [우리가 알고 있는 마이너스 시력은 0.1보다 나쁜 시력을 말하는 것일까?]

| **1 단락 요약** |
| 마이너스 시력에 대한 의문 |

② 시력이란 물체를 알아볼 수 있는 눈의 능력을 말한다. ② 시력 검사표 맨 위에 있는 기호만 알아볼 수 있다면 시력은 0.1이고, 맨 아래에 있는 것까지 읽을 수 있다면 시력은 2.0 이상이다. ③ 그렇다면 0.1보다 낮은 시력은 0이고, 그보다 더 낮은 시력은 마이너스로 나타낼까? ④ 그렇지 않다. ⑤ 0.1보다 낮은 시력은 0.05 등으로 나타내며 시력이 없는 눈은 마이너스가 아니라 0이다. ⑥ [즉, 마이너스로 표시하는 시력은 존재하지 않는 것이다.]

| **2 단락 요약** |
| 존재하지 않는 마이너스 시력 |

③ 마이너스 시력이라는 표현은 눈이 원시인지 근시인지와 관련이 있다. ② 빛이 각막과 수정체를 지나 망막에 정확히 초점을 맺을 때 우리는 물체를 또렷하게 볼 수 있다. ③ 초점이 망막보다 약간 뒤에 맺히는 상태를 원시라고 하는데, 원시는 먼 곳은 잘 볼 수 있지만 가까이 있는 작은 글씨가 잘 안 보인다. ④ 따라서 돋보기처럼 가까이 있는 작은 물체를 크게 보이게 하는 볼록 렌즈를 사용하여 안경을 만든다. ⑤ 반면 근시는 초점이 망막보다 약간 앞에 맺히는 상태로, 멀리 있는 물체가 잘 안 보이기 때문에 오목 렌즈로 안경을 만들어 시력을 교정한다. ⑥ 볼록 렌즈는 플러스 렌즈, 오목 렌즈는 마이너스 렌즈라고도 하는데, 이에 따라 근시라서 오목 렌즈(마이너스 렌즈)로 교정해야 한다는 것을 마이너스 시력이라고 표현한 것이다.

| **3 단락 요약** |
| 마이너스 시력으로 잘못 표현된 마이너스 렌즈 |

④ 나와 주변 친구 중 안경을 쓴 사람들은 대부분 마이너스 렌즈로 교정을 한 경우가 많을 것이다. ② 눈의 성장이 빠른 청소년기에는 근시가 생기기 쉽고, 오랜 시간 텔레비전을 보고 컴퓨터를 사용하는 것도 근시를 만드는 나쁜 습관이기 때문이다. ③ [우리의 눈 건강을 위해 올바른 습관을 가져 보는 것은 어떨까?]

| **4 단락 요약** |
| 근시를 예방하기 위한 올바른 습관 가지기 |

★ 지문 이해

● 이 글은 마이너스 시력의 실제 의미는 무엇인지 알려 주는 설명문입니다. 마이너스 시력은 근시와 관련이 있는데, 먼 곳이 잘 안 보이는 근시는 오목 렌즈를 사용해서 시력을 교정해요. 이때 사용되는 오목 렌즈를 마이너스 렌즈라고 부르기 때문에 마이너스 시력이라는 표현이 생겼어요. 눈의 성장이 빠른 청소년기에는 근시가 생기기 쉬운데 이런 때일수록 눈의 건강을 위해 올바른 습관을 가지는 게 좋아요.

● 단락 간의 관계
① 단락에서는 글 전체의 중심 낱말인 '마이너스 시력'에 대해 소개하고, 마이너스 시력의 의미에 대해 의문을 던지고 있어요.
② 단락에서는 마이너스 시력이 실제로 존재하지 않는다는 점을 이야기하고 있어요.
③ 단락에서는 원시와 근시를 설명하며 왜 마이너스 시력이라는 표현이 나오게 되었는지 이야기하고 있어요.
④ 단락에서는 눈 건강을 위해 올바른 습관을 가질 것을 당부하며 글을 마무리하고 있어요.

● 글의 구조도

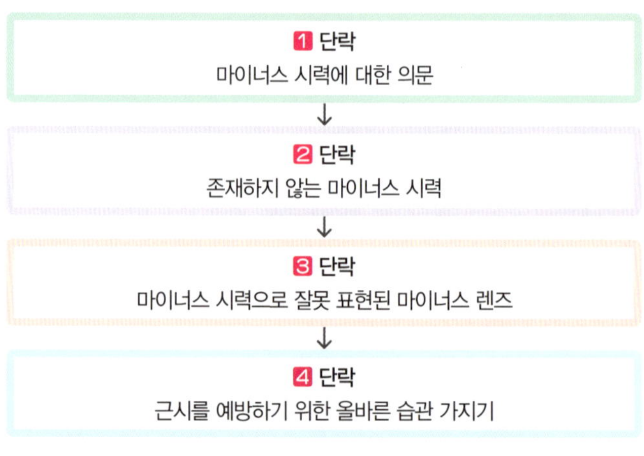

| **1 단락** |
| 마이너스 시력에 대한 의문 |

↓

| **2 단락** |
| 존재하지 않는 마이너스 시력 |

↓

| **3 단락** |
| 마이너스 시력으로 잘못 표현된 마이너스 렌즈 |

↓

| **4 단락** |
| 근시를 예방하기 위한 올바른 습관 가지기 |

● 주제: 마이너스 시력의 정확한 의미와 근시 예방을 위한 습관 가지기

01 [정답] 마이너스 시력 ─────── 글의 구조 이해하기

>왜 정답?

①단락에서는 글 전체의 중심 낱말인 '마이너스 시력'에 대해 소개하고, 마이너스 시력의 의미에 대해 의문을 던지고 있어요.
②단락에서는 마이너스 시력이 실제로 존재하지 않는다는 점을 이야기하고 있어요.
③단락에서는 원시와 근시를 설명하며 왜 마이너스 시력이라는 표현이 나오게 되었는지 이야기하고 있어요.
따라서 빈칸에 공통으로 들어갈 말은 '마이너스 시력'이에요.

02 [정답] (위에서부터) 앞에, 잘, 오목 렌즈, 뒤에, 안, 볼록 렌즈 ─────── 내용 이해하기

>왜 정답?

근시 근거: ③단락 ❺번째 문장
'근시는 초점이 망막보다 약간 앞에 맺히는 상태로, 멀리 있는 물체가 잘 안 보이기 때문에 오목 렌즈로 안경을 만들어 시력을 교정한다.'라고 했어요.
따라서 순서대로 '앞에', '잘', '오목 렌즈'가 맞는 말이에요.
원시 근거: ③단락 ❸, ❹번째 문장
'초점이 망막보다 약간 뒤에 맺히는 상태를 원시라고 하는데, 원시는 먼 곳은 잘 볼 수 있지만 가까이 있는 작은 글씨가 잘 안 보인다. 따라서 돋보기처럼 가까이 있는 작은 물체를 크게 보이게 하는 볼록 렌즈를 사용하여 안경을 만든다.'라고 했어요.
따라서 순서대로 '뒤에', '안', '볼록 렌즈'가 맞는 말이에요.

03 [정답] ③ ─────── 알맞은 반응 찾기

>왜 정답?

③ 근거: ①단락 ❷번째 문장
'시력 검사표에서 가장 위에 있는 숫자를 읽으면 0.1, 가장 아래에 있는 숫자를 읽으면 2.0이라고 한다.'라고 했어요.
따라서 시력 검사표의 맨 아래에 있는 글자를 읽어서 시력이 0.1이 나왔다는 희진이의 반응은 맞지 않아요.

>왜 오답?

① 근거: ③단락 ❻번째 문장
'근시라서 오목 렌즈(마이너스 렌즈)로 교정해야 한다는 것을 마이너스 시력이라고 표현한 것이다.'라고 했어요.
따라서 근시라서 마이너스 렌즈로 시력을 교정했다는 정원이의 말은 맞는 반응이에요.
② 근거: ③단락 ❹번째 문장
'돋보기처럼 가까이 있는 작은 물체를 크게 보이게 하는 볼록 렌즈를 사용하여 안경을 만든다.'라고 했어요.
따라서 할머니가 사용하시는 돋보기는 볼록 렌즈로 만든 것이라는 민재의 말은 맞는 반응이에요.

④ 근거: ②단락 ❶번째 문장, ③단락 ❷번째 문장
'시력이란 물체를 알아볼 수 있는 눈의 능력을 말한다.'라고 했어요. 또한 '빛이 각막과 수정체를 지나 망막에 정확히 초점을 맞을 때 우리는 물체를 또렷하게 볼 수 있다.'라고 했어요.
따라서 초점이 망막에 정확히 맞혀 시력이 아주 좋은 편이라고 말한 제헌이의 말은 맞는 반응이에요.
⑤ 근거: ②단락 ❶번째 문장, ④단락 ❷번째 문장
'시력이란 물체를 알아볼 수 있는 눈의 능력을 말한다.'라고 했어요. 또한 '오랜 시간 텔레비전을 보고 컴퓨터를 사용하는 것도 근시를 만드는 나쁜 습관'이라고 했어요.
따라서 컴퓨터를 오래 해서 시력이 나빠졌다는 지은이의 말은 맞는 반응이에요.

04 [정답] [예] 눈의 성장이 빠른 청소년기에는 근시가 생기기 쉽고, 오랜 시간 텔레비전을 보고 컴퓨터를 사용하는 것도 근시를 만드는 나쁜 습관이기 때문이다.

[서술형] 채점 기준 – 근거: ③단락 ❻번째 문장, ④단락 ❷번째 문장
③단락에서는 '근시라서 오목 렌즈(마이너스 렌즈)로 교정해야 한다.'라고 했어요. 또한 ④단락에서는 '눈의 성장이 빠른 청소년기에는 근시가 생기기 쉽고, 오랜 시간 텔레비전을 보고 컴퓨터를 사용하는 것도 근시를 만드는 나쁜 습관이기 때문이다.'라고 했어요.
따라서 '청소년기에는 근시가 생기기 쉽고, 오랜 시간 텔레비전을 보고 컴퓨터를 사용하는 것이 근시를 만드는 나쁜 습관'이라는 내용이 들어가면 정답이에요.

왜 지역에 따라 기온이나 강수량의 차이가 클까?

◯ 각 단락 중심 낱말   ◯ 전체 중심 낱말   [ ] 각 단락 중심 문장   ▨ 전체 중심 문장

1 기후란 기온, 강수량 등 한 지역에서 오랜 기간에 걸쳐 나타나는 지속적이고 평균적인 대기 상태이다. 우리나라는 여름에 적도 부근의 태평양에서 불어오는 더운 바람의 영향으로 기온이 높아서 덥고 비가 많이 온다. 겨울에는 북쪽의 시베리아에서 불어오는 차가운 바람의 영향으로 기온이 낮아서 춥고 눈이 내린다. [그런데 일기 예보를 보면 계절에 따라 남북 지역 간, 동서 지역 간에 기온과 강수량의 차이가 크게 나타난다.] 그 이유가 무엇일까?

2 [한반도는 남북으로 긴 모양이라 위도 차이가 크기 때문에 남북의 기온 차이가 크게 나타난다.] 북쪽에 위치한 중강진은 겨울에 기온이 영하 20℃ 가까이 내려갈 정도로 몹시 춥지만, 남쪽에 위치한 서귀포는 기온이 0℃ 아래로 내려가는 일이 거의 없을 정도로 포근하다. 남한만 봐도 북쪽에 위치한 강원도와 남쪽에 위치한 부산 간의 기온 차이가 큰 편이다.

3 위도가 비슷한 지역 간의 기온 차이는 어떨까? [비슷한 위도상에서는 해안 지역이 내륙 지역에 비하여 대체로 겨울에 더 따뜻하다.] 서울과 강릉은 비슷한 위도에 있지만 겨울에 강릉이 서울보다 더 따뜻하다. 해안가의 강릉은 수심이 깊은 동해의 영향으로 서울에 비해 겨울에 덜 추운 것이다. 게다가 시베리아에서 불어오는 차가운 바람을 태백산맥이 막아 주기도 한다.

4 [또한 강수량은 공통적으로 여름에 가장 많지만 지역마다 차이가 나타난다.] 서울을 비롯한 내륙 지역의 강수량은 겨울에 크게 줄어드는 반면, 해안가에 위치한 지역은 겨울에도 강수량이 많은 편이다. 특히 강릉은 동해의 영향을 받는 것과 함께, 동남쪽 바다에서 불어오는 습한 바람이 태백산맥에 부딪혀 비나 눈이 되어 내리기 때문에 겨울에도 강수량이 많다. 이때 태백산맥을 넘은 바람은 건조해져서 서울의 겨울 강수량이 적어지는 것에도 영향을 준다.

5 이처럼 우리나라는 남북과 동서, 내륙과 해안 지역에 따라 기온과 강수량의 차이가 크다. 지역별 기온과 강수량의 특징을 알고, 국내 여행을 할 때 참고해 보는 것은 어떨까?

---

1 단락 요약
지역에 따라 차이가 나는 기온과 강수량

2 단락 요약
위도 차이로 생기는 남북의 기온 차이

3 단락 요약
위도가 비슷한 지역 간의 기온 차이

4 단락 요약
지역마다 차이가 나는 강수량

5 단락 요약
지역 간에 기온과 강수량의 차이가 큰 우리나라

✖ **지문 이해**

● 이 글은 우리나라에서 지역에 따라 기온과 강수량의 차이가 나타나는 이유를 알려 주는 설명문입니다. 남북으로 긴 모양인 우리나라는 위도의 차이 때문에 지역 간에 기온 차이가 크고, 비슷한 위도라도 내륙과 해안에 따라 기온이 달라요. 또 강수량 역시 지역마다 차이가 있어요. 이처럼 우리나라는 지역에 따른 기온과 강수량의 차이가 큰 편이에요.

● **단락 간의 관계**
1단락에서는 지역 간에 기온과 강수량의 차이가 큰 우리나라의 기후 특징을 이야기하고 있어요.
2단락에서는 위도에 따라 남북의 기온 차이가 큰 점을, 3단락에서는 위도가 비슷한 해안 지역과 내륙 지역의 기온 차이에 대해 이야기하고 있어요.
4단락에서는 지역에 따른 강수량 차이를 설명하고 있어요.
5단락에서는 우리나라의 기후 특징을 다시 이야기하며 글을 마무리하고 있어요.

● **글의 구조도**

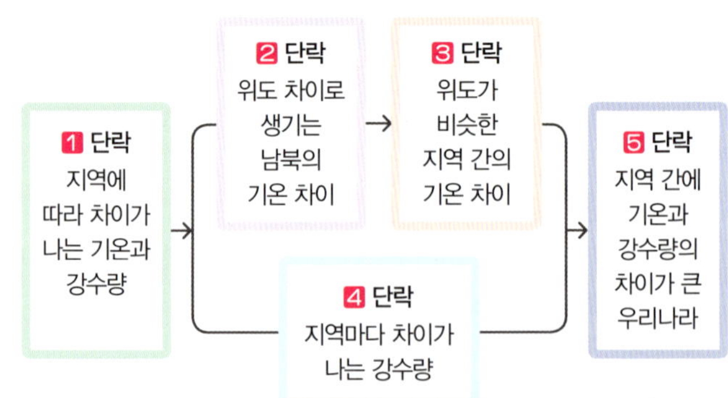

● **주제:** 우리나라에서 지역에 따라 기온과 강수량의 차이가 생기는 이유

01 [정답] 기온, 기온, 강수량 ·················· 글의 구조 이해하기

>왜 정답?

①단락에서는 우리나라는 지역마다 기온과 강수량에 차이가 있다는 사실을 설명하고 있어요.

②단락에서는 지역의 위도에 따라 남북의 '기온' 차이가 있다는 점을, ③단락에서는 비슷한 위도라도 해안과 내륙 지역은 '기온' 차이가 있다는 점을 설명하고 있어요.

④단락에서는 해안과 내륙 지역의 '강수량' 차이를 비교하고 있어요. 그러므로 ㉠~㉢에 들어갈 말은 각각 '기온', '기온', '강수량'이에요.

02 [정답] ⑤ ·················· 내용 이해하기

>왜 정답?

⑤ **근거:** ③단락 ❷번째 문장

'비슷한 위도상에서는 해안 지역이 내륙 지역에 비하여 대체로 겨울에 더 따뜻하다.'라고 했어요.

>왜 오답?

① **근거:** ④단락 ❶번째 문장

'강수량은 공통적으로 여름에 가장 많'다고 했으므로 맞는 내용이에요.

② **근거:** ①단락 ❷번째 문장

'여름에 적도 부근의 태평양에서 불어오는 더운 바람의 영향으로 기온이 높아서 덥고 비가 많이 온다.'라고 했으므로 맞는 내용이에요.

③ **근거:** ②단락 ❶번째 문장

'한반도는 남북으로 긴 모양이라 위도 차이가 크기 때문에 남북의 기온 차이가 크게 나타난다.'라고 했으므로 맞는 내용이에요.

④ **근거:** ①단락 ❶번째 문장

'기후란 기온, 강수량 등 한 지역에서 오랜 기간에 걸쳐 나타나는 지속적이고 평균적인 대기 상태이다.'라고 했으므로 맞는 내용이에요.

03 [정답] ③ ·················· 내용 적용하기

오른쪽 지도를 보고 바르게 설명한 것을 모두 골라 묶은 것은 무엇인가요?

• A 지역은 서울, B 지역은 강릉, C 지역은 제주도입니다.

즘 A, B, C 지역 간의 기온과 강수량의 차이를 알아보는 문제입니다.

>왜 정답?

㉡ **근거:** ②단락 ❷, ❸번째 문장

'남쪽에 위치한 서귀포는 기온이 0℃ 아래로 내려가는 일이 거의 없을 정도로 포근하다. 남한만 봐도 북쪽에 위치한 강원도와 남쪽에 위치한 부산 간의 기온 차이가 큰 편이다.'라고 했으므로 맞는 내용이에요.

㉢ **근거:** ④단락 ❷, ❸번째 문장

'서울을 비롯한 내륙 지역의 강수량은 겨울에 크게 줄어드는 반면, 해안가에 위치한 지역은 겨울에도 강수량이 많은 편이다. 특히 강릉은 동해의 영향을 받는 것과 함께, 동남쪽 바다에서 불어오는 습한 바람이 태백산맥에 부딪혀 비나 눈이 되어 내리기 때문에 겨울에도 강수량이 많다.'라고 했으므로 맞는 내용이에요.

>왜 오답?

㉠ **근거:** ③단락 ❸번째 문장

'겨울에 강릉이 서울보다 더 따뜻하다.'라고 했으므로 틀린 내용이에요.

㉣ **근거:** ④단락 ❷번째 문장

'서울을 비롯한 내륙 지역의 강수량은 겨울에 크게 줄어드는 반면, 해안가에 위치한 지역은 겨울에도 강수량이 많은 편이다.'라고 했으므로 틀린 내용이에요.

04 [정답] (1) × (2) ○ (3) × (4) ○ ·················· 내용 이해하기

>왜 정답?

(1) **근거:** ④단락 ❸번째 문장

'습한 바람이 태백산맥에 부딪혀 비나 눈이 되어 내리기 때문에'라고 했으므로 틀린 내용이에요.

(2) **근거:** ④단락 ❸번째 문장

'동남쪽 바다에서 불어오는 습한 바람이 태백산맥에 부딪혀 비나 눈이 되어 내리기 때문에 겨울에도 강수량이 많다.'라고 했으므로 맞는 내용이에요.

(3) **근거:** ③단락 ❸번째 문장

'겨울에 강릉이 서울보다 더 따뜻하다.'라고 했으므로 틀린 내용이에요.

(4) **근거:** ①단락 ❸번째 문장, ③단락 ❺번째 문장

'겨울에는 북쪽의 시베리아에서 불어오는 차가운 바람'이 있다고 하며, '시베리아에서 불어오는 차가운 바람을 태백산맥이 막아 주기도 한다.'라고 했으므로 맞는 내용이에요.

05 [정답] 예 한반도는 남북으로 긴 모양이라 위도 차이가 크기 때문이다.

서술형 채점 기준 – **근거:** ②단락 ❶번째 문장

북쪽의 중강진과 남쪽의 서귀포를 예로 들며 한반도에서 남북 지역 간에 기온 차이가 심하게 나타나는 이유를 설명하고 있어요.

따라서 '한반도는 남북으로 긴 모양이라 위도 차이가 크기 때문'이라는 내용이 들어가면 정답이에요.

영화 속 대정전(블랙아웃)이 실제로 일어난다면?

○ 각 단락 중심 낱말 ◯ 전체 중심 낱말 [ ] 각 단락 중심 문장 ▨ 전체 중심 문장

① 전기가 끊기면 우리 생활은 어떻게 될까? ② 텔레비전, 냉장고 등 집안의 각종 전기 제품은 물론이고 휴대 전화와 인터넷도 쓸 수 없다. ③ 또 지하철은 멈춰 서고 신호등도 꺼지며 ④ 해가 지면 도시는 암흑 속에 잠길 것이다. 이런 일은 영화에서만 일어나는 일일까? ⑤ 그렇지 않다. ⑥ 2011년 9월 15일, 서울 강남과 여의도 일대를 비롯해 제주도를 제외한 전국 곳곳이 기습적으로 5시간 동안 정전된 적이 있었다. ⑦ [이처럼 대규모 지역에 전기 공급이 끊기는 일을 ⑧ '대정전(블랙아웃)'이라고 한다. 대정전은 왜 일어나는 것일까?]

② 대정전은 ㈎ 일시적으로 전기 사용량이 크게 늘어 공급되는 전기의 양보다 많아질 때 일어난다. ② 전기는 발전소에서 생산되어 송전탑을 거쳐 곧바로 필요한 지역에 보내진다. ③ 이때 전기는 저장될 수 없는 에너지이기 때문에 현재 생산되고 있는 전기보다 사용되는 전기가 많아질 때 전기 공급이 끊기는 현상이 발생하는 것이다.

③ [대정전은 한 지역에서 발생하면 바로 다른 지역으로 퍼져 나간다.] ② 심각한 경우에는 전국이 한꺼번에 정전될 수도 있는 것이다. ③ 전국적인 대정전이 일어난다면 간단하게 복구하기 어려워 피해가 커지게 된다. ④ 따라서 대정전을 예방하기 위해 국가에서는 발전소를 충분히 지어 전기 공급을 늘리고 안정적인 전력 관리 시스템을 갖춰야 한다. ⑤ 또한 일반 가정과 기업, 공장에서는 전기를 효율적으로 사용해야 한다.

④ 대정전 사태가 일어나면 국가적으로도 큰 피해를 입으며, 우리 개개인도 전기 제품을 사용할 수 없어 불편을 겪게 된다. ② [따라서 평상시에 전기를 아껴 쓰는 습관을 가지고, 전국적으로 전기 사용이 급격히 늘어나는 여름과 겨울에는 너무 낮거나 높지 않은 적정 실내 온도를 유지하는 등 전기를 너무 많이 사용하지 않도록 노력해야 한다.]

1 단락 요약
대정전의 뜻과 발생 이유에 대한 궁금증

2 단락 요약
대정전이 발생하는 이유

3 단락 요약
대정전이 발생했을 때 나타나는 특징과 예방법

4 단락 요약
대정전 사태를 막기 위한 우리의 노력

✖ 지문 이해

● 이 글은 대정전의 뜻과 발생하는 이유 및 발생했을 때 나타나는 특징을 알려 주는 설명문입니다. 대정전은 대규모 지역에 전기 공급이 끊기는 현상을 말하는데 전기 사용량이 전기 공급량보다 많아질 경우 발생해요. 대정전은 다른 지역으로 퍼져 나가는 특징이 있기 때문에 한 번 발생하면 피해가 크지요. 그러므로 대정전 사태를 예방하기 위해서 국가적으로는 안정적인 전력 관리 시스템을 갖추고 우리 개개인도 평소에 전기를 아껴 쓰는 습관을 가져야 해요.

● **단락 간의 관계**
① 단락에서는 과거 국내에서 발생한 대정전 사태를 이야기하며 글 전체의 중심 낱말인 '대정전'에 대해 소개하고 있어요.
② 단락에서는 대정전이 발생하는 이유를 설명하고 있어요.
③ 단락에서는 대정전이 발생했을 때 나타나는 특징과 예방법을 소개하고 있어요.
④ 단락에서는 대정전 사태를 막기 위해 우리가 해야 할 노력을 이야기하며 글을 마무리하고 있어요.

● **글의 구조도**

> **1 단락**
> 대정전의 뜻과 발생 이유에 대한 궁금증
> ↓
> **2 단락**
> 대정전이 발생하는 이유
> ↓
> **3 단락**
> 대정전이 발생했을 때 나타나는 특징과 예방법
> ↓
> **4 단락**
> 대정전 사태를 막기 위한 우리의 노력

● **주제:** 대정전의 개념과 특징 및 이를 막기 위한 노력

01 [정답] 대정전 ·················· 글의 구조 이해하기

왜 정답?

①단락에서는 과거 국내에서 일어났던 사례를 통해 '대정전'이 무엇인지 설명하고 있어요.
②단락에서는 '대정전'이 발생하는 이유를 이야기하고 있어요.
③단락에서는 한 번 일어나면 피해가 큰 대정전을 막기 위해 효율적으로 전기를 관리해야 한다고 이야기하고 있어요.
④단락에서는 '대정전' 사태를 막기 위해 우리가 해야 할 노력을 설명하고 있어요.
그러므로 빈칸에 공통으로 들어갈 말은 '대정전'이에요.

02 [정답] ④ ·················· 글쓴이의 의도 이해하기

왜 정답?

④ 근거: ③단락 ❹, ❺번째 문장, ④단락 ❷번째 문장
　③단락과 ④단락에서 한 번 발생하면 큰 피해를 주는 대정전을 예방하기 위해 국가와 기업, 개인이 전기를 효율적으로 사용하고, 아껴 쓰기 위해 해야 할 노력을 이야기하고 있어요. 그러므로 글쓴이의 의도를 제대로 이해한 것이에요.

왜 오답?

① 근거: ①단락 ❹, ❺번째 문장
　'이런 일은 영화에서만 일어나는 일일까? 그렇지 않다.'라고 했으므로 틀리게 이해한 것이에요.
② 근거: ③단락 ❹번째 문장
　'국가에서는 발전소를 충분히 지어 전기 공급을 늘리고'라고 했어요. 발전소를 짓는 것은 개인이 아니라 국가의 역할에 해당하므로 틀리게 이해한 것이에요.
③ 근거: ④단락 ❷번째 문장
　'전기 사용이 급격히 늘어나는 여름과 겨울에는 너무 낮거나 높지 않은 적정 실내 온도를 유지하는 등 전기를 너무 많이 사용하지 않도록 노력해야 한다.'라고 했으므로 전기 사용료를 낮춰야 한다는 것은 틀리게 이해한 것이에요.
⑤ 이 글에 나오지 않는 내용이에요.

03 [정답] 전기 공급, 적어질, 전력 관리 시스템 ·· 내용 이해하기

다음은 '대정전'에 대한 메모입니다. ㉠～㉢에 들어가기에 알맞은 말을 쓰세요.

• '대정전'에 대한 메모: 대정전의 뜻, 원인, 결과, 대비책 등을 정리한 것입니다.

왜 정답?

㉠ 근거: ①단락 ❼번째 문장
　'대규모 지역에 전기 공급이 끊기는 일을 '대정전(블랙아웃)'이라고 한다.'라고 했으므로 ㉠에 들어갈 말은 '전기 공급'이에요.

㉡ 근거: ②단락 ❸번째 문장
　'현재 생산되고 있는 전기보다 사용되는 전기가 많아질 때 전기 공급이 끊기는 현상이 발생'한다고 했으므로 ㉡에 들어갈 말은 '적어질'이에요.

㉢ 근거: ③단락 ❹번째 문장
　'국가에서는 발전소를 충분히 지어 전기 공급을 늘리고 안정적인 전력 관리 시스템을 갖춰야 한다.'라고 했으므로 ㉢에 들어갈 말은 '전력 관리 시스템'이에요.

04 [정답] ② ·················· 내용 적용하기

다음 중 4단락에 추가할 수 있는 예로 알맞은 것은 무엇인가요?

• 4단락에 추가할 수 있는 예: 개개인이 전기를 아껴 쓰기 위해 할 수 있는 노력을 찾는 문제입니다.

왜 정답?

② 근거: ④단락 ❷번째 문장
　'평상시에 전기를 아껴 쓰는 습관'을 가져야 한다고 했으므로 사용하지 않는 전기 제품의 콘센트를 뽑아 놓는 것은 추가할 수 있는 예예요.

왜 오답?

① 풍력 발전소를 설치하는 것은 대정전 예방을 위해 국가가 할 수 있는 노력에 해당해요.
③ 플라스틱 컵 대신 머그 컵을 사용하여 쓰레기를 줄이는 것은 환경 보호를 위한 노력으로 이 글과 관련 없는 내용이에요.
④ 비닐봉지 대신 장바구니를 사용하는 것은 환경 보호를 위한 노력으로 이 글과 관련 없는 내용이에요.
⑤ 수도관이 얼어붙지 않게 수도꼭지를 약하게 틀어놓는 것은 강추위에 대비하는 모습으로 이 글과 관련 없는 내용이에요.

05 [정답] 예 전기는 저장될 수 없는 에너지이기 때문에 현재 생산되고 있는 전기보다 사용되는 전기가 많아질 때 전기 공급이 끊긴다.

서술형 채점 기준 – 근거: ②단락 ❸번째 문장

대정전이 일어나는 조건을 전기의 특성을 통해 설명하고 있어요.
따라서 '전기는 저장될 수 없는 에너지', '현재 생산되고 있는 전기보다 사용되는 전기가 많아질 때 전기가 끊긴다.'라는 내용이 들어가면 정답이에요.

성인병은 정말 성인만 걸릴까?

◯ 각 단락 중심 낱말   ◯ 전체 중심 낱말   [ ] 각 단락 중심 문장   ▨ 전체 중심 문장

1 [성인병은 마흔 살을 전후로, 그 이후에 잘 나타나는 병들을 통틀어 이르는 말이다.] 나이들수록 암, 동맥 경화증, 고혈압, 당뇨병, 심장병, 관절염 등의 병으로 죽거나 아픈 사람이 늘어나자, 더 젊을 때부터 이런 병들에 대한 대비책을 세워야 한다는 의미에서 성인병이라고 부르기 시작하였다. 그런데 최근에는 성인병에 걸리는 어린이 환자가 눈에 띄게 늘어나고 있어 문제가 되고 있다.

2 [오늘날 어린이 성인병 환자가 늘어난 이유는 성인병의 원인을 살펴보면 쉽게 알 수 있다.] 가장 대표적인 성인병인 고혈압, 동맥 경화증 등은 심장 및 혈관과 관련있는 병이다. 심장에서 뿜어져 나온 혈액은 우리 몸 구석구석을 돈다. 이때 혈액이 혈관 벽을 미는 압력을 혈압이라고 하는데, 고혈압은 혈압이 정상 수치보다 높게 나오는 병이다. [지방이 많고 짠 음식 위주의 식습관, 운동 부족, 스트레스 등이 고혈압의 원인이다.]

3 한편 동맥 경화증은 혈관 속에 지방이나 섬유소 등의 물질이 쌓이면서 혈관이 좁아지거나 막혀 굳어지는 질병이다. [이 병 역시 잘못된 식습관, 운동 부족이 원인이 되어 생기기도 하고, 지나치게 술을 많이 마시거나 담배를 피울 때도 생기기 쉽다.]

4 대표적인 성인병인 고혈압과 동맥 경화증이 생기는 원인을 살펴봤을 때, 최근 성인병에 걸리는 어린이 환자가 늘어나고 있는 이유는 서구화된 생활 방식 때문이라고 할 수 있다. 야채보다는 고기 위주의 기름진 반찬, 인스턴트 음식을 자주 먹는 등 영양은 과다하게 섭취하는데 비하여 운동은 많이 하지 않아 비만 아동이 늘어나고 있는 것이다. '비만은 온갖 병의 원인이다.'라는 말이 있을 정도로, 비만은 각종 질병을 일으키는 원인이 된다.

5 [성인병을 예방하기 위해서는 자극이 강한 음식, 인스턴트 음식을 피하고 야채와 단백질 위주의 식사를 하는 등 건강한 식습관을 가지는 것이 중요하다.] 또한 적당한 운동으로 체력을 기르고, 충분한 잠과 휴식으로 스트레스를 받지 않고 하루하루 즐겁게 생활한다면 성인병을 예방할 수 있을 것이다.

---

1 단락 요약
성인병의 개념

2 단락 요약
고혈압의 원인

3 단락 요약
동맥 경화증의 원인

4 단락 요약
서구화된 생활 방식 때문에 늘어나는 어린이 성인병 환자

5 단락 요약
성인병을 예방하기 위한 방법

✱ 지문 이해

● 이 글은 어린이 성인병 환자가 늘어난 이유와 성인병을 예방하기 위한 방법을 알려 주는 설명문입니다. 성인병은 심장 및 혈관과 관련있는 병으로 비만을 부추기는 서구화된 생활 방식 때문에 어린이 성인병 환자가 눈에 띄게 늘어났어요. 성인병을 예방하기 위해서는 건강한 식습관과 생활 방식을 가지는 것이 무척 중요해요.

● 단락 간의 관계
1 단락에서는 글 전체의 중심 낱말인 '성인병'에 대해 소개하고, 어린이 성인병 환자가 늘어나는 현상을 설명하고 있어요.
2 단락에서는 고혈압의 원인을, 3 단락에서는 동맥 경화증의 원인을 설명하고 있어요.
4 단락에서는 어린이 성인병 환자가 생기는 원인으로 서구화된 생활 방식을 이야기하고 있어요.
5 단락에서는 성인병을 예방하기 위한 건강한 식습관과 생활 습관의 중요성을 강조하면서 글을 마무리하고 있어요.

● 글의 구조도

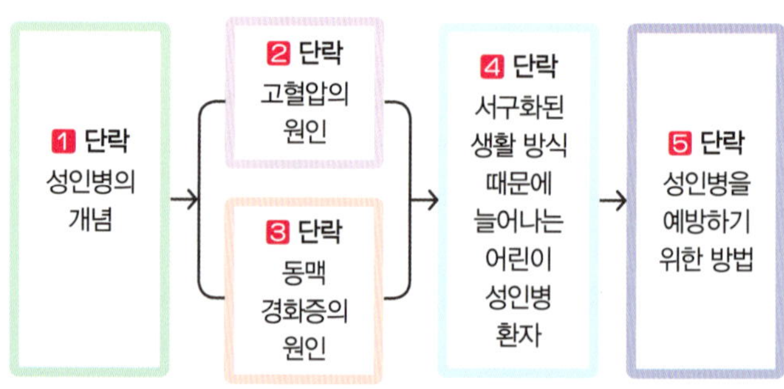

● 주제: 어린이 성인병 환자가 늘어나는 원인과 예방법

01 [정답] 성인병 ································ 글의 구조 이해하기

왜 정답?

①단락에서는 성인병에 걸리는 어린이 환자가 늘어나고 있다는 점을 이야기하고 있어요.
②, ③단락에서는 가장 대표적인 성인병인 고혈압과 동맥 경화증의 원인을 설명하고 있어요.
④단락에서 서구화된 생활 방식이 어린이 성인병 환자가 늘어난 이유와 어떤 관계가 있는지 밝히고 있어요.
⑤단락에서는 성인병을 예방하는 방법을 이야기하며 글을 마무리하고 있어요.
그러므로 빈칸에 공통으로 들어갈 말은 '성인병'이에요.

02 [정답] ⑤ ································ 내용 이해하기

왜 정답?

⑤ **근거:** ⑤단락 ❶번째 문장
'성인병을 예방하기 위해서는 자극이 강한 음식, 인스턴트 음식을 피하고 야채와 단백질 위주의 식사를 하는 등 건강한 식습관을 가지는 것이 중요하다.'라고 했으므로 영양을 과다하게 섭취하는 것은 틀린 내용이에요.

왜 오답?

① **근거:** ②단락 ❷번째 문장
'대표적인 성인병인 고혈압, 동맥 경화증 등은 심장 및 혈관과 관련있는 병이다.'라고 했으므로 맞는 내용이에요.
② **근거:** ④단락 ❸번째 문장
'비만은 각종 질병을 일으키는 원인이 된다.'라고 했으므로 맞는 내용이에요.
③ **근거:** ①단락 ❶, ❸번째 문장
'성인병은 마흔 살을 전후로, 그 이후에 잘 나타나는 병들을 통틀어 이르는 말이다.'라고 하며 '그런데 최근에는 성인병에 걸리는 어린이 환자가 눈에 띄게 늘어나고 있어 문제가 되고 있다.'라고 했으므로 맞는 내용이에요.
④ **근거:** ①단락 ❷번째 문장
'암, 동맥 경화증, 고혈압, 당뇨병, 심장병, 관절염 등의 병으로 죽거나 아픈 사람이 늘어나자, 더 젊을 때부터 이런 병들에 대한 대비책을 세워야 한다는 의미에서 성인병이라고 부르기 시작하였다.'이라고 했으므로 맞는 내용이에요.

03 [정답] 운동 부족, 혈관 ································ 내용 이해하기

왜 정답?

㉠ **근거:** ②단락 ❺번째 문장
'지방이 많고 짠 음식 위주의 식습관, 운동 부족, 스트레스 등이 고혈압이 원인이다.'라고 했으므로 ㉠에 들어갈 말은 '운동 부족'이에요.

㉡ **근거:** ③단락 ❶번째 문장
'동맥 경화증은 혈관 속에 지방이나 섬유소 등의 물질이 쌓이면서 혈관이 좁아지거나 막혀 굳어지는 질병'이라고 했으므로 ㉡에 들어갈 말은 '혈관'이에요.

04 [정답] ④ ································ 내용 적용하기

왜 정답?

④ **근거:** ④단락 ❷, ❸번째 문장
'고기 위주의 기름진 반찬, 인스턴트 음식을 자주 먹는 등 영양은 과다하게 섭취하는데 비하여 운동은 많이 하지 않아 비만 아동이 늘어나고 있는 것이다.', 또한 '비만은 각종 질병을 일으키는 원인이 된다.'라고 했으므로 틀린 내용이에요.

왜 오답?

① **근거:** ⑤단락 ❷번째 문장
'적당한 운동으로 체력을 기르고'라고 했으므로 맞는 내용이에요.
② **근거:** ⑤단락 ❷번째 문장
'충분한 잠과 휴식'이라고 했으므로 맞는 내용이에요.
③ **근거:** ⑤단락 ❶번째 문장
'자극이 강한 음식, 인스턴트 음식을 피하고'라고 했으므로 맞는 내용이에요.
⑤ **근거:** ⑤단락 ❷번째 문장
'스트레스를 받지 않고 하루하루 즐겁게 생활한다면'이라고 했으므로 맞는 내용이에요.

05 [정답] 예 서구화된 생활 방식으로 인해 비만 아동이 늘어나고 있기 때문이다.

서술형 **채점 기준** – **근거:** ④단락 ❶, ❷번째 문장
④단락에서는 어린이 성인병 환자가 늘어나고 있는 이유로 서구화된 생활 방식과 그로 인한 비만을 꼽고 있어요. 그러므로 '서구화된 생활 방식으로 인해 비만 아동이 늘어나고 있기 때문이다.'라는 내용이 들어가면 정답이에요.

노블레스 오블리주란 무엇일까?

○ 각 단락 중심 낱말   ○ 전체 중심 낱말   [ ] 각 단락 중심 문장   ▨ 전체 중심 문장

1 큰 기업의 대표가 모든 재산을 사회에 환원하거나, 사회적으로 높은 지위에 있는 사람이 경제적으로 어려운 사람들을 위해 기부하는 일 등이 종종 있다. 이럴 때 우리는 흔히 노블레스 오블리주라고 표현한다. [노블레스 오블리주란 어떤 의미이며, 어떻게 생겨난 말일까?]

*1단락 요약: 노블레스 오블리주에 대한 궁금증

2 노블레스 오블리주는 프랑스어로 '고귀한 신분(귀족)'이라는 말인 노블레스와 '책임이 있다'라는 말인 오블리주가 합해진 것으로, 사회적 지위가 높은 사람에게 요구되는 도덕적 의무와 사회적 책임을 의미한다. 이 개념이 처음 생겨난 것은 신분 제도가 존재했던 초기 로마 사회 때였다. 당시의 귀족들은 귀족으로 정당하게 대접받기 위해서는 명예만큼 의무를 다해야 한다고 생각했다. 그래서 사회를 위해 봉사하거나 기부하는 전통이 강했고, 이는 전쟁에 자발적으로 앞장서서 참여하는 것으로까지 이어졌다. 이러한 행위는 그들에게 의무이자 명예로 인식되었다.

*2단락 요약: 노블레스 오블리주의 개념과 생겨난 시기

3 [과거 우리나라에도 노블레스 오블리주를 실천한 사람들이 있었다.] 고려 시대부터 조선 시대에 이르기까지 높은 관리와 그들의 자제 중에는 전쟁이 나면 앞장서서 참여하는 사람들이 있었다. 몇 대에 걸쳐 가난한 이웃에게 곡식과 재물을 나누어 준 부자들도 있었다. 또한 일제 강점기에는 큰 부자이거나 명망 높은 가문에서 독립운동에 앞장서거나 독립 자금을 대기도 했다.

*3단락 요약: 과거 우리나라의 노블레스 오블리주

4 현대에도 노블레스 오블리주는 사회적 지위가 높은 사람에게 요구되고 있으며, 계층 간 대립을 해결할 방법으로 여겨져 왔다. 특히 1·2차 세계 대전 때 국민의 힘을 합하고 마음을 모으는 데 무엇보다 사회 고위층의 ___________하는 자세가 큰 효과가 있었다. 또 빌 게이츠와 워렌 버핏 같은 세계적인 부자들은 어려운 이웃들을 위해 대부분의 재산을 기부하고 사회적 책임을 몸소 실천하고 있다. [현대 사회의 노블레스 오블리주는 부와 명예, 권력을 가진 사회 고위층이 자신의 사회적 지위에 맞는 도덕적 책임과 의무를 다해야 한다는 의미로 사용되고 있다.]

*4단락 요약: 현대 사회의 노블레스 오블리주의 의미

---

01 [정답] 노블레스 오블리주

이 글은 '노블레스 오블리주'의 개념과 옛날부터 오늘날까지 노블레스 오블리주를 실천한 사례들을 소개하고 있어요.

02 [정답] ③

2단락 ❶번째 문장을 근거로 신분 제도를 강조하고 계층 간 대립을 만드는 것은 노블레스 오블리주의 예가 아니에요.

03 [정답] ④

3단락 ❹번째 문장을 근거로 ○○○ 선생의 경우는 자신의 고귀한 신분에 맞는 책임을 다한 행동이면서 과거 우리나라에서 노블레스 오블리주를 실천한 경우로 볼 수 있어요.

04 [정답] ⑤

4단락 ❸번째 문장에서 현대 사회의 노블레스 오블리주를 솔선수범해서 실천하는 사례를 보여 주고 있어요.

✖ 지문 이해

● 이 글은 노블레스 오블리주의 의미와 과거부터 현대까지 노블레스 오블리주를 실천한 사례를 알려 주는 설명문입니다. 사회적 지위가 높은 사람에게 요구되는 도덕적 의무와 사회적 책임이라는 의미의 노블레스 오블리주는 초기 로마 사회 때 처음 생겨나 과거 우리나라에서도 실천한 사람들이 있었어요. 현대 사회에서도 고위층이 다양한 방법으로 노블레스 오블리주를 실천하고 있어요.

● 단락 간의 관계

1 단락에서는 글 전체의 중심 낱말인 '노블레스 오블리주'에 대해 소개하며 그것이 어떤 의미인지 질문을 던지고 있어요.

2 단락에서는 노블레스 오블리주의 개념과, 생겨난 시기를 설명하고 있어요.

3 단락에서는 과거 우리나라의 노블레스 오블리주를 이야기하고 있어요.

4 단락에서는 여러 사례와 함께 현대 사회에서 노블레스 오블리주가 갖는 의미를 이야기하며 글을 마무리하고 있어요.

● 글의 구조도

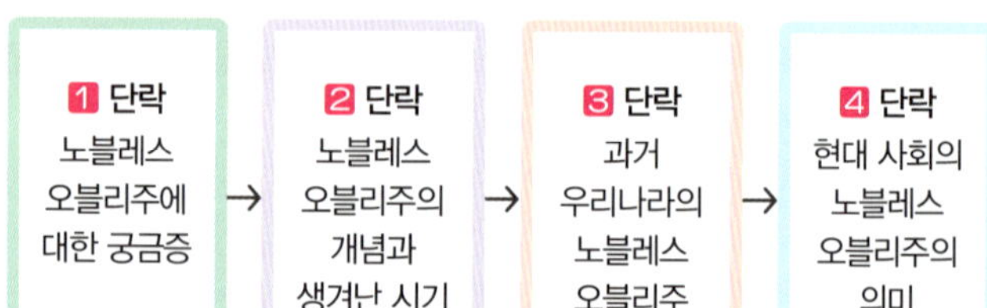

● 주제: 노블레스 오블리주의 개념과 역사

우리 몸에도 온도 조절 장치가 있다고?

○ 각 단락 중심 낱말　◯ 전체 중심 낱말　[ ] 각 단락 중심 문장　▮ 전체 중심 문장

1 추운 겨울에 유용하게 쓰는 전기장판은 화재나 화상을 방지하기 위해 일정 온도 이상 올라가지 못하게 하는 온도 조절 장치가 설치되어 있다. [우리 몸에도 그런 온도 조절 장치가 있을까?]

2 우리 몸에도 아주 과학적인 온도 조절 장치가 있다. 바로 근육과 땀이다. 우리 몸은 평소에 대략 36.5℃~37℃ 정도의 체온을 유지하고 있다. [그런데 날씨가 추워 체온이 36.5℃ 이하로 떨어지면 몸을 부르르 떠는데, 이는 근육이 체온을 높이기 위해 우리 몸을 움직이게 만들기 때문이다.] 추운 겨울에 오줌을 누면 몸이 떨리는 것도 같은 이유이다. 몸의 열이 오줌과 함께 빠져나가 순간적으로 낮아지는 체온을 다시 올리기 위해 근육이 몸을 떨게 하는 것이다.

3 ＿＿＿＿＿＿ 체온이 올라가는 경우에는 어떨까? 날씨가 더워 체온이 37℃ 이상으로 올라가면 몸에서 땀이 나기 시작한다. [이때 땀이 마르면서 우리 몸의 열을 빼앗아가 체온이 낮아진다.] 더운 날 몸에 물을 묻히면 물이 증발하면서 시원해지는 것과 같은 원리이다.

4 한편, 날씨가 추워서 체온이 떨어지는 것도 아닌데 우리 몸이 스스로 열을 내는 경우도 있다. 바로 감기와 같은 병을 일으키는 바이러스가 우리 몸에 들어왔을 때이다. [바이러스들은 보통 높은 온도에 약하기 때문에 우리 몸은 스스로를 지키기 위해 열을 내서 바이러스의 활동을 막는다.] 다만 이런 경우, 우리 몸이 적정 온도 기준을 36.5℃보다 높게 맞추어 놓고 거기에 맞게 체온을 조절하기 때문에 체온이 높아져 열이 나도 몸이 떨리며 추위를 느끼게 되는 것이다.

5 이처럼 우리 몸은 근육과 땀을 통해 체온을 일정하게 유지하고, 때로는 열을 내서 우리 몸을 지키기 위해 노력한다. 우리는 스스로가 의식하지 않아도 몸을 건강하게 지켜 주는 훌륭한 온도 조절 장치를 지니고 있는 셈이다.

1 단락 요약	우리 몸과 온도 조절 장치
2 단락 요약	우리 몸의 온도 조절 장치 - 근육
3 단락 요약	우리 몸의 온도 조절 장치 - 땀
4 단락 요약	우리 몸의 온도 조절 장치 - 열
5 단락 요약	우리 몸을 지켜 주는 훌륭한 온도 조절 장치

★ 지문 이해

- 이 글은 우리 몸이 스스로 체온을 조절하는 방법에 대해 알려 주는 설명문입니다. 우리 몸은 체온을 일정하게 유지하기 위해 체온이 내려가면 근육을 떨게 하고 반대로 체온이 올라가면 땀을 내요. 또 바이러스가 들어오면 몸을 보호하기 위해 열을 내기도 하지요. 이처럼 우리 몸은 훌륭한 온도 조절 장치를 가지고 있어요.

- **단락 간의 관계**

  1 단락에서는 전기장판을 예로 들며 글 전체의 중심 낱말인 '온도 조절 장치'에 대해 소개하고 우리 몸에도 그런 장치가 있는지 질문을 던지고 있어요.
  2~4 단락에서는 우리 몸의 온도 조절 장치에 해당하는 근육, 땀, 열의 역할에 대해서 각각 설명하고 있어요.
  5 단락에서는 우리 몸을 지켜 주는 훌륭한 온도 조절 장치의 역할을 다시 한번 정리하면서 글을 마무리하고 있어요.

- **글의 구조도**

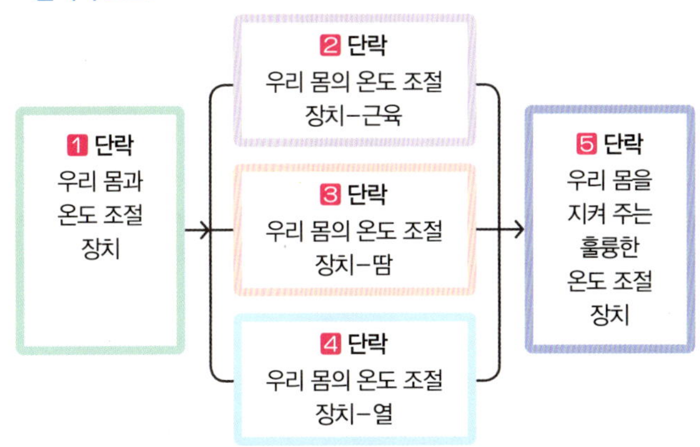

- **주제:** 일정한 체온을 유지하고 우리 몸을 지켜 주는 몸속의 훌륭한 온도 조절 장치

01 [정답] 온도 조절 장치 ·········· 주제 알아보기

> **왜 정답?**

이 글은 우리 몸이 스스로 체온을 조절할 수 있도록 해 주는 몸속의 '온도 조절 장치'에 대해 이야기하고 있어요.
체온을 일정하게 유지하기 위해 근육이 떨리기도 하고 땀도 나요.
또 바이러스가 들어오면 몸을 보호하려고 열이 나지요.
따라서 빈칸에 공통으로 들어갈 말은 '온도 조절 장치'예요.

02 [정답] ③ ·········· 내용 이해하기

> **왜 정답?**

③ 근거: ④단락 ❶번째 문장
'날씨가 추워서 체온이 떨어지는 것도 아닌데 우리 몸이 스스로 열을 내는 경우도 있다.'라고 했어요. 그러므로 틀린 내용이에요.

> **왜 오답?**

① 근거: ④단락 ❶, ❷번째 문장
'몸이 스스로 열을 내는 경우도 있다. 바로 감기와 같은 병을 일으키는 바이러스가 우리 몸에 들어왔을 때'라고 했으므로 맞는 내용이에요.
② 근거: ②단락 ❻번째 문장
'몸의 열이 오줌과 함께 빠져나가 순간적으로 낮아지는 체온'이라고 했으므로 맞는 내용이에요.
④ 근거: ②단락 ❹번째 문장
'날씨가 추워 체온이 36.5℃ 이하로 떨어지면 몸을 부르르 떠는데, 이는 근육이 체온을 높이기 위해 우리 몸을 움직이게 만들기 때문이다.'라고 했으므로 맞는 내용이에요.
⑤ 근거: ⑤단락 ❶번째 문장
'우리 몸은 근육과 땀을 통해 체온을 일정하게 유지하고'라고 했으므로 맞는 내용이에요.

03 [정답] 다연, 재은 ·········· 내용 적용하기

다음 중 〈보기〉의 상황을 바르게 이해한 두 사람은 누구인지 쓰세요.

• 〈보기〉의 상황: 기훈이와 아버지가 뒷동산에 오르면서 땀을 흘린 후 등목을 하며 몸의 열을 식히는 모습입니다.

🔴 등목을 할 때 우리 몸의 온도 조절 장치가 어떻게 작용하는지 바르게 이해한 사람을 찾는 문제입니다.

> **왜 정답?**

다연 근거: ③단락 ❹번째 문장
'더운 날 몸에 물을 묻히면 물이 증발하면서 시원해지는 것과 같은 원리이다.'라고 했어요. 즉, 물이 증발하면 체온이 내려가는 것을 알 수 있어요.

재은 근거: ③단락 ❸번째 문장
'땀이 마르면서 우리 몸의 열을 빼앗아가 체온이 낮아진다.'라고 했으므로 맞는 내용이에요.

> **왜 오답?**

유민: 등목을 하는 것은 근육이 움직이는 것이 아니라 물이 증발하면서 체온을 식히는 것과 관련이 있으므로 제대로 이해하지 못한 것이에요.
미래: 몸이 스스로를 지키기 위해 온도 기준을 높이는 것은 바이러스가 몸에 들어왔을 때이므로 제대로 이해하지 못한 것이에요.

04 [정답] ② ·········· 올바른 접속어 찾기

> **왜 정답?**

② '반면에'는 뒤에 오는 말이 앞의 내용과 상반될 때 사용하는 이어 주는 말이에요.
②단락에서는 체온이 내려가는 경우를 다루는 데 반해 ③단락에서는 체온이 올라가는 경우를 다루고 있으므로 밑줄 친 곳에 들어갈 이어 주는 말은 '반면에'예요.

> **왜 오답?**

① '또한'은 어떤 것에 더해 추가로 설명할 때 사용하는 이어 주는 말이에요.
③ '그리고'는 단어나 문장을 나란히 늘어놓을 때 사용하는 이어 주는 말이에요.
④ '그러므로'는 앞의 내용이 뒤의 내용의 이유나 원인, 근거가 될 때 사용하는 이어 주는 말이에요.
⑤ '왜냐하면'은 앞 내용에 대한 원인이나 이유를 뒤 내용에서 말할 때 사용하는 이어 주는 말이에요.

05 [정답] 예 땀이 마르면서 우리 몸의 열을 빼앗아가 체온이 낮아지기 때문이야.

다음은 이 글을 읽고 나눈 대화입니다. ㈎에 알맞은 내용을 이 글에서 찾아 쓰세요.

• 이 글을 읽고 나눈 대화: 지선이와 민호가 우리 몸의 온도 조절 장치 중 땀의 역할에 대해 이야기하고 있습니다.

🔴 운동이 끝나고 가만히 앉아 있을 때 조금 춥게 느껴지는 이유를 땀과 연관지어 쓰는 문제입니다.

서술형 채점 기준 – 근거: ③단락 ❸번째 문장
우리 몸이 올라간 체온을 어떻게 낮추는지 설명하고 있어요.
따라서 '땀이 마르면서 우리 몸의 열을 빼앗아가 체온이 낮아졌기 때문에'라는 내용을 쓰면 정답이에요.

문장의 기본 틀은 무엇으로 이루어질까?

◯ 각 단락 중심 낱말   ◯ 전체 중심 낱말   [ ] 각 단락 중심 문장   ▧ 전체 중심 문장

1 ❶'현아가 책을'을 문장이라고 할 수 있을까? ❷그렇지 않다. ❸문장을 이루는 기본 성분이 모두 채워지지 않은 불완전한 표현이기 때문이다. ❹[문장의 기본 틀을 이루는 문장 성분을 주성분이라고 한다.] ❺주성분에는 어떤 종류가 있을까?

2 ❶우선, 주성분에는 주어가 있다. ❷[주어란 문장에서 어떤 행동을 하는 대상 혹은 성질이나 상태의 대상이 되는 말이다.] ❸'현석이가 뛴다.', '교실이 조용하다.'에서 '현석이가'와 '교실이'처럼 문장에서 '누가' 또는 '무엇이'에 해당하는 부분이 주어이다. ❹문장에서 주어가 없으면 행동을 하는 대상이 누구인지, 무엇에 대한 설명인지 알 수 없으므로 완전하지 않은 문장이다.

3 ❶서술어'와 '목적어'도 주성분에 해당한다. ❷[서술어는 주어의 행동이나 상태, 성질을 나타내는 말로, 문장에서 '어찌하다', '어떠하다', '무엇이다'에 해당하는 부분이다.] ❸'현석이가 뛴다.', '교실이 조용하다.'에서 '뛴다'와 '조용하다'가 서술어에 해당한다. ❹[그리고 서술어가 어떤 행동을 나타낼 때, 그 행동의 대상이 되는 말이 목적어이다.] ❺'현아가 책을 읽는다.'에서는 행동을 나타내는 '읽는다'가 서술어이고, 그 행동의 대상이 되는 '책을'이 목적어이다.

4 ❶마지막으로, 주성분에는 보어가 포함된다. ❷[보어는 주어와 서술어만으로는 뜻이 완전하지 못한 문장에서, 그 불완전한 곳을 보충해 주는 말이다.] ❸'현민이는 되었다.'와 '현민이는 반장이 되었다.'라는 문장을 비교해 보자. ❹앞의 문장은 현민이가 무엇이 되었는지 알 수 없어 완전하지 못한 문장이지만, 뒤의 문장은 현민이가 '반장이' 되었다는 것을 밝혀 주었으므로 완전한 문장이 된다. ❺이처럼 보어는 서술어 '되다/아니다' 앞에 '이/가'가 붙어 나타난다.

5 ❶정리하면, 주성분의 종류에는 주어, 서술어, 목적어, 보어가 있으며, 이것들이 모여 문장의 기본 틀을 만든다. ❷주성분의 종류와 그 쓰임을 잘 익혀 올바른 문장을 사용하는 습관을 가지도록 하자.

---

1 단락 요약
주성분의 뜻

2 단락 요약
주성분의 종류 – 주어

3 단락 요약
주성분의 종류 – 서술어와 목적어

4 단락 요약
주성분의 종류 – 보어

5 단락 요약
주성분의 종류와 개념 정리

★ 지문 이해

● 이 글은 문장 속 주성분의 뜻과 종류를 알려 주는 설명문입니다. 문장의 기본 틀을 이루는 필수적인 성분을 '주성분'이라고 하는데 문장에서 주성분이 빠지면 불완전한 문장이에요. 주성분에는 주어, 서술어, 목적어, 보어가 있으며 주성분의 종류와 쓰임을 잘 익혀 올바른 문장을 사용해야 해요.

● **단락 간의 관계**
1단락에서는 주성분의 뜻을 설명하고 주성분의 종류에는 어떤 것이 있는지 질문을 던지고 있어요.
2~4단락에서는 주성분의 종류를 주어, 서술어·목적어, 보어로 나누어서 각각 설명하고 있어요.
5단락에서는 앞에서 설명한 주성분의 종류를 정리하고 올바른 문장을 사용할 것을 부탁하면서 글을 마무리하고 있어요.

● **글의 구조도**

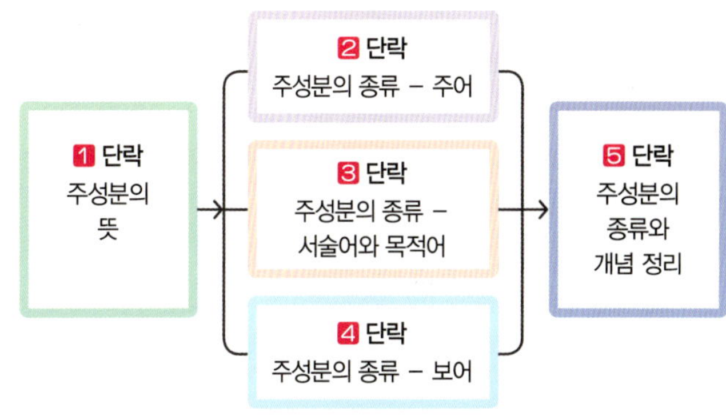

● **주제**: 문장의 기본 틀을 이루는 주성분의 개념과 종류

01 [정답] 주성분 ·· 주제 알아보기

>왜 정답?

1단락에서는 '주성분'의 뜻을 설명하고 있어요.
2~4단락에서는 '주성분'의 종류를 구체적인 예를 들어 설명하고 있어요.
따라서 빈칸에 공통으로 들어갈 말은 '주성분'이에요.

02 [정답] ⑤ ··· 글쓰기 방식 이해하기

>왜 정답?

⑤ 근거: 2~4단락 전체
　　2단락에서는 주어, 3단락에서는 서술어와 목적어, 4단락에서는 보어를 구체적인 예를 들어 설명하고 있어요.

>왜 오답?

① 나라마다 다른 문장 성분을 늘어놓는 내용은 이 글에 나오지 않아요.
② 주성분이 생겨난 역사적 배경에 대한 설명은 이 글에 나오지 않아요.
③ 보어를 사용할 때의 장점과 단점을 밝힌 내용은 이 글에 나오지 않아요.
④ 서술어와 목적어 중 더 기본적인 성분이 무엇인지 비교하는 내용은 이 글에 나오지 않아요.

03 [정답] ③ ··· 내용 이해하기

>왜 정답?

③ 근거: 3단락 ❷번째 문장
　　'서술어는 주어의 행동이나 상태, 성질을 나타내는 말로, 문장에서 '어찌하다', '어떠하다', '무엇이다'에 해당하는 부분이다.'라고 했어요.
　　주어의 행동이나 상태, 성질을 나타내는 말은 서술어이고, 목적어는 서술어가 어떤 행동을 나타낼 때, 그 행동의 대상이 되는 말이에요.

>왜 오답?

① 근거: 2단락 ❹번째 문장
　　'문장에서 주어가 없으면 행동을 하는 대상이 누구인지, 무엇에 대한 설명인지 알 수 없으므로 완전하지 않은 문장이다.'라고 했으므로 맞는 내용이에요.
② 근거: 3단락 ❷번째 문장
　　'서술어는 주어의 행동이나 상태, 성질을 나타내는 말로, 문장에서 '어찌하다', '어떠하다', '무엇이다'에 해당하는 부분이다.'라고 했으므로 맞는 내용이에요.

④ 근거: 5단락 ❶번째 문장
　　'주성분의 종류에는 주어, 서술어, 목적어, 보어가 있으며, 이것들이 모여 문장의 기본 틀을 만든다.'라고 했으므로 맞는 내용이에요.
⑤ 근거: 4단락 ❷번째 문장
　　'보어는 주어와 서술어만으로는 뜻이 완전하지 못한 문장에서, 그 불완전한 곳을 보충해 주는 말이다.'라고 했으므로 맞는 내용이에요.

04 [정답] [예] 승희가 밥을 먹는다

[서술형] **채점 기준** – 근거: 2단락 ❷번째 문장, 3단락 ❷, ❹번째 문장

2단락에서는 어떤 행동을 하는 대상 혹은 성질이나 상태의 대상이 되는 말인 주어를 설명하고 있어요.
3단락에서는 주어의 행동이나 상태, 성질을 나타내는 서술어와 행동의 대상이 되는 목적어를 설명하고 있어요.
따라서 <u>이러한 쓰임에 맞는 주어, 목적어, 서술어가 반드시 포함된 문장</u>을 써야 정답이에요.

─ 배경지식

말의 앞과 뒤를 맞추자!

'나는 우유를 마신다.'는 어색하지 않은데, '나는 딸기를 마신다.'는 어색하게 느껴져요. 왜 그런 것일까요? 바로 문장의 호응이 맞지 않기 때문이에요. 문장의 호응이란 과연 무엇일까요?

'호응'은 문장 안에서 앞에 나오는 말과 뒤에 나오는 말을 어울리게 맞추는 것을 말해요. 언제나 함께 다니는 단짝 친구처럼 문장에서도 앞에 어떤 말이 오면 뒤에 반드시 따라오는 말이 있지요. 아래의 문장들을 살펴볼까요?

> • 그것은 <u>결코</u> 바람직한 행동이 <u>맞다.</u>
> • <u>만약</u> 시간이 <u>생기지만</u> 숙제를 도울 수 있다.

어딘가 어색한 느낌이 들지요? 바로 앞에 나오는 말과 뒤에 나오는 말이 어울리지 않기 때문이에요. 그렇다면 이 문장들을 어울리게 바꿔볼까요?

> • 그것은 <u>결코</u> 바람직한 행동이 <u>아니다.</u>
> • <u>만약</u> 시간이 <u>생긴다면</u> 숙제를 도울 수 있다.

이외에도 '비록 ~ (이)지만', '마치 ~ 처럼', '아마 ~ 것이다', '아무리 ~ 일지라도'와 같은 것이 문장의 호응에 맞는 말들이에요. 잘 기억해 두었다가 올바르게 사용할 수 있도록 노력해 보아요.

달의 모양과 위치가 바뀌는 이유

○ 각 단락 중심 낱말　◎ 전체 중심 낱말　[ ] 각 단락 중심 문장　▨ 전체 중심 문장

① '남산 위의 보름달', '서쪽 하늘의 초승달' 등은 노래 가사나 시에서 흔히 볼 수 있는 표현이다. ② [그런데 우리가 실제로 밤하늘에 떠 있는 달을 보면, 보름달이나 초승달이 아닌 경우가 더 많고 달의 위치도 남산 위나 서쪽 하늘이 아닐 때가 더 많다.] ③ 그 이유는 무엇일까?

② ① 달의 실제 모습은 둥근 공 모양이며 겉에는 어두운 곳과 밝은 곳이 있어 얼룩덜룩하다. ② [그렇지만 지구에서 달을 보면 늘 둥근 모양이 아니라 매일 조금씩 모양이 바뀐다.] ③ 한 달 동안 매일 같은 시각에 달을 관찰하면 보름달에서 하현달, 그믐달, 초승달, 상현달, 다시 보름달로 달의 모양이 조금씩 달라지는 것을 볼 수 있다.

③ ① [이렇게 달의 모양이 바뀌는 이유는 지구가 태양 주위를 도는 것처럼 달이 지구 주위를 돌기 때문이다.] ② 달은 스스로 빛을 내지 못해서 지구에서는 태양 빛을 받는 달의 일부분만 빛이 반사되어 밝게 보인다. ③ 달이 지구 주위를 돌면서 태양 빛을 받는 부분이 계속 달라지기 때문에 지구에서는 달의 모양이 변하는 것처럼 보이는 것이다.

④ ① [한편, 달은 떠 있는 위치도 항상 달라진다.] 한 달 동안 저녁 7시에 같은 장소에서 달을 관찰하면 초승달은 서쪽 하늘에, 반달 모양의 상현달은 남쪽 하늘에, 보름달은 동쪽 하늘에 떠 있는 것을 볼 수 있다. ③ 달의 모양이 달라질 뿐만 아니라 위치가 매일 서쪽에서 동쪽으로 조금씩 이동하는 것이다. ④ 그 이유는 지구가 하루에 한 번 자전하는 동안 달은 서쪽에서 동쪽으로 조금씩 움직이면서 지구 주위를 돌기 때문이다.

⑤ ① 이처럼 달의 모양과 위치가 바뀌는 것은 지구가 자전하면서 태양 주위를 도는 것, 달이 지구 주위를 도는 것과 관계가 있다. ② 앞으로 밤하늘의 달을 볼 때면 우리가 느끼지 못해도 지구와 달이 끊임없이 돌고 있다는 사실을 떠올려 보자.

---

1 단락 요약
달의 모양과 위치가 바뀌는 이유에 대한 궁금증

2 단락 요약
매일 조금씩 모양이 바뀌는 달

3 단락 요약
달의 모양이 바뀌는 이유

4 단락 요약
떠 있는 위치가 달라지는 달

5 단락 요약
태양, 지구와 관계있는 달의 모양과 위치 변화

✴ 지문 이해

● 이 글은 달의 모양과 위치가 바뀌는 이유를 알려 주는 설명문입니다. 달의 모양이 바뀌는 이유는 달이 지구 주위를 돌면서 태양으로부터 받는 빛의 일부분만 반사되어 보이기 때문이에요. 또 달이 떠 있는 위치가 항상 달라지는 이유는 지구가 하루에 한 번 자전하는 동안 달이 서쪽에서 동쪽으로 조금씩 움직이면서 지구 주위를 돌기 때문이지요. 이러한 달과 태양, 지구의 관계를 이해하면 달의 모양과 위치가 변하는 이유를 이해할 수 있어요.

● **단락 간의 관계**
①단락에서는 글 전체의 중심 낱말인 '달'에 대해 소개하며 달의 모양과 위치가 계속 바뀌는 이유에 대해 질문을 던지고 있어요.
②단락에서는 매일 변화하는 달의 모양을 구체적으로 설명하고, ③단락에서는 달의 모양이 바뀌는 이유를 설명하고 있어요.
④단락에서는 달이 떠 있는 위치가 항상 달라지는 이유를 설명하고 있어요.
⑤단락에서는 달의 모양 및 위치의 변화가 지구, 태양과 어떤 관계가 있는지 정리하며 글을 마무리하고 있어요.

● **글의 구조도**

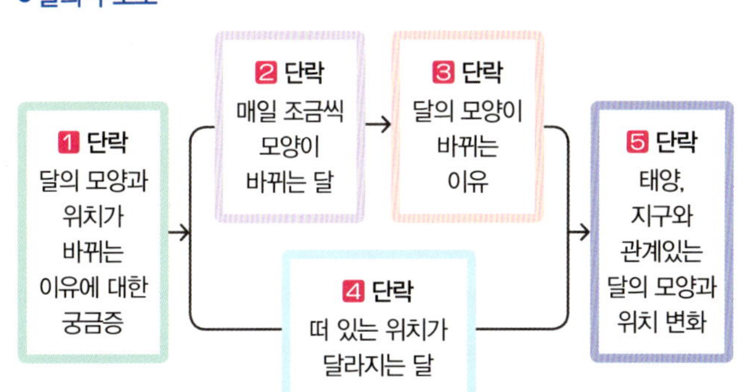

● **주제:** 달의 모양과 위치가 바뀌는 이유

01 [정답] 달 ················· 주제 알아보기

>왜 정답?
1단락에서는 '달'의 모양과 '달'이 떠 있는 위치가 항상 바뀌는 이유에 대해 질문을 하고 있어요.
3단락과 4단락에서 1단락에서 던진 질문에 대한 답을 자세히 설명하고 있어요.
그러므로 빈칸에 공통으로 들어갈 말은 '달'이에요.

02 [정답] ③, ⑤ ················· 글쓰기 방식 이해하기

>왜 정답?
③ **근거:** 3단락 전체, 4단락 전체
　3단락에서 달의 모양이 변하는 이유를, 4단락에서 달의 위치가 변하는 이유를 나누어 설명하고 있으므로 맞는 내용이에요.
⑤ **근거:** 1단락 ❶번째 문장
　'남산 위의 보름달', '서쪽 하늘의 초승달' 등 노래 가사나 시에서 흔히 볼 수 있는 표현으로 달에 대한 흥미를 이끌어 내고 있으므로 맞는 내용이에요.

>왜 오답?
① 이 글은 시각 자료를 활용하여 내용의 이해를 돕고 있지 않으므로 틀린 내용이에요.
② 이 글은 반대되는 생각을 가진 두 학자에 대해 이야기하지 않고 있으므로 틀린 내용이에요.
④ 이 글에 과학자가 새로운 연구를 하게 된 원인과 결과가 드러나지 않으므로 틀린 내용이에요.

03 [정답] 지구, 빛, 태양 ················· 내용 이해하기

>왜 정답?
㉠ **근거:** 3단락 ❶번째 문장
　'달의 모양이 바뀌는 이유는 지구가 태양 주위를 도는 것처럼 달이 지구 주위를 돌기 때문이다.'라고 했으므로 ㉠에 들어갈 말은 '지구'예요.
㉡ **근거:** 3단락 ❷번째 문장
　'달은 스스로 빛을 내지 못해서 지구에서는 태양 빛을 받는 달의 일부분만 빛이 반사되어 밝게 보인다.'라고 했으므로 ㉡에 들어갈 말은 '빛'이에요.
㉢ **근거:** 3단락 ❸번째 문장
　'달이 지구 주위를 돌면서 태양 빛을 받는 부분이 계속 달라지기 때문에 지구에서는 달의 모양이 변하는 것처럼 보이는 것이다.'라고 했으므로 ㉢에 들어갈 말은 '태양'이에요.

[달의 모양 변화]

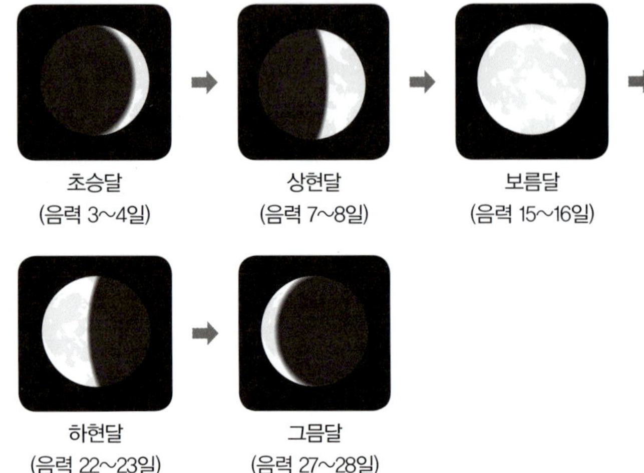

04 [정답] ⑤ ················· 내용 이해하기

>왜 정답?
⑤ **윤아 근거:** 4단락 ❸, ❹번째 문장
　'달의 모양이 달라질 뿐만 아니라 위치가 매일 서쪽에서 동쪽으로 조금씩 이동하는 것이다. 그 이유는 지구가 하루에 한 번 자전하는 동안 달은 서쪽에서 동쪽으로 조금씩 움직이면서 지구 주위를 돌기 때문이다.'라고 했으므로 맞는 설명이에요.

>왜 오답?
① **서진 근거:** 2단락 ❶번째 문장
　'달의 실제 모습은 둥근 공 모양이며'라고 했으므로 틀린 설명이에요.
② **수현 근거:** 3단락 ❶번째 문장
　'달이 지구 주위를 돌기 때문이다.'라고 했으므로 틀린 설명이에요.
③ **민지 근거:** 4단락 ❹번째 문장
　태양이 아니라 지구, 달이 돌면서 위치가 항상 변하기 때문이므로 틀린 설명이에요.
④ **지연 근거:** 3단락 ❷, ❸번째 문장
　달의 위치가 아니라 모양이 바뀌는 것과 관계있는 이유이므로 틀린 설명이에요.

05 [정답] 예) 달은 서쪽에서 동쪽으로 날마다 조금씩 이동하면서 그 모양도 달라진다.

서술형 채점 기준 – **근거:** 4단락 ❷, ❸번째 문장
같은 시간, 같은 장소에서 달을 관찰한 기록과 그 결론을 설명하고 있어요.
따라서 '달의 모양이 달라질 뿐만 아니라 위치가 매일 서쪽에서 동쪽으로 조금씩 이동'한다는 내용이 들어가면 정답이에요.

현대 미술은 이상하다?

◯ 각 단락 중심 낱말   ◯ 전체 중심 낱말   [ ] 각 단락 중심 문장   ▢ 전체 중심 문장

① 다양한 방법으로 접할 수 있는 피카소의 작품을 처음 본 사람은 의문이 들 수도 있다. ②'이게 그 유명한 피카소의 그림이라고?'라는 생각이 들 정도로 피카소의 그림은 단번에 이해하기 어렵기 때문이다. ③실제로 피카소는 살아생전에 작품 세계를 제대로 이해받지 못했고, 비교적 최근에서야 현대 미술을 대표하는 화가라고 평가받고 있다. ④[피카소의 작품처럼 현대 미술은 이해하기 어렵기만 한 것일까?]

② [현대 미술은 20세기에 펼쳐진 새로운 경향의 미술을 말한다.] ②19세기 산업 혁명이 일어난 후로 사회는 빠른 속도로 변하였고, 이는 사람들의 생활을 이전과 다르게 바꿔 놓았다. ③사람들은 더욱 다양한 직업을 갖게 되었고, 이에 따라 사람들의 생활 방식과 생각도 다양해졌다. ④[사회의 변화는 미술에도 영향을 주어 일정한 틀에 얽매이지 않고 다양한 방식으로 표현한 작품들이 등장했다.]

③ 피카소의 작품은 여러 방향에서 본 대상을 하나의 평면에 입체적으로 표현한 것이 많다. ②이는 이전에 없던 방식으로, 정해진 틀에 맞추지 않고 작가의 생각과 개성을 자유롭게 표현한 것이다. ③[이러한 파격과 자유로움 때문에 피카소는 현대 미술의 상징이 되었다.]

④ 다만 현대 미술의 특징으로 인해 피카소의 작품처럼 무엇을 표현하는지, 작가가 무엇을 말하고자 하는지 한눈에 파악하기 어려운 작품들도 많다. ②하지만 현대 미술은 작가의 표현뿐만 아니라 감상자가 어떻게 받아들이는지에 대해서도 제한을 두지 않는다. ③[따라서 작품이 무엇을 표현한 것인지 정답을 찾으려고 하는 것보다 작품을 보며 느끼는 생각, 감정 등에 집중하며 감상하는 것이 좋다.] ④만약 작품 속에 담긴 작가의 의도를 꼭 알고 싶다면 작가의 설명을 참고하면 된다.

⑤ 현대 미술을 감상하는 정해진 방법은 없다. ②현대 미술은 어렵다.'라는 편견을 버리고 작품을 있는 그대로 느껴 보면 흥미롭고 색다른 아름다움을 발견할 수 있을 것이다.

1 단락 요약	피카소의 작품처럼 현대 미술도 이해하기 어렵다는 생각에 대한 의문
2 단락 요약	현대 미술의 개념과 특징
3 단락 요약	현대 미술의 상징이 된 피카소의 입체적 표현 방법
4 단락 요약	현대 미술 작품을 감상하는 좋은 자세
5 단락 요약	편견을 버렸을 때 발견할 수 있는 현대 미술의 색다른 아름다움

✷ 지문 이해

● 이 글은 현대 미술의 개념과 특징, 그리고 현대 미술을 감상하는 자세를 알려 주는 설명문입니다. 현대 미술은 20세기에 등장한 새로운 경향의 미술로, 피카소로 상징되는 파격과 자유로움으로 인해 단번에 이해하기 어려운 특징이 있어요. 따라서 작품을 보면서 느낀 자신의 생각과 감정에 집중하며 감상하는 것이 좋아요.

● **단락 간의 관계**
① 단락에서는 글 전체의 중심 낱말인 '현대 미술'에 대해 소개하고, 현대 미술이 이해하기 어렵다는 생각에 의문을 던지고 있어요.
② 단락에서는 현대 미술의 개념과 특징을 설명하고 있어요.
③ 단락에서는 현대 미술의 상징인 피카소의 표현법을 설명하고 있어요.
④ 단락에서는 현대 미술 작품을 감상하는 방법을 설명하고 있어요.
⑤ 단락에서는 편견을 버리고 현대 미술 작품을 볼 때 느낄 수 있는 아름다움을 이야기하며 글을 마무리하고 있어요.

● **글의 구조도**

1 단락: 피카소의 작품처럼 현대 미술도 이해하기 어렵다는 생각에 대한 의문

↓

2 단락: 현대 미술의 개념과 특징

↓

3 단락: 현대 미술의 상징이 된 피카소의 입체적 표현 방법

↓

4 단락: 현대 미술 작품을 감상하는 좋은 자세

↓

5 단락: 편견을 버렸을 때 발견할 수 있는 현대 미술의 색다른 아름다움

● **주제**: 현대 미술의 개념과 특징 및 바른 감상 방법

>왜 정답?

1~3단락에서는 현대 미술을 상징하는 대표적 작가인 피카소를 언급하며 현대 미술의 개념과 특징을 설명하고 있어요.
4단락에서는 무엇을 표현한 것인지 한눈에 파악하기 어려울 수 있는 현대 미술 작품을 감상하는 바른 방법을 알려 주고 있어요.
따라서 빈칸에 공통으로 들어갈 말은 '현대 미술'이에요.

02 [정답] ④ ································· 글쓰기 방식 이해하기

>왜 정답?

④ 이 글에서는 현대 미술의 상징이 된 피카소의 작품만 이야기하고 있어요.

>왜 오답?

① 근거: 1단락 ❹번째 문장
'피카소의 작품처럼 현대 미술은 이해하기 어렵기만 한 것일까?'라며 질문을 던지고 있으므로 맞는 설명이에요.

② 근거: 3단락 ❸번째 문장
'파격과 자유로움 때문에 피카소는 현대 미술의 상징이 되었다.'라고 했으므로 맞는 설명이에요.

③ 근거: 4단락 ❸번째 문장
'작품이 무엇을 표현한 것인지 정답을 찾으려고 하는 것보다 작품을 보며 느끼는 생각, 감정 등에 집중하며 감상하는 것이 좋다.'라고 했으므로 맞는 설명이에요.

⑤ 근거: 2단락 ❷, ❹번째 문장
'19세기 산업 혁명이 일어난 후로 사회는 빠른 속도로 변하였고, 이는 사람들의 생활을 이전과 다르게 바꿔 놓았다.'라며 '사회의 변화는 미술에도 영향을 주어 일정한 틀에 얽매이지 않고 다양한 방식으로 표현한 작품들이 등장했다.'라고 했으므로 맞는 설명이에요.

03 [정답] ⑤ ································· 내용 이해하기

>왜 정답?

⑤ 근거: 4단락 ❶번째 문장
'피카소의 작품처럼 무엇을 표현하는지, 작가가 무엇을 말하고자 하는지 한눈에 파악하기 어려운 작품들도 많다.'라고 했으므로 틀린 내용이에요.

>왜 오답?

① 근거: 3단락 ❸번째 문장
'피카소는 현대 미술의 상징이 되었다.'라고 했으므로 맞는 내용이에요.

② 근거: 1단락 ❸번째 문장
'실제로 피카소는 살아생전에 작품 세계를 제대로 이해받지 못했고'라고 했으므로 맞는 내용이에요.

③ 근거: 3단락 ❷번째 문장
'정해진 틀에 맞추지 않고 작가의 생각과 개성을 자유롭게 표현한 것이다.'라고 했으므로 맞는 내용이에요.

④ 근거: 3단락 ❶번째 문장
'피카소의 작품은 여러 방향에서 본 대상을 하나의 평면에 입체적으로 표현한 것이 많다.'라고 했으므로 맞는 내용이에요.

04 [정답] ㉡ ································· 내용 적용하기

>왜 정답?

㉡ 근거: 4단락 ❷번째 문장
'현대 미술은 작가의 표현뿐만 아니라 감상자가 어떻게 받아들이는지에 대해서도 제한을 두지 않는다.'라고 했으므로 틀린 내용이에요.

>왜 오답?

㉠ 근거: 5단락 ❶번째 문장
'현대 미술을 감상하는 정해진 방법은 없다.'라고 했으므로 맞는 내용이에요.

㉢ 근거: 4단락 ❸번째 문장
'작품을 보며 느끼는 생각, 감정 등에 집중하며 감상하는 것이 좋다.'라고 했으므로 맞는 내용이에요.

㉣ 근거: 4단락 ❹번째 문장
'만약 작품 속에 담긴 작가의 의도를 꼭 알고 싶다면 작가의 설명을 참고하면 된다.'라고 했으므로 맞는 내용이에요.

05 [정답] 예) 현대 미술이 어렵다는 편견은 버리고 작품을 있는 그대로 느껴 본다.

[서술형] 채점 기준 – 근거: 5단락 ❷번째 문장

'현대 미술이 어렵다는 편견을 버리고 작품을 있는 그대로 느껴 본다.'라는 내용이 들어가면 정답이에요.

─ 배경지식

피카소의 입체적 작품 세계

사람들은 오랜 세월 동안 대상을 최대한 있는 그대로 그린 그림을 좋은 그림이라고 생각했어요. 하지만 피카소는 '우리가 보는 것은 정확할까?'라는 의문을 가지고 파리에서 그림을 그릴 무렵부터 형태를 점점 단순화하는 그림을 그리기 시작했지요. 그리고 눈에 보이는 대상을 수없이 분해하고 수많은 조각으로 나눠, 이를 여러 각도에서 보고 각각의 모습을 하나의 화면에 담으려고 했답니다. 이것은 르네상스 이래 오랫동안 유지되어 온 단일 시점에 따른 원근법을 무너뜨린 것이었어요. 이렇게 새로운 시각으로 입체적인 그림을 그린 피카소를 '입체파'의 창시자이며, '20세기 최고의 거장'이라고 해요.

가위바위보에서 이길 가능성을 수로 나타낸다면?

○ 각 단락 중심 낱말   ◯ 전체 중심 낱말   [   ] 각 단락 중심 문장   ▨ 전체 중심 문장

1 ① 찬희는 친구와 가위바위보를 하면 매번 지는 것 같다. ② 찬희가 이길 가능성은 정말 0인 것일까? ③ [찬희의 경우처럼, 우리는 살다 보면 어떤 사건이 일어날 가능성의 정도를 따져 보는 경우가 많다.] ④ '내일 비가 올 확률', '복권 1등에 당첨될 확률'처럼 말이다.

2 ① [확률은 일정한 조건 아래에서 어떤 사건이 일어날 가능성의 정도를 말하거나, 그러한 가능성의 정도를 나타낸 수치를 말한다.] ② 확률이 1에 가까울수록 어떤 사건이 일어날 가능성이 크다는 것을, 0에 가까울수록 어떤 사건이 일어날 가능성은 작다는 것을 의미한다. ③ 그렇다면 찬희가 친구와 가위바위보를 했을 때 이길 확률은 어느 정도인지 알아보자.

3 ① 찬희가 낼 수 있는 경우의 수는 가위, 바위, 보 3가지이고, 친구가 낼 수 있는 경우의 수 역시 똑같다.

찬희	가위	가위	가위	바위	바위	바위	보	보	보
친구	가위	바위	보	가위	바위	보	가위	바위	보

② 위 표와 같이, 두 사람이 가위바위보를 했을 때 나올 수 있는 경우의 수는 모두 9가지인 것이다. ③ 찬희가 내는 것을 A, 친구가 내는 것을 B라고 간단하게 표기할 때, 찬희가 이기는 경우는 '(A, B) = (가위, 보), (바위, 가위), (보, 바위)' 이렇게 3가지 경우이다. ④ 그렇다면 찬희가 친구와 가위바위보를 할 때 이길 확률은 총 9가지 경우 중 3가지 경우이므로 $\frac{3}{9}$이라고 할 수 있고, 이를 약분하여 나타내면 $\frac{1}{3}$이다. ⑤ 이를 토대로 확률을 구하는 방법을 정리하면 다음 공식과 같다.

$$\text{(확률)} = \frac{\text{(어떤 사건이 일어날 경우의 수)}}{\text{(모든 경우의 수)}}$$

4 ① [확률은 어떤 사건이 일어날 가능성을 따지는 것이지 실제로 모든 사건은 확률대로 일어나지 않는다.] ② 다만 사건이 일어나는 횟수가 많아질수록 확률에 점점 가까워진다. ③ 사실 찬희와 친구가 가위바위보를 했을 때 이기거나 지거나 비기는 것을 확률로 따지면 모두 $\frac{1}{3}$로 같다.

5 ① 이처럼 확률은 어떤 사건이 일어날 가능성의 정도를 가늠해 보고, 객관적인 숫자로 나타내 준다. ② [이를 통해 우리는 확률을 고려하여 어떤 일을 할지 말지 등 더 나은 선택을 할 수 있다.]

---

1 단락 요약
일상에서의 확률

2 단락 요약
확률의 개념

3 단락 요약
가위바위보를 통해 알아본 확률을 구하는 방법

4 단락 요약
확률의 특성

5 단락 요약
확률을 활용했을 때의 이점

★ 지문 이해

● 이 글은 확률의 개념과 확률을 구하는 방법을 알려 주는 설명문입니다. 확률은 일정한 조건 아래에서 어떤 사건이 일어날 가능성의 정도를 말하는데 확률을 구하기 위해서는 어떤 사건이 일어날 경우의 수를 모든 경우의 수로 나눠야 해요. 모든 사건이 확률대로 일어나지는 않지만 우리는 확률을 활용해서 더 나은 선택을 할 수 있어요.

● 단락 간의 관계
1 단락에서는 일상에서의 확률을 이야기하고 있어요.
2 단락에서는 확률의 개념을 설명하고 있어요.
3 단락에서는 가위바위보를 통해 확률을 구하는 방법을 설명하고 있어요.
4 단락에서는 확률의 특성을 이야기하고 있어요.
5 단락에서는 확률을 활용했을 때의 이점을 말하며 글을 마무리하고 있어요.

● 글의 구조도

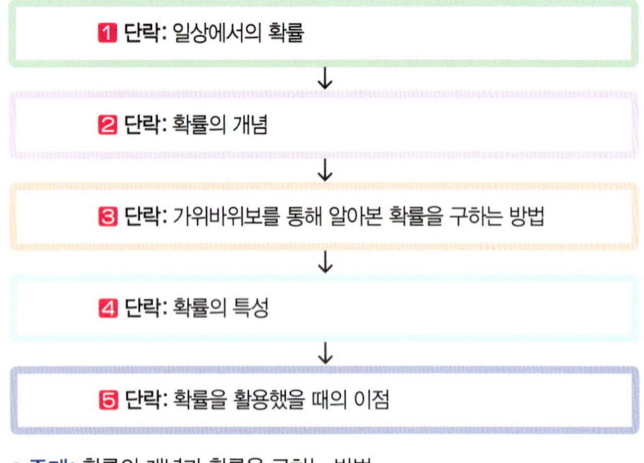

1 단락: 일상에서의 확률
↓
2 단락: 확률의 개념
↓
3 단락: 가위바위보를 통해 알아본 확률을 구하는 방법
↓
4 단락: 확률의 특성
↓
5 단락: 확률을 활용했을 때의 이점

● 주제: 확률의 개념과 확률을 구하는 방법

---

01 [정답] 확률 ·········· 주제 알아보기

>왜 정답 ?

1단락에서는 '확률'의 개념을 설명하고 있어요.
3단락에서는 가위바위보의 예시를 통해 '확률'을 구하는 방법을 설명하고 있어요.
따라서 빈칸에 공통으로 들어갈 말은 '확률'이에요.

02 [정답] (1) ◯ (2) ◯ (3) ✕ ·········· 내용 이해하기

>왜 정답 ?

(1) **근거**: **2**단락 **❶**번째 문장
'확률은 일정한 조건 아래에서 어떤 사건이 일어날 가능성의 정도를 말하거나, 그러한 가능성의 정도를 나타낸 수치를 말한다.'라고 했으므로 맞는 설명이에요.
(2) **근거**: **2**단락 **❷**번째 문장
'확률이 1에 가까울수록 어떤 사건이 일어날 가능성이 크다는 것을, 0에 가까울수록 어떤 사건이 일어날 가능성은 작다는 것을 의미한다.'라고 했으므로 맞는 설명이에요.
(3) **근거**: **4**단락 **❶**번째 문장
'실제로 모든 사건은 확률대로 일어나지 않는다.'라고 했으므로 틀린 설명이에요.

03 [정답] 3, $\frac{1}{2}$ ·········· 내용 적용하기

>왜 정답 ?

㉠ 주사위에서 나올 수 있는 숫자는 총 6개이므로 모든 경우의 수는 '6'이에요. 그중에서 4보다 작은 숫자가 나올 수 있는 경우는 1, 2, 3이므로 경우의 수는 총 '3'개예요.

㉡ 그런데 확률은 어떤 사건이 일어날 경우의 수를 모든 경우의 수로 나눈 값이므로 3을 6으로 나눠야 해요. 따라서 4보다 작은 숫자가 나올 확률을 약분하여 나타내면 '$\frac{1}{2}$'이에요.

그러므로 ㉠, ㉡에 들어갈 수는 각각 '3', '$\frac{1}{2}$'이에요.

04 [정답] ⑤ ·········· 내용 추론하기

>왜 정답 ?

⑤ 6개의 뽑기 중에서 '당첨' 종이 하나를 뽑을 때의 확률은 $\frac{1}{6}$이고, 10개의 뽑기 중에서 '당첨' 종이 하나를 뽑는 확률은 $\frac{1}{10}$이에요. $\frac{1}{6}$이 $\frac{1}{10}$보다 더 크기 때문에 틀린 내용이에요.

>왜 오답 ?

① **근거**: **3**단락 **❻**번째 문장
가위바위보를 했을 때 이기거나 지거나 비기는 3가지 경우의 수가 있으며, 이기거나 비기는 경우의 수는 3가지 중 2가지 경우의 수에 해당해요. 이를 공식에 따라 확률로 나타내면 $\frac{2}{3}$이므로 맞는 내용이에요.
② **근거**: **2**단락 **❷**번째 문장
'확률이 1에 가까울수록 어떤 사건이 일어날 가능성이 크'다고 했어요. 그런데 0.6이 0.3보다 1에 가까우므로 맞는 내용이에요.
③ **근거**: **4**단락 **❷**번째 문장
'사건이 일어나는 횟수가 많아질수록 확률에 점점 가까워진다.'라고 했으므로 맞는 내용이에요.
④ **근거**: **3**단락 **❻**번째 문장
모든 경우의 수 중에서 어떤 사건이 일어날 경우의 수가 많아질수록 확률이 높아지므로 맞는 내용이에요.

05 [정답] 예 확률은 어떤 사건이 일어날 가능성의 정도를 객관적인 숫자로 나타내 주기 때문에, 어떤 일을 할지 말지에 있어서 더 나은 선택을 할 수 있다.

서술형 채점 기준 – **근거**: **5**단락 **❶**, **❷**번째 문장
확률을 사용할 때의 이점에 대해 설명하고 있어요.
따라서 '확률은 어떤 사건이 일어날 가능성의 정도를 가늠해 보고, 객관적인 숫자로 나타내 주기 때문에 확률을 고려하면 더 나은 선택을 할 수 있다.'라는 내용이 들어가면 정답이에요.

잠깐! 쉬어가기

언	뜻	통	방	울	분	수	비	계	문	저	백
숭	하	인	국	흘	치	은	김	율	전	충	극
날	악	진	순	반	료	회	대	청	분	부	술
융	추	현	금	운	법	소	춘	피	산	중	대
출	격	안	도	날	공	비	료	스	더	유	진
생	전	학	전	시	비	하	럽	라	니	소	전
률	음	제	방	지	터	다	연	인	쇠	년	앙
을	소	사	운	전	대	하	외	밖	터	교	다
탄	톳	여	정	당	격	차	미	지	녹	하	현
통	틀	어	중	산	전	말	세	안	방	최	슬
송	유	손	녈	부	오	군	눈	예	단	료	모

잠깐! 쉬어가기

열	저	금	다	성	편	불	세	걱	야	바
희	상	하	의	실	패	완	이	임	주	다
눈	발	집	반	국	여	전	능	상	하	늠
증	군	식	사	독	단	하	노	룩	비	갑
룩	습	밀	되	정	상	다	덜	풀	온	오
첫	일	회	다	타	시	룩	무	귀	지	고
격	적	파	수	헌	얼	실	겸	연	자	파
고	사	가	늠	하	다	동	아	완	가	연
귀	줄	해	손	사	습	관	례	귀	능	구
하	증	와	발	자	장	운	나	계	성	찬
다	영	오	바	화	파	격	종	고	은	혹

수학 공식과 개념을 머릿속에 사진으로 저장!

형상기억 수학 공식집

[고등 수학 공식집]

- **[고1용]** 고1 수학
- **[인문계용]** 수학 I + 수학 II + 확률과 통계
- **[자연계용]** 수학 I + 수학 II + 확률과 통계
  + 미적분 + 기하

[중등 수학 공식집]

- **[학년편]** 중1 수학 / 중2 수학 / 중3 수학
- **[종합편]** 3개년 수학 종합 (중1+중2+중3)

❶ 개념의 압축 정리 + 공식의 형상화

내신 + 수능 대비를 위한 교과서 핵심 개념과 공식을 쉽게 공부할 수 있도록 압축 정리하였습니다. 또, 추상적인 개념이나 공식을 형상화하여 머릿속에 확실히 각인시킵니다.

❷ 한 권으로 끝내는 개념 + 공식 총정리

수학은 연계 + 계통 학습이 매우 중요합니다. 초등부터 고등까지 수학 개념의 연계 과정을 알 수 있게 단계별로 관련 내용을 정리하여 개념의 이해를 돕고, 확장 개념에 대한 수학적 사고력을 높여줍니다.

❸ 공식을 문제에 적용하는 훈련으로 수학 실력 완성

수학 공식은 단순히 외우기만 해서는 안 됩니다. 핵심 개념 문제와 종합 연습 문제를 통해 문제에 어떻게 적용하고 풀어야 하는지를 단계별로 학습하면 공식과 개념을 한 층 더 깊게 이해 할 수 있어 수학 실력이 쑥쑥 오릅니다.

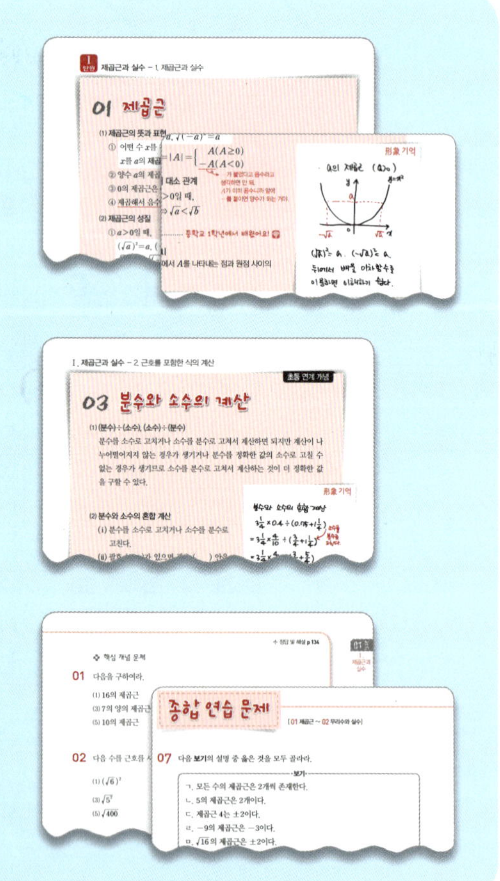